OSSERVATORIO SULLA CODIFICAZIONE E SULLA FORMAZIONE DEL GIURISTA IN CINA NEL QUADRO DEL SISTEMA GIURIDICO ROMANISTICO

"Sapienza" Università di Roma

Università di Roma "Tor Vergata"

Università della Cina di Scienze Politiche e Giurisprudenza(CUPL)

Dipartimento Identità Culturale ----C.N.R. di Italia

Centro degli Studi sul Diritto Romano e Italiano presso Università della Cina di Scienze Politiche e Giurisprudenza(CUPL)

Volume pubblicato con il contributo dello stesso Osservatorio e di Centro

本册的编辑出版活动由下列机构组织并给予资助：

中国政法大学罗马法与意大利法研究中心
罗马法体系下的中国法典化和法学人才培养研究中心
（由意大利罗马第一大学、意大利罗马第二大学、意大利国家
科研委员会文化遗产部、中国政法大学共同组建）

罗马法与学说汇纂

（第9卷）

中国政法大学罗马法与意大利法研究中心

主　　编◎费安玲

本卷执行主编◎陶　乾

中国政法大学出版社

2019·北京

罗马法与学说汇纂

（第9卷）

主　　　　编：费安玲

本卷执行主编：陶　乾

本 卷 副 主 编：乌　兰　戴宇鑫

本 卷 编 辑：宋春雨　王　曼

卷首语

2018 年下半年到 2019 年上半年，我国民法典分编部分的编纂进入紧锣密鼓阶段。目前我国民法典各分编分别为人格权编、婚姻家庭编、继承编、物权编、合同编和侵权责任编。但是，作为《民法总则》第五章"民事权利"主要内容之一的知识产权，虽然在第 123 条中给予明确规定，却在民法典分编中毫无踪迹。我将迄今为止的知识产权在我国民法典中的状态，称之为"孤款独鸣"，因为知识产权在民法典中仅有《民法总则》第 123 条这一个孤独的条款。我国民法典的编纂对知识产权如此安排，与我国对知识产权战略的大政方针设计和对知识产权保护的愿景完全无法适应。如果说，在我国 1986 年《民法通则》共计 156 个条款中有一个知识产权条款，这彰显出在 20 世纪 80 年代我国民法统一立法对知识产权的重视，那么，在期希成为 21 世纪经典之作的《中华人民共和国民法典》的大约 1240 个条款（包括截止到 2019 年 1 月各分编草案的条款）中，涉及知识产权的条款依然仅有一个，这很难说我国民法典编纂中对知识产权给予了足够的重视。

众所周知，知识产权战略是我国 21 世纪发展国家经济的重要战略之一。知识产权立法应当为知识产权战略的顺利进行提供保驾护航的功能。

我国民法典的编纂应当改变目前知识产权条款"孤款独鸣"的状态。法典是法学学说和法律实务的结晶。在民法典中设知识产权编，其能够产生出如下效果：

第一，能够体现出民法典对知识产权提供保护的历史使命。因为法典化是采法典立法模式的国家在立法中极为重要的位阶体现。通过民法典，将法律对知识产权提供保护的历史使命以法典化形式加以展示，可以使知识产权的保护获得立法上仅次于宪法的重要位阶之立法确认。

第二，能够体现出知识产权在权利体系中的定位。在一个采法典立法模式的国家中，知识产权进入到这个国家民法典的权利体系中，能够彰示出知识产权在权利体系中的定位，甚至这样的定位也可以称为是一种颇具"仪式感"的立法确认。在社会生活中，如果一件事有很强的仪式感，其表明这件事的重要性。民法典，作为一个国家的国民生活的"百科全书"，将与社会生活密切关联的法律规则纳入该法典中，从一定角度来讲，就赋予了被纳入民法典的法律规则一种"仪式感"。在我国继续改革开放的进程中，知识产权面临着要获得进一步保护的立法需求。在立法上，知识产权不应被剔除在仅次于宪法的重要位阶上的民法典分编之外，因为仅《民法总则》第123条的孤款独鸣，难以体现出知识产权在权利体系中的重要定位。

第三，能够体现出《民法总则》与民法分则的体系化呼应。法典化的体系在于法典内部的相互呼应。知识产权在《民法总则》第123条中的规定具有提纲挈领的功能，清晰但过于简单，需要在分则中单设知识产权编，以便在体系上相互呼应。《民法总则》第五章确认的民事权利，除知识产权外，均可以找到总则与分则相互呼应的情形，例如《民法总则》第110条的人格权有分则中的人格权编给予呼应，《民法总则》第112条的婚姻权有分则中的婚姻家庭编给予呼应，《民法总则》第114条的物权有分则中的物权编给予呼应，《民法总则》第118条的债权有合同编和侵权责任编共同给予呼应。因此，作为民事权利的重要内容之一，知识产权不应在民法典编纂中受到"孤款独鸣"的待遇。

客观而言，自改革开放后，我国知识产权立法实践和理论研究已经过了30余年，将知识产权独立作为民法典分则中一编的时机已经成熟。知识产权是民事权利，具有民法属性，这在当今国际社会无任何争议。知识产权是人类经济发展的产物，其作为体系化立法内容的历史迄今不足300年，因此，在法典化国家的立法中，对知识产权与民法典的关系，在民法典立法上呈现出从完全游离于民法典之外到渐契入民法典的趋势，例如西班牙、意大利、越南和俄罗斯等国已将知识产权纳入民法典中。虽然该趋势因民法典不宜反复大修的特点而暂时处于缓慢发展状态，但其应当是21世纪及其往后时代法典化国家未来民法典修法的大趋势。

纵观国际上将知识产权纳入民法典的国家，主要有如下两种立法结构模式：

（1）"二元化立法结构"，将知识产权一般规则纳入民法典，以单行法形式将知识产权规则细化。例如1942年《意大利民法典》用了38个条文规定了企业商号和标识、商标、作品著作权、发明、实用新型和外观设计专利、制止不正当竞争等知识产权一般规则，同时以单行法形式规定知识产权的具体规则。再如1995年颁布、2005年修订的《越南民法典》，在其777个条款中用了22个条款规定知识产权和技术转让的一般规则，而有关知识产权产生规则、知识产权国家管理等纳入单行法。该立法结构不仅在于保障民法典的体系性与民事权利的宣示性，而且在立法技术上具有其科学性，即一般规则由民法典规定，详细规则交给单行法解决。

（2）"一元化立法结构"，即把知识产权完整地纳入民法典，例如2008年生效的《俄罗斯民法典》，其废除了原有6部有关知识产权的单行立法，将知识产权的全部内容完整地纳入民法典中，构成了第七编"智力活动成果和个别化手段的权利"，共计346个条文。该立法结构形成了民法总则与知识产权编在体系上相互呼应，并在民法典中形成了独特的知识产权内容体系。

为了使我国民法典中知识产权编内容不宜过于庞大，我建议可以借鉴目前我国民法典中继承编草案约60个条款的设计思路，将知识产权编的条文数控制在70个以内。同时，我亦建议采纳"二元立法结构"，也就是说，将知识产权实体法内容（例如权利的主体、权利的取得、权利的类型、权利的行使、转让与限制、权利的存续期等）纳入民法典的知识产权编；将有关知识产权申请与审核程序的规则以单行法形式规定。

为了配合民法典的立法和深化对知识产权的研究，本卷特别选取了16篇国内外学者对知识产权的研究成果奉献给读者们，供读者们欣赏或评论。

当今世界，在法典化国家中，民法典是一个国家法治的重要象征之一。正在编纂中的《中华人民共和国民法典》不仅承载着依法治国的理念和高瞻远瞩，也是我国社会经济生活中指导公众知法和守法的"百科全书"。知识产权法律制度是我国在21世纪经济再上新平台的主要制度保障，为此，我国民法典的编纂不应再让知识产权处于"孤款独鸣"的状态中，相反，知识产权应当在我国民法典分则中有单设一编的重要地位，以使知识产权法律制度发挥出其对我国经济发展保驾护航的高效功能。

费安玲

2019年1月9日于京城静思斋

目 录

Ⅳ. 学说争鸣

Ⅴ. 域外立法信息

CONTENTS

IV. Contention of Theories

V. Extraterritorial Legislative Information

INDICE

III. Dottrina

IV. Questioni Controverse

罗马法原始文献中有关抵销的
部分内容摘要*

李　超** 译

一、抵销的概念

D. 16，2，1　莫德斯汀《学说汇纂》第 6 卷

抵销就是用债权人欠债务人的钱进行折抵清偿。

D. 16，2，2　尤里安《学说汇纂》第 90 卷

如果一个人的债权人同时也是＜他的＞债务人，当该债权人对其提起诉讼【要求清偿债务时】，只要其打算为抵销，那么他可以拒绝债权人。

D. 16，2，3　彭波尼《论萨宾》第 25 卷

因此，抵销是必要的，因为相较于通过诉讼要求【对方返还】我们已经支付的钱款，抵销使我们可以免于支付【钱款】。

二、抵销的适用范围

D. 16，2，4　保罗《论萨宾》第 3 卷

内拉蒂认为：保证人基于任何合同对债权人承担的保证责任不应包括主债务人＜可以向债权人＞主张抵销【的债权】的部分。对此，彭波尼表示赞

---

　　* 本部分有关抵销的内容摘自其翻译的罗马法原始文献第 16 卷《抵销与寄托》，中国政法大学出版社 2016 年版。更为详细的内容请阅读该书。

　　** 北京化工大学文法学院副教授，意大利罗马第二大学法学博士。

同。我认为这种观点是对的。事实上，如同当我＜作为债权人＞向债务人提出诉讼时，＜债务人可以主张抵销予以抗辩＞，我将面临诉讼被否决的不利后果。同样保证人当然也不会被判处承担比主债务人责任更大的责任。

D.16，2，5 盖尤斯《论行省告示》第9卷

如果向保证人主张某物，那么下列处理方式将是公平的，即：保证人有权选择用【债权人】对自己负的债务为抵销，或者用【债权人】对主债务人负的债务为抵销。但是，保证人同样有权主张【同时】用上述两个债务为抵销。

D.16，2，6 乌尔比安《论萨宾》第30卷

对自然之债也适用抵销。

D.16，2，7，1 乌尔比安《论告示》第28卷

如果法官【在判决中】没有考虑抵销【的情况】，那么债权人主张抵销的诉权仍被保留：事实上，人们不能对已决案抗辩提出异议。但是我认为下列情况应另当别论，即如果＜法官＞认为债务不存在而拒绝适用抵销，此时已决案抗辩事实上构成对当事人利益的侵犯。

D.16，2，8 盖尤斯《论行省告示》第9卷

那种＜已经＞对原告提起诉讼的抵销也被包含在内，为的是，＜被原告起诉的＞人以及＜最先提起诉讼＞的更勤奋的人，万一他们的抵销被否决，＜就如同他的债权存在争议＞，他们的情况不会恶化。

D.16，2，9pr. 保罗《论告示》第32卷

如果一个家子或者奴隶签订了一份合伙合同，之后他的家父或主人为此提起诉讼，那么我将对整个债务适用抵销的规定，尽管在正常起诉时，债的履行应以【家子或奴隶的】特有产为限。

D.16，2，9，1 保罗《论告示》第32卷

但在针对家子提起诉讼的情况下，人们提出了这样一个问题，即：家子是否可以就＜对方当事人＞对其家父承担的债务主张抵销？由于此时只有一个合同，为此我倾向于做出肯定的回答，但应满足以下条件，即＜家子＞应

提供担保要式口约，保证他的家父会批准他的行为，也即家父不会就家子主张抵销的债权再要求【债务人】清偿。

D. 16, 2, 10pr.　乌尔比安《论告示》第63卷

如果我们两个都是合伙人，而且行为时都犯了同样【程度】的过错，那么应该说我们相互之间互不负债，因为此时【我们的】过失当然相抵了。类似的，如果一个合伙人侵占了共有财产的一部分，另一个合伙人则因违反【对合伙企业】应尽的义务而【对合伙】负有债务，而此债务的价值与前者侵占的共有财产的价值相等，人们认为此时在两个合伙人之间适用抵销的规定，双方互负的债务当然同时消灭。

D. 16，2，10，2　乌尔比安《论告示》第63卷

在因盗窃或其它违法行为而提起的诉讼中，如果当事人要求罚金的，则适用抵销的规定。这同样适用于盗窃时要求原物＜返还＞的情形。此外，损害之诉的被告也可主张抵销。

D. 16，2，10，3　乌尔比安《论告示》第63卷

抵销也适用于【那些】被要求如同诉，即裁判官之诉的要式口约。根据尤里安的观点，人们既可以在要式口约中约定抵销，也可以在要式口约之诉中主张抵销。

D. 16，2，11　乌尔比安《论告示》第32卷

如果一方欠另一方一笔钱，该笔欠款没有利息；同时后者【也】欠＜前者＞一笔钱，但该笔欠款附有利息，对此，塞维鲁皇帝的一个敕令曾规定＜后者＞不应支付可以主张抵销的那部分钱款的利息。[1]

D. 16，2，12　乌尔比安《论告示》第64卷

上述敕令不仅适用于私人之间的欠款，而且适用于有关国库的借款。此外，如果双方相互的借款都附有利息，但利息的利率不同，双方仍可就相互欠款主张抵销。

---

〔1〕　即在计算利息时，应先就两笔债务的本金为抵销，之后再就余额计算利息——译者注。

D. 16，2，15　雅沃伦《书信集》第 2 卷

若我之前使蒂丘斯（Titius）向我承诺在某地支付给我一笔钱：他起诉我要求我支付欠他的＜其它＞款项，我提出疑问：在提出抵销抗辩时是否也包括他承诺在某地支付给我钱的利息？对此，＜法学家＞的回答是：如果是蒂丘斯（Titius）提起的诉讼，那么在抵销时应把他承诺在某地支付＜给我＞钱的利息计算在内，但此时也应考虑相关的情况，即考虑假设蒂丘斯（Titius）在支付地，即被起诉＜支付钱款＞的地方，支付钱时的利息有多少。

D. 16，2，16，1　帕比尼安《问题集》第 3 卷

【在蒂丘斯（Titius）提起的一个诉讼中】，依照判决，对方应向蒂丘斯（Titius）【支付一笔款项】，但在执行判决期间，对方却对蒂丘斯（Titius）提起了＜执行＞诉讼，【因为】根据之前的某个判决，蒂丘斯（Titius）被判决向对方【支付一笔款项】，那么此时可以适用抵销的规定：因为债务未届清偿期是一回事，而出于怜悯给对方一定准备时间＜执行判决的债务＞则是另一回事。

D. 16，2，17　帕比尼安《解答集》第 1 卷

如果一个人因为在担任营造司期间少提供了物品供应而被审判，那么他不应为那些用作购买公共服务的借款负债，因此，他可以援引有关抵销的规定。

D. 16，2，18 pr.　帕比尼安《解答集》第 3 卷

如果一个人被委托来为自己的事情进行辩护，在争讼程序后，其反过来又成为被告，那么此时为了公平，应允许其主张抵销。

D. 16，2，19　帕比尼安《解答集》第 11 卷

如果一个债务人在未经权利人同意且未向其支付钱款的情况下，【误】向一个公奴隶[1]支付了一定的钱款，【此时】，之前的债务仍然存在，但就公奴隶享有的特有产，债务人享有主张抵销的权利。

---

〔1〕　其误认为该公奴隶为适格的收款人，但事实上对该公奴隶的付款不具有其想要的法律效力。

D. 16，2，21 保罗《问题集》第 1 卷

人们公认，当事人之间互负债务时，当然可以发生抵销。在缺席的某人的代理人被起诉的情况下，他无需提供担保，以保证其行为将来一定会得到追认，因为此时没有任何东西需要抵销。尽管如此，在诉讼开始时，可以要求其提供少量金额【的担保】。

D. 16，2，22 斯凯沃拉《问题集》

如果你欠一个人 10 个 < 币 > 或者 1 个奴隶，那么当且仅当对方当事人明确选择其中之一时，方可适用抵销。

D. 16，2，24 保罗《裁决汇编》第 9 卷

< 赛第米・塞维鲁 > 皇帝曾命令，如果某人被国库提起诉讼而他却能够证明是国库欠他的，该人应获得支持。

三、抵销的效力

D. 16，2，10，1 乌尔比安《论告示》第 63 卷

因此，如果一个人本可以主张抵销，但却支付了债款，那么他可以提起返还之诉，就如同清偿了一笔本不存在的债务一样。

D. 16，2，13 乌尔比安《论告示》第 66 卷

拉贝奥的话不无道理，他认为，如果【一方】明确表示其抵销请求是针对【他方的】某个特定的诉讼请求，那么就不能再对其它诉讼请求主张【抵销】。

D. 16，2，7，1 乌尔比安《论告示》第 28 卷

如果法官【在判决中】没有考虑抵销【的情况】，那么债权人主张抵销的诉权仍被保留：事实上，人们不能对已决案抗辩提出异议。但是我认为下列情况应另当别论，即如果 < 法官 > 认为债务不存在而拒绝适用抵销，此时已决案抗辩事实上构成对当事人利益的侵犯。

四、抵销的禁止

D. 16，2，4 保罗《论萨宾》第 3 卷

内拉蒂认为：保证人基于任何合同对债权人承担的保证责任不应包括主

债务人＜可以向债权人＞主张抵销【的债权】的部分。对此，彭波尼表示赞同。我认为这种观点是对的。事实上，如同当我＜作为债权人＞向债务人提出诉讼时，＜债务人可以主张抵销予以抗辩＞，我将面临诉讼被否决的不利后果。同样保证人当然也不会被判处承担比主债务人责任更大的责任。

D. 16，2，7pr.　乌尔比安《论告示》第 28 卷

如果一个债权未届清偿期，即便其【将来】应被履行，也不能用作抵销。

D. 16，2，11　乌尔比安《论告示》第 32 卷

如果一方欠另一方一笔钱，该笔欠款没有利息；同时后者【也】欠＜前者＞一笔钱，但该笔欠款附有利息，对此，塞维鲁皇帝的一个敕令曾规定：＜后者＞不应支付可以主张抵销的那部分钱款的利息。[1]

D. 16，2，13　乌尔比安《论告示》第 66 卷

拉贝奥的话不无道理，他认为，如果【一方】明确表示其抵销请求是针对【他方的】某个特定的诉讼请求，那么就不能再对其它诉讼请求主张【抵销】。

D. 16，2，14　雅沃伦《卡西选集》第 15 卷

如果一个权利主张会因有效的抗辩而消灭，那么其不能用于抵销。

D. 16，2，16pr.　帕比尼安《问题集》第 3 卷

一个军人有两个继承人，其中一人继承了他的军营特有产，而另一人继承了剩余的财产。此时，如果一个债务人想用自己对其中一个继承人的债权抵销其对另一人所负的债务，那么其诉讼请求将不会获得支持。

D. 16，2，18，1　帕比尼安《解答集》第 3 卷

任何债权人都不能被强迫与其债务人之外的其他人为抵销，即便债权人的债权人，为了被起诉的债务人的利益，愿意用其【对债权人享有的】债权与债权人【对被告享有】的债权为抵销。

---

〔1〕 即在计算利息时，应先就两笔债务的本金为抵销，之后再就余额计算利息——译者注。

D. 16，2，20　帕比尼安《解答集》第 11 卷

一个保佐人（curatore）[1]因（其）在军事远征中负责的军需供应（事宜）受到审判，我认为他不能主张抵销而保留相关的钱款，因为这些＜钱款＞是不可抵销的。

D. 16，2，23　保罗《解答集》第 9 卷

监护人对被告提起诉讼，以主张被告对被监护人负有的债务，如果被告以其对监护人所享有的债权主张抵销的，那么主张抵销的要求无效。

---

　[1]　在罗马法中，"保佐人"一词有两层不同的含义，分别与公法和私法相关。公法上的保佐人是指被指派履行某种行政管理职能的执法官，尤其在帝国时期，人们通常把受君主委托行使特定职务的官员称为保佐人，而且这些人产生于社会上流阶层。私法上的保佐人则是指针对特定个人的财产行使保佐职责的人。此处的保佐人当为公法上的保佐人。

知识产权损害赔偿的补偿和威慑力

［意］ Vincenzo Di Cataldo[*] 著

梁译方[**] 译

陈亚茹[***] 校

1. 很多人认为，在侵犯知识产权的损害赔偿问题上，意大利的司法实践（与其他国家的经验相比）让人感到绝望和窒息。这具体体现在如下两个不尽相同但又相互联系的方面：对损害赔偿的量化标准认识不足，我们的法官普遍不愿意采取仅仅象征性地或者稍微比假冒造成的损害多一些的方式来计算应赔偿的数额。[1]

最近几年，正如我们所了解的那样，在关于损害赔偿的问题上，涌现了大量重要的理论巨著。这些理论阐释了各个领域（环境污染的损害赔偿、侵犯个人隐私的损害赔偿、人身伤害的损害赔偿以及侵害人身权的损害赔偿等）的不同观点。与此同时，人们还一直致力于深入反思对这一问题的整体定位。有学者以创新为视角来审视知识产权法领域的规则和问题。[2]近年来，在所有的对侵权损害赔偿的理论研究中，侵犯知识产权的损害赔偿问题处于一个

---

［*］ Vincenzo Di Cataldo，意大利卡塔尼亚大学法学院商法学教授。

［**］ 中国政法大学法律硕士学院 2016 级硕士研究生。

［***］ 中国政法大学法律硕士学院 2015 级硕士研究生。

〔1〕 Vanzetti, La restituzione degli utili di cui all'art. 125, n. 3, c. p. i. nel diritto dei marchi, in Il dir. ind. , 2006, 323 ss.

〔2〕 Castronovo, La violazione della proprietà intellettuale come lesione del potere di disposizione. Dal danno all'arricchimento, in Il dir. ind. , 2003, 7 ss. ; e in Studi di diritto industriale in onore di A. Vanzetti. Proprietà intellettuale e concorrenza, vol. I, Milano, 2004, 359 ss.

非常重要的地位。[1]

对侵犯知识产权损害赔偿问题的阐述或多或少清晰地确认了对一些特性的感知，这一领域中，尤其是弄清楚了赔偿性保护和返还性保护以及获利之间的特殊联系。包括意大利在内的很多国家，无论是司法层面上还是理论上，侵犯知识产权的损害赔偿的数额应该按照与侵权者所获利润相等（但该数额不等于，或不仅仅等于受害者所遭受的损失）的标准执行。因此，对原告的赔偿性保护与被告获利的返还性保护之间存在偏离。

2. 现今，在确定侵犯知识产权损害赔偿的金额问题上出现了新规定，这对于这一领域的法规有重大的影响，尽管反过来确定其在整个体系中的最终作用还是相当困难的。这一新规定是由特设法规最新推出的，首先是在区域内推行，之后再在全国范围内推行。

2004 年 4 月 29 日，欧洲议会和理事会针对知识产权中的损害赔偿问题作出了第 2004/48/EC 号指令（即所谓的"执行指令"），第 13 条规定：①各成员国应确保，对于受害者的请求，司法当局的相关部门应当责令那些明知或有合理理由相信其应当知道自己从事了侵权行为的侵权者按照其实际造成的损害对权利人进行赔偿。司法当局判定赔偿金额时，应做到如下几点：第一，要把所有相关因素考虑进来，如消极的经济影响，包括被侵权者所遭受的利益损失、侵权者的非法获利，并且在适当的情况下，还包括非经济性的因素，

---

[1] AIDA 于 2000 年 9 月 29 日至 30 日在帕维亚召开的会议致力于知识产权的威慑和民事制裁，该会议记录在 AIDA 上出版了，2000 年，第 5 页及之后，在这次会议上做的报告中，与这一研究直接相关的有 Frassi, I danni patrimoniali. Dal lucro cessante al danno emergente, ivi, 93 ss.; Ricolfi, I danni morali, ivi, 126 ss.; Gitti, Il possesso di beni immateriali e la riversione dei frutti, ivi, 152 ss.; G. Guglielmetti, La gestione di affari e la riversione degli utili, ivi, 174 ss.; Troiano, La tutela del diritto di autore attraverso la disciplina dell'arricchimento ingiustificato, ivi, 207 ss.; Nivarra, Dolo, colpa e buona fede nel sistema delle sanzioni a tutela della proprietà intellettuale, ivi, 325. 还可以参阅 Castronovo 的文章，cit. nota prec., Nicolussi, Proprietà intellettuale e arricchimento ingiustificato: la restituzione degli utili nell'art. 45 TRIPs, in Europa e diritto privato, 2002, 1003 ss., M. Cartella, Il risarcimento del danno nella contraffazione di marchio, in Il dir. ind., 2001, 141 ss.; Sirena, La restituzione del profitto ingiustificato (nel diritto industriale italiano) in Riv. dir. civ., 2006, I, 305 ss.; Barbuto, Il risarcimento dei danni da contraffazione di brevetto e la restituzione degli utili, in Riv. dir. ind., 2007, I, 172 ss., e l'apprezzata monografia di Plaia, Proprietà intellettuale e risarcimento del danno, Torino, 2005. Sul tema, ovviamente molto vicino, del risarcimento del danno concorrenziale si veda da ultimo Genovese, Il risarcimento del danno da illecito concorrenziale, ESI, Napoli, 2005. 关于侵犯知识产权的防御对策有很多国外读物。近期发表的文章有：R. D. Blair, T. F. Cotter, "Intellectual Property: Economic and Legal Dimensions of Rights and Remedies", *Cambridge University Press*, Cambridge, 2005.

如侵权给权利人所造成的精神损害。第二，在适用第一项时，确定一个以各种因素为基础的总额，至少包括侵权者请求授权其对涉案知识产权的许可使用时应当支付的数额。②如果是在侵权者并不明知或者是没有充分的理由相信其应该知道自己侵权的情况下，成员国可以规定由司法当局责令收回其所获利润或者责令赔偿其可预见范围内的损失。

意大利的法律体系在 2006 年 3 月 16 日第 140 号立法令中执行了这一指令，作出了一个与《工业产权法典》第 125 条（2005 年 2 月 10 日第 30 号立法令）和《著作权法》第 158 条（1941 年 4 月 22 日第 633 号法令）相关的新规定。

《工业产权法典》第 125 条，名为"损害赔偿和侵权者利益返还"，分为了 3 款：①根据《民法典》第 1223、1226 和 1227 条之规定，给予受害者的赔偿，应该考虑到所有的相关因素，如消极的经济影响，包括被侵权者所遭受的利益损失，侵权者的非法获利，并且在适当的情况下，还包括非经济性因素，如侵权给权利人所造成的精神损失。②规定损害赔偿的判决可以根据证据和推定情况来确定赔偿总额。在这种情况下，假如侵权者从权利受害者处获得了许可的话，利润损失的总额均不得低于侵权者为使自己的权利合法化而请求获得许可所应该支付的费用。③在任何情况下，被侵权人都可以请求侵权者归还其所获的利润，选择赔偿利润损失，或者选择数额超过前者的赔偿措施。

《著作权法》第 158 条的新文本也规定了 3 个条款：①受害者不仅可以向法院起诉请求侵权者赔偿损失，还可以请求消除侵权造成的事实状态。②应当根据《民法典》第 1223、1226、1227 条的规定计算受害者应得的赔偿。根据《民法典》第 2056 条第 2 款的规定，预期利润损失由法官进行评估，侵权所得也应考虑在内。假设侵权者向权利人请求了使用权许可的话，法官至少应以使权利合法化所应该支付数额为基础来对损失进行计算。③此外，根据《民法典》第 2059 条的规定，非财产性损害也需要赔偿。

3. 意大利的这两个法规在文本上并不相同（不知为何），[1] 但二者相互关联，显得极为相似，尽管二者在主要问题上分歧很大（至少表面上是这

---

〔1〕 可想而知，《工业产权法典》中的规定很可能是由经济发展部作出的安排，《著作权法》中的规定可能是由文化遗产部作出的安排。而在这一点上两部委的具体职能一致。很显然，两个不同部委之间非常协调，彼此之间并没有产生摩擦。

样），即侵权人所获利润的地位问题。

进一步审视这一问题，可以肯定的是，在此，并非试图对新规则引起的问题做全面的审查（尽管是容易的），甚至也没有试图去解释关于民事违法行为一般性问题的思考，关于财产损害的量化标准问题，我仅提几点对新规定进行初步分析的思考。[1]

我将从调查研究的范围中完全跳出来，首先，主观因素也值得全面考察。众所周知，关于侵犯知识产权的问题，在法律上，过错推定是不变的，对（已获核准的）专利和（已注册的）商标来说，法律及《民法典》第2600条第3款规定[2]，存在过错是根据权利人的合法公开系统推定的。至于著作权则更是模糊不清，由于传播者负有推定的专业责任，这加重了"自然的违法者"（出版者、表演者等）的负担。

但至少值得怀疑的是这些解释是否有真正的内涵，正如有的学说那样，虽然观点并不总是足够坚定，但会反复提及。

事实上，谈到过错推定，听起来似乎有些超越现实，十分常见的情况是，侵犯专利权只有在得到非常复杂的专业意见之后才能核实。而侵犯商标权的情况，则可以根据仔细地检查商标的相似程度和/或检查标志的易混淆性来查明。此外，第2004/48/CE号指令似乎支持成员国（第13.2条，意大利法律忽略了这一可能性）对那些不知道或没有合理的理由知道自己侵犯了他人的知识产权的人，施以不那么沉重的处罚，尽管它并没有明确对不知情的侵权案件提出的施以不那么沉重的惩罚的程度如何。[3]

我也将不再分析新规定中隐含的非财产损害的问题。[4]事实上，《工业产权法典》第125条第1款规定了在合适情况下的可赔偿性，留给了解释者一

---

〔1〕 In tema Nivarra, Dolo, colpa e buona fede nel sistema delle sanzioni'a tutela della proprietà intellettuale, cit. nota 2.

〔2〕《意大利民法典》第2600条可以直接适用于对显著标志的侵权行为，根据《意大利民法典》废除的第2598条第1项的规定，对显著标志的侵权常被认定为是非法的。相反，根据这一规定假冒发明专利也总是构成不正当竞争行为。然而，《意大利民法典》第2600条可以被认为是广义上的所有竞争法律系统的标准，因此也是知识产权领域的制度标准；但是这种说法还未曾得到充分的证明。

〔3〕 这一规则仅意味着制裁可能只是为了追回利润。因此，乍一看，人们会认为只有假冒者的利润返还是可能的，而没有任何进一步的损害赔偿，但不清楚在假冒者的利润大于受害者损失的情况下应当适用什么规则（我们随后将会看到，这种情况绝非罕见）。实际上我们应该考虑预先确定可补偿损失小于实际损失时的情况，但我不知道我们如何实现这一情况。

〔4〕 In tema Ricolfi, I danni morali, cit. nota 2.

个乍看之下并不简单的任务。相反,《著作权法》第158条第3款规定,该损害应为"《民法典》第2059条规定的非财产损害"。

不过,我不关心(我今后会进行进一步的研究)惩罚性赔偿在意大利的可行性问题,[1]也不探讨损失的公平计算这一特殊问题(如果有的话,指的是侵犯工业产权)。

4. 为了界定研究的主题,应该指出的是,在整个知识产权领域,在赔偿问题上,无法形成一个统一的认识。众所周知,不同的知识产权确实在表面结构上表现得大体类似(以专有权的形式),因此,现在把它们归为了同一类别。但是本质逻辑上它们相互之间是非常不同的,不能将它们混为一谈。

事实上,关于专利、外观设计和著作权的法律法规,响应的是鼓励创新和激励某些类型的作品的创作,以及推动对它们的推广、传播。普遍的观点认为商标主要是(但不仅仅是)一个用来表明其是出自于哪一家特定企业的产品(或服务)的标识。品牌运营方式是仅仅迎合一种特定的观点(另外,该观点可能不是唯一的,也不是最被普遍接受的),商标权可以被看作是以一些类似的方式回应了一种逻辑,即认识到这是对产品质量进行投资的一种激励机制。

传统的做法主要是通过寻求停止型补救措施来保护知识产权。然而停止侵权往往是不够的。因为相较于发生在先的违法行为,停止型补救措施的实现总是(或多或少)晚了一步,而且侵权的事实总是会持续一段时间,这就会造成相应的损害结果,而仅仅是禁止又往往无力弥补这一损害结果。此外,违法行为通常会产生执法成本,这一成本首先是司法成本,除此之外还包括市场监管成本。这些成本即用于尽可能第一时间发现侵权现象。

而正是基于这些原因,即使是在知识产权领域,针对违法行为的出现不能只靠停止型补救措施,还需要对损害进行赔偿。

5. 此外,关于实际需求的调查研究提出了一个附加的需求。在知识产权领域,还亟需建立一个特别具有威慑违法行为的实效的机制。事实上,侵权造成的损害(全额)赔偿的缺失,会对知识产权法规本身的激励作用造成一

---

[1] La nostra giurisprudenza(da ultimo Cass. 19 gennaio 2007, n.1183, in Foro it., 2007, I, 1460, Con nota di G. Ponzanelli, Danni Punitivi: no, grazie)认为惩罚的概念与损害赔偿无关。因此排除(违反国内公共秩序)批判惩罚性赔偿的外国判决。这一想法(引用的注释也表明)可以得到有效的纠正。

定的阻碍。

在科学研究活动方面的投资（这些研究可以带来专利和外观设计在技术和外形上的创新、在创作和新的智力成果传播方面的投资），以及在产品质量方面的投资（这些产品是基于对商标权的享有而生产的）可以使得这些活动可能带来的积极结果和从事这些活动所耗费的成本（科研、创作、生产的成本）之间形成一个平衡的状态。

只有知识产权法规定的独占性权利被充分地行使和实现时，所计算的损失中的潜在的全部利润才能实现。如果知识产权得不到充分的保护，并且法律原本应当保证属于权利人的部分利益被侵权者窃取，这种情况下投资反而会导致行业颓靡。当相较于权利人的损失，赔偿规则所起的作用较小的话，其不利影响将是巨大的。

但是还存在一种情况。如果假冒商品的商家是比知识产权所有者更具经济实力的经营者，这就可能导致出现一种现象，既能够保证知识产权所有者得到其所受损失的全部赔偿，也能让不法商家从事假冒活动并从中获利，同时，承担赔偿权利人所受损失的义务。事实上，侵权者仍然可以从权利人所受损失与自身所获的巨大利润之间所形成的差额中获利。而这一差额，即使从中扣除侵权诉讼的成本，可能也是相当大的。[1]

侵权者比知识产权所有者获利更大的例子并不少见。事实上更多时候侵权人往往几乎都比被侵权人更具有企业家的能力：这种能力即指生产规模、生产能力、营销能力，或者任何一种其他能够影响商品或服务的生产能力和/或营销能力等诸多因素的能力。

在如何规制这一情况的问题上，大家还可以进行长期的讨论。纯粹的效率考虑会让人认为将侵权人能够产生的超额利润留给他是适当的。毕竟，在最终分析中，侵权人在权利人能力范围外提高了新产品的传播量。[2]但是，如果查看我们实行的法律体系（事实上，现今的所有法律体系），现行的评价不是这样的。相反地，现行观点（著名的古语所述"侵权行为不得支付"）认为侵权者从自己的违法行为中获得利益是不能被容忍的。

---

〔1〕 相反，如果侵权人的效率低于权利人，或者假冒产品造成市场秩序混乱，并且导致公众对产品产生或多或少的不满，从而减少了产品的总体销售量，权利人因销售损失造成的损害可能高于假冒者的利润。

〔2〕 文中引用的语句显然认为是对发明或实用新型专利，设计或模型，甚至著作权的侵权。只有经过一定的修改和努力，才能适用于侵犯商标权的情况。

　　刚刚提及的或许是侵犯知识产权问题中最特别的一个。如果造假被认为是经济便捷有利可图的话，那么假冒将会更加盛行。当假冒者比权利人更能获得效益时，他可以合理地期待一个高于（甚至远高于）权利人损失的利润，这种情况便会发生。这一特殊的诱惑力（它并不表现在其他类型的造成损害的活动方面：如交通事故造成的损失。而是在其他的企业违法活动中很常见，比如不当竞争、会造成环境污染的活动）需要法律上的创新来使得假冒总是且无论怎样都不再便利。从这个意义上说，在这一领域（如同在其他一些领域一样）威慑规定的存在是非常必须的，而在另外一些领域可能没有这样的规定，或者可能不是必须的。

　　我认为这是新规定产生的主要原因（甚至更早的时候，法理上和学术上的安排也是朝这一方向发展的），它允许受害者不仅仅要获得所受损失的全额赔偿，还应该得到侵权者所获利益的归还。当然，这些法规的产生可能还有其他的原因。特别是，理论上的原因可以说侵权者的利润自然应该属于权利人，因为这是因其专有权所产生的财产。[1]在新法规获得批准之前，这一点或许就是在缺少特设规范的前提下，使得返还利润合法化最常采纳的理由（但并不是所有人都认同）。[2]

　　就个人而言，比起纯粹的理论上或者逻辑上的原因，我更倾向于实用性的原因。毕竟，关于法规出台的问题对我而言似乎意义甚微，或者直接地说，毫无意义（鉴于恰好存在正在实行的法律），但是，不能排除的是对规范本身的一些解释会有一些影响。

　　6. 因此，最佳的规则可以被概括如下：如果侵权者所获的收益不如权利人，并且其获利少于其给权利人造成的损失，则按照受害者所受损失进行赔偿。这种赔偿规则的功能在于进行适当赔偿的同时起到预防或者威慑的作用。

　　相反，如果侵权人获利超过权利人，并且其获利大于其给权利人造成的损失，这样单一的规则能起到赔偿功能，但却难以发挥预防或者威慑的功效。有必要扣除侵权者获得的所有利润。新法规所规定的就是这一点。从这个角

---

　　〔1〕 词语的选择突出了立法者的一些预先判断，而且这些规定出于教条主义原因在确定赔偿金额上有溯及效力。意大利法律采用的"恢复原状"一词与本文刚提到的理论观点一致。该指令的意大利版本使用"恢复"一词，该术语也出现在非官方的意大利版TRIPs协议中。通常用来表示同一规定的其他词语（"返还""退回"或"归属"）在理论上表现得更加中性。

　　〔2〕 实际上，这是定性冲突问题，而不是与阿奎利亚法相冲突（这一问题可以参阅 l'apprezzata monografia di Plaia, Proprietà intellettuale e risarcimento del danno, Torino, 2005.）

度看，我当然要排除在侵权者归还所获利益总数没有超过受害者损失的利益的情况下适用该规定。正如法规所明确指出的，如果不是超过损失的部分，归还的利益不能归入到损害赔偿里。我认为，这意味着，归还的利益可以且应该是侵权人的所有利润，即便它确实超过了权利人的损失。

7. 在这一点上我想更好地阐述一下损害赔偿和侵权者的获利这二者的构成。

最使人信服的一般说法是损害赔偿指的就是因侵权而使被侵权人所减损的收益。然而，虽然常常强调这一项损失，但在意大利，可能存在的损害赔偿的组成部分尚未得到充分审查；另一方面，强调权利人销量的减少，反而造成了其他项目的损失几乎全部被低估的结果。

受害者损失的利润是由其销售量下降造成的，而销售量的下降又是由侵权行为所导致的，其代表的是预期利润损失（至少，法律上是这样明确规定的）。

其数量统计可以由被侵权人的销售量和侵权人的销售量对比而来。如果诉讼中除了侵权人和被侵权人的商品之外不存在其他商品，并且市场绝对稳定的话，这一操作是比较简单的。而事实上，这两个条件只有在极端情况下才能实现，在现实中是不可能实现的。市场上经营者众多，并且一般情况下市场或多或少会有波动。此外，在任一市场上几乎所有的商品或者服务都能轻松地找到替代品。基于这一考虑，需要在计算清楚被侵权人的销售量之后，再计算清楚侵权人的销售量，并且还要区分清楚哪些变化是由侵权所造成的，哪些变化是由其他因素所造成的。

为了计算清楚应该赔偿的损失，必须确保前者被充分考虑，相反地，后者中的不相关因素则无需考虑。要区分清楚这两类因素是相当困难的。它只能通过对市场和产品进行一系列研究调查才能总结出来，才能区分出归因于相较假冒而言的其他因素的发展变化，这些因素比如有：所谓的产品的生命周期，公众品味和需求的改变，企业主广告花费水平的差异，原材料和零部件价格体系的波动，有竞争能力的新产品的引入。还需要（尽管是困难的）注意受专有权庇护的产品的替代产品的出现，从而因此区分能因替代产品（不同，但具有可替代性）的出现或是这些其他产品的市场安排的改变又或者是这些其他产品的需求的转变而引起的卖家的变化。

在一些通常已经十分错综复杂的情况下，还会增加特殊的复杂性。特别是，比如当业主受托生产或者销售时，很难对市场规模作出评估，因此假冒伪劣产品会逐渐影响（不仅仅影响商业化，也已经影响）业主的生产活动。

最终，假冒产品对权利人造成的利润减损数额的确定，每次都十分棘手（并且经常发生），受专有权保护的产品是总产品的一部分，不能被单独进行商业化。不仅案例提出的实际性问题非常棘手，而且关于适用何种类型的规定，在理论上也是非常不确定的。原则上，应该只考虑部分产品在全部产品利润中所占的那部分利润，但是在某些情况下，特别是当这一部分对于全部产品的销售量来说起决定性作用时，从技术角度或者至少从公共需求角度来说，我认为将总产品的全部利润归于这一部分是正确的。

8. 人们普遍认为，如果受害者不直接生产，而是通过许可第三方代理权来保护其知识产权的话，计算受害者的利润将会或者可能会更加简单（常见的例子是著作权，因为通常作者不直接销售他自己的作品）。在这种情况下，事实上，利润的减少与给予权利人专利权使用费的减少相一致。

然而，在我看来，这种简单仅仅只是表面上的。在这种情况下权利人直接进行商业化时遇到的所有困难又重新出现了。因为，为了计算权利人失去的许可费，需要统计有权利证书的人或者出版者遭受的销售量下降；即需要准确地开展同样的智力活动的话，就有必要对亲自生产的权利人的营业额的减少部分进行计算。

9. 另外有人认为被侵权者的利润损失可以通过向侵权者征收许可费来进行补偿，该许可费应与其销售量相适应（通常能够相对容易地确定金额）。在这个意义上，我国的新法规定因收入减损而造成的损失应该被确定为一个数额，假如侵权者得到了受害者的许可的话，这一数额不能低于侵权者应该支付的费用。

很明显，这一规定是为了减轻权利人在提供证据证明其销量降低时的困难（在这里必须强调的是收取许可费只是为了确定销量减少造成的损失），从有利于被侵权人的角度，在计算损失时，还需要考虑其它损害赔偿事项（比如，紧急损失，这将在之后讨论）。但它也有自己的问题，一方面，确定许可费的标准的操作似乎并非易事，另一方面，向侵权人收取许可费并不能真正弥补销量减少造成的损失。

法律规定参照的是个案中各方协商约定的费用标准，而这种解释性惯例确定的是在彼时对某一种权利而言较为合理的许可费用，脱离这一领域，再由协议各方具体协商，此外，在所有情况下（可能是大多数情况下），有人不知道在何地以及如何联系，所以侵权行为是在（权利人及其侵权者之间）缺少旨在订立一个可能的许可的沟通的情况下出现的。

然而，确定一个合理的许可费是一项只有适度发挥想象力才能实现的操作。

为了解释最后的论断需要回顾一下一些普遍为人熟知的许可合同的惯例。许可合同是企业和那些与企业存在相互关系但往往十分不同的主体签订的（群体关系，集体关系，战略联盟关系，有时是所谓的偶然接触关系，在其他市场、区域或商品上有着激烈的竞争关系）。许可费的确定，往往要考虑比内部关系更宽泛的关系，因此，也与其自身不同。此外，许可费的确定还需考虑到具体的企业因素，不同情况之间也总是各不相同的。比如，两个企业之间在经营上获利更多的企业（比如为了规避生产紧缩）会为此付款。最终，许可费随着许可特点的变化而变化：它的性质（独家的或非独家的），它的范围（限于或不限于生产和/或市场和/或地区），专利和许可的期限，权利人在授予或不授予许可时遵循的策略。

因为所有这些原因，一个同样的专利或商标给不同的企业根据不同的情况分开授予许可证是正常的，他们之间的许可使用费通常也是不同的。因此，不存在什么可以被定义为市场许可证的东西。

此外，由于企业在许可证的问题上十分谨慎，并且不愿意对外提供复印件，这增加了许可市场的不透明性（因此他们往往不愿意让每个被许可人或希望获得许可的人知晓，其他被许可人支付的许可使用费是多少）。因此，可获得的关于许可的惯例的信息非常之少，而且如果法官有意适用这一规则，也没有足够确凿的数据可依靠。

我认为还有一个很重要的问题，对侵权人征收许可使用费总是低估了销量减损带来的损失，因为（其他每个条件都相同时）直接生产和销售的人所获得的利润总是高于（而且通常不只一点）那些授予许可权的人：两个数额之间的差额由被许可人所获利益来表示。因而，给予权利受害者的只有许可使用费，而没有通过直接生产可能获得的更大利润。

正是因为这种损失的规格太小，这一法规才不能规定出计算的方法，并且不能真正实现补偿功能（许可使用费只对应因销量减损而造成的部分实际损失），也没有发挥威慑功能（显而易见的是，它反而对假冒伪劣行为起到了激励作用）。最终，它将知识产权保证的专有权降低到某种付费公有领域，从而奖励了侵权者。因此，该规则仅作为违约规则才有意义，用于不能对业主的销量减损进行完整的和直接的量化的情况。

不管怎样，基于上述考虑，可能需要解释那些出现在试行法规中的语句，[1]以使被侵权的受害者通过其规定的方式获得赔偿（即由侵权者负担许可使用费），不考虑用于证明应赔偿的损害是否确实存在的证据。

我想在主张中保留最后一点看法，它不时出现在判例中，[2]据此，用许可使用费来进行损失的计算时，确定许可使用费的比例应该高于市场比例，目的正是为了避免侵权人与合法的被许可人的支出相等，并因此而低估了应赔偿的损失。这个观点值得称道，因为其致力于实现一个更公平的结果；或许在公平的评价中它可以被合理地判断为一个可行的法规。但这显然增加了提高许可使用费标准的不确定性。

10. 如上所述，销量减损只是假冒行为造成的所有损害的其中之一（虽然通常是最严重的）。

事实上，可能还有其他预期利益损失事项，尤其是各种新出现的损害事项。然而，对于某些损害事项而言，一种情况向另一种情况的延伸可能存在疑问（这一问题可能不仅是利益类别不同。只需考虑的是，如果根据侵权人的销量，通过许可费规定确定了预期利益损失，那么确定的总额就会抵消未得到的预期利益损失，而且法律规定在这之上只允许增加其他类别的损害赔偿，即新出现的损害赔偿事项，而不能是预期利益）。

至于其他预期利益损失，应该牢记的是（不要奢望穷尽目录）权利人可能遭受产品和服务的销量的减少，这些产品和服务不是直接受其知识产权保护的，但与前者一同被商业化了。经典的例子就是技术复杂的产品的出售，它通常和配备安装、操作训练、维护保养或其他服务合同的订立息息相关。

此外，在一些情况下，被侵权人可能因为假冒伪劣产品的横行而被迫降低自己产品的价格，这样也使他们原本应持续发展的销售量遭受损失。

就利润损失而言，确实应当将预期利润的损失考虑在内，而预期利润的损失同样是因为假冒伪劣产品的横行所造成的，或者是因为侵权产品低劣的质量导致人们减少对此商品的购买所造成的。这样的情况既可能发生在那些

---

〔1〕　法律（《民事诉讼法典》第 125 条第 2 款的第二部分和最后一部分）规定：在任何情况下，利润损失的数额不得低于侵权人取得被侵权权利人许可必须支付的费用。

〔2〕　Cosí, ad esempio, Trib. Vicenza, 17 giugno 2002, in Giur. ann. dir. ind. , 2003, n. 4502, 在查到存在 5% 特许权使用费的情况下，以 8% 的特许权使用费偿付。

技术复杂但是使用时间短暂的商品身上，比如医药制品；也可能发生在那些贵重并且使用时限很长的商品身上，比如名牌商品。一种特别的预期利润损失会发生（在专利、实用新型、外观设计和著作权这些知识产权受到侵犯不能及时更新的情况下）在这样的事件中，即由于侵权行为的出现，可以在专有权限届满之日起以合法的方式快速地涌入市场。

就直接损失而言，最后不得不提及的是权利人所遭受的损失还包括支出费用的增多，比如为抵制假冒伪劣产品而导致广告和营销费用的增加。还会存在新的额外成本，比如为了将假冒伪劣扼杀在初始阶段而不得不存在的市场监管方面的花费，警告不得实施假冒伪劣行为的花费等。

它从各种说法中提炼出一个全方位的视角来从整体上看待侵权损害赔偿的问题，根据对某一情形、某一市场、某一企业的特征的研究得出这类问题整体的复杂多变的特性。这确实能让人更加快速地看清惩罚性赔偿的问题在哪。

从理论上讲，不得不承认惩罚性赔偿在结构上和损害赔偿是无关的，因此也不容易找到一个确切的司法理论依据。

不过，我认为有一件事值得一提。因侵犯知识产权而受到的惩罚性赔偿（该发言可能不适用于其他惩罚性损害赔偿，这些赔偿也存在于包括我们在内的各种系统中），在美国的法律制度中（他们开创了惩罚性赔偿）惩罚性赔偿的产生有其历史原因，它既不想奖励破坏行为，也不想惩罚侵权人，但其深谙那些知识产权遭遇过假冒这类侵害行为的人都十分清楚，通过诉讼程序可以计算的损失，通常只能代表真正损失的一部分，还有很大一部分损失是隐性损失，所以这部分损失将无法得到赔偿。因此惩罚性赔偿发挥的既不是奖励受害者的功能，也不是自身意义上的惩罚性功能。相反它具有的是纠正因事实和诉讼程序造成的低估损失的功能。

但是不得不说，显然这一纠正错误的方法可能比错误本身更糟糕，因为，这一纠正会导致错上加错。但是或许这并非是毫无意义的，在评判并否定这一规定之前，我们应该理解这一规定产生的原因（以及这一规定在其他法律体系中存在的原因）。

11. 在试行中的新法规（不仅包括指令，也包括在全国范围内实行的规范）最终都会注意到侵权人获得的利润。另外在这一点上，正如上文所提到的，这两个意大利法规是不一样的，其中一部法规与指令之间存在分歧（至少，在字面上存在）。

　　根据指令（第 13 条第 1 款 a 项）之规定，为了计算损失数额，侵权者非法获得的利益也成了在计算损失时考量的数据之一。但在无过错侵权的情况下，指令（第 13 条第 2 款）规定全国性法律可以规定追回利润或赔偿损失。[1]

　　在这一点上，意大利关于著作权的法律表现得完全忠于指令，或者在字面上诠释得更好，它规定了法官在计算损失的利益时也可以把侵权所得的利益计算进来。相反，《工业产权法典》第 125 条创造了一个真正为工业产权所有人享有的权利，在任何情况下都能让侵权者返还其所获利益，要么选择赔偿权利人损失的利益，要么选择超过这一赔偿数额的替代方案。

　　权威的说法是《工业产权法典》第 125 条的上述部分，将因超越授权范围而失效，就是因为它已经作出了和指令相冲突的规定，赋予了权利人获得侵权人返还利益的权利，而不是仅限于规定侵权人的利益（和其他因素一起）被计入损失计算之中。[2]

　　我个人对此相当怀疑，当然我依然不能十分确定我们的工业产权法是否违宪。在这一点上，指令的真实含义是尤其晦涩的，要协调上述这两项规定并非易事。（第 12 条第 1 款 a 项和第 2 款）。

　　首先是规定得不清楚，指令中为什么规定只有在不知侵权的情况下要返还所获利润，而不是在任何情况下都需返还。我不认为可以将试行法解释为仅仅只在这些利益低于权利人因销量降低而实际遭受的损失时，才支持侵权人返还利益。更不一定真实的是，在无过错侵权的情况下，侵权人的利益总是低于权利人的损失。

　　其次，我认为不用太过相信指令所采用的字面说法，在第 13 条第 1 款 a 项中规定将侵权人所获利益考虑在内，恰恰是没有明确地赋予权利人要求返还侵权人所获利益的权利。相反，事实上应该注意的是，同一说法（"考虑在内"）（在指令规定中）指的是受害者所遭受的收入减损，但可以肯定的是存在一个权利人的主体权利，与赔偿权利人减损的收入相违背。

　　另一方面，这种可能性有明确规定，即在无过错侵权的情况下，赋予权

---

　　〔1〕　根据第 13 条的规定：侵权人在不知情的情况下或者没有合理理由知道的情况下卷入了侵权活动中。

　　〔2〕　Vanzetti, La restituzione degli utili di cui all'art. 125, n. 3, c. p. i. nel diritto dei marchi, cit. nota 1, 324.

利人要求侵权人返还所获利润的权利，可能会让人认为，每一种情况下都存在同样的可能性；特别是这种可能性甚至也会存在于更严重的故意侵权案件中。

这一共同法规的解释在《与贸易有关的知识产权协议》第 45 条的解释中得到了证实（在这一点上，似乎指令规定便是因此而获得的启发）。《与贸易有关的知识产权协议》第 45 条第 2 款的最后部分事实上是这么规定的：在适当的情况下，各成员可授权司法机关责令其退还利润和/或支付法定的赔偿，即使侵权人故意或有充分理由知道自己从事侵权活动（补充强调）。我认为"即使"这一表达方式包含充分确定试行法规支持成员国总是（因此，也包括无过错侵权的情况）规定侵权人返还所获利润这一做法的意思。在这一点上，作为选择，集体法规可能会说，它和《与贸易有关的知识产权协议》的规定不同（规避了"即使"那项规定），因此它支持仅在无过错侵权的情况下可以要求返还利润。或者，不管怎样它应该解释为要与全体欧盟成员国签订的国际公约保持一致，因此任何情况下都可以规定侵权人返还利润。

这一点值得进一步的研究。仅仅对于我个人而言我更倾向于第二个假设。事实上，我认为欧盟剥夺《与贸易有关的知识产权协议》授予成员国的权利是不合理的。

12. 撇开上述讨论的违宪嫌疑不说，现在我想研究一下《工业产权法典》中的第 125 条。

这一法规允许由被侵权人取得侵权人所获利益作为赔偿。更确切地说这种权利提出了一种选择，即在未取得的预期利益和超过上述赔偿的利益（即侵权人获得的利润）之间做出选择。从中可以推断（但不仅仅是字面上的考虑）利润的返还可以和赔偿共存，不过仅仅只是超过计算的未取得的预期利益的数额的那部分。此外，正如我刚刚所说，还可以推断出即使这样计算出的数额超过实际损失，还是可以规定返还利润。

这是以前的法律体系中最不明确的一点，这个问题就是受害者到底是否拥有要求侵权者返还所获利益的权利，在一定限度内，今天终于能在法规中找到明确的答复了。现在关于受害者享有这项权利的事实已经不存在任何质疑。

似乎相当明显的是，这一权利不在损害赔偿权的范围内，但就外部而言，则因为侵权产品的销售量与被侵权人所流失的销售量之间没有必然的逻辑关系。[1]

对这一问题有兴趣的人可能会对这一法规产生疑问。有人可能会问，根据不当得利的一般规定，在何种关系中才涉及这一返还利润的权利；这不仅仅只有理论上的观察，还可能引导出在知识产权领域对内对外都具有实用性的结果（确认或否认要求不法行为者返还利润的权利也存在于与此不同的情况之中）。

在本文中我不想讨论这些问题，我只想讨论关于侵权人返还所获利润的问题，即使将它解读为不当得利一般行为中的特殊情况，为了与一般规定区别而明确放弃适用所谓的诉权的辅助性原则（《民法典》第2042条），如果这一原则的确是导致（不管是因为它的实际架构还是仅仅因为不恰当的法理学解读）获利行为从现行法的实施中消失的原因，那么我认为这种放弃是十分正确的。

13. 相反我想在实际操作层面上探讨这一新规定。第一个待解决的问题是：要求侵权人返还利润的权利和要求赔偿损失的权利是否受制于同一主观条件（侵权人故意或过失）。在分析了当前调查中对损害赔偿权的主观条件后，我不想再详细研究这个问题。在我看来，我只想说，即使是根据指令第13条第2款（另外，正如我上文中提到过的那样，并非意大利立法机构逐字逐句地摘抄来的），答案也可能是否定的。

对于这一问题的客观方面，新规则（当规定权利人有要求侵权人返还利润的权利时）在一般期待方面（至少在我看来是这样）解决了一个问题，与此同时，又揭开了一系列的非常重要的新问题，其中许多问题已经被适时地提到了。[2]显然其中首要问题就是利润返还的具体界限问题。

在侵犯发明专利、实用新型专利、外观设计和著作权的情况下，这种划

---

〔1〕 然而，人们可以很容易地提出一个从为什么到如何产生的假设（有待考证），在损害赔偿问题中，一个这样的规定（将侵权人所获利益归还给权利受到损害的人），抽象来看这一规定确实与损害赔偿无关。这一假设认为（很容易就能从一些判决中解读出来，而且相当明显），侵权人的销售量代表了权利人被窃取的市场的直接指标，即权利人的销售损失量。从这个角度来看，在这件事开始的时候，判例有可能认为侵权人的销售额（完全而且只是）等于权利人销售额的损失；因此得出了一个确定的关联（即使这一关联是错误的）：在损害赔偿和利润归属之间，"只有当我们忽略市场的动态现实以及其中运营的多种因素的情况下"，侵权人的销售额才是权利人减损的销售额。换句话说，根据这一情况，所提出的制裁在损害赔偿程序中得到了维持（尽管这是错误的）。

〔2〕 Vanzetti, La restituzione degli utili di cui all'art. 125, n. 3, c. p. i. nel diritto dei marchi, cit. nota 1, 323 ss.

界似乎相对容易。对于这些情况，我认为，返还的利润应是侵权人出售其产品（或服务）获得的利益，这些生产和/或商业化中恰好都侵犯了他人权利。[1]上面强调过，无需在他人的专有权仅涵盖全部产品的一部分的情况下分开算出售产品的利润。

在侵犯商标权的情况下，侵权人的利润是不太容易确定的。当假冒的是一个特殊的商标时，这笔交易就显得相对简单，侵权人利用一个相同或相似的商标来生产同一商品即可。在这种情况下，事实上，有人可能会认为（与那些其他侵犯知识产权的情况类似）商标权所有人减损的销售量，在某种程度上和侵权人所取得的销售量是有关联的，因此（这一结论的合法性不久之后将可能受到严重质疑），要返还的利润也就是侵权人出售这些产品的所有获利。

当侵权人未经商标权人许可，在其他不同或者类似商品上使用与注册商标相同或者相似的商标时，以及当侵权人未经商标权人许可，在类似商品上使用相同或相似的商标侵犯驰名商标商标权时，问题就显得更加清晰了。

在这些情况下，事实上，侵权人实际可能只是使销售量下降，而没有造成其他损害。不管怎样，被侵权人销售量的损失和侵权人的销售量之间都不存在必然的关系。但是，首先，侵权人通过商品生产（非法地）销售所实现的所有获利归属于被侵权者的话，在很多情况下，将构成一种不当得利。[2]

因此，必须以合理的方式精确地确定出商标权人可以向侵权人主张的损害赔偿包括哪些方面。而且我认为必须从根本上弄清楚这一点。被侵犯商标权的权利人可以向侵权人主张的损害赔偿只包括那些足以弥补其权利所受损害的部分。这一澄清或许微不足道，但是它可以有效地解决正在研究的问题。"它可以确定直接源于使用和原告一样或相似的商标所获的利润；[3]可以确定……哪些部分获利属于被侵权人，哪部分应当归因于窃取者或侵权人的活动。"[4]

---

〔1〕 为了简化问题，我在文中提出了排他性权利涵盖（全部或部分）产品的情况。但我认为，对于其他情况（例如在专利诉讼中等），可以进行适当的调整后再加以适用。

〔2〕 Vanzetti, La restituzione degli utili di cui all'art. 125, n. 3, c. p. i. nel diritto dei marchi, cit. nota 1, 324.

〔3〕 Vanzetti, La restituzione degli utili di cui all'art. 125, n. 3, c. p. i. nel diritto dei marchi, cit. nota 1, 324.

〔4〕 Castronovo, La violazione della proprietà intellettuale come lesione del potere di disposizione. Dal danno all'arricchimento, cit. nota 2, 15.

事实上，在侵犯发明、实用新型和外观设计专利权或者著作权的情况下，确实可以说该返还的利润就是侵权人通过生产和/或商业化受他人专有权保护的产品所获的全部利润。也就是说因为违法活动就是生产和商业化这些产品的活动。

相反，在侵犯商标权的情况下，违法行为不等于生产和/或商业化某种产品的，而（只）是使用某种商标的活动。因此，该返还的利润不是（不能是）侵权人自身通过生产和/或商业化标识了他人的商标（或标识了易和他人商标相混淆的商标）的产品的活动而所得的所有获利。该返还的利润仅仅只有（那部分）存在那些商标标识的产品所得的利润。相反，那些源于其他的可归咎于侵权人而不是假冒伪劣行为的企业因素（也就是利润既包括销售那些产品所获的利润，也包括销售其他商标的产品所获的利润）所取得的利润则与该返还的利润无关。

这个想法当然难以被付诸实践。相反，它还提出了一个更加棘手的证明问题，加重了举证责任。事实上，开展这一困难的操作，指的就是去分解侵权者所获利益，即将因假冒商标所获利益和侵权者从事正常商业活动所获的利益区分开来。但是我不认为仅仅因为操作困难就将这一做法否认，相反，这些操作可以主要建立在合理的经验上，通过实际应用加以控制，在尽可能多的经验基础上，根据市场对商标的使用情况，确定一个合理的、统一的、可以参照的利润百分比。

14. 我想以最后的两个观点结束此文，虽然这两个观点在理论上可能与主题无关，但是我认为它们是有内在联系的。

第一个观点是，如果并不总是能够获得侵权人完整的会计账簿，那么利润返还的规定就无法得到任何应用。除了《工业产权法典》关于证据预审的特殊规定之外，[1]我认为权利人的权利是源于一项实质性规则，该规则赋予一方当事人分配对方利润的权利，要求侵权人出示会计账簿的权利。在没有出示会计账簿的情况下，实质性规则实际上根本无法适用。在这一问题上不应仅对这一情况作出回应，还应作出明确的申请，申请要求出示会计账簿，仅提出调查请求是无法进行评估的。实际上，申请取得侵权人的会计账簿，

---

〔1〕 因此，除此之外，《工业产权法典》第 121 条第 2 款第一部分要求对请求的合理性要有严格的证据，要求出示事先确定的文件，除了第 121 条第 2 款第二部分的规定仅适用于剽窃行为，以及 121 条 II 规定的所有的证据仅适用于法律明文规定的情况。

出于审查目的，只能是纯粹的调查。

因此，为这一问题制定了新的规则，为新的实质性规则服务。事实上，如果不建立一个法律规则，使得法官及其会计师可以始终全面了解侵权人的利润，那么这一规则实际上是没有用的。

获得会计账簿并不能解决问题，有必要将会计结果和会计账簿不能准确而完整地描述的公司现实情况综合起来。为了确定实际利润，还需要准确地确定可扣除的成本；在这一点上，人们会想知道是否总是提到实际成本（即使有的情况下会低于或超过实际成本）或者是该领域的平均成本。

15. 在我看来，第二个也是最后一个观点赞成或许我国的法律体系在侵犯知识产权问题上突出强调的亏损，至少可部分地归咎于现行的诉讼法。事实上，他们给被侵权的权利人强加了著名的失权机制，要求受害者向法官提出诉求的全部理由并查明其损失的数额，即对损害进行计算，在确认假冒行为存在的判决之前，甚至在假冒行为之前便对损害作出计算。

关于定量方面证据的收集，通常意味着高成本（这一领域比其他领域更甚），不仅要对时间和高层管理人员给予关注，还要关注他们下属的专业人员，还要注意其财务负担，因此在假冒行为的判决作出时，（除了心理上的鼓舞外）在经济上似乎并不划算。另一方面，关于定量证据的收集实际上通常不会在非法行为发生时立即获得，而且往往需要与事实发生有一定的时间间隔（如果不是在一段时间之后评估非法行为的影响，怎么会有销量的减少），相反，对消极利益的影响则需要立即作出反应。

理论上适用于解决这些问题的规则，即把对假冒行为的判断与量化判断分离开来，似乎没什么效果，因此在实践中没有找到适用的空间。将判断分离延长了诉讼的时间，首先一些空余时间加倍了（众所周知，非常重要），而且最重要的是会引起一系列难以处理的问题。对假冒行为的判决提起上诉的等候期间之前进行量化判断的意义何在？

不能在此进一步分析这些诉讼程序的情况了。但我认为我们应该清楚的是，如果我们希望我们的国家与世界上其他文明国家在这一研究领域之间的距离，能够尽快以最好的方式得到填补，那么我们不仅需要认真审视实质性规定，而且还要注意诉讼程序方面的规定。当然，我们的法律体系可以从不同的诉讼程序规定中得到十分重要的帮助，这些规定有利于将假冒行为的判断和定量判断集中到一个判决中，并以更加灵活的方式收集证据。

垄断性的版权：灰烬下的意大利火焰 *

［意］Roberto Caso ** Giulia Dore *** 著

崔圣毅 **** 范小瑜 ***** 译

一、介　绍

本论文提供了一些初步研究的综述。作者们致力于在大陆法系中从垄断的新角度去探索解读版权排他性的新途径。在大陆法系，比如意大利法律传统规范的观点中，版权（或称著作权）是一种自然权利。但是现今，它正受到欧盟知识产权财产化趋势的影响。

从某种意义上来说，这种途径更像是通过限制专有权来限制版权保护，以达到保护公共利益的目的。此外，"垄断性质的版权"这一观点在电子数据领域十分重要。因为在这一领域，产权不太适宜用来推动知识的发展和传播，而垄断性风险则显著提升。

第二部分通过引用欧盟的经验和强调欧盟产权化趋势的方式介绍了版权的自然权利理论和垄断权利理论之间的典型冲突，并通过罗列两种理论各自的依据来使得介绍更深入。

第三部分运用了比较法以及法经济学分析，介绍了版权的垄断权利理论为何是应对版权法当今面临问题的有力现代工具。而在意大利，这一理论于

* 这份工作底稿是在麦吉尔大学法学院知识产权政策中心第三届年度私法联盟会议（2015 年 7 月 6 ~ 7 日）被提出和讨论的。作者们希望感谢全体发表过真知灼见的与会人员。Roberto Caso 撰写了第 1，3，4 章，Giulia Dore 撰写了第 2，5 章。

** Roberto Caso，意大利特伦托大学法学院副教授。

*** Giulia Dore，英国斯特林大学法学院博士后研究人员。

**** 崔圣毅，中国政法大学法律硕士学院 2016 级硕士研究生。

***** 范小瑜，中国政法大学法律硕士学院 2016 级硕士研究生。

经济和法律领域有着深厚而坚实的基础。该部分分别列出了版权的自然权利理论和垄断权利理论的经典论述、具体的解释成果以及两种观点所产生的重要作用。

第四部分把以上的讨论编入了数据框架，由此，版权的垄断性效果得以凸显。尤其在数据用尽原则和技术保护措施下，版权的垄断性效果更加显著。最后一部分则在前述基础上给出了结论。

二、垄断权抑或是产权

英美法系中的版权和大陆法系中的著作权伴随着印刷机这一革命性的发明而诞生。就版权的立法进程来讲，其最初是书商的特权，而后在 18 世纪诞生了第一部版权法。印刷革命为之后的经济发展以及公权力制定法律的理念打下了基础。这一理念也是利益博弈的结果。

在此利益博弈中，一方追求个人利益，即通过合理化排他性权利来实现知识成果的独占使用；另一方则追求公共利益，即让更广泛的大众能够获得并使用知识成果。通过限制版权的保护期限与保护范围，两种利益的此消彼长得以实现。此外，公共领域对排他权有着挥之不去的影响，排他性规则也存在着例外。

但是，同样具有革命性意义的数字技术不可否认地破坏了这种利益格局和西方传统版权法的整体结构。它产生的影响至少与印刷革命相当。因此，当权者不得不重新裁量利益范围。而这必然要求对法律的再考量与修正。这就进一步推动了新法的颁布，以为智力成果提供充分保护。

近几十年来，版权经历了巨大的扩张（参见：Lessig, 2004）。新形式的作品（比如软件和数据库）扩大了排他性的范围；新保护机制的诞生拓展了利用作品的方式（比如征收营业税，或者产品自身对技术保护措施的吸纳）。版权的扩张使得西方传统之间产生了交互的影响，许多学者发现大陆法系与英美法系之间产生了一些融合（例如：Goldstein, 2001）。

美国显然通过国际惯例以及国内立法干预了版权的扩张（例如：Litman, 2006）。欧盟则做得更多，他们将保护的范围扩展得更加深远，例如给予数据库独特的保护。而欧盟的立法者也非常明确地表示了这一意图。比如，欧盟2001/29 号法令，即《信息社会版权和相关权利协调指令》事实上设立了保护的最高级别。[1]

学术角度和判例法角度呈现的局面则更加复杂。学者们战线统一，都对

---

〔1〕 又见 Dir. 2004/48 知识产权权利的强制性（引证 21）。

版权的无限扩张提出了质疑；法院则有不同意见，有的法院支持加强对版权的保护，有的认为版权保护应当有明确的界限。然而，无论如何，我们都不能忽视理论模型在版权保护扩张与限缩上的重要作用，因为这些理论模型探讨了版权与知识产权的本质属性与正当性。

一般认为，这一领域有两种传统理论。第一种是功利主义模型，这种模型认为排他性是国家创设的基础工具，它的目标是以物质激励来鼓励知识的交换。另一种模型则尊崇自然法律原则，认为版权的保护源于对权利人创造性劳动的合理奖励。实际上，尽管还有许多不同的理论，这些理论也有着不同的理论模型，但是鉴于本文的目的，本文将只讨论上述两种最重要的理论。

在尝试简化这些争论的过程中，我们发现第一种模型完美诠释了"垄断"，而第二种模型如今则更好地诠释了"财产化"（参见：Moyse，1998；Strowel，1993，77 ff.）。

"财产化"一词占据了绝对的主导，这不仅是因为它在广泛意义上和讨论版权时被频繁使用，还因为立法者和领导者在各种场合的经常使用。这些场合包括国内也包括国际，比如世界知识产权组织（例如：Lemley，2005），TRIPs 和欧盟（至少从宪法角度来说）（例如：Resta，2011）。

与此同时，我们也不应该忽略版权独有的特征，这些特征使它与法律垄断和有形财产权利相区分。然而，这两个词难以磨灭的言辞特征在意识形态层面、政治层面和操作层面都有着有趣而重要的作用。

有影响力的学术资源总是强调以美国为代表的普通法系统倾向于垄断权利的观点，而类似意大利的大陆法系则倾向于自然权利观点。这是一种单因谬误，主要是由普通法系版权和大陆法系著作权的不同历史发展特征造成的。许多作者也强调，两种观点可能共存于两大法系中，因为在西方传统中，传播的观点和态度是非常常见的（例如：Goldstein，2001，3 ff.；Ginsburg，1990）。

然而这种单因谬误也并非全然错误。垄断权利的观点说明了美国版权法标准结构中的一些区别性特征，而自然权利模式则更好地描述了大陆法系的典型特征，比如意大利的版权法。垄断权利方案和自然权利方案被法律翻译者多重承认了。自然主义、产权主义与个人主义都说明了版权保护范围扩大的正当性，但是财产化的内涵也可能被用来说明限制版权的理由。对于功利主义模型来说，这种双重态度也是恰当的。

然而学者们认为，在版权的经济层面（暂且不论作者的精神权利），特别是数字领域，垄断视角被视作是一种更合适的定义版权排他性内涵的选择。排他性的特征（垄断）的确被认为是国家用来保护版权的工具。但是法律的本质目的不在于垄断，而是促进知识的传播与发展。在这样的语境下，用来借鉴的核心因素是公共控制（参见：Patterson，1998，443 ff.），而垄断则是例外。

正如预测的那样，在美国这是一个深入人心的观点。功利主义的历史根源被深入广泛地持续研究。鉴于本文的目的，我们不会重复这些主张。本文最重要的目的是展现在诸如意大利法律这样的大陆法系中，版权的垄断权利理论在诉讼中是怎样发挥重要作用的，尽管标准结构似乎与大陆法系背道而驰（见《欧盟基本权利宪章》第 17 条第 2 款）。

尤其是在数字领域，排他权产生的最主要的力量可能会显著地改变立法者和法院试图在版权权利人和利益相关者之间建立的脆弱平衡。当此种力量与技术的优势结合时，这一切发生的可能性会更大。

而且，甚至在数字技术等广泛传播前，垄断性版权的设想就对发明创造的侵犯产生了相关的影响。1984 年 Betamax 判决代表了重要的转折（Samuelson，2006）。法院认为诸如家庭录像机这样的产品，只要其合法的商业用途不侵犯版权，则其制造商不负侵犯版权的责任（J. Band，A. J. McLaughlin，1993；M. Burks，1985；J. Lawrence，B. Timberg，1989；G. S. Lunney，2002）。此外，不但厂商不负间接责任，根据合理使用原则，只要用户的使用是为了"时间平移"，用户也免责。[1]

然而，Betamax 判决的观点也并不是绝对的。在其它案件中最高法院给出了不同的判决。可以说，尽管美国法律中也有版权自然权利的观点，版权垄断性准则明显处于上风，并且对整个国内法的发展都产生了重要影响。这也得益于版权理论的经济学分析。

相对而言，在欧盟框架内，符合宪法标准的方法是完全不同的。[2]它当然地受到欧洲大陆产权驱动的影响。《欧盟基本权利宪章》第 17 条第 2 款致力于产权权利，抨击了英美法系"知识产权应当被保护"的说法（Resta，

---

　　〔1〕　在法庭上发表意见的 Stevens 法官认为，美国宪法知识产权条款体现如下："美国国会可能授予的垄断性特权既不是无限制的，也不是个体特权，而是为实现公共目的的有限制的特权。它致力于通过特别奖励条款来促进作者和发明家们的创造性活动，并允许公众能够在有限期的排他控制解除后获得天才的作品。" Universal City Studios，Inc. v. Sony Corporation of America，464 U. S. 417，104 S. Ct. 774，78 L. Ed. 2d 574（1984）.

　　〔2〕　特见最高法院的 Grokster 判决，即挑战 Betamax 理论"谁为反对侵犯版权而干扰一种技巧，如果有明确的表达体现或者采取其它积极的方法来促进侵权，就得为导致第三方侵权负责"。Metro-Goldwyn-Mayer Studios Inc. v. Grokster，Ltd. 545 U. S. 913（2005），380 F. 3d 1154.

2011；Sganga，2015）。

因此，欧盟法院正在创设许多著作权方面的案例法。数字时代带来的象征性问题刺激了平衡版权和其它基本权利的问题，这些权利包括言论自由权、隐私权、自由经营权等。Promusicae 案[1]的判决提供了一个很好的例子。诸如此类的需求在 Scarlet 判决中明晰可见，在欧盟法院审理的 Netlog 案[2]中得到又一次重申，而最近则是出现在 UPC Telekabel 判决中（Dore，2015）[3]。

简而言之，符合欧盟宪法标准的法律显而易见正在为了版权的产权化而被推动，至少在立法法案和法院裁决中有所体现（Resta，2011；Sganga，2015）。欧盟法院解释性的理解慎重地提出了运用比例原则和合理原则以在不同基本权利间形成相对平衡的需求。

因此，垄断性的版权理论在欧盟及其成员国将要被重新考量。在笔者眼中，至少在意大利法律中，这确实是似是而非的。

三、意大利有关垄断性版权的著述

意大利 1948 宪法既没有提到版权，也没有提到其它专利权、商标权等其它知识产权。结果就是版权和打破版权应用领域所有利益和权利相对平衡的相关原则间接地涉及其它现行的宪法条文。[4]适用规章的框架源自于 1942 年

---

〔1〕 如 ECJ 主张的权利之间必要的相对平衡，或者更广义的在版权问题或争议中的各方利益，"应当再次强调产权的基本权利包括了诸如版权的知识产权和有效的司法保护之基础权利构成了社会法的基本原则。但是，当成员国改变上述方针时必须注意信任允许能打破社会法律秩序相对平衡的方针"（第 62、63 和 68）。Case 275/06 Productores de Musica de Espana（Promusicae）v. Telefonica de Espana SAU［2008］ECR I – 271。

〔2〕 审理该案的法庭明确了"知识产权保护的条款在《欧盟基本权利宪章》（宪章）17 章第 2 条。但是，那项条款或法庭的案例法中没有任何表述说明了那项权利是不可侵犯的且必须由于那个原因而被完全保护"（第 42、43）。Case C – 360/10 Societe belge des auteurs, compositeurs et editeur SCRL（SABAM）v. Netlog［2012］ECR I – 1000。

〔3〕 Case 314/12 UPC Telekabel Wien GmbH v. Constatin Film Verleih GmbH［2014］OJ C151/2。

〔4〕 特别是，意大利宪法法院主张"必须注意的是，考虑到该市场中用户和企业双方的利益，作品作者的权利依然很重要，立法者更认为它是最重要的……最基本的是承认作者的产权［原文如此］及作者独占使用作品的权利，尽管法律也通过追求各方平衡给予了其他权利和利益足够的保护。有关保护艺术与科学自由的宪法原则（第 33 条）、延伸到智力作品领域的私人财产不可侵犯的宪法原则（第 42 条）加持了一种必要的平衡，这种平衡同时也被'保护任何形式的劳动，包括智力创造'（第 35 条）所捍卫。这种平衡出现以后，人们就通过促进艺术、文学和科学来追求它，以推动人类文明（第 3 条）和文化的发展（第 9 条）"。第 108/1995 号判决，9～10 页（由作者翻译）。意大利宪法法院在一些案件中再次确认了作者保护和文化保护之间的紧密联系（见意大利宪法法院，第 241/1990 号判决；第 361/1998 号判决），目前为止，意大利宪法法院一直都充分考虑经营自由（第 41 条）。

《意大利民法典》和 1941 年 4 月 22 日颁布的第 633 号法令，即《版权和邻接权保护法令》，它进行过修正但从未完整和系统地修订过。

在意大利，版权作为一门科学学科，传统上由作为商法分支的工业法教授来讲授。[1]确实，解释考虑到这层特殊联系，意大利版权著述在版权自然权利主义和版权功利主义方面都同样是相当高产和内容广泛的（Auteri，2012，541）。在这些著述中，一些有影响力的、典型的意大利自由经济理论更有力地反对了知识产权，从 18 世纪的光照派教徒到 20 世纪的经济学家。相对来说最近的当代作品明确地强调了这样一种重要的趋势（Borghi，2003），即特别集中于主流经济学家及政治家路易吉·伊诺第的思想（Resta，2011）。

在一篇 1940 年发表的著名论文里，伊诺第评论了 19 世纪先驱弗朗西斯科·费拉拉来分享他对艺术与文学产权的批判（Einaudi，1940）。和费拉拉一样，伊诺第怀疑版权和专利权经济上的正当性。因此，他倡导减小排他性的范围和条款，允许每个人支付费用后在排他权终止后复制和使用文学艺术作品。伊诺第多次提到"monopolio"一词来限定知识和工业产权的经济实质也就并非偶然了。

二战以后恢复法律理论，除了一开始流行的版权自然法学派，基于功利主义角度的无形资产和版权合法保护的独立著述日渐重要。特别是功利主义理论被一位在比较法领域也颇有研究的叫做 Tullio Ascarelli 的伟大意大利法学学者表述得很好。

他在 1957 版本的关于竞争和无形资产的著作中批判了典型的版权和专利权自然主义理论。Ascarelli 声称在排他性有适当限度的前提下，其终极正当性在于公共利益。一旦排他性条款解除，具有版权的作品和发明必须能够被他人自由地复制和利用。这样适度和充分的自由表达了文化和技术的进步。（Ascarelli，1957，244）。[2]

在明确涉及版权的部分，Ascarelli 增加了版权保护正当性不涉及劳动保护的观点，取而代之的是，由于从广义上它是无形资产，它涉及推动文化进步的广泛利益。换句话说，看起来有机会保卫作品的经济利益（提道德利益没

---

〔1〕 历史上，版权法时不时被边缘化：它可能是一门选修课，或者附在其他课程中。与此相似的是，主要的教科书和百科全书都是由劳动法专家主编的。

〔2〕 据此，他如此认为："在我看来，智力创造绝对权利的正当性就在于推动文化或者技术进步，或者确保最具竞争力的竞争者占主导地位，因为公共消费者认为这是值得称赞的。"

有什么实际意义）；另一方面，限制它的期限和范围（针对其它受到承认的原创作品）是非常重要的（Ascarelli, 1957, 598）。

在当代，尽管有不同形式的衰弱和推论，特别是在开放性功能视角（曾经的功利主义）和竞争理论的紧密联系下，Ascarelli 的理论仍在以某种方式繁荣着。更具体地来说，如今意大利学术领域对涉及公共利益的相关性和独创性上相当敏感。个别作者批判版权保护过度，因此建议"正确的人"自身严格限制，或者甚至用其它机制如按次计费来代替其本身的典型机制（排他性权利）（Ricolfi, 2011; Ricolfi, 2014; Libertini, 2014）。

这样对于公共利益的持续关注可能会在历史、相对和明确的经济立场中有效地扮演一个自始至终非常重要的角色，特别是在法律的经济学分析中（下文称 EAL）（Pardolesi, Granieri, 2004; Colangelo, 2015）。显然，这将有利于受制于意识形态和政治理解的方法论的发展。比如，法律经济学分析理论经常支持芝加哥学派典型的自由视角，这被解释为支持强力的知识权利保护。但是，法律经济学分析理论还有其它不能归类于上述理论模型的其他具体思想路线。

更广泛地来说，当倾向于考虑更多会动摇和影响知识产权的事实和因素的时候，比如意识形态、政治因素、社会和宗教因素，对于版权的无限制扩张的批判对比法律实证主义和形式主义实际上会汇聚成明显的倾斜。

四、数字环境下的版权

版权的权利导向型观点产生了许多重要的结论。

首先，这种观点认为知识产权遵循物权法定原则。因此专利权、版权、商标权以及其他形式的保护是正当的，而这种保护的排他性能够在各自的保护范围内扩展。因而，后者的范围得以扩大至新的作品载体，也就是软件。所以，有观点认为，受版权保护的对象不是一成不变的，而能够延伸至传统的文学、音乐、形象艺术、建筑、戏剧、电影范围之外（Auteri, 2012, 547）。

此外，与美国的版权不同，"著作权"这一主流解读进一步明确了权利人能够行使的权利是开放性的，而并不局限于复制权、发行权、公开表演权和传播权（例如：Spada, 2012, 31）。欧盟 92/100 指令（后来被更改为 2005/115 指令）规定了作品出租权和出借权的排他性，否认了权利用尽原则的适用。根据前述理解，即使在欧盟 92/100 指令（后来被更改为 2005/115 指令）颁布之前，这种权利也已经被认为是权利人的特权。

最后，无论我们是否认为版权是一种产权，排他性都是主要标准，至于具体是何种限制则在所不问。特别需要注意的是，根据主流观点，例外与限制都应当被严格谨慎地解读。国际法和欧盟法三步检验规则的潮流也证实了这一结论。

以前述为前提，对版权的过度保护是现实存在的，而数字时代下国际法与国内法都允许合同、专利许可证、技术保护手段加强版权，这也具化了"版权的过度保护"。

数字时代下权利用尽原则的中立化就是这一观点的绝佳例子（Perzanowski，Schulz，2010；Spedicato，2015）。这种中立化导致了二手市场的消失。比如，网络电子书通过用户许可协议书销售，其外观显然与传统的销售不同（他们说"这不是销售，而是许可"）（Elkin，Koren，2011）。另外，这种契约性的工具也否认了授权人转卖、捐赠以及出借的合法性。如果许可的内容能够强制执行，版权的垄断性效果就是压倒性的，从而对辅助市场产生了巨大的威胁。因此，在数字维度，转卖被使用过的电子书或者捐赠图书给图书馆，甚至私人之间的出借，都是不可想象的。并且，垄断的扩张不但会产生经济效应，还会反射到信息获取权和隐私权上——之于前者，低价或免费的书会减少；之于后者，如果版权所有人一直占有或控制自己的书的话。

同时，需要注意的是，当竞争法的外延明显又可察觉时，欧洲法院也承认版权的垄断性后果，尽管他们实际上直接使用"垄断"一词。2012年的UsedSoft案涉及网上销售软件的数字复制件的销售问题，与"发行权穷竭"有关。

在这个案件中，欧盟法院认为"为了避免市场分割，版权作品发行权穷竭的立法原意是为了限制作品的发行权，以保护受知识产权保护的相关特定市场……权利人限制从互联网上下载计算机程序复制件的合法购买者转售复制件的行为，明显超过了知识产权保护下权利人所应受保护的范围"。

播放版权作品装置的技术保护手段的应用，也能够说明垄断性后果的广泛扩张。比如，电子游戏权利人常常也生产游戏设备（比如索尼生产游戏机）。厂商将TMPs用在电子游戏中，这样一来，游戏机就只能用于自己制作的游戏。厂商认为，版权法确认了TMPs，因为版权法允许他们起诉修改游戏机以使其能够用于其他游戏的人，这就意味着他们可以这样做。然而，技术手段的目的不是让电子游戏免于被盗版，而是扩展市场（从游戏机的市场扩展至相关产品市场）、分割市场（根据TMPs，在不同市场中，厂商可以基于区域编码实行价格歧视）。这一切带来的不仅是整体市场推迟这一经济后果，还会影响游戏设备的产权，将产权理解为狭义的有体物所有权，更会限制修正技术的自由，而技术交流与修正技术的自由则无可争议地是创新的源泉。

版权的垄断权利说挑战了意大利的主流观点。根据这一学说，公共领域是原则，而排他应该允许，只有立法者有权批准新的排他性权利。没有立法的明确允许，权利人主张的任何特权都不会得到法院的支持。第二，排他性制度并不是保护权利人的唯一途径，根据责任规则建立的按次计费制度、按照播放记录版权作品的装置的价格比例自动收费制度都与排他性制度一样重要。第三，免费使用，也就是欧盟说的例外和限制，其解释与排他性类似。三步检验法被广泛使用，并且与合理使用制度一样，它也应该找到不同利益冲突之间的平衡点。

正是基于这样的解释框架，才能根据数字权利用尽和电子游戏及其相关设备中使用的技术手段裁决上述案件。此外，权利用尽原则表达了保护公有领域的一般性规则，同时压缩了版权垄断性影响的效果。无需立法的明确授益，这一规则就能自然而然地适用于数字环境。如果立法者想将这一原则从数字世界排除出去，则其必须以明示的方式表明。

而且，若技术手段被用来扩展市场力量并分割市场，那么 TMPs 会被滥用，因为它与版权保护没有任何关联。因此，基于扩展游戏设备的功能和兼容性目的而修改这些游戏设备的行为应当被允许和鼓励。

版权的垄断说具有历史和经济基础，它的发展是出于人们对立法的需求。它是立法的人为创造，其出现相对较晚，它的诞生使得垄断特权转化为一部分人拥有的排他权，这种排他权天然就与所有原创智力作品的作者有关。

版权经历了从特权到排他权的转变，但这并没有使版权丢失它的经济实质，即它法律垄断的本质。经济学家认为，垄断是公共权力用以规制知识生产的手段之一。当然，也有其他的规制手段，比如保护期限、公共直接获取信息制度、奖励制度，但是这些制度设立的动机是为了促进信息的生产和传播。另外，除了精确的经济激励，数字技术极大地促进了创新的发展。

当经济学家思考版权发展动机的效果的重要性时，排他性毫无疑问在本体上与竞争相对立。经济激励的效果必须面对竞争的无情限制——由于信息本质上的累积性和增长性，这种风险也越来越大。知识产权与网络外部性和标准的影响相互作用，也会产生风险。的确，没有公有领域，创造、传播知识的空间就很小，而创造和传播知识应当是版权的核心目标。

结　论

本文并不致力于探求改革、修正版权以适应数字环境——这方面的文献已经非常多了。本文的目的是检验强大、传统的版权自然权利说和所有权说，并试图从版权的垄断权力角度出发，探求新的理论模型。

大陆法系的知识产权系统，尤其是版权系统内，版权的第一个产权模型有很多不受欢迎的影响。相反，版权的垄断模型在意大利法律体系中隐隐抬头，不过，它本来也在意大利法律中有自己的历史和经济基础。并且，尽管欧洲法院在词典中依旧使用了财产权这一概念，但是其确认了版权必须与其他重要基础权利相平衡的原则，比如经营权、信息权和隐私权。

排他性是版权的关键元素，如果不能给予排他性的垄断性实质足够的重视，就难以全面理解和实现上述的这种平衡。只有高度重视垄断在知识发展的进程中对公共利益产生的影响，才能有效地达到这种频繁需要的平衡。

知识产权规则与民法规则的差异

——兼论民法典起草中知识产权的规范方法

陈 健[*]

知识产权规则长期处于民法之外而独立发展，有必要深入研究知识产权与民法规则的差异之处，只有通过深入了解知识产权与民法规则的差异，才能在民法规则基础上对于知识产权进行更为准确的规范。也只有深入研究知识产权与民法规则的差异，才能够在民法典的制定过程中准确定位知识产权的规范方法，否则知识产权的规范方法只能是盲目的和不准确的。知识产权长期脱离民法规则，也会导致知识产权规则具有越来越多的独特性，越来越无法与民法规则相兼容。为了防止出现这种趋势，也需要深入了解知识产权与民法规则的差异，以民法规则对知识产权进行规范作为指导，使之不至于失去民法规则的本源。因此，深入探讨知识产权与民法理论的差别，通过这些差别的研究，是进一步研究知识产权与民法规范的协调统一的必由之路。

一、物的变化与知识产权

深入研究现代社会的"物"，就会发现同一物上并存着两种法律关系、两类财产权利，这已成为现代社会物的一个普遍形态。智力成果附着在"物"上，一物之上附着大量的专利和商标、著作权，即使对于不动产，建筑物的设计、建造已成为可获得著作权保护的建筑艺术作品。"物"表现为多种智力成果的集合体，数个智力成果共同"附着"于一个物之上。另一方面，专利、商标和作品又可以通过类型各异、数量庞大的产品表现出来。这些现象说明在现代社会中"物"与智力成果具有十分紧密的联系，作为纯粹的传统民法上的"物"已越来越少，物权和知识产权共存于一个"物"的载体上，共同

---

[*] 陈健，中国政法大学民商经济法学院民商法学副教授。

发挥作用，因而知识产权必然对民法上的"物"和物权法产生诸多影响。

首先，对民法上"物"的归属的影响。由于智力成果的"附着"，"物"上智力成果的任何瑕疵，都会影响到"物"的法律命运。例如制假者以假冒商标生产实物产品，即使该产品本身并无质量问题，也会导致假冒商标的产品被没收、销毁或作其他处理；侵犯他人著作权而制作的盗版图书、音像制品，尽管盗版者进行生产行为，并付出了劳动和投资，但也无法掌握盗版复制品的命运，盗版复制品仍可依法没收、销毁，令盗版者丧失对产品的所有权。因此，民法上"物"的归属的基本规则不可避免地受到知识产权的影响，财产所有权不仅是由物权法律制度加以确定，还要联系知识产权的确权才可以最终确定"物"的归属。

其次，对民法上"物"的变动的影响。以动产的权利变动来说，须以交付为其生效要件，财产于交付之时，发生物权变动的效力，受让人即取得所有权。但是，如果"物"上附着知识产权，即便已经现实交付，受让人直接占有标的物，也未必发生物权变动的法律效力。例如动产之中所附着的著作权、专利权、商标权存在瑕疵时，知识产权权利人有权追回侵权产品，要求销毁侵权产品。此外，还应当从"附着"知识产权的角度来考虑"善意"取得问题，判断受让人是否知道其受让之"物"属于侵犯知识产权的产品。如果受让人明知该产品为侵犯知识产权生产制造的产品，仍进行购买，则其主观上具有"恶意"，如果该受让人是产品的进一步销售者，按照专利法、商标法的规定，销售侵犯注册商标专用权的商品，销售明知是未经专利权人许可而制造并售出的专利产品或明知是侵犯他人商标权的产品时，依然构成侵权行为，专利权人、商标权人可以要求销售者停止销售侵权产品，依然可以责令其立即停止侵权行为，没收、销毁侵权商品。只有在作为进一步销售者的受让人是善意的情况下，才可以不承担侵权赔偿责任，但此时仍然要停止产品的销售。因此，知识产权的价值观念和制度规范补充了物权法中动产善意取得制度中的"善意"的内涵，更加完善了善意取得的效力。

在《计算机软件保护条例》中也明确规定，软件的复制品持有人不知道也没有合理理由应当知道该软件是侵权复制品的，不承担赔偿责任；但是，应当停止使用、销毁该侵权复制品。如果停止使用并销毁该侵权复制品将给复制品使用人造成重大损失的，复制品使用人可以在向软件著作权人支付合理费用后继续使用。在这一规定中也可以明显地看出，盗版软件的善意受让人，即使在受让时是"善意"的情况下，也应当停止使用、销毁该侵权复制品。

第三，知识产权对所有权权能的影响。当"物"上附着有智力成果时，知识产权可以影响所有权人对物的占有、使用、收益和处分等各种权能。例如，原件所有权转让后的作品，尽管作为"物"的所有权已经转移给受让人，但作者所转让的仅仅是作品载体的原件，对于美术作品和摄影作品来说，作者仅仅丧失展览权，其他著作权都依然属于著作权人所有。在这种情况下，作品的受让人不得以财产所有权为依据对作品进行任意利用，不得擅自将作品复制、发行、播放、表演、翻译、改编。对于某些作品（电影类作品、计算机软件）而言，合法购买了作品复制件，也不得将该复制件用于出租，否则著作权人可以要求受让人停止侵犯著作权中的出租权的行为。

未经商标注册人同意，将其售出的商品撤换商标后又投放市场的，之所以构成"反向假冒"的侵权行为，原因就在于，经销商只对合法购进的商品取得了所有权，可以商品为支配对象，行使其对物的占有、使用、收益、处分之权能，但不得撤换商标并重新销售的行为。如果受让人将商品上的商标更换并且向市场再行销售，受让人权利的行使超出了物权所设定的效力范围，介入他人知识产权范围，侵犯了商标专用权。在专利法上，当专利产品销售之后，受让人对该产品的销售和使用行为并不构成侵权，但此时的专利权穷竭仅限于受让人的销售和使用行为，受让人依照他所销售的产品进一步的仿制行为受到限制，如果受让人进行仿制则构成专利侵权。由此，可以看到，在现代社会中，商品销售之后，受让人所有权的行使，尤其是使用、收益和处分权能的行使均有可能受到知识产权的影响。

总之，从现代社会中"物"的变化中，我们看到了知识产权制度对于"物"的归属和变动规则以及物权效力的影响。深入理解物权法和知识产权法的联系，探讨一个现代意义的物权法和知识产权法和谐共存、协调适用的问题，就具有重要的理论价值和现实意义。

二、权利形态的差异

（一）权利从属关系不同

权利人对有形财产使用的权利状态，通常是一种平行关系。所有人与使用权人对物的占有、使用、收益、处分权能，由民法或当事人之间的合同加以明确界定，以防相互之间发生交叉与干扰。在可能发生交叉与干扰的情况下，例如买卖与租赁、一物二卖等情况下，民法也通常设定比较明确的权利归属规则，强制性地规定物的归属和使用关系，从而防止发生权利交叉与相互干扰。在前后相继的权利变动中，例如添附、善意取得、从物与孳息（混合、附合、加工）、行政征收与罚没等情况下，民法通常也会设定特别规则，在原有之物的所有人与新形成之物的所有人之间划定明确的界线，终止一方权利人的权利的同时，创建另一方权利人的权利。只有这样，才能够使得物上前后相继发生的占有、使用、收益、处分的权能各自分开，防止产生权利关系上的交叉、混同与干扰。

智力成果的使用，则具有比较明显的权利从属状态。智力成果的创作，通常并不是凭空形成的，而是在前人大量智力劳动的基础上，才能够形成后人的智力创作。智力创作者经常在他人的智力成果基础上进行创作，因而在其智力成果中常常包含着他人的智力创作因素。例如，专利作为一种技术方案和技术思想，在后发明中通常融合了在先的技术思想。在基础发明之上形成从属发明，二者相互之间就可能构成阻碍性专利（Blocking Patents）。在版权法中也是如此，人们进行创作时，必然要借用前人的作品，这就会形成衍生作品。

在智力成果取得上存在的这种从属关系，深刻地影响着智力成果的使用。知识产权之间因从属关系，导致激烈的权利冲突，例如具有相互阻碍关系的专利权之间通常会发生冲突，在先商标权人可以与在后注册的相同或相近似商标权人发生冲突。在不同类型的知识产权之间也会因从属关系的存在，发生冲突。例如著作权与商标权、著作权与外观设计专利权、外观设计专利权与商标权、商标权与商号权等这些不同类型知识产权之间，由于具有相同或相近似的因素，就会发生相互影响，产生千丝万缕的关联与冲突。

（二）权利边界的清晰程度不同

有形财产的权利边界是明确的，对于动产来说，其权利边界仅限于该物本身；对于不动产来说，其所有权和他物权的范围，是不动产的"四至"。

知识产权的权利边界，通常是模糊的。对于专利来说，我国采取主题内容限定原则，确定一项专利权的权利范围。即使在这种有明确法律规定的情况下，其他人也可以对专利权的权利范围提出异议，通过专利权无效宣告程序，变动或限缩专利权的权利范围。理论上说，任何专利权都有可能在今后的专利诉讼、专利无效宣告程序中被他人宣告无效或部分无效，甚至有可能被专利权人主动修改，从而限缩专利权的保护范围。因此，社会公众看到一份明确撰写的专利权利要求书，也只能通过表面文字分析，得出该专利权的权利范围，但这种分析的结果通常是不确定的。

与专利权的权利范围相比，著作权的权利范围则更加模糊。著作权的保护对象，是思想或感情的外在表达形式，但这种外在表达形式中，有许多是共有共用的因素，例如技法、构图、结构、用词、修辞等。著作权保护的是在这些已有因素基础上通过作者个人的经验、能力、技能和技巧所进行的综合组织成果。作者的创造性智力劳动，体现在这一综合组织过程中。对于社会公众来说，作品并不是一个完整的整体，而是呈现碎片化状态，他们只会看到一件作品中所包含的各种因素。

不同国家对于专利权、著作权和商标权的权利边界的法律界定也并不相同。这导致同一智力成果在各国具有并不完全相同的权利边界。不同的国家有不同的版权体制，导致使用人对于版权状况难以把握。对于社会公众来说，可能并不具备充分的知识产权法律知识，无法清晰准确地明了各种知识产权的权利边界。不论在哪个国家，社会公众看到一辆汽车和一座房屋，都可以知晓其上一定存在着某人的所有权或他物权，也知晓所有权或他物权的边界。然而，对于国外知识产权来说，社会公众并不了解该国外知识产权的保护方式，同时由于不具有对各国法律的充分知识，也无法充分了解该知识产权的权利范围，从而导致社会公众对国外知识产权的权利边界更加模糊。

（三）权利的明确性不同

"有形财产的客体通常会传达出，这一客体是供私人使用，还是供商业经营使用。如果是后者，则可以通过支付费用的方式进行使用。不能使用，也会对陌生人有比较明确的信息与提示。甚至在离开停放的汽车时，这一信号也是比较强烈的。"即使一辆停在路边的汽车，人们也不能臆想其没有所有权人而擅自开走。虽然人们不明确这辆汽车的所有人为谁，但却明确其肯定存在着所有权人。此外，该汽车的所有权状态是法律明确规定的，因此汽车上的所有权权利内容也是明确的。

智力成果上的权利状态和权利内容，则通常并不明确。对于一件智力成果来说，社会公众明确其上肯定存在着知识产权人，为某人所有，但该智力成果上的权利状态和权利内容恰恰是不清晰的。首先，在权利状态上，社会公众不知这些知识产权是否依然受到保护，如果要使用该智力成果，需要获得哪些权利人的许可，是否可能侵犯第三人的权利。

其次，在权利内容上，虽然知识产权法明确规定了各种知识产权的权利内容，但通常由当事人自行约定知识产权许可使用合同的内容，因此社会公众并不明确智力成果上存在哪些权利，即使在社会公众知道该智力成果归属某人使用的情况下，也无法明确知晓被许可使用人的权利内容。在现实生活中，大量的商标许可使用合同、专利许可使用合同、著作权许可使用合同依然未进行备案，对社会公众来说这无疑会形成众多的权利黑洞。

三、排他权效力差异

（一）失去原权基础的扩张性

知识产权的专有效力和排他效力，在范围上并不总是具有严格的对应性。例如商标的排他权效力范围远远大于其专有权的效力范围。专利权也可以排斥与专利权相等同的技术方案。请求权原本应当仅在保护正向权利的范围内进行排除，但知识产权排他性具有扩张的效应，可以扩及相类似的智力成果和相近似的产品领域。

物权排他性通常是在与受到侵害相一致的范围内，由物权人行使其排他权。物权人很难超过其受到侵害的范围，行使排他权，否则会构成对他人的侵害。然而，知识产权排他性具有扩张的特点，知识产权人不仅能够在其受到侵害的范围内行使排他权，即使在仅仅产生相似性而可能会发生侵害的范围和领域内，也可以行使排他权。

此外，不同的知识产权，其扩张性也不同。对于商标、专利来说，可以具有强烈的排他性，商标权人和专利权人可以排斥相近似的标识和技术方案。但是，对于著作权来说，则不具有强烈的排他性，著作权人并不能够排斥相近似的作品。这其中的原因何在？应当说商标和专利具有更大的市场利益，因此为商标和专利设置了更强烈的排他性，以便更好地保护商标权人和专利权人的市场利益。相反，不同的作者创作相近似的作品，则是非常常见的现象，因此著作权并不能够完全排斥相近似的作品，除非该作品被证明是侵权而产生的作品。

在知识产权中，有些知识产权本身没有实施权，但却具有排他权。以专利为例，从属专利的专利权人没有实施权，而仅仅只有排他权。又如，在演绎作品情况下，尽管演绎作者享有相应的知识产权，但由于其并不能单独的对该智力成果实施或发出许可，因此演绎作品的著作权实质上是排他权，至于支配权的行使则要以在先权利人的授权为必要条件。[1]

---

〔1〕 王宏军："论作为排他权与支配权的知识产权———从与物权比较的视角"，载《知识产权》2007 年第 5 期。

（二）与权利保护相悖离的能动性

对有形财产权来说，只要所有权人的对物支配权没有受到他人的干扰，他对物的占有、使用和收益没有受到他人的侵害，他就不需要提出一个针对特定人的请求权，他的所有权就处于静止状态。作为支配权的所有权在它的排他功能上也还不是一个"请求权"，因为排他功能是针对所有他人的。[1]此时受到侵权损害之前的所有权是排他权但又不具有请求权。

但是对于知识产权来说，即使他人未构成侵权行为并且未造成损害之前，只要出现注册或使用相类似商标、生产或销售相同或等同的产品时，即使未给知识产权人造成损害，知识产权排他性都可以发挥作用，从而导致知识产权人可以向有关国家主管机关要求撤销相类似的商业标志或禁止等同的产品的制造、使用、销售、许诺销售或进口等行为。

以专利为例，有学者对比了英国专利制度与美国专利制度，在英国专利制度中，专利排他权的产生前提，应当是实施专利的义务。"通过按照英国的《垄断法》，意味着专利权人获得了实施自己专利的垄断权。如果专利权人不实施贸易活动，他就将丧失自己的Patent。"[2]早期英国专利赋予专利权人制造的权利和实施其专利的义务，而现代美国专利权人什么都不做的情况下，却可以起诉别人侵权。[3]因此，发展到美国专利制度时，专利法自身产生了异化，专利权成为可以能动排他的工具。

知识产权的排他权已日益上升成为一项实体性权利，知识产权人可以利用这种排他权进行能动性排他。甚至在他人的产品并不真正构成侵权时，也可以利用知识产权进行起诉而阻碍他人的生产、制造。这也正是知识产权滥用行为的产生原因。知识产权排他性的这一能动性特点，导致知识产权成为一项有问题的权利。排他权原本应当是一种救济权，只有在发生侵权行为之时才能够发挥其作用，不应当恃有知识产权，而到处进行排他活动。知识产权的赋权和权利行使，尤其是其排他权的行使，会给知识产权人周边的社会关系带来严重的干扰，知识产权排他性的能动特征，导致知识产权日益成为

---

〔1〕［德］卡尔·拉伦茨：《德国民法通论》（上册），王晓晔、邵建东等译，法律出版社1998年版，第325页。

〔2〕Adam Mossoff, "Exclusion and Exclusive Use in Patent Law", *Harvard Journal of Law & Technology*, Spring, 2009.

〔3〕Adam Mossoff, "Exclusion and Exclusive Use in Patent Law", *Harvard Journal of Law & Technology*, Spring, 2009.

一项不仅仅保护自身的权利，而且日益成为一项攻击他人的权利。

（三）产生"反公地悲剧"问题

美国哈佛大学法学院教授弗兰克·米切尔曼在1967年已注意到"反公地悲剧"问题。他认为，"反公地"是指每个人永远都拥有使用资产的权利，但若未获得其他人的特别授权，任何人都无权使用资产的一种情况。1998年，美国学者赫勒和艾森伯格在《科学》杂志上发表的文章《专利是否阻碍创新？生物医药研究中的反公地问题》[1]中正式提出了"反公地悲剧"（Tragedy of Anti-Commons）问题。他指出：尽管"公地悲剧"说明了人们过度利用（overuse）公共资源的恶果，但却忽视了资源未被充分利用（underuse）的可能性。如果一个资源存在多个权利持有人，为了达到某种目的，每个当事人都有权阻止其他人使用该资源或相互设置使用障碍，每个人都可能排斥其他人使用稀缺的资源，而没有人拥有有效的使用权，导致资源的闲置和使用不足，造成浪费。这种不合作不利于实现社会预期的目标，会出现"反公地悲剧"现象。当公地上存在着很多权利所有者，于是就发生了"反公地悲剧"。

反公地悲剧问题被赫勒和艾森伯格首先应用于生物医药产业中的专利资源使用不足问题。专利权的碎片化（fragmentation of patentrights）越明显，交易成本就越高，交易延滞的时间就越长，达不成交易的风险就越大。在纵向产业链中，如果上游新技术被过多专利权人共有，那么这些权利人可能基于战略考虑而不愿向下游企业扩散新技术，或者由于达成合作的交易成本过高而无法实现合作，最终阻碍下游的技术创新。[2]

在专利法中，被不同主体分散持有的互补性专利也被称为"专利丛林"。"专利丛林"所导致的"反公共地悲剧"现象表明，由于互补性专利被多个难以沟通、无法有效合作的主体所拥有时，通常会影响到新技术的应用和推广。随着大量互补性专利的涌现，产业链上下游企业之间也可能因为专利过于分散而导致新技术的创新和实施受到影响。[3]下游厂商的研发往往建立在许多上游研究成果的基础上，如果对基础研究实行专利制度，则下游厂商的研

---

〔1〕　Michael A. Heller, Rebecca S. Eisenberg, " Can Patents Deter Innovation? The Anticommons in Biomedical Research", *Science*, 288（1998），p. 698.

〔2〕　周清杰、杨芬："'反公共地悲剧'与创新型国家建设——谈如何进一步完善我国的专利制度"，载《光明日报》2011年2月11日，第11版。

〔3〕　周清杰、杨芬："'反公共地悲剧'与创新型国家建设——谈如何进一步完善我国的专利制度"，载《光明日报》2011年2月11日，第11版。

发需要同时取得上游各个基础研究的专利许可，从而阻碍了下游厂商的进一步开发与应用。

在信息技术和多媒体技术日益发达的时代，一件产品包含数百乃至上千项专利，或者一件作品中也可能包含着多个著作权人的作品。由于知识产权权利的不确定性，尽管制造商事前进行了合理谨慎的调查并取得了几乎全部的许可，但如果不能穷尽各种基础性专利和作品，都可能会导致此后的创新和实施受到基础性专利权人的干扰。

综上所述，任何权利自其设立之时，均具有社会性。知识产权除了激励创新的目的之外，还有促进社会发展、促进创新的目标，知识产权保护就其根源而言是一种借助于保护个体权利而导致提高社会福利的公益行为。[1]

知识产权的这一社会功能与知识产权的排他性存在着内在矛盾。排他权将权利变成了一种本质上私有的权利。为了更好地保护知识产权而人为设置了排他权，这种排他权使知识产权人可以在更大的范围内和更多的领域内行使其排他权。但"财产不是一个纯粹的个人权利，而是一个必须服务于社会功能的事物。……知识产权更多地是一个社会法和社会政策问题，而不应当是一个纯粹财产法问题。"[2]

知识产权作为一种更为倾向社会公共利益的财产，强烈的排他性将使知识产权产生自我内在的冲突。知识产权具有社会性，知识产权本身也在进行着制度调整，限制其过于强烈的排他性，例如知识产权法中设置了权利穷竭、强制许可、合理使用、法定许可使用等制度。作为具有社会价值和社会意义的知识产权，必须对其制度进行适度调整。

四、知识产权侵权归责原则的差异

有形财产的侵权行为（Tort），通常给有形财产造成直接的侵害，导致有形财产全部或部分受损。知识产权侵权（Infringement）只是侵入了知识产权人的权利边界，但这与直接带来侵权损害结果的侵权行为是不同的，它是以侵入他人的权利边界为其特征，而与民法的侵权行为一定要造成侵权损害后果有明显的区别。因此，在知识产权侵权判定中，通常是首先认定侵权行为

---

〔1〕　张光南、陈广汉："产权、信息与反公共地悲剧"，载《南开经济研究》2006 年第 2 期。

〔2〕　Jeremy Waldron, "From Authors to Copiers: Individual Rights and Social Values in Intellectual Property", *Chicago-Kent Law Review*, 1993, Symposium on Intellectual Property Law Theory.

是否存在，判断涉嫌侵权行为与知识产权的相同性和相似性。例如在专利侵权中，要判断涉嫌侵权行为是否构成了对于专利的全面覆盖或等同替代；在商标侵权中，要判断涉嫌侵权的商标或商业性标识是否与受保护的商标相同或相近似；在著作权侵权中，也要判断涉嫌侵权的作品与受保护的作品的相同性或相近似性。一旦认定了相同性或相近似性，就说明涉嫌侵权行为侵入了知识产权人的权利边界。

在知识产权中，认定了涉嫌侵权行为侵入了知识产权人的权利边界，固然这种行为具有不合法性，但在判断行为人的主观故意问题上存在着明显的差异。涉嫌侵权行为侵入了知识产权人的权利边界，是故意还是非故意，并不是问题的关键。问题是侵入了知识产权人的权利边界，这种行为已经事实上发生。需要禁止和防范这种侵入行为，需要处理这种侵入行为，使之退出踏入他人权利边界的脚。不论故意还是非故意造成侵入，都应当退出，以保护知识产权的利益。即使在非故意侵入的情况下，也应当退出，不要再对知识产权的权利造成侵入而影响知识产权人的利益实现。因此，在判断涉嫌行为人的行为是否构成一种 Infringement 时，是不必要考虑其主观故意的，只需要判断涉嫌侵权行为是否与知识产权相同或相近似，是否侵入了知识产权人的权利边界即可。

知识产权侵权损害赔偿，则是在认定知识产权侵权行为之后产生的问题。如果认定知识产权侵权行为不必以主观故意作为判断要件，在认定知识产权侵权损害赔偿问题上，则应当以主观故意作为判断要件。故意还是非故意侵入知识产权人的权利边界，在侵权损害赔偿上应当有不同的处理。

知识产权侵权有时仅仅是侵入知识产权人的权利边界，并未实际造成损害；有时仅仅可能会造成损害，知识产权人可以向法院主张提前停止有关行为，而中止这种即将发生的侵权行为。有时，知识产权侵权，也可能并不会给权利人带来无法忍受的痛苦，有时反而会给权利人带来利益。因此，在对于知识产权进行判断损害赔偿时，也应当考虑到损害的实际发生问题。

由于智力成果之间的从属关系，对知识产权的侵权常常导致连锁反应，例如侵害一个知识产权人的侵权行为，可能会给其他人带来损害。例如，对从属专利的侵权行为，也必然构成对基础专利的侵权。

由于智力成果的创造者许可他人使用其智力成果的主观愿望有很大的差异，有些智力成果创造者希望其智力成果被他人应用，只要向其支付必要的使用费即可。在这种情况下，知识产权人并不一定具有排斥或阻碍的理念，在支付必要的使用费的前提下，未经授权许可依然可以使用智力成果。在此情况下，虽然构成知识产权侵权，也可能会免于承担侵权责任。

在有些情况下，即使判定存在着知识产权侵权行为，法院可能在考虑到社会公共利益的情况下，而不给予永久禁令。例如著名的 eBay 案。因 eBay 公司使用了原告 MercExchange L. L. C. 拥有的在线拍卖方法专利权——"Buy it Now"，且该系争专利占 eBay 公司总营业量 30%。2003 年 MercExchange 公司在弗吉尼亚州法院提出侵权诉讼，法院认定其拥有的专利是有效的，陪审团认定 eBay 是故意侵权，MercExchange 公司于胜诉判决后提出禁止令请求，请求法院禁止 eBay 继续使用"Buy it Now"专利。但地方法院驳回 MercExchange 公司的请求。美国联邦上诉法院撤销了地方法院的判决，认为在专利侵权成立之前提下，除非有例外情况，否则法院原则上应一律给予永久禁止令。在 2006 年的终审判决中，美国最高法院又推翻了上诉法院的判决，认为：①专利权与其它财产权并无不同，是否准予禁制令，法院必须使用传统的衡平法则加以权衡。②专利权虽然是一种排他性的权利，专利权人有权排除他人制造、使用、许诺销售、销售该专利，但是权利的内容与权利受到侵害时的救济方式不能混为一谈。最终将 CAFC 判决撤销，本案发回下级法院重新考虑是否应当禁止 eBay 继续使用专利。从该案中可以看出，美国法院并不是绝对支持永久禁令的；不支持永久禁令，是有条件的，造成的侵害应当远远小于移除的损失。在该案中，美国最高法院没有僵化地授予永久禁令，而是采取了衡平法院发布永久禁令的四要件测试法，认为对专利权采用永久禁令措施予以保护，也受限于这一规则，从而从公共利益的角度作出这一具有弹性的判决。从 eBay 一案之后，"禁令的任意性日益被削弱，只是在特定情况下，才存在禁令的发出。"不给予永久禁令，就是一种在计算赔偿数额和侵权赔偿时的考虑方法。

对于间接侵权、辅助侵权行为则应当采用过错责任原则，只有当行为人明知或应知会帮助直接侵权人侵犯知识产权人权利时，才构成侵权，才承担相应的责任。

因此，相比于有形财产侵权规则来说，对知识产权侵权认定与侵权责任承担的法律规范，具有更大的弹性和更广的空间。知识产权是入侵他人的权利范围，因此入侵就应当构成侵权，不必考虑主观问题。为了保护知识产权，应当以入侵的存在作为认定侵权的基础。在认定侵权的损害赔偿额度时，应当考虑主观的恶意程度。

五、民法典起草中知识产权的规范方法

最早的现代意义上的民法典是《法国民法典》，它是法国大革命的产物，于 1804 年公布施行。1807 年 9 月 3 日法律赋予它《拿破仑法典》（Code Napoléon）的尊称。《德国民法典》于 1900 年 1 月 1 日施行。法国 1793 年《作者权法》、1791 年《专利法》在《法国民法典》产生之前即以单行法名义存在；德国 1837 年《著作权法》、1877 年《专利法》也早于《德国民法典》产生。这就产生了一个问题，即为什么知识产权单行法规早已有之，但在《法国民法典》和《德国民法典》中却没有涉及知识产权规范？一个主要的观点认为，在 18 世纪和 19 世纪，知识产权还处于萌芽状态，法律规范还处于发展过程之中，虽然有一些单行立法早于民法典，但知识产权规范发展还不成熟，还处于剧烈变动之中，因此均没有被归纳入民法典。在徐国栋教授看来，以《德国民法典》为代表的潘得克吞立法体系没有把知识产权整合到民法典中，在于《德国民法典》采用有体物主义，无法容纳作为无体物的知识产权。此后，德国民法典修订超过了百次，却始终没有把知识产权法纳入其中。从世界各国知识产权与民法典的关系来看，知识产权始终在民法典之外制订和发展。

民法典对于知识产权的这种剥离，产生了一个非常严重的问题，使民法理论只在物权法和债权法的基础上发展，导致民法理论具有一定的局限性。民法理论仅仅在物权法和债权法基础上发展，带来的一个重要的问题是，民法规则越来越无法适用于其他法律规范，目前争议比较多的是民商合一和民商分离问题，民法与知识产权法日益分离也导致了一个非常严重的问题，就是知识产权是否还能够受到民法的规范。因此，笔者认为，民法理论应当更多地吸收商法、知识产权法等的理论，使民法理论更为丰富。如果不更多地吸收商法和知识产权法的理论发展成果，就会导致民法理论日益萎缩，越来越局限于物权法和债权法，而不能适用于其他法律规范，也会导致民法基础理论越来越不成其为私权的基础理论，仅仅成为物权法和债权法的理论基础，失去了对于其他法律规范的调整能力。

本文详细阐述了知识产权与民法规则的差异，通过上述这些差异说明，民法理论与知识产权法规则从基本客体、权利形态、排他权、侵权等众多方面，都存在着根本的差异。这种差异是智力成果与有形财产之间的差异，这也就导致了知识产权规则与民法规则的差异。上述差异说明，知识产权需要

经过长期的理论发展，才能使民法理论与知识产权理论相融合，民法应当对于知识产权进行吸纳，使民法规则更加丰富全面。

由于上述这些差异，导致知识产权长期以来在民法规则之外独立发展，这种发展是为了适应知识产权的特点，甚至由于知识产权的全球一体化倾向，导致在知识产权规则上越来越体现出大陆法系与英美法系的融合，从而使知识产权与大陆法系的民法规则日益产生矛盾。上述差异也导致了，民法理论不能直接移植过来去适用于知识产权。许多民法规则不能直接移植适用于知识产权，必须结合知识产权特点加以改变，例如诉讼时效、侵权归责原则等，因此知识产权法理论的进一步发展，如果要不出现偏差，就必须与民法理论相互整合，接受大陆法系民法理论的指导。

民法需要在长期忽视知识产权的习惯上加以修改，主动整合知识产权，这需要一定的时间。知识产权也应当在长期游离于民法规则之外发展的习惯上加以修改，主动吸收和以民法理论作为立法依据，这也需要一定的时间。我国民法理论和知识产权理论长期以来都欠缺这两方面的工作，因此在目前制订民法典时，不宜贸然在民法典中添加知识产权的法律规范，因为这方面的理论准备还不充分。

目前有两个倾向，一是认为民法规则就可以全部解决知识产权问题，不必对民法规则进行任何变动，直接可以适用于知识产权。因为知识产权也是一种民事权利，既然是民事权利就完全可以受到民法理论的规范。二是认为知识产权规则与民法规则完全不同，应当在民法规则之外大力发展知识产权规则，不必考虑民法规则。笔者认为两种做法均不可取。应当在发展知识产权规则的同时，考虑民法规则，采取扩大民事理论和民法规则的态度，使民法规则吸纳知识产权规则，知识产权规则也不能抛弃民法规则而独立发展，否则就会日益失去民事规则作为其基础和依据。

目前知识产权的总论还不完善，存在大量争议，还没有一个比较完整而无争议的知识产权总则，不宜写入知识产权总论。以前知识产权的立法方法，是对于各种知识产权客体进行单独规范，同时由于知识产权的客体差异过大，导致无法从基础总论上进行把握，因此知识产权总论迟迟无法完成。那么制订民法典之时，这种情况下，在民法总论中就无法对知识产权总论加以规范。

在知识产权日益重要的当代，不能再让它游离于民法典之外。民法典也不能仅仅规定知识产权作为一项民事权利就了事，这是对长期发展的知识产权的无视，也反映了民法理论对知识产权的不适应，也不符合21世纪现代民法的特点。因此，事实上现代制订民法典是对于《德国民法典》的进一步完善，就是将《德国民法典》以来长期剥离知识产权的立法方法加以修改，将知识产权吸纳入民法典，将知识产权的一些规范整合于民法典，只有这样民法理论才是完整的，否则民法理论始终将仅仅是在物权法和债权法基础上发展起来的带有一定局限性的法律制度。

民法应当向知识产权开放，民法应当主动吸纳知识产权，将知识产权规则尽可能多地规范到民法中，应当从民法理论上引入知识产权。不能仅仅将知识产权作为一项民事权利加以规范了事，而应当从基本制度上对知识产权进行适当的规范。民法对知识产权的规范，应当体现为对于知识产权特殊制度的吸纳，使之能够与民法理论相结合，使之受到民法理论的指导和影响，例如侵权理论、排他权问题，都应当而且必须与民法理论相结合。

知识产权具有一定的差异性，需要在制定知识产权规则时考虑这些差异性，在民法中承认这些差异性，并且在民法典制定过程中添加解决的规范。在这一过程中，知识产权需要自己的规则，但这一规则的制订离不开民法规则，必须在民法规则的指引下进行。参照民法规则，结合知识产权的特点来制订自己的规则。

民法典吸纳知识产权的规范方法，不宜将知识产权总论纳入进来，因为知识产权总论还不完善，还存在诸多争议。在民法典的制定过程中，应当以吸纳知识产权理论为出发点，将知识产权的较为特殊的理论尽可能地吸纳进入民法典，例如从侵权、诉讼时效、侵权归责原则等多个方面，使民法对知识产权具有更大的包容性。只有积极吸纳知识产权规则，才能够使民法理论更为丰富完善。

民法典吸纳知识产权的规范方法，应当是对于知识产权进行更为深入的分析，将知识产权与民法能够相互结合的理论进行整合，例如侵权制度、诉讼时效制度、排他权制度等，在制订这些制度的民法规范时，应当考虑到知识产权的特殊性，为知识产权的立法留下足够的立法空间。笔者认为，民法典吸纳知识产权法，应当是具体制度上进行接轨，在具体的规范之中考虑到知识产权的差异和特点，并且将知识产权吸纳进民法典，为知识产权立法提供指导意义的规范为宜。应当更加深入地研究知识产权与民法理论的差异和融合点，以民法理论吸纳知识产权才是民法理论走向全面完善的方法，也是知识产权回归民法理论，并且使知识产权的发展不脱离民法理论的指导的必由之路。

论知识产权法总则对法安定性的保障

王　进[*]

引　言

《中华人民共和国民法总则》第 123 条规定"民事主体依法享有知识产权",从形式逻辑上给知识产权纳入民法典体系留下空间。由于我国将于 2020年出台《民法典》,目前对《民法典》分则部分的立法讨论正在紧密进行。关于知识产权法如何纳入《民法典》,学者看法不一,并提出了纳入式、糅合式、链接式三种模式。[1]纳入式是将知识产权与物权、债权平行列入《民法典》作为分则一编;糅合式是将知识产权糅入物权编;链接式是将总则条文作为知识产权进入《民法典》的链接,而各知识产权法在《民法典》外单行立法的模式。就当前进行的讨论和国家规划对《民法典》的定位而言,我国很可能采取纳入式。纳入式的确能够更好地以权威形式确立民法分则体系,更好地展示知识产权的地位和作用,有利于知识产权与其他民事权利的相互对照与运用。但是应当看到,纳入式对民法典本身的要求以及纳入式所带来的问题。

一、知识产权纳入民法典并非各国立法通例

纵观德国、法国、瑞士、日本等国的著名民法典,将知识产权法纳入民法典并非立法通例。

《德国民法典》(Bürgerliches Gesetzbuch, BGB) 分总则、债务关系法、物

　＊　王进,中国政法大学民商经济法学院 2016 级民商法学博士研究生。
　〔1〕赵世猛:"知识产权与民法典的关系引发专家热议——知识产权如何走进'民法典时代'",载《中国知识产权报》2017 年 6 月 14 日,第 2 版。

权法、亲属法和继承法五编，五编中均无对知识产权直接的规定。德国也没有设立一部融合各项知识产权的法典，2015、2016 年，德国集中修订了其各项知识产权法，现行的主要知识产权法以单行法呈现：

中文名	德文名	最新修订日期[1]
《关于著作权与有关权利的法律》	Gesetz über Urheberrecht und verwandte Schutzrechte	2016 年 6 月 4 日
《商标和其他标志保护法》	Gesetz zum Schutz der Marken und sonstiger Kennzeichen	2013 年 10 月 19 日
《专利法》	Patentgesetz	2016 年 4 月 4 日
《实用新型法》	Gebrauchsmustergesetz	2015 年 12 月 3 日
《工业品外观设计法》	Gesetz über den rechtlichen Schutz von Design	2016 年 4 月 4 日

法国的知识产权立法已有两百多年历史，总体看来，经历了三个阶段。第一个阶段为 1791 年起的分别立法，如 1791 年制定了《表演权法》《专利法》，1793 年制定了《复制权法》等。第二个阶段始于 1804 年，《法国民法典》将《专利法》等专门法纳入民法典，形成大民法典中包含知识产权法的格局。第三个阶段自 1992 年起制定独立的《知识产权法典》（Code de la propriété intellectuelle），这部知识产权法典分为三个部分：文学和艺术产权、工业产权和在海外领地及马约尔属地的适用。

在知识产权上，我们显然属于后发国家，也许不存在完整经历着三个阶段的社会基础，但是法国的立法历史至少可以看出两个基本思路：一是将分散的知识产权立法融合为一个整体的知识产权立法；二是将知识产权立法独立于民法典进行设置。如上所述，法国将知识产权法独立设置为法典的确有其积极意义，能够使知识产权的权利体系、属性特征更充分地得到权威确认，这也许是立法的终极水准，但是法国 1992 年起频繁修订《知识产权法典》的实践也展现了当前科学技术与商业模式变化的速度对知识产权立法的影响，法的安定性受到了很大的挑战。法国《知识产权法典》颁布后的 20 余年，效仿这种独立法典模式的国家很少，比较有影响力的如 2002 年颁布的埃及《知

---

[1] 截至 2017 年 6 月 11 日。

识产权保护法》。

《瑞士民法典》颁布于 1907 年，最新修订于 2017 年，该法典未纳入知识产权法。瑞士知识产权法也呈现单行法的立法体例，主要的知识产权法为：《联邦作者权和邻接权法案》（Federal Act of October 9, 1992, on Copyright and Related Rights, 2017 年最新修订)、《联邦商标和地理标记保护法案》（Federal Act of August 28, 1992, on the Protection of Trademarks and Indications of Source, 2017 年最新修订)、《联邦发明专利法案》（Federal Act of June 25, 1954, on Patents for the Inventions, 2017 年最新修订)、《联邦外观设计保护法案》（Federal Act of October 5, 2001, on the Protection of Designs, 2017 年最新修订）等。

《日本民法典》未纳入知识产权法，但是日本有《知识产权基本法》（知的财产基本法，2002 颁布)，该法对智慧财产、知识产权作了定义，对中央政府、地方政府、科研机构、商业机构之间的分工与协作作了规定，是知识产权基本法。基本法之外，日本有各单行法：《著作权法》（著作権法，2014 年最新修订)、《商标法》（商標法，2015 年最新修订)、《专利法》（特許法，2015 最新修订)、《实用新型法》（实用新案法，2011 年最新修订)、《外观设计法》（意匠法，2015 年最新修订）等。

《德国民法典》[1]《法国民法典》[2]《瑞士民法典》[3]《日本民法典》[4]均未纳入知识产权作为其分则，美国、英国[5]更无需介绍。民法典纳入知识产权的有影响力的立法是《意大利民法典》和《俄罗斯联邦民法典》。但是《意大利民法典》未给知识产权以整体性、规范性的界定，而是把知识产权规定在第五编"劳动"中，其中第八章"企业"中规定了商标，第九章"智力作品权和工业发明权"规定了专利权和著作权，没有作一个统领性的规定[6]。《俄罗斯联邦民法典》在其第四部分规定了知识产权法，无论是意大

---

〔1〕 参见陈卫佐译：《德国民法典》，法律出版社 2004 年版。

〔2〕 参见罗结珍译：《法国民法典》，北京大学出版社 2010 年版。

〔3〕 参见殷生根、王燕译：《瑞士民法典》，中国政法大学出版社 1999 年版。

〔4〕 参见王爱群译：《日本民法典》，法律出版社 2014 年版。

〔5〕 参见世界知识产权组织网站成员国法律数据库：英国法规 http://www. wipo. int/wipolex/en/ profile. jsp? code = GB，以及世界知识产权组织编写的：An explanatory note concerning the origins of the U-nited Kingdom intellectual property legal regime, http://www. wipo. int/export/sites/www/wipolex/en/notes/ gb. pdf；美国法规 http://www. wipo. int/wipolex/en/profile. jsp? code = US，2017 年 7 月 30 日最后访问。

〔6〕 参见费安玲、丁玫、张宓译：《意大利民法典》，中国政法大学出版社 2004 年版，第 677 ~ 684 页。

利还是俄罗斯，在民法典纳入了部分知识产权规则的同时，都不同程度保留有主要知识产权单行法，如意大利的《著作权及与其行使相关的其他权利保护法》[1]（Legge 22 aprile 1941, n. 633 sulla protezione del diritto d'autore e di altri diritti connessi al suo esercizio）、《俄罗斯联邦商标、服务商标和商品原产地名称法》[2]。在我国先前进行过的民法典编纂活动中，郑成思先生明确指出知识产权纳入民法典风险较大，宜审慎为之。[3]

二、法典化引发的频繁修订问题与法律解释需求

法典化首先引发的是法的安定性与法典的滞后性之间的冲突与平衡。对法的安定性这一中文概念，有不同的界定，笔者基于法不可轻易被立法者更改，应使社会对法可预见这一定义来谈。[4]法的安定性价值被诸多法学家论证过[5]，笔者无需赘言。作为颁布之日就已经落后于社会实践的成文法，法的集大成者——法典无疑会将成文法的滞后性放大，因而法典当然地要受到社会实践发展的挑战。即使《德国民法典》（BGB）这部被认为是200年来"基本体系、基本结构和基本内容，甚至条文顺序的基本编排都没有发生广泛射程的改变"[6]的民法典范本，自1896年公布至今，合计经历了超过200次的修订[7]，即使是2005年之后，其修订也超过30次[8]。举世闻名的《法国民法典》于1804年颁布，颁布以来的200余年时间中，共修订超过100

---

[1] 参见费安玲、魏骁、陈汉译：《意大利著作权法》，载《十二国著作权法》，清华大学出版社2011年版，第262~347页。

[2] 参见马伟阳、张洪波译：《俄罗斯联邦商标、服务商标和商品原产地名称法》，载《十二国商标法》，清华大学出版社2013年版，第285~313页。

[3] 郑成思："民法典（专家意见稿）知识产权篇第一章逐条论述"，载《环球法律评论》2002年第3期。

[4] 有学者认为法的安定性在语意上包含两个层面内容：一是对普通公民的可预测性，二是对执法、司法者裁量权的约束。应当说，笔者所采的含义和雷磊教授所采的含义本身是相互融通的。参见雷磊："法律方法、法的安定性与法治"，载《法学家》2015年第4期。

[5] 例如，拉德布鲁赫的名言"法的安定性要求缘起于它的深层需求（如对自然法则之理念的需求）：这种需求渴望将现实既定的纷乱纳入秩序之中，渴望对纷乱有事先的防范，并使之在人的控制之内"。参见［德］古斯塔夫·拉德布鲁赫：《法律智慧警句集》，舒国滢译，中国法制出版社2016年版，第21页。See also, Friedrich Hayek, *The Road to Serfdom*, Roudedge&Kegan Paul, 1944, pp. 75~76.

[6] 杜景林、卢谌译：《德国民法典》，中国政法大学出版社2014年版，第1页。

[7] 郑冲、贾红梅译：《德国民法典》，法律出版社1999年版，第1页。并参见陈卫佐译：《德国民法典》（第三版），法律出版社2010年版，第3页。

[8] 陈卫佐：《德国民法典》（第三版），法律出版社2010年版，第3页。

次。[1]即使是为世人称赞、多国效仿的《法国民法典》《德国民法典》尚且不能"毫发无损"，在快速发展的中国，《民法典》想必也会面临同样的境遇。故而，对于频繁修订，立法者应当做好准备。

知识产权法具有更为突出的不安定性。诚然，将知识产权法纳入《民法典》有利于中国特色社会主义法律体系的完备，但是应当看到知识产权法是一个快速发展的部门法，科学技术和商业模式的演进都会对之产生影响，相比物权、债权、亲属、继承的民法规则，知识产权新问题出现频率更高，知识产权体系有它的非封闭性，[2]从具有影响力的各国立法实践来看，总体体现了对知识产权立法频繁修订的过程：

独立成法典的法国修法频繁。法国于 1992 年制定了《知识产权法典》，其后修订的次数非常多，几乎每次修订都是回应商业模式与技术发展所带来的变革，法国的《知识产权法典》自颁布以来的 25 年中已修订 13 次，平均每 1.9 年修订一次。

法国《知识产权法典》修订日期表												
修订日	1994年5月10日	1995年1月3日	1996年12月18日	1997年3月27日	2006年3月1日	2010年10月1日	2012年12月1日	2013年12月30日	2014年8月4日	2015年2月23日	2016年4月25日	2016年10月9日	2017年3月17日

单行法的德国、日本亦频繁修订知识产权法。著作权法因作品载体、传播方式的不断更新需要不断修订，但频繁修订的不只是著作权法，专利法亦如是。技术的迅速变革、技术交易模式的不断更新使得专利法也在迅速更迭。以德国为例，德国主要的专利法分为《专利法》（对应我国的发明专利）、《实用新型法》、《工业品外观设计法》，其现行《专利法》自 1980 年以来的 37 年间共修订 11 次，平均每 3.4 年修订一次。商标法亦如是，例如日本现行《商标法》（商標法）自 1959 年颁布，最后一次修订是 2014 年，颁布后的 58 年间，一共修订 32 次，平均每 1.8 年修订一次，频率和上面所列的《法国民

---

〔1〕　耿林："论法国民法典的演变与发展"，载《比较法研究》2016 年第 4 期。

〔2〕　费安玲主编：《知识产权法案例教程》，知识产权出版社 2006 年版，第 7 页。

法典》基本相当。

众所周知，作为大陆法系国家的代表，德法日的立法当然以法的安定性为其应有特征，立法的频繁修订显然与法典法的抽象性、前瞻性相左，是每一个法典的制定者所不愿意看到的，也当然不利于法律的适用。但是知识产权客体、载体、权利人、传播方式、销售模式的迅速更新又从客观上不断挑战着原有的法律条文，不作更改显然会使法典与经济社会发展相脱节，丧失了法的正当性，法典不但不能起到激励创新和保护交易安全的作用，反而会阻碍创新发展。

法律解释对民法典总体安定性起到重要作用。《法国民法典》《德国民法典》虽然修订频繁，但其基本框架、基本内容并未发生变化，主要内容仍然适用，呈现出总体安定的状态。之所以能有总体安定状态，除了其修订模式的多样化（如法国修法模式包括在法典内修订和制定单行法修订[1]），更为重要的是法律解释的活跃和司法能动的体现。

大陆法国家的法官不能造法，法律并未赋予法官这项权利，但是实践中法官的确通过司法判例将学者、律师对法律的解释予以权威确认，这在大陆法国家不同程度地存在。遵循先例（Stare Decisis）虽然在学理上是英美法区别于大陆法的标准，但是在当今的具体实践中并无哪个大陆法国家绝对排斥实质的遵循先例，大陆法对判例的研究就是受遵循先例模式的影响。从《法国民法典》的实践来看，注释法学派的解释方法演变的历史或演进的解释方法，赋予了民法典不竭的生命。解释者能够将法典中抽象的条文原理在当前的社会实践中进行解释，使之能够既贯彻法典制定时的基本价值和判断，又在当前的社会实践中进行应用，不至于使法典落空或者产生明显不正当的结论。

当前，我国司法机关发布的各类公报案例、指导案例、典型案例等，就是在或多或少为司法的能动性创造空间，但是这显然还不够，司法官对法律合乎原理与社会一般公正观念的解释应当更多地产生其作用。这是《民法典》能够持续适用的重要保障。当然，解释的限度和逻辑是解释者应当遵守的，这是法律解释研究的永恒话题。

三、法律解释的基础——知识产权法总则

其实无论《民法典》是否纳入知识产权，知识产权现行立法都能在各自

---

〔1〕 耿林："论法国民法典的演变与发展"，载《比较法研究》2016 年第 4 期。

领域起到作用，当前对知识产权的民事权利基本属性没有实质争议。将知识产权纳入《民法典》，应当解决的是两个权利体系的问题，一是知识产权在民事权利体系中的定位；二是知识产权内部各项权利之间的权利体系。

2017年3月15日颁布的《民法总则》第123条规定"民事主体依法享有知识产权。知识产权是权利人依法就下列客体享有的专有的权利：①作品；②发明、实用新型、外观设计；③商标；④地理标志；⑤商业秘密；⑥集成电路布图设计；⑦植物新品种；⑧法律规定的其他客体。"该条文并未归纳知识产权属性特征，也未对知识产权内部的权利体系进行规定，并未对分则的构建和法律的解释提供指引。

《民法总则》的知识产权条款是法律解释的根基。在立法层面，《民法总则》条款是民法分则和单行法的母条款，因此在分则和单行法的立法时应当遵循总则条款所搭建的结构，然而上述《民法总则》第123条只是罗列权利客体，并未对权利特征和权利体系进行规定，后续的立法没有权威章法可循，对条文之间的关系在每次立法中仍会争论不休。在法律实施层面，《民法总则》对包括知识产权在内的整个民事法律活动具有指引作用，因此无论是全国人大及其常委会，知识产权局、版权局、商标局、专利局，法院、检察院还是知识产权权利人、交易相关人，面对不断出现的新问题，虽然可能见解不同，但是都应依据《民法总则》上述条款作出判断，其理解范围若超出上述条款或与上述条款相悖，则不应具有法律效力。然而《民法总则》第123条缺乏概括性，无法据此来论证知识产权新问题。

（一）总结知识产权特征，为知识产权与其他民事权利的关系提供解释基础

英美法学者倾向于对知识产权进行列举式描述[1]，郑成思先生也反对对知识产权下定义[2]。但是人们对知识产权特征的总结是有一些共识的，可以从一些认可度较为广泛的信息源获取。

得益于世界知识产权组织的建立，国际上对知识产权的认识有了很好的

---

[1]　如"Intellectual Property Rights shall mean all current and future worldwide patents and other patent rights, utility models, copyrights, mask work rights, trade secrets, trademarks, and all other intellectual property rights and the related documentation or other tangible expression thereof."See, Gutterman, *Corporate Counsel's Guide to Technology Management and Transactions* §§ 23：1 et seq.

[2]　郑成思先生反对为知识产权下定义，理由在于多数国家的法学专著、法律乃至国际条约均从划定范围出发来明确知识产权的概念，有尝试给知识产权下定义的，最终仍然回到列举式的模式。郑成思：《知识产权法》，法律出版社2003年版，第3页。

趋同，世界知识产权组织为知识产权下的定义是，知识产权是赋予创新者对其智力创造一定期限的垄断权[1]。在世界知识产权组织编写的教科书[2]中，在知识产权的概念中突出了几个要素：财产权、智力的创造的结果、体现为情报、可以无限复制、具有期限性。美国学者 Roger E. Schechter 和 John R. Thomas 表示[3]，虽然知识产权是一个伞状的概念集合（umbrella term），涵盖了不同的权利，但是被称为知识产权的不同权利有着一些相同的特质：无形性（intangible）、排他性（right to exclude）、穷竭性（exhaustion of right）[4]、利益平衡性（public domain）[5]、地域性（territoriality）。

国内学者对知识产权也作了定义，如费安玲教授认为"知识产权系指实施创造性劳动之人对其创造的知识产权享有的直接支配和获取利益的权利"，知识产权的特征是：创造性劳动者是原始权利人、客体具有非物质性、权利内容为直接支配和获取利益。同时还有私权性、法定性、体系的非密闭性、人格利益财产利益融合性、排他性和期限性[6]，突出强调了支配利益和获取利益这两个方面，对体系的非封闭性作了指引。刘春田教授认为"知识产权是基于创造性智力成果和工商业标记依法产生的权利统称"，体现了四个特征：权利对象为智力成果而非智力活动、具有创造性、分为智力成果和工商业标记、权利产生具有法定性[7]，突出强调了智力成果和工商业标记的分类。

综合上述概念和特征的总结，以提取最大公约数的方法来看，笔者以为，知识产权是对智力成果或工商业标记享有的独占性权利，该权利具有无形性、

---

〔1〕 笔者翻译，原文为："Intellectual property rights are the rights given to persons over the creations of their minds. They usually give the creator an exclusive right over the use of his/her creation for a certain period of time." https://www. wto. org/english/tratop_e/trips_e/intel1_e. htm, 2016 年 8 月 8 日最后访问。

〔2〕 世界知识产权组织编，高卢麟、汤宗舜、马连元等译：《知识产权法教程》，专利文献出版社1990 年版，第 2 页。

〔3〕 See Roger E. Schechter & John R. Thomas, *intellectual property the law of copyright patent and trademarks*, West group. pp. 4 ~ 7.

〔4〕 即知识产权人在首次销售权利载体后，不再对载体享有其他财产权利，我们一般称之为权利穷竭（或首次销售）。

〔5〕 原文直译为公有领域，"利益平衡性"为笔者意译，原文意思是，除了保护知识产权人利益，知识产权还关注消费者和其他社会公众的利益，以平衡各方利益。（In addition to creating proprietary interests, well-balanced intellectual property laws also account for the right of consumers and other members of the user community.）

〔6〕 参见费安玲主编：《知识产权法案例教程》，知识产权出版社 2006 年版，第 5 ~ 9 页。

〔7〕 参见刘春田主编：《知识产权法》，高等教育出版社 2007 年版，第 3 ~ 4 页。

地域性和时间性。在面临新兴事物，无法直接根据现行法律得出该新事物是否适用知识产权规则时，应当根据上述特征进行判断。这本应在总则立法上予以明确。

（二）界定知识产权权利体系，为知识产权权利冲突提供法律解释前提

法律规范具有一定的抽象性，才能依据该规范进行解释，解释也才有合理的界限。从知识产权法来看，《民法总则》第123条应当起到上述作用，即对知识产权的特征进行抽象，并对知识产权的权利体系进行构建，分则部分以及今后单行法、法律解释能够既有基础又不过线。

知识产权的名称不排除工商业标记。虽然名称可能不同，但是以智力成果和工商业标记为分类的知识产权概念、立法体系的确被较为广泛地接受。虽然现有的知识产权称谓从语义上看并不包含工商业标记，但是其之所以被称为知识产权，只是特定学者和知识产权组织的使用的历史结果。[1]

智力成果和工商业标记的二元划分在我国有较为广泛的认可度。[2]而在立法层面，也有相应的立法例可以作参考。日本将智力成果类与工商业标记类并列作出规定。日本知识产权法体系下，有基础法《知的财产基本法》（Intellectual Property Basic Act），该法第2条将知识产权分为三类：第一类是发明、实用新型、植物新品种、外观设计、作品和其他人类创造性活动所产生的财产[3]；第二类是商标、商号以及其他在商业活动中用以指示商品或服务来源的标记[4]；第三类是商业秘密以及其他对商业活动有用的技术或经营信息[5]。虽然未将商业秘密纳入智力成果这个类别，但是前面两个类别清楚地体现了智力成果和工商业标记的二元划分，明确地将商标、商号列为一类。意大利将智力成果和工商业标记规定在两个不同的章节。《意大利民法典》[6]将商标、商号规定在第八章"企业"中，将"文学和艺术作品的著作权""工业发明专利权""实用新型和外观设计专利"规定在第九章"智力作品权

---

〔1〕　郭寿康：《知识产权法》，中共中央党校出版社2002年版，第5页；郑成思：《知识产权法详论》，法律出版社1998年版，第71页。

〔2〕　刘春田主编：《知识产权法》，高等教育出版社2007年版，第3~4页。

〔3〕　"発明、考案、植物の新品種、意匠、著作物その他の人間の創造的活動により生み出されるもの"，笔者译。

〔4〕　"商標、商号その他事業活動に用いられる商品又は役務を表示するもの"，笔者译。

〔5〕　"営業秘密その他の事業活動に有用な技術上又は営業上の情報をいう"，笔者译。

〔6〕　参见费安玲、丁玫、张宓译：《意大利民法典》，中国政法大学出版社2004年版，第677页~684页。

和工业发明权"。虽然没有直接用智力成果、工商业标记的语言作为章节的名称，但是第八章名称为企业，第九章名称为智力作品权和工业发明权，可见在意大利法中，认可商标不是智力成果，智力成果与商标不能在同一章节。德国将工商业标记作了整体性的规定，《商标和其他标志保护法》中，直接将商标、企业标识、作品名称、地理标志等统统纳入该法的保护范围[1]，在立法上支持了工商业标记的大概念。英国对智力成果与工商业标记的二元划分作了更加直接的规定，直接体现在法律的分立上，将智力成果规定在一部法律之上（即《版权、设计及专利法案》，Copyright, Designs and Patents Act），将工商业标记规定在另一部法律之上（即《商标法》，Trademark Rules）。虽然也可以见到有法律将专利与商标放在同一个规范中予以规定，但是这些规定是针对送达地址［The Patents, Trade Marks and Designs（Address for Service）Rules］、费用收取［The Trade Marks and Trade Marks and Patents（Fees）（Amendment）Rules］，并非知识产权的核心法典。因此，可以看出，从理念上，英国法将智力成果和工商业标记分类看待，分别立法。

当然，全世界的立法例不全如此，我们对知识产权权利体系的另一种分类——文学和艺术产权（也有称为著作权）＋工业产权的二元分类在法国《知识产权法典》上有所体现，法国将知识产权法典分为第一部分：文学和艺术产权；第二部分：工业产权。[2]同时，巴西的知识产权主要立法为：《工业产权法》（Industrial Property Law）和《作者权和邻接权法》（Law on Copyright and Neighboring Rights）。这种分类方法是以权利的"工业性"为基础的分类，观察的是某项知识产权是否以工业经营为其主要使用方式，有其合理性，但是这种分类标准是基于权利的应用领域而非基于权利的基本属性，故并未解释权利的本质，就目前有影响力的立法例来看，这种分类方式也比较小众。

将知识产权进行体系分类的目的在于运用该体系，不仅有理论价值，也有实践价值。从理论价值来看，特定类型的知识产权具有何种基础性属性，是基于其智力成果属性而被赋予垄断性权利，还是基于其工商业标记属性而被赋予垄断性权利，其中存在着区分。包括但不限于：第一，权利授予的条件。如智力成果权利有创新程度的规定：著作权的额头出汗原则/小硬币的独创性高度，发明和实用新型的创造性高度，而工商业标记权主要就其指向性

---

〔1〕 郑友德："德国知识产权法的演进"，载《电子知识产权》2010 年第 10 期。
〔2〕 第三部分为在海外领地即马约尔属地的适用，是关于法律适用的辅助性条款。

（显著性）设定条件：商标权的显著性和包装装潢对"特有性""知名性"的要求。第二，期限性的决定性与否。虽然知识产权都有期限性，但是智力成果的期限性是绝对的，到期只能垄断权消灭，而工商业标记的期限性则可以通过续期来实现延续，这背后也蕴含着不同的理由，即智力成果作为创新成果获取垄断权是与社会签订的互利使用协议：有期限的垄断权——到期后交给社会作为公共资源。工商业标记的期限性则主要基于有商业价值的符号资源的有限性，通过收取注册费用、设定期限、要求知名度（知名商品特有包装装潢）来促使符号资源被有效地使用，促进符号资源提升价值，避免符号资源浪费。

智力成果和工商业标记的区分具有实践价值，在案件办理中直接影响执法者、司法者对问题的判断。比如在一个客体上，一类知识产权消灭后，能否通过另一类知识产权来接续对同一客体的保护？例如三茂著作权和外观设计案中，一幅图案作为外观设计到期后能否要求美术作品的保护？[1]又如彼得兔案中，著作权已经到期的美术作品能否注册为商标主张商标权保护？[2]厘清这些问题需要理解不同知识产权的基础属性及基于属性所设定的期限性的理由，从根源上作出判断。

商标标识设计人能否主张基于商标所获得的荣誉权？例如广日商标案中，广日公司的员工设计了广日图形商标，后广日公司以此注册了商标。约十年后，广日商标获得了"最佳商标金奖"等奖项，该商标的设计人认为其应当享有这些荣誉和相应的奖金。[3]考量标识设计人是否对荣誉和奖金享有权利的前提是厘清荣誉和奖金所针对的对象，是标识本身的智力成果属性和创造性价值还是商标使用后积累的识别性和美誉度，基于此作出有针对性的判断。

未经著作权人许可使用其作品注册为商标，过了争议期后，作者要求停止使用的，能否一律判定停止使用？所有权与知识产权同为绝对权下，是否可以借鉴所有权的添附制度。当商标权价值远大于著作权时，按照添附原理，判定商标权人获得在商标上使用该作品的权利，并要求补充著作权人损失。

---

〔1〕　深圳市中级人民法院（2004）深中法民三初字第670号民事判决书；广东省高级人民法院（2005）粤高法民三终字第236号民事判决书。

〔2〕　北京市第一中级人民法院（2004）一中行初字第231号行政判决书；北京市高级人民法院（2005）高行终字第85号行政判决书。

〔3〕　广东省高级人民法院（2007）粤高法民三终字第323号判决书。

这需要明确知识产权相对于物权的特征，特征之外的，是否从绝对权的一般规则——物权规则来进行判断。

综上，《民法典》的制定给知识产权权利的构建提供了契机，这既是解决理论和实践问题的需求，也是解决法典僵化和滞后性，使法典永葆生机的前提。

论建筑作品的独创性

李 享*

笔者撰写本文之初衷在于将建筑作品区别于其他作品，以避免流于概念游戏。通过深入分析建筑作品独创性的相关理论，并从理论观点出发，结合建筑作品不同于其他作品之特征进行阐释。建筑作品必须满足一定的生活、生产需要，而不是仅仅追求视觉上的美感或者艺术上的高度。如果一个建筑设计非常独特且具有较高欣赏价值，但却并不符合建筑科学和工程实际的需要，那么这样的设计是无法作为建筑作品来进行保护的。如果相关设计图纸的独创性满足美术作品之要求，可以作为相应类型的作品加以保护，但此时保护的实质已经不是设计之独创，而是图形之美感。

一、建筑作品的定义

建筑作品成为我国著作权法的客体是在 2011 年《著作权法》修改之后，其定义见于《著作权法实施条例》，[1]建筑模型和建筑设计图被分别纳入到图形作品与模型作品中予以保护。在之后的《送审稿》中，立法者又将建筑作品的范围进行了扩展。[2]立法层面的定义尚未确定，学理层面的争议也会随之发酵。要探寻建筑作品之独创性，需以建筑作品概念本身为基。

依现行立法将建筑作品的范围限定为建筑物或者构筑物，至少有以下三个方面的问题：

（1）有悖国际立法趋势。实践中，《伯尔尼公约》已经将建筑作品的概

---

* 李享，中国政法大学法律硕士学院 2015 级硕士研究生。

〔1〕《著作权法实施条例》第 4 条："（九）建筑作品，是指以建筑物或者构筑物形式表现的有审美意义的作品。"

〔2〕《中华人民共和国著作权法（修改草案第三稿）》第 3 条："（十）建筑作品，是指以建筑物或者构筑物形式表现的有审美意义的作品，包括作为其施工基础的平面图、设计图、草图和模型。"

念外延扩展至模型类作品和体现设计思想的图形作品。即使一些国家将建筑物和建筑设计图纸作为不同类型来保护，但其原因是立法顺序而非否定二者为建筑作品的不同表达形式；（2）忽视了建筑作品创作过程的连续性。"作品由两大要素构成，特定内容和将内容进行表达的客观形式。"[1] 著作权法保护的是有形的表达，载体只是工具。载体本身不是著作权保护的客体，而是所有权的客体。建筑作品的特殊性在于创作者在不同阶段可以借助的载体是不同的，因此表达的形式也会不同，但作品的内容是一致的，不应该将建筑作品不同的表达形式理解为不同的作品分别保护。如果建筑作品仅仅是指建筑物，无疑是割裂了不同表达形式之间的有机联系；（3）建筑作品的复制问题出现混乱。如果设计图纸和建筑物不是同一个作品，那么根据图纸建造建筑物的过程就应该是演绎行为而不是复制行为。但实践中，建造行为并非是著作权法意义上的创作行为，这就与演绎行为的认定相矛盾。各类建筑工程设计图、建筑模型、建筑物或构筑物都可以展现独创性的建筑设计，且创作目的相同。

实践中的建筑工程也可佐证上述问题：施工方一般都是严格按照图纸和模型进行作业，设计师设计的结构和形状，会被施工人员呈现在立体的建筑物上，在这个过程中，没有著作权法意义上的创作行为存在，只有机械操作和体力劳动，也就是说不会诞生作品，所以这个过程是著作权法意义上的"复制"。将建筑作品的范围界定为立体的建筑物，会使建筑作品复制行为的认定产生混乱，也不符合建筑设计和工程的实际。

笔者以为对著作权法中"建筑作品"概念之界定，不可过于狭隘。建筑物或构筑物固然是建筑作品之直观表达形式，但法学概念之界定不同于社会常识之判断，无论呈现的形式如何，只要其中蕴含的表达是一致的，就应当划为一类进行保护。分类保护也许可以达到细致之效果，但却可能带来保护力度不一之后果。因此，只要能够客观承载独创性的表达，相关图纸和模型以及其他形式均应囊括至同一作品概念之中。总结而言，既不能以外在形式之差异，衡量作品类别之独立，也不能因非直观之感受，衡量创作行为之有无。

二、建筑作品独创性的一般判断标准

学者对独创性的争议，主要还是聚焦于对独创性要求的高低，可将其简

---

[1] 费安玲：《著作权法教程》，知识产权出版社 2003 年版，第 41 页。

要概括为"求量"与"求质"之别：

"求量"：独创性的落脚点应该是"独立创作"。某一个表达之所以可以称为"作品"，是因为其并非直接复制他人之表达。而表达中创作水平的高低，属于主观判断的领域，独创性既然是判定作品性的"标准"，自然应该保证其客观性。

"求质"：独创性从字面上，应当是包括"独"和"创"两个要件，"独"就是独立创作，不复制、不抄袭；"创"就是强调创作投入要有底线，即"能够体现作者独特的智力判断与选择，展示作者的个性。"[1]而此时最直接的问题，就是如何避免过于主观地评价"创作"。相关争议可以进一步概括为两类观点：

（1）作品必须达到一定创作高度。"独"仅仅是决定作品的产生，但是否符合著作权法保护的标准，还需要考察作品水准的"高低"，也就是说，作品需要达到一定的创作性高度。[2]

（2）作品需要作者投入创作性活动。独创性是一个标准，一个"门槛"，越过这个"门槛"就进入著作权法所保护之作品的范围。因此有学者主张，这个"门槛"是必要的，但不宜过高。对学术和艺术上"优秀"与否的判断，应当交给专业人士、公众和市场，不宜作为法律上的标准。

笔者认为，建筑作品独创性的判断标准，既不是简单地"求量"，也不能过高地要求创作高度，而是应当对是否投入"创作性活动"[3]进行考察：建筑作品是作者投入创作性活动的成果，且不对创作高度作硬性要求。

（一）"创作性活动"要件之必需

从理论原旨之角度，笔者认为，作品的"高度"是一个相对主观的判定，不同的人对相同作品的水准进行评价时，通常并不一致。"如果把作品的独创性从主观的意义去理解，那么它便不能作为标准来裁判，因为标准不能具有任意性。那么这就与客观存在不符，因为在版权一元体系中独创性不仅被作为确定作品的标准，而且在著作权—邻接权二元体系中还作为判断侵权的标准，独创性标准的'主观'是其给人带来的'假象'，作为标准的客观性才

---

〔1〕 王迁：《著作权法》，中国人民大学出版社2015年版，第27页。

〔2〕 王迁：《著作权法》，中国人民大学出版社2015年版，第27页。

〔3〕《中华人民共和国著作权法实施条例》第3条："著作权法所称创作，是指直接产生文学、艺术和科学作品的智力活动。"本文为区别一般的体力劳动，将产生作品的创作行为，统一称为"创作性活动"，既为行文之方便，也便于契合当前立法之表述。

是其本质属性。"[1]

从实务先例之角度，相关裁判也佐证了上述观点。在"朱晓明诉万利公司案"中，医生朱晓明在为病人做手术时，进行了全程的录像，并在最后的录像中，截取了几张照片用作手术分析和他人手术参考使用。对于截取的这几张图片，法院认为其体现了医生具有独创性的智力性劳动。[2]广东省高院在一起摄影作品纠纷案件中，也有类似的表述："作品必须是作者独立创作出来的，并且应当体现作者的智力投入。……从涉案的照片看，作者在拍摄过程中根据所拍摄产品的不同特性，选取了不同的场景、角度、光线和拍摄手法，体现了作者的创造性劳动，并非简单的机械性的记录过程，涉案照片具有独创性，应当认定为我国著作权法保护的作品。"[3]从上述案例可以看出，对作品独创性的判断，需要衡量的是作者是否投入了"创作性活动"（实务中法官亦可能用"智力创作""智力投入"等表述）。

从建筑作品自身创作特点之角度，我们也可以看出对建筑作品独创性的判断，需要衡量好"质"与"量"的关系。结合建筑作品自身的特点，如果我们只要求建筑设计者"量"的投入，那么日常随处可见的如"火柴盒"般的建筑都可以称之为"作品"，显然这会导致对建筑作品的保护流于泛滥；但建筑创作本身是要受限于诸多因素的，包括但不限于技术因素、社会因素、自然环境因素等，所以创作者也不可能会完全自由地发挥。

（二）"个性"要件之可参照

在判断作品独创性有无时，"个性"一词常见于实务裁判的表述中。最高人民法院在对"乐高公司诉广东小白龙玩具实业有限公司等侵犯著作权纠纷案"进行评述时就指出："作品的独创性是指作品由作者独立完成并表现了作者独特的个性和思想。"[4]但笔者认为，作品是否展现出作者之"个性"，可以作为判断作品独创性的参照标准，但不具有普适性。

如前所述，独创性为判断作品性之标准。既为标准，则需具有客观性。

---

[1] 金渝林："论作品的独创性"，载《法学研究》1995年第4期。

[2] "朱晓明诉烟台万利医用品公司案"，上海市高级人民法院（2006）沪高民三知终字第35号民事判决书。

[3] "邓有联与邓丽英、吴汝强著作权侵权纠纷上诉案"，广东省高级人民法院（2006）粤高法民三终字第122号民事判决书。

[4] "乐高公司与广东小白龙动漫玩具实业有限公司、北京华远西单购物中心有限公司侵害著作权纠纷案"，最高人民法院（2013）民申字第1356号民事裁定书。

"个性"一词之判断本身就是一种主观的认定,一件作品是否有"个性",并不是每个人在相同条件下都可以作出完全一致的判断。其次,并非所有作品都有展现作者"个性"之创作空间。以建筑作品为例,建筑作品在创作时需要考量的因素是多方面的,最终的设计能否用于实际,还需要进一步考量建筑专业要求。因此,作者在创作建筑作品时,往往并不能完全展现"个性"。当某个建筑作品是否展现作者"个性"存在争议时,就会无形中加大建筑作品独创性判断的难度。在判断建筑作品独创性有无时,可以将"个性"作为考察的要件,在建筑作品明显展现出了不同于一般作品的"个性",且不存在抄袭、复制情形时,可以认定作品具有独创性。但如果建筑作品是否具有"个性"存在争议,就要回归一般的判断标准,去考察是否有"创作性活动"的投入。

(三)"创作高度"要件之不可采

从社会常识之角度,没有经过专业绘画训练的一般人之画作,其艺术水平和美学价值自然无法与专业画家相提并论,但依然不能因此阻碍其成为美术作品受到保护。只要其投入了创作性活动,且这种活动不是微不足道的,即可认为满足独创性。

从实务先例之角度,在"乐高公司诉广东小白龙玩具实业有限公司等侵犯著作权纠纷案"中,我们可以一窥法官对"独创性"的理解:"基本的智力创作性高度并非要求该智力成果达到较高的艺术或科学的美感程度,而仅是要求作品中所体现的智力创作性不能过于微不足道"。[1]这里的"创作性高度",笔者认为仅仅是法官行文表述之需要,法官实质想要表达的要旨,是强调对作品的"智力"投入不能微不足道。二审法院在判决书中,则是使用了"创作性劳动"这一表述:"创作性劳动即表达形成过程中有作者的取舍、选择、安排和设计。构成作品所要求的创作性劳动,不仅需要简单的体力劳动形式的投入,也不仅是一种工业或手工方面的技巧,而是必须包含必要的'创作'因素。"[2]笔者认为"创作性劳动"与本文主张之"创作性活动"异曲同工,均旨在强调创作行为之必需,而非着眼创作高度之判断。

---

〔1〕"乐高公司诉广东小白龙动漫玩具实业有限公司、北京华远西单购物中心有限公司侵害著作权纠纷案",北京市第一中级人民法院(2010)一中民初字第16694号民事判决书。

〔2〕"乐高公司诉广东小白龙动漫玩具实业有限公司、北京华远西单购物中心有限公司侵害著作权纠纷上诉案",北京市高级人民法院(2011)高民终字第1479号民事判决书。

从适用意义之角度，不同的作品，其创作目的、创作方式、限制条件等均有所区别，因此笔者认为对不同的作品需要独立地去考察其所需的"创作性活动"为何。这也侧面论证了两个问题：第一是以"创作性活动"为标尺具有一定的普适性；第二是不同作品的创作高度要求显然不同，如果强调对创作高度的考察，无疑会大大增加司法实践的困难和法官裁量案件的负担。

没有智力上的投入，就没有独创性表达的产生。但作品的创作是一个完整的过程，研究独创性要兼顾"从无到有"的过程和结果。虽然结果层面相较于过程层面，更容易被直观感知和判断，但笔者认为从著作权法的角度似乎更应关注作品产生的过程。以地图作品为例，从结果来看，在一般人的认知中，地图只是对客观地标的反映，几乎无独创性之空间。但如果了解地图绘制过程，就会认识到线条的布局、标记的安排、填充的颜色，都可以体现编制者的创造力，也即编制者投入了不可忽略不计的"创作性活动"。

对建筑作品独创性的分析，也不可仅拘泥于"创作性活动"标准，还应当总结出建筑作品不同于一般建筑设计之独创性表现，以辅助"创作性活动"标准的理解和适用。基于此，笔者将建筑作品之独创性剖析为两个要素：建筑作品创作过程中作者所投入的创作性活动（这也是认定建筑作品独创性的核心要件）；建筑作品最终展现出来的独创性表达效果。

三、建筑作品独创性要素之一：创作性活动

（一）独创性概览：从"一般建筑设计"[1]到"建筑作品"

根据"思想与表达"的二分法，著作权保护的是创作者的表达，而不是创作者的思想。具体到建筑作品，建筑师就是建筑作品的创作者，不同建筑师会有自己不同的创作思路和理念，以及遵循的创作风格，但这些很显然都只是"思想"层面的东西，只有当建筑师将思想里的"设计"落实到前述的载体（建筑设计图纸、建筑模型、建筑物）上时，才完成了从"思想"到"表达"的转化。一言以蔽之，著作权保护的客体应当是展现在特定载体上的有独创性的建筑设计。通过这样简单的分析，我们自然已经看出，并不是所有的建筑设计都可以作为建筑作品得到著作权的保护，因为不是每一个建筑设计都满足独创性的要求。所以，探讨建筑作品独创性的本质，实际上就是

---

〔1〕 笔者在此处所称"一般建筑设计"，意指创作性活动投入较少，不足为作品而受著作权法保护之设计。

在探讨一般的设计和成为"作品"的建筑设计之间的距离是什么。换句话说，创作者可以在哪些方面进行投入以获得有独创性的建筑设计。这个问题是比较抽象的，我们不妨从直观的视角先来看两个实例：

1. 普通幼儿园与日本的"梦幻森林"幼儿园

下图的两个幼儿园，从功能的实现上，没有本质的区别，但是从外观的角度，给人的视觉感受是明显不同的。通州区的这所幼儿园虽然外表上精心装饰了可爱的图案，但是在建筑设计上，很难看出新意，这是很典型的"火柴盒"式的建筑，与一般的民居没有区别，该栋建筑的设计者，没有投入太多的创造力，仅仅是依照大众化的住宅样式进行设计。

图1　北京市通州区某所幼儿园

图片来源：http://www.archcollege.com/

日本的这所被称为"梦幻森林"的幼儿园，其设计之巧妙一直为人所称道，"7块交错排列的楼板小心翼翼地包围着中心大树，建筑内部的柱子和楼梯隐藏在树叶和枝杈的阴影中，而蔓生的枝杈和茂密的树叶也在建筑内部穿透，打破了室内与室外、建筑与自然环境之间的界限。其中建筑的一半由玻璃包围作为英语教室，内部摆放了一些古色古香的课桌椅，设计师希望能通过一系列紧缩元素的使用，营造一个丰富而开放的氛围。"[1]我们不去讨论专

────────────────

〔1〕"立川富士幼儿园'长在树上的幼儿园'"，载豆瓣社区，https://www.douban.com/note/582608674/，最后访问时间：2018年3月9日。

业的建筑思想，单纯地看整个建筑，就会不由自主感叹设计的独特和大胆，这种直观的感受也正说明了建筑作品与一般建筑设计的核心区别就在于是否具有独特创造力和艺术美感。

图2 日本"梦幻森林"幼儿园
图片来源：http://www.mt-bbs.com/

2. 银峰 SOHO 与美全 22 世纪的抄袭风波

"银峰 SOHO"原名"望京 SOHO"，是 SOHO 中国在 2009 年斥巨资打造的房产项目（图3为效果图），项目一开始的定位就是打造"国门"性的地标建筑。但在 2012 年 5 月 10 日，媒体却爆出 SOHO 中国声明重庆"美全 22 世纪"楼盘抄袭该项目的新闻："SOHO 中国 CEO 张欣发布微博称，该项目不仅抄袭望京 SOHO 的建筑设计、还抄袭了官方网站与广告宣传（见图4）。当日夜间 23 点 17 分，潘石屹发布微博，表示将依法维权，与美全在法庭上见。次日下午 3 点 56 分，SOHO 中国官方微博就此事正式发出律师函，并要求重庆美全置业有限公司进行全国性的公开道歉。"[1]

据网上调查显示："70% 的受调查者认为重庆美全 22 世纪与望京 SOHO 的相似度在 80% 以上，两个建筑几乎完全一致；17% 的人认为两者相似度在 50%~80%，部分相似，但各有特点；13% 的人认为两者相似度在 50% 以下，

---

〔1〕 "重庆美全被指抄袭望京 SOHO"，载新浪房产，http://bj.leju.com/zhuanti/qsmq/，最后访问时间：2018 年 6 月 9 日。

图3　银峰 SOHO 效果图

图片来源：http://www.wjgov.com/

图4　重庆"美全 22 世纪"效果图

图片来源：http://cq.leju.com/

只是外形较为相似，设计理念不同。"[1]

　　抛开本次纠纷涉及到的法律问题和建筑设计专业问题不谈，我们可以看出建筑本身是否具有独创性，以及独创性的程度，在一般公众的眼中，是有一个比较笼统和主观的标尺的。大部分人通过最基本的审美素养就能判断出一个建筑达不到作为建筑作品被保护的程度，但对于具有一定程度的审美意义和创造力的建筑是否满足建筑作品的要求或者对两件建筑作品之间是否构成相似，则难以有准确的判断，这也正是法律研究者为什么要深入研究独创

---

〔1〕　"美全22世纪'抄袭门'引业界对建筑设计版权讨论"，载大渝网，http://cq.qq.com/a/20120521/000394.htm，最后访问时间：2018年6月9日。

性的原因。上述的两个实例旨在说明建筑作品是有着自己的独创性要求的，至于作品本身的独创性到底体现在哪，仅仅依靠直观的实例和一般公众的感受是无法探求到的，我们有必要从建筑设计的过程入手，沿着建筑设计者创作的路径来把握建筑作品独创性的内核。

（二）独创性评价：建筑作品的"从无到有"

"一般来看，可以将狭义的建筑创作过程理解为人们习惯上认同的从收集有关信息开始到形成完整图纸的过程。"[1]创作者在这个过程中，往往会展现出最初的创造力，同时创作思维的活跃程度也在这个阶段达到顶点。建筑创作难在"创造"，难在"无中生有"。华盛顿国家美术馆东馆在设计方案征集阶段，就令很多设计师犯难：第一，图书馆选址之处为斜坡地面，地势条件复杂；第二，图书馆既是地标性的建筑，同时又因为其承载整个城市的文化风貌，因此对建筑作品的设计意旨有较高的要求；第三，为实现借阅的便利，图书馆整个的采光要有良好的保证。最终著名建筑师贝聿铭完美地提交了自己的方案：首先，基于地势的考量，贝聿铭将建筑底部的走向与地势保持一致，同时保证建筑顶部为同一水平线，这在很大程度上缓和了地势对视觉的冲击；其次，为了契合图书馆的功能，贝聿铭将建筑整体造型设计为类似打开着的书本形状；最后，贝聿铭在建筑物的四周均设计了造型精巧的玻璃窗，一方面点缀了素雅的建筑外观，另一方面也保证了采光。综合贝聿铭的设计，我们可以看出，创作性活动的投入让建筑作品完成了"从无到有"的过程。

从一般建筑作品创作的过程来看，大致是这样几个步骤：第一步，进行前期的准备，包括建筑作品所处环境的考察、创作主题的理解、创作方向的确定等；第二步，进行具体的方案设计，这一步是作者创作高度的"分水岭"，在实践中，具有较大影响力的建筑作品，在这一阶段都要进行方案的招投标，这样做一方面是为了保证最终作品的质量，另一方面也是为了刺激建筑创作的热情。这一步至关重要，也最能体现作者投入的"创作性活动"；第三步，是对方案的具体设计，这是最为专业的部分，非建筑设计专业人员最不熟悉的也是这一步。在这一步，会产生前文所述之设计图、施工图以及建筑模型。但需要强调的是，最为核心的步骤还是在于方案的设计，如果方案设计中不能投入"创作性活动"，那么在之后的具体绘图、工程安排中无论如何精益求精，也无法使表达质变为"作品"，因为衡量独创性的标准，在于是

---

[1] 赵伟峰、张伶伶："建筑创作过程与信息收集"，载《建筑学报》2007年第3期。

否投入创作性活动。

　　建筑作品的创作，具有其他种类作品所不具有的复杂性。建筑作品的价值多样，不仅有实用性的价值要求，还有艺术价值、社会人文价值的要求。建筑创作最终追求的，是一种展现在视觉中的创造性表达，建筑作品的应有之义，也是满足各种目的之视觉创造。笔者认为，立足于本文研究的核心问题——独创性，宜将建筑作为"作品"来研究，同时作为法律研究者，我们对建筑作品的创作过程的研究，不应该拘泥于每一步细节的运作，也不需要把建筑设计中的相关专业知识（比如建筑工程学、数学等知识）掌握得面面俱到，而是应该把握建筑创作最核心的部分：建筑师的立意、构思和表达。

　　（三）独创性来源：建筑作品创作的关键步骤

　　1. 立意

　　立意也称意匠，是整个建筑作品创作的起点，也是投入创作性活动之肇始。如前一节所述，在建筑创作的第一步中，作者会对创作主题、自然条件、社会环境等因素有一个基本的把握。在考虑上述因素的基础上，力图将这些考量因素转变为独创性最终展现的土壤。

图5　丰田美术馆外景
图片来源：https://m.zol.com.cn/

　　日本的丰田市美术馆堪称作者展现立意之独创的模板作品。美术馆的存在意义，主要是提供一个欣赏画作、交流艺术的场所。这个场所的基本功能也决定了设计时不能忽略对艺术元素的考量。丰田美术馆的作者在创作之初，为了另辟蹊径，决定在立意上投入足够多的创作才华，让整个建筑设计在起点上就呈"脱俗"之势。作者认为，美术馆仅仅用作展览画作之场所未免在使用意义上过于狭窄，欣赏画作的不仅仅是艺术家和"发烧友"，普通民众同样有艺术欣赏的需求，美术馆的关键词应该是"开放"、"闲适"和"优美"。

基于这个立意，作者投入了三项具体工程：第一，将美术馆内外墙连通，不设专门的门窗和过道，让整个美术馆的结构与众不同，此为"开放"；第二，增大美术馆的空间，并加设休闲设施，此为"闲适"；第三，在建筑外围设计一圈凹面，雨水来临之时可蓄水为"镜"，呈现独特的光影效果，此为"优美"。

2. 构思

建筑作品之构思与其他作品一样，是作者投入创作性活动最为集中之阶段。在这个阶段，作者必须搜肠刮肚，在纵览现有设计并掌握设计技巧的基础上，构思出可以"与众不同""打动人心"的作品。

不同的建筑师会将触发自己构思灵感的"开关"设置在不同的要素上：一些创作者会"以本为本"，将所获取的标书或者任务书中的基本要求先行吃透，将整个建筑创作过程中可能需要考虑到的基地、环境、气候、人文状况等因素逐一分析，以限制因素来倒逼自己的构思；而另一些设计师则会选择不同的路径，利用现有的技术手段和设计理念作为自己构思的前期素材和工具。以上两种不同的构思方式，实际上也体现了创作者思维方式的不同，前者以突破限制条件为切入，后者则以利用素材为抓手。但是在实际的建筑设计过程中，设计师通常会同时应用两种方式，以使自己的构思过程更加丰富，也更容易发现新的思路。构思是以立意为基础的，不同的立意会催生出不同的构思。但即使是相同的立意，有着惊人创造力的建筑大师也可以挥洒出自己不同的建筑构思。比如贝聿铭在设计巴黎卢浮宫和美国波士顿汉考克大厦时，都是力图使建筑与环境完美融合，但前者采用了金字塔一样的建筑外形，后者为了不让建筑之间呈现"拥挤"之感，贝聿铭创造性地利用"镜面效果"扩大了空间——整个大厦全部采用半反射的特制玻璃为外墙，光线的折射让建筑呈现透明之效果，而光线的反射则让周边的教堂形成投影，在视觉效果上"增加"了建筑之间的空隙。

3. 对制约因素的突破

建筑师通过构想将自己独特的设计理念和思维融入建筑作品当中，并表现出不同于一般建筑的审美效果和个性。但建筑作品终究不同于一般的文学艺术作品，不可能像作家或者画家那样可以天马行空。建筑创作者的空间是有限的，建筑创作过程会受到许多的制约。如果将建筑师作为主体，那么可以将建筑创作的制约因素分为两大类：

一类是主体之外的制约，称之为客体制约；另一类是主体内部的制约因素，称之为主体制约。其中客体制约主要包括：特定的自然条件（如地形、地貌等），周边环境（如街区、建筑情况等），功能上的要求（如一般的音乐厅需要考虑到回声的控制、展览馆需要考虑采光等），此外还有社会人文环境的要求、规划部门的要求等。主体制约主要是指设计师自身水准、建筑理念、审美观念等对建筑创作的影响。

制约因素一方面确实给建筑师的创作带来了不小的束缚，也因此建筑作品的独创性具有自身的特殊性；但从另一个方面来看，正是各种制约因素，让建筑作品的构想有了最初的目标，制约因素就像一面面墙，围起来一个供建筑师发挥主观能动性的"空间"。将制约因素化为创作思路的源泉，立足于各种制约设计出独具一格的建筑作品，这些正是建筑作品独创性的一种本质体现。

研究建筑作品的独创性，不仅仅是基础理论研究的重要问题，独创性同时也是著作权侵权认定中需要首先解决的问题。我国目前在学理上对建筑作品独创性的研究还是相对不足的。笔者认为，其中主要有两方面原因：第一，是因为对建筑作品保护的关注依然不够；第二，是因为建筑作品的研究需要结合建筑学，尤其是建筑设计方面的专业的知识来综合分析，单纯地从法律的角度很难把建筑作品的独创性说透。笔者之所以选择以建筑创作过程为路径研究建筑作品的独创性，是因为沿着建筑师的创作之路，我们可以较为完整、清晰地看到创作者要受到哪些限制，创作者发挥的空间有多大，在哪些地方可以展现自己的独创性。而这些问题，恰恰就是建筑作品独创性的核心和本质。

通过上述对建筑创作过程的阐释，我们可以看到，正是在建筑师的创作过程中，产生了从一般的建筑设计到具有独创性的建筑作品的"质变"：从不拘一格的立意，到科学大胆的构思，最终落实到具有艺术美感和独创性的表达上。作为建筑作品的观众，我们不可能直观地见证到建筑师的创作立意和构思过程，展现在我们面前的仅是建筑师对自己立意和构思过程的表达，也就是最终的建筑作品。通过建筑师的表达，我们可以看到一个建筑作品所展现出来的独创性。

四、建筑作品独创性要素之二：表达效果

如果说创作性活动是独创性之源泉，那么作品最终展现出来的表达效果，就是探究这一源泉最直观的"通道"。在"乐高公司诉广东小白龙玩具实业有

限公司等侵犯著作权纠纷案"的再审阶段，最高人民法院就涉案产品的独创性认定有过这样的表述："本院认为，根据乐高公司在原审程序中提交的产品设计图纸等证据，可以证明涉案玩具积木块由乐高公司独立完成，并为此付出了一定的劳动和资金。但如前所述，独立完成和付出劳动本身并不是某项客体获得著作权法保护的充分条件。但由于该弧形弯曲及顶端开叉形状均为日常生活中常见形状，其首部圆形空洞作用为和其他积木拼插，难以体现作者的独立构思和选择，缺乏著作权法对独创性的基本要求。"[1]从最高院的裁决中，我们可以看出，法官可能会通过某项智力成果之外在表现，来探究其是否承载了作者的创作性活动。

笔者认为，建筑作品的独创性主要体现在两个方面：第一，表现在对客体限制要素的处理，在此基础上通常进一步表现为创作者对"环境"[2]的创造性利用（"环境"既是限制，也是素材）；第二，建筑作品本身的独创性表达效果，进一步细分为：空间与结构、色彩与光影、肌理与质感、建筑细部。

（一）对环境的创造性利用

1. 与自然环境之契合

建筑师为了让自己的建筑作品和周围的自然环境融为一体、相得益彰，投入了大量的创造性工作，也诞生了很多让人叹为观止的建筑艺术精品。

日本建筑师隈研吾设计的中国美术学院美术馆，是一个非常典型的由周边环境为创作提供灵感的例子：在美术馆选址时，建筑师就发现周边是一片广阔的茶园，因此他决定利用这片茶园，为建筑作品的创作增添新的灵魂。隈研吾为了使建筑在茶园当中的出现不显得突兀，借鉴了茶园分块段的区域划分方式，把整个美术馆外墙的走向设计成与茶园区域走向一致。给人一种茶园与建筑本为一体的感觉。为了进一步达到这样的效果，建筑师把建筑外观设计成菱形，与更外围的山地形状表现一致，更加凸显了整个建筑作品"浑然天成"的独特表达效果。

2. 与社会人文环境之统一

建筑作品对社会人文价值的要求要高于其他类别的作品。2020年东京奥运会主场馆设计方案的确定可以说是一波三折：2015年7月，日本政府终止

---

〔1〕 "乐高公司与广东小白龙动漫玩具实业有限公司、北京华远西单购物中心有限公司侵害著作权纠纷案"，最高人民法院（2013）民申字第1262号再审审查民事裁定书。

〔2〕 这里的环境，笔者是采取其最广义，不仅包括狭义的自然环境，也包括人文社会环境。

图 6　中国美术学院美术馆外景图
图片来源：http://www.023daiyun.com/

了 2012 年英国建筑师扎哈·哈迪德提交的方案。之所以放弃这个方案，业界认为虽有预算过高的原因，但主要是因为该建筑的风格过于"科幻"，与整个东京的城市文化和建筑风格很不协调。

图 7　扎哈·哈迪德最早提交的设计方案
很多人批评其"华而不实""和周边日本传统风格的建筑很不协调"
图片来源：http://www.qdaily.com/

单纯看扎哈的设计本身，我们不怀疑创作者的设计功底和作品的美学价值，但建筑终究要为一定时空和一定时空内的人服务，而不是空白背景画布上的一点彩色。让自己的设计与环境相协调，往往是建筑师发挥主观能动性的第一步。

（二）空间与结构

深入探讨建筑作品时，建筑的空间和结构是我们无法回避的基本问题。很多学者认为，空间是建筑的主题。使用者身处建筑之中，最能直观感受到的建筑要素也是空间和结构。很多建筑师在创作自己的建筑作品时，都会不遗余力地在空间结构上发挥主观能动性，以期待能让作品更好地体现自己的创作水准。在司法实践中，以"紫峰绿洲案"[1]为例，该案当事人所争议之焦点问题，就是双方建筑设计的结构是否存在雷同。

1. 建筑空间展现的独创性

一般认为，建筑空间主要包括三个基本要素：形、量、质。其中的"形"，就是指整个建筑作品占据的空间形状；"量"，就是指空间的大小；"质"是指空间所填充之物质。空间的设计，往往是创作者灵感来源最丰厚的土壤：一方面建筑本身即是空间的组合体；另一方面，对空间的独创性设计，往往可以最为直观地展示设计的创造性要点。笔者在本文试举三个典型的创作范例：

（1）北京银河SOHO。银河SOHO为了使整个空间设计不同于一般的楼盘，借鉴了北京传统四合院的造型，将五个单体建筑作为"四合院"的主体部分，用流线型的悬空通道将建筑之间联系起来，围成一个类似四合院的造型。整个空间由一般的直线型创造性地转变为曲面空间，柔和又不失现代感。

图8　北京银河SOHO外观
图片来源：https://www.vcg.com/

---

〔1〕"江苏紫峰绿洲酒店管理有限公司与南京国资绿地金融中心有限公司侵害著作权、商标权以及不正当竞争纠纷上诉案"，江苏省南京市中级人民法院（2012）宁知民终字第24号民事判决书。

（2）深圳万科中心。深圳万科中心最独特的地方就在于其悬空的外部空间形式。创作者以"干阑式建筑"造型作为灵感之来源，且因南方气候湿热，建筑主体多悬空设置。万科中心仿照南方建筑之设计理念，创造性地将钢筋水泥建筑设计成"干阑"，既贴合深圳地区传统民居的氛围，也使得整个建筑开放后，广受市民的关注。

图 9　深圳万科中心

图片来源：http://www.archcy.com/

（3）天津大剧院。天津大剧院的设计者，为了使整个大剧院的空间在足够容纳预期观众的同时，展现出不同的创作效果，创造性地借鉴了传统建筑中的"飞檐"设计，用材质相对轻薄的金属板材，拼接成一个巨大平面。同时为了巩固建筑之平稳，用类似古法檩条的方式，加入了多个横梁。此外整个建筑的外形与海螺十分相似，这是为了彰显天津是一座海滨城市。

图 10　天津大剧院

图片来源：http://news.163.com/

从上面的三个实例我们可以看出，建筑作品在空间上的独创性，是很容易被直观地感知的。从司法实践的角度，如果一个建筑作品的独创性主要表现在空间上，那么判断建筑作品的独创性有无或者独创性程度的难度也会相应地降低，这一点在"恒真诉万科侵犯著作权案"[1]中即有所体现。

2. 建筑结构展现的独创性

建筑作品不可避免要对结构进行考量。创作性活动的投入与否，也可以从结构层面展现出来：如果只是对常见形态的简单复制（如普通的平房），那么建筑结构之美便无法呈现，只有发挥创造力，才能创作出打动人心的结构。

在"保时捷建筑纠纷案"[2]中，法院所重点考察的也是建筑之结构特征："①二者在建筑物的正面均采用圆弧形设计，上半部由长方形建筑材料对齐而成，下半部为玻璃外墙；②二者在建筑物的入口处将建筑物分为左右两部分，入口部分及上方由玻璃构成；③长方形工作区与展厅部分相连，使用横向带状深色材料……在此前提下，虽然泰赫雅特中心建筑下方多出一个高台、建筑物左右两侧均加有栏杆，但是并不能否定二者实质上的近似。"

（1）多种因素共同结合的结构设计。英国艺术批评家克莱夫·贝尔曾经对作品之美有过精辟的论述："艺术作品具有一种共同的基本性质，就是以一种独特方式组合的艺术形式，能够打动人心，引起人们的审美情感。"[3]很多建筑师会在设计建筑结构时，将不同的表现性因素相互组合，而获得一种不同的表现效果。通常可以被建筑设计者用作独创性发挥素材的因素包括："结构形态的节奏与韵律；结构形态的张力和动感；结构形态刚与柔的对比；结构形态的简洁与明确；结构形态的肌理与变化；结构形态的精妙平衡等。"[4]由赫尔佐格事务所设计的汉诺威展览会的展棚，就是一个将创造力运用到结构之上的典范。

（2）用结构去展现个性。巴伦西亚科学城的设计，是作者以结构展现个性之典范。作者巧妙地利用流线型的整体结构，让建筑整体变得极具"科幻

---

〔1〕 "北京恒真科技有限责任公司与北京万科企业有限公司、北京万科物业管理有限公司著作权侵权纠纷案"，北京市第二中级人民法院（2003）二中民初字第02954号民事判决书。

〔2〕 "保时捷股份公司与北京泰赫雅特汽车销售服务有限公司著作财产权纠纷案"，北京市高级人民法院（2008）高民终字第325号判决书。

〔3〕 ［英］克莱夫·贝尔：《艺术：（艺术的理性空间系列）1》，江苏教育出版社2005年版，第46页。

〔4〕 徐洪涛："技艺交融——谈当代建筑创作中的结构表现"，载《重庆建筑大学学报》2007年第2期。

图11　汉诺威展览会展棚效果图
图片来源：http://baike.sogou.com/

感"，同时为了保证整体结构的稳定，利用仿生学将整个结构的细节设计成类似"鱼骨"的形状，既保证了建筑稳定性，同时也不会破坏个性化的结构设计。建筑结构首先必须符合建筑科学之要求，否则任何具有美感的设计都会成为"空中楼阁"。

图12　巴伦西亚科学城
图片来源：http://sheji.pchouse.com.cn/

（三）色彩与光影

我们在欣赏一个建筑物时，其表面的色彩和照射在建筑上的光线是构成色彩形态最直接的两个视觉因素。考虑到光影与色彩关系之密切，笔者将二者合为一处进行探讨，以期形成论述条理之完整清晰。

在"保时捷建筑纠纷案"[1]中，法院对建筑色彩的认定是："本院认为，上述第 3 点相同之处涉及的工作区部分的设计属于汽车 4S 店工作区的必然存在的设计，其外部呈现的横向带状及颜色，与所用建筑材料有关，并非保时捷中心建筑的独创性成分，应当排除在著作权法保护之外。"仅就该案而言，笔者也赞同该案之裁判，但不能因此而否认建筑创作中对色彩以及光影要素的独创性把握。

1. 色彩的独创性运用

中国传统的建筑物，例如故宫的古建筑，特别注重对建筑物色彩的把握，通过色彩（例如故宫的主色调是黄色和红色）来传递建筑背后的讯息（皇权），不仅直接而且具有创造力。北京当代 MOMA 在设计时，摒弃了一般的建筑外墙模式，一方面是考虑避免形成光污染，一方面也是为了让整个建筑的色彩可以尽显独特而又不张扬，所以设计者采用磨砂的铝板。为了不让整个建筑的色彩显得呆板沉重，创作者额外设计了彩色的窗框，墙体呈现彩色的镂空状态，增加了动态感、体量感。

前述"保时捷建筑纠纷案"中，法院之所以没有将建筑外观显示的颜色认定为独创性的表达，其原因在于这样的设计在类似的实体店中比较常见，换句话说，虽然这样的设计有一定的美感，但是却没有作者的独创性投入其中。因此，建筑的颜色能不能认定为有独创性的表达，并非是根据颜色本身的设计是否具有艺术审美价值，而是要考察这样的设计是不是具备独创性，是不是与一般的类似建筑有明显的不同。

2. 光影的个性化处理

光影是建筑设计中必须要考虑的要素之一。建筑是占据一定空间的实体，其对光线存在遮挡和贯通，因此对遮挡和贯通的安排，同样可以体现建筑作品的独创性。

中央美术馆被认为是巧妙利用光影效果的典范，设计者为了同时实现建筑物的明亮度升高、不超出一般人肉眼可以接受的程度、提升整个艺术馆的美感三个目标，将入口处和位于顶层的展示区，均设计为泛光的白色吊顶和

---

〔1〕"保时捷股份公司与北京泰赫雅特汽车销售服务有限公司著作财产权纠纷案"，北京市高级人民法院（2008）高民终字第 325 号判决书。

图 13 中央美术学院美术馆入口处的光影效果
图片来源：http://www.sohu.com/

地板。从入口处，参观者会通过一条光影轻叠的白色通道，增加了现代艺术气息。在展示区，独创性的白色泛光吊顶让空间更加空灵和模糊，与整个美术馆艺术主题更加相得益彰。

（四）建筑"肌理"的特殊处理

"肌"是指建筑材料体现的质地；"理"是指建筑表面纹理。"肌理"实际上均体现作者对建筑材料，尤其是建筑表面材料的创造性选择。建筑作品可以通过对材料的选择，使建筑拥有完全不同于普通设计的视觉效果，从而获得独创性。

在这里笔者有必要说明，建筑作品建造过程中运用的新材料本身，并不属于著作权法保护之范畴，如果相关技术或者方法的创造性、新颖性、实用性足够，可以获得专利权之保护。著作权法保护的是独创性的表达，对于建筑作品设计来说，选择的材料本身虽然不是建筑作品保护之范围，但是创造性地选取材料，并使得整个建筑设计的表达不同于一般建筑设计时，这种创造性的选择就是一种应该被著作权法保护的表达。以深圳万科中心为例，传统的建筑幕墙均是采用"建筑玻璃+金属材料"，但深圳万科中心在设计时，为了仿造竹叶的形态，将传统的建材换成了曲面型的铝板，使得整个建筑的肌理效果完全不同于一般建筑。

位于成都的新津·知艺术馆，其周边均是传统的砖瓦建筑，日本建筑师隈研吾就地取材，利用瓦片与金属丝，编织成一面巨大的"珠帘"，覆盖整个艺术馆。使得原本在空间结构上并无十分出彩之处的建筑，一下子"鹤立鸡群"，形成了完全不同于一般意义上的建筑肌理效果。

图 14　新津·知艺术馆瓦片墙

图片来源：http://www.360doc.com/

　　作者对建筑作品的创造力往往不止步于此。即使是一般的建筑材料，通过创造性的设计，也可以呈现出个性化的表达效果。例如 2012 年落成的天津新文化中心建筑群，设计者所利用的基础材料，仅仅是最为传统的石材。设计者首先在所有建筑的外墙统一使用浅黄色石材，建筑整体的颜色是一致的，也是单调的，但在建筑的质感上，设计者却煞费了苦心：新文化中心的美术馆将石材的走向调整为横向，形成条形肌理；博物馆的外墙，故意设计得凹凸不平，并将石材竖向排列；购物中心则是将石材打磨成正方形，密布排列；最具有独创性的是其中的图书馆，整个外墙用石材间隔搭建而成，形成类似百叶窗的效果，原本厚重的石板，因为这样的设计反而显得有些轻巧。

　　（五）建筑细部的独特安排

　　"细部"在《现代汉语词典》中的解释为："制图或复制图画时用较大的

比例另外画出或印出的部分，如建筑图上的榫卯，人物画上的面部。"[1]在建筑学上一般认为，细部是相对于整个建筑而言，具有或者不具有独立功能的相对较小部分。建筑细部也可以根据其功能性的有无，分为功能性细部（如门窗）与非功能性细部（如中国建筑中的建筑浮雕，哥特式建筑的尖顶）。但从独创性的角度来说，并非只有非功能性的细部可以成为展现建筑作品独创性之介质，很多建筑作品的独创性是靠功能性细部实现的。

"事件的结合要严密到这样一种程度，以至若是挪动或者删减其中任何一部分就会使整体松裂和脱节。如果一个事物在整体中的出现与否都不会有显著的差异，那么它就不是这个整体的一部分。"[2]任何整体都离不开细节的融合，细节也只有放眼整体才能真正意识到其价值所在。对建筑作品而言，当整个空间结构较大时，人的视力往往很难在某一个角度将完整的设计尽收眼底，此时细部就为建筑作品独创性提供了绝佳的发挥空间和表达介质。忽视建筑细节的作品往往不是一件优秀的作品，以国人非常熟悉的"水立方"为例（图15和图16），设计者的初衷是将水立方的造型与其名字完美契合，用建筑表现水之清澈柔和。建筑师创造性地利用类似水分子的集合形状，密合排列在整个建筑的表面。此外，还对建筑内外栏杆的端口不进行特别设计，模拟水管的形态。整个建筑通过这些细节之处理，成功地将"水"这一主题独创性地展现出来。

图15 "水立方"外景

图片来源：http://www.huitu.com/

---

〔1〕《现代汉语词典》，商务印书馆1990年版，第1237页。

〔2〕〔古希腊〕亚里士多德：《诗学》，陈中梅译，商务印书馆1996年版，第78页。

图16 "水立方"内景

图片来源：http://www.waterorg.cn/

建筑作品本身是一个整体，建筑创作者的构思也是一个全局的观念。上述独创性要素之间也是有着紧密联系的，比如建筑师在考虑建筑的空间时，也会考虑到和周围环境的关系；在力图使建筑与环境更为协调一致时，往往也要借助建筑的肌理和质感来实现。如建筑师更喜欢利用建筑本身的变化来展现光影的变化，例如前述丰田美术馆就是在建筑外围设置凹处，灌注形成环绕之水面，利用建筑之倒影创造出独特的光影效果。

司法实践中，由于法官并非建筑专业人士，要求其全面掌握建筑设计专业之过程未免强人所难。因此在具体的案件中，法官基本都是从总结建筑作品表现特征入手。在前述"保时捷建筑纠纷案"[1]中，北京第二中级人民法院在判决书中对案涉"保时捷中心"建筑物的特征进行了总结："①该建筑正面呈圆弧形，分为上下两个部分，上半部由长方形建筑材料对齐而成，下半部为玻璃外墙。②该建筑物入口部分及其上方由玻璃构成，位于建筑物正面

---

〔1〕 "保时捷股份公司与北京泰赫雅特汽车销售服务有限公司著作财产权纠纷案"，北京第二中级人民法院（2007）二中民初字第1764号判决书。

中央位置；入口部分上方向建筑物内部缩进，延伸直至建筑物顶部；建筑物入口及其上方将建筑物正面分成左右两部分，左侧上方有'PORSCHE'字样，右侧上方有'百得利'字样。③该建筑物的后面和右侧面为工作区部分，呈长方形，其外墙由深色材料构成，该材料呈横向带状。④建筑物展厅部分为银灰色，工作区部分为深灰色。"

又如在"蝴蝶型建筑设计纠纷案"[1]中，法院同样也是整体性地评价建筑之独创性表达："在本案审理过程中，经过将裴多福事务所的投标方案设计图纸（光盘）与锦绣天地公司后来委托浙江省设计院设计的涉案项目的施工图纸进行比对后，可以发现：第一，关于整个建筑造型好似一只面向西湖、振翅欲飞的蝴蝶，其中，南北两侧的延伸部分为蝴蝶的双翼，向着西湖方向打开，中间东西向锥形部分为蝴蝶身体，其方位正对西湖。二者如出一辙。"

需要强调的是，虽然建筑作品独创性之表达效果要素，对实务操作有很大意义，但并不意味着在相关案件审理过程中，仅考察建筑作品之独创性表现即可。透过外在的表现，我们更应该考察的是独特的表达效果，是否来源于创作者之创作性活动。如自动摄像机所捕捉的画面，无论最终的效果如何具有美学价值，终究不是来源于人类之创作，而是概率性的机械捕捉，不能以作品论。

结　论

独创性之难点，在于其抽象性。对抽象概念的把握，需要借助其他概念之辅助，如"创作高度""创作行为""个性"等。一个表达可以受著作权法之保护，根本在于"人"投入了"智力"，"体力"投入之价值，不在著作权保护范畴之内。因此，对于建筑作品的独创性，需要考察创作者是否投入了"创作性活动"。但实务中，法官与大多数非专业人士一样，对建筑作品之创作过程并不了解，往往需要借助直观的建筑外观来判断。这样的判断虽然直接，但也存在不够准确的问题。

针对这一现实困境，笔者一方面坚持，建筑作品之独创性标准，应当着眼于"创作性活动"的有无。著作权法保护的表达，是作者投入创作行为之成果。而创作行为不宜设立过高之门槛，只要投入了不可忽略不计的创作性

---

〔1〕　"卡洛斯·奥特、裴多福建筑师事务所与浙江省建筑设计研究院、杭州锦绣天地房地产开发有限公司著作权纠纷案"，浙江省杭州市中级人民法院（2005）杭民三初字第163号民事判决书。

行为，产生的表达就有被著作权法保护的价值；另一方面，笔者也承认，作品的诞生过程往往很难被作者以外的人，尤其是非专业人士所"感同身受"，因此对"创作性活动"也很难直观考察，此时就需要借助建筑作品之表达效果来分析。因此笔者将建筑作品之要素分为：创作性活动与表达效果。通过对建筑设计过程的介绍，具体化建筑作品创作过程中作者投入的"创作性活动"；通过对建筑作品可能表达出的独创性效果进行总结，体系化建筑作品一般的独创性表达效果。

欧盟法律体制、成员国法律体制和税法基本原则 *

[意] Franco Gallo ** 著

翁武耀 *** 译

引 言

对于税法学者而言，在维护税法基本原则框架下研究欧盟法律体制和成员国法律体制之间的关系，不但需要完成这样一项任务，即研究相关法律渊源的连结及适用优先性的顺序这一一般性的问题，同时也暗含这样一个研究内容，即论证税法包括哪些基本原则及欧盟法与这些原则相冲突的结果，仅仅是排除适用与基本原则相分歧的欧盟税收规则（继而宣告执行这些欧盟税收规则的成员国内国规则的违宪性），还是直接地概括为目前欧盟法和成员国法共存下产生的政治危机？对于这样一个疑问，本文将在说明《意大利宪法》[1]新的第二编（关于共和国体制）第五章（关于大区、省和市镇）是否革新了各类法源的位阶顺序及内国法律中税法基本原则在法律位阶上处于怎样的地位之后，在结论部分予以答复。

2001 年宪法改革后的新的第二编第五章阐明了国家和大区行使立法权所必须遵守的限制规定，[2]其中就有来自于欧盟法的限制。可以立即指出的是，对于解决欧盟法和成员国法的关系这一一般性的问题，新第 117 条的到来并

---

* 2006 年 10 月 13 日至 14 日，在意大利拉文纳（Ravenna）举行了主题为"欧盟成员国的税收主权：在整合与分权之间"的会议，本文系作者向大会提交的报告。

** Franco Gallo，意大利罗马大学教授。

*** 翁武耀，中国政法大学民商经济法学院副教授，意大利博洛尼亚大学欧洲税法博士。

〔1〕 意大利现有宪法，即 1947 年宪法——译者注。

〔2〕 大区是意大利最高一级的次中央级行政区划，拥有制定狭义上的法律的权限——译者注。

没有带来多大的帮助。[1]在2001年宪法改革之前,《意大利宪法》第11条对国家主权的限制及欧盟法的优先和直接适用性问题予以了规定。该条是根据意大利宪法法院阐释的关于法源的两元论制定的,[2]根据该条规定,通过以确保国际和平与正义的秩序为目的接受国际组织制定的规则,允许对国家主权进行限制。这样,在宪法改革前,在解决欧盟法和成员国法在权限方面的关系问题上,该条即成为专门的宪法上的参考。

新第117条第1款的意外到来及对立法权行使受来自欧盟法限制的简单"召回",似乎没有为反驳上述意大利宪法法院的阐释及基于一元论(欧洲法院是一元论的捍卫者[3])赋予新第117条作为欧盟法直接优于成员国宪法性规范依据的功能提供论据。需要特别指出的是,新第117条并没有直接确定欧盟法律在位阶上的优越性,也没有证明对国家主权在来自第11条的限制的基础上,增加来自欧盟法律体制的新限制是合理的。相反,关于欧盟法律体制和成员国法律体制,新第117条涉及的仅仅是关系,并局限于假定已由第11条所认可的主权减少的情形。总之,意大利宪法司法判例以两元论的视角所得到的结论似乎并没有增加以下内容:在存在竞争性欧盟法规的情形时,[4]第11条所认可的对成员国内国法律实施范围的限制只能是来自欧盟法律体制的限制。

因此,在2001年宪法改革之前意大利宪法法院一直持有的一种见解在改革之后应该仍然是适用的。根据这一见解,支配法源体系的最高基本规则(Grundnorm)是那些确立不可侵犯的基础原则和权利的宪法性规则及宪法第11条规则。但是,与前者宪法性规则不同,宪法第11条规则并非作为直接的渊源,而是作为适用欧洲联盟条约合法化的渊源。通过第11条,基于欧盟基

---

　〔1〕　2001年10月24日,意大利颁布了2001年10月18日第3号宪法性法律(〔意〕Legge costi-tuzionale 18 ottobre 2001,n. 3 "Modifiche al titolo V della parte seconda della Costituzione"),对宪法第二编第五章实施了修改。根据2001年第3号宪法性法律第3条的规定,新第117条相比于改革前的第117条增加了以下内容(作为第1款):"在遵守宪法以及由共同体(欧盟)规范和国际义务所引申出的有关限制的前提下,立法权由国家和各大区分别行使"——译者注。

　〔2〕　两元论是指欧盟法律体制和成员国法律体制是两个不同的、分离的法律体制,在欧盟法和成员国内国法之间不存在一个法律位阶关系,欧盟法有效性的基础在于它们被内国法律所接受——译者注。

　〔3〕　欧洲法院坚持的一元论认为,欧盟法律体制和成员国法律体制属于一个法律体制,且欧盟法效力优先于成员国内国法——译者注。

　〔4〕　与成员国内国法规的效力存在竞争的欧盟法规——译者注。

础性条约的协定和欧盟法也具有了适用性。结果，除了那些确立意大利法律体制中的基本原则和不可让渡的人权的宪法性规定以外，欧盟法也得以优越于宪法性规定。因此，在一个多层次的法律体系里，比如意大利现有的法律体系（排除大区这一层次，尽管也是重要的），各类法源适用的优先性顺位保持如下：首先是从宪法中引申的不可让渡的、基础性的原则和权利，这可以被用于反限制（contra-limitations）；[1]其次是欧盟基础性条约及其派生的欧盟法；再次是其他的意大利宪法规则；最后是一般的法律规则。

一、"表达"税法基本原则之法律体制的不同缘由

在说明《意大利宪法》新第 117 条第 1 款的意义及内国法律体制中税法基本原则具有最高效力之后，现在需要证实的是作为宪法性税收原则（特别是平等原则）基础的价值和利益体系与作为欧盟税法原则和规则基础的价值和利益体系是否是同质、一致的，或者相反。也就是说，考虑到前者和后者在逻辑上的不一致性，前者是否易于产生出一些与欧盟规则不同的、具有潜在性冲突的原则。可以立即指出的是，在欧盟法律体制演变的现阶段，上述两者关系应该说具有分歧性，不过，这点并不必然导致一种可以使欧盟法律体制和成员国法律体制的关系处于冲突的危机状态。

已经被确定的最重要的欧盟税法原则包括关税同盟、关税和类似费用的禁止、非歧视、国家援助的禁止[2]和成员国"特殊"税法体制的保留和效能。不需要重复意大利税法学说已经做过的分析，很容易就可以体会到，针对这些原则的价值顺位仍然是经济的顺位，即自由交易体系的顺位，税收因素中性的顺位。税法规则，既包括协调的间接税规则，也包括未协调的直接税规则，[3]多半被认为是一种消极（阻碍性）的因素，特别是对欧盟市场统一及具有欧洲传统性的四大基本经济自由的运行而言。[4]因此，可以说，从欧盟视角来看，税法规则并非更多地被视为是一个源于集合体生存和发展的需要、根据正确的分配原则执行的财源筹集工具，而是更多地被视为是一种

---

〔1〕 限制是对成员国法律的适用而言，即欧盟法对于成员国法律适用上的优先性。反限制即意味着在特定条件下，欧盟法在适用上不具有优先性——译者注。

〔2〕 禁止的国家援助形式包括政府财政补贴、征税的减免等——译者注。

〔3〕 关于欧盟税制协调，参见［意］Adriano Di Pietro：" 税收整合和欧洲单一市场"，翁武耀译，载《国际税收》2014 年第 2 期——译者注。

〔4〕 四大基本经济自由包括货物、服务、人员和资本在欧盟范围内自由流动——译者注。

能使竞争扭曲、需要予以限制、协调、协作和控制的因素，如同成员国法律体制实行"封闭"制度将导致的那样。在这种背景下，在涉税的宪法性原则和欧盟法原则之间能够形成冲突和不一致，尤其是当双方相对应的原则表现为以下情形的时候（这属于大多数情形）：成员国的相关原则涉及公民权利和自由的内容，并且是为了在一个封闭的成员国法律体制环境下应用而构造出来的原则，而欧盟的相关原则受被强调、也渗透进欧盟基础性条约中的自由和单一市场视角所影响。

事实上，与成员国宪法保护一样，欧盟法律体制里存在对普遍性基本权利的保护，对于这一认识的认同，成员国法院实行了"自我限制"。对于在发生争议的领域避免上述这类冲突的出现而言，成员国法院的"自我限制"起了强有力的作用。不过，这种情形会持续多久并不清楚。而比较清楚的是，作为对欧盟法规则一体化进程（可能的）中止的一种"弥补"，欧洲法院在税收领域的修改裁判，[1] 内容变得越来越像是由其阐述的欧盟自身的原则，而这些原则与宪法性价值普适性理论并非总是一致，同时也与成员国内国的价值并非总是协调。这种修改裁判对成员国法规及法律体制的穿透性越来越深，一直触及成员国宪法法院所解释的宪法性规则以及涉及欧盟法律应用领域的任何一项活动。

欧洲法院在 Halifax 案和 Cadbury Schwepps 案作出的判决构成了在税收领域对成员国法律进行干涉的典型例子。[2] 这两项判决分别涉及增值税抵扣和母子公司征税的反避税问题。尽管判决没有直接地与成员国税法的基本原则相冲突，但却向成员国立法者和法官们敲响了警钟。事实上，作为非成文法的判决以通过欧洲法院解释方式确立的欧盟一般原则（权利滥用禁止）的名义，[3] 淹没（压制）或者至少贬低了成员国（关于避税）的内国法律解释，而这些法律解释实质上并非是单个、分离的规则，而是具有完整的体系性。那些就相关意大利法律所做的解释（细致地规范了避税、法律欺诈和虚假行为）就属于上述这种类型。所有对这些内在结构复杂、经过十多年精心制定的立法所做的体系化解释，目的在于通过恰当的方式平衡两类一般性原则，

---

〔1〕 欧洲法院根据自身认同的原则、价值而作出的宣布成员国法规与欧盟法律体制不相容的裁判，从而要求成员国修改或撤销该成员国法规——译者注。

〔2〕 See ECJ' Judgment of 21 February 2006 and ECJ' Judgment of 12 September 2006.

〔3〕 避税即为税法中的权利滥用行为——译者注。

即（纳税人开展经济活动具有的）私人自治、形式自由原则和（纳税人纳税应遵循的）诚实信用原则。而欧洲法院在 Wilson 案作出的判决[1]和佐审官[2]在 Lucchi siderurgica S. p. a 案中提出的结论，[3]则体现为成员国税收法律受干涉的另一种类型的典型例子。根据上述判决和结论，当欧洲法院证实成员国既决案件的裁决及最终性的税务行政行为与欧盟法规相冲突时，它们的有效性需要被否决。事实上，成员国判决（的内容）可能会被认为是内国法的一项基本原则。这样，在欧盟，不再考虑法律状况及关于权利确定和保障的内国原则，或者更确切地说，从经济主义的视角进行评估，已经成为一个明显的趋势。

当前，一方面，基本原则层面的立法规则一体化进程出现中止，另一方面，欧洲法院时而创制专门的（不仅是普遍的）欧盟法一般原则，尽管是不稳定的，路线也不明确。从这样的一种趋势中可以得出，欧盟税法规则与优先适用的成员国宪法性基本原则间产生冲突、矛盾的可能性仍然是非常高的。这种可能性不但在这样一种情形下存在，即内国法基本原则（欧盟法规则违背了这一原则）缺乏欧盟（税收）法律层面的维护，也就是说只有内国宪法性法律层面的维护，而且在这样一种频繁发生的情形下也存在，即上述内国法基本原则既受到本国层面的也受到欧盟层面的维护。尤其是第二种情形，当在实质和不可削减的核心领域，欧盟法所提供的维护与内国宪法性法律所提供的维护不同，同时欧盟法所提供的维护力度和范围都更小时，欧盟税法规则与优先适用的成员国宪法性基本原则间的冲突、矛盾就会更加地显现出来。

这种产生冲突、矛盾的可能性要求一项非常深入的研究，涉及内国税法基本原则的识别和确认、内国税法基本原则和欧盟税法基本原则的比较以及它们间可能的冲突。自然地，这种研究集中于对征税具有重要影响的宪法性原则，即量能课税原则和平等原则。对此，研究首先将直接致力于探寻、查实这类对征税具有重要影响的宪法性原则或者哪些宪法性原则具有基本原则的属性，其次论证这些宪法性原则是否与类似的欧盟法原则相符合或者相分

---

[1] See ECJ Judgment of 19 September 2006.

[2] 佐审官，Advocate-General，其职责在于对提交到欧洲法院的案子公开地、不偏不倚地及独立地提出自己的意见，并向法官提交结论，以协助法官审理案件——译者注。

[3] See Opinion of Advocate General Geelhoed delivered on 14 September 2006.

歧，最后说明反限制理论得以建立的可能性，其中反限制理论的功能在于停止相冲突的欧盟法规则的适用。

二、税法基本原则的探寻：量能课税原则和平等原则

(一) 税收法定原则

首先需要说明的是，税收法定原则，也就是《意大利宪法》第 23 条规定的关于征税的法律相对保留原则，并不属于这里所讲的可能具有优先适用性的宪法性基本原则。虽然对于成员国法律体制而言，税收法定原则毫无疑问构成了基本制度安排中的至关重要的一环以及成员国税收政策民主制约的一项必要保障。在 1973 年作出的第 183 号判决中（该判决以二元论为前提认同了意大利法律体制对欧盟法律体制的让步），[1]意大利宪法法院明确否定了税收法律保留原则具有反限制的功能。特别是关于农业性提款，确切地说，对来自第三国农产品征收的（边境）费用，[2]意大利宪法法院已经承认所谓的提款具有强制性的金钱给付特性，也同样可以成为一种税，而该种税的征收仅仅通过建立在部长理事会一致同意决议基础上的欧盟条例即可，[3]也就是说不需要意大利法律的"媒介"作用，意大利宪法所规定的税收法定原则可以不遵守。对该结论，欧洲法院阐述的理由包括以下两个方面：一方面，根据《意大利宪法》第 11 条规定的主权限制，可以推断，对《意大利宪法》第 23 条以及对所有关于要求法律的形式和立法行为受司法制约的宪法规则的违背完全是允许的；另一方面，可以认为，欧盟法律体制和成员国法律体制的分立自治阻碍了成员国法律体制中确立的法律保留原则向外部法源（即欧盟法律体制中的法源）扩展适用。对于欧洲法院的这一观点，事实上，其它成员国的宪法法院也认同，但学界已经指出了其中的危险：在这样的背景下，即反限制理论不包含税收法定原则，同时欧洲议会不具有立法权，欧洲一体化的形式正慢慢演变为一种政府间的形式，演变为一种缺乏国民和议会参与的形式，演变为一种民主权利缺失的状态。

---

〔1〕 Cfr. Sentenza della Corte Costituzionle di 27 dicembre 1973, n. 183.

〔2〕 农业性提款是指一种特别类型的边境费，当进口来自欧盟以外第三国的农产品时予以征收，以填补欧盟以外农产品的价格和欧盟内部相应农产品的价格的差价，即所谓农产品进口差价税，属于欧盟一项自有财源。参见翁武耀："欧盟税制概况"，载《重庆工商大学学报（社会科学版）》2010 第 1 期——译者注。

〔3〕 因此，该种税的征收不需要通过制定法律——译者注。

（二）量能课税原则

与税收法定原则不同，量能课税原则应当属于对征税具有重要影响的宪法性原则，[1]同时具有反限制的功能。虽然学界就这一点目前还没有一个明确的看法，但是在意大利，主流观点给予了肯定，也就是说，理解为经济能力而非仅仅是分配标准的捐税能力（原则），应该纳入到这样一些宪法性原则范围内：对集合体的生命而言，具有作为基本要素的价值。同时，这样一些原则也是潜在性地可用于反驳的原则，即在与欧盟层面上的原则相冲突时具有反限制功能的原则。事实上，量能课税原则已经被一部分学者直接编入到国际公共秩序原则目录之中。需要说明的是，上述结论以这样一个意大利主流学说的选择为前提，即选择赋予量能课税概念社会连带性（或共同性）要素的含义（作为本质含义之一），同时选择赋以量能课税原则《意大利宪法》第2条所宣示和保护的共同责任性（连带性）这一基本价值，[2]并规定根据该原则，体现纳税人真实财富的依据为纯粹的经济性的条件。基于这样一种视角，量能课税原则作为基本原则的属性来自于其对人和个人权利（也包括财产权利）的完全保障和保护，这使得该原则属性包含了对征税规则制定权行使真正的不可逃避的宪法性限制。从这一角度，人们可以直接地认为整个欧盟环境税制度都与量能课税原则相冲突，因为该环境税只根据污染物质的排放、扩散这一事实，并基于谁污染谁支付原则来征税，仅仅与非经济性的、不体现财富能力的条件相关。

1. 量能课税概念的重构

相反，如果以解释的视角来推论，把捐税能力理解为仅仅是税收负担分配标准的话，显然将得到一个相反的结论：量能课税与社会共同责任脱钩，即共同责任仅仅显示作为一种可追求的目标，而不是作为量能课税概念中的本质含义，《意大利宪法》第53条保障公民权利和自由的功能将被否定，同时客观性征税的可能性将被认同。事实上，尽管这样的结论与主流学说相对立，但却与意大利宪法法院不少判决相一致。所谓客观性征税，是指征税与个体化、纳税人真实的财富相脱离，而这些概念是证明捐税能力（原则）被

---

〔1〕《意大利宪法》第53条规定，"所有人必须根据他们的捐税能力分摊公共费用。税制符合累进标准"——译者注。

〔2〕《意大利宪法》第2条规定，"共和国承认并保障人类不可侵犯的权利，不管是作为个体还是作为在发展其人格的社会结构中，并且要求履行在政治、经济和社会共同体中不可推卸的义务"——译者注。

纳入到保护个人不可侵犯的权利的基本原则和价值中的合理要素。

如果选择这么一个最简单（内涵最少）的概念，将否定量能课税原则具有宪法性基本原则的属性。这样，在宪法第一编规定的不可侵犯的个人权利和个人必要义务间的一条裂沟就显现出来，也就是说，缴纳（分摊）公共费用的义务，尽管有《意大利宪法》第53条和第2条的宪法性基础，不仅与宪法性基本原则相联系没有必要，同时相关也并不相称，因此，也就是与量能课税从保障公民权利和自由意义上的定义相联系没有必要，同时相关并不相称。用其他的话来说，上述金钱给付义务完全属于《意大利宪法》第2条所规定的属于共同责任的不可违背的义务，但这并不意味着应该在它和不可侵犯的个人权利之间建立一个必要的、功能性的关系，同时，最重要的是，也不意味着捐税能力（金钱给付义务应该与之相适应）应该表现出具有人、人的尊严、人的个性和自由保护的价值及经济连带性和经济自由的价值。这些价值尽管非常重要，但并不干扰《意大利宪法》第53条确定的根据捐税能力进行分摊（公共费用）的职能。不过，这些价值本身对所有方面都体现出保护功能，如有情况，确切无疑地可以诉求于它们来反对相冲突的欧盟法规则，并不必要经过税收这个层面，即无需通过量能课税原则的保护功能及其中介作用来反对相冲突的欧盟法规则。

在上述重构性论述中，量能课税原则因此不是一项宪法性的基本原则，抽象地来看，一点也不适合用以对欧盟法律体制的（体现为具有税收特征的）反限制补全。

2. 量能课税概念重构下的平等原则

基于上述结论的分析，并从之前阐明的贬低捐税能力概念理论的角度来看，可以抽象地得出一项公认的结论是，构成（以特殊的方式）意大利税收法律体制特征（使之区别于欧盟税收法律体制）的唯一原则是实质平等原则，根据《意大利宪法》第3条，[1] 该原则具有分配正义和（相同情形）相同对待的内涵。总之，为了获得这个结论，需要认为公共负担分配标准的理由基础在于一项传统的宪法规则，根据这条规则，个体在社会中要想取得更好、

---

〔1〕《意大利宪法》第3条规定，"所有公民都有同等的社会尊严且在法律面前一律平等，不分性别、种族、语言、宗教、政治观点和个人及社会地位的差别。共和国有责任消除一切在经济和社会秩序方面限制公民自由和平等，妨碍人类个体的全面发展和有效地参与国家政治、经济和社会组织的一切活动的障碍"——译者注。

更有利的地位、处境，该个体就要分摊、缴纳更多的公共费用，两者应当是相适应的。据此，可以推理得出，在所有以下情形中，欧盟法被认为是与意大利法律体制中的实质平等原则相冲突的：当欧盟法中的平等原则涉及的平等价值，特别是那些实质平等价值，没有像基于意大利的宪法原则所理解的平等原则涉及的那么深、那么强烈，同时与基于意大利的宪法原则所理解的平等原则在意义上并不一致时，或者当欧盟法规则的适用表现出一种对意大利纳税人的歧视或偏见性地给予不同待遇时，或者在任何情况下，欧盟特别规范体现出一种不可接受的非理性和冲突性时。

如果这个与共同责任原则相互关联的税收平等原则应当承担起区别两类法律体制的重要职责的话，就会明白解释者的棘手任务。解释者需要查证税收平等原则是否也可以作为欧盟法律体制中的基本原则，同时，在肯定的情况下，与宪法法律规定的同一原则相比，它具有怎样的重要意义、受哪些限制以及在保护上有怎样的区别。如果这个查证结果得出欧盟法律体制下的平等原则保护力度更小，也就会明白，这样的结果只能是显现为欧盟法提供的保护不足，同时在有争议的场合下，为了克服这种不足，只有使更具有保护性的内国宪法性原则优先适用，以体现为一种反限制功能。

（三）平等原则

即使还没有明确地被制定在法律中，作为一项基本价值，平等（原则）已经存在于欧盟法律体制中了。对此，只要援引《欧洲联盟运行条约》（*Treaty on the Functioning of the European Union*）第 18 条就足矣，该条规定了作为一种平等表述的非歧视原则，[1] 该原则内含平等基本价值。不过，人们可以提出疑问的是，关于平等原则，欧盟法提供的保护力度是否与成员国宪法性法律提供的保护力度相同，同时，该原则是否具有与存在于成员国税收法律体制中的（横向和纵向）分配正义相同的含意。

1. 关于不同保护力度的疑问

第一项疑问的产生乃是源于这样的事实：在欧盟法律体制中，除在一些非税收领域以外，平等原则已经被广泛地认为承担着调节市场失衡的功能性作用，消除了一些基于个体情况不同的歧视，比如，实现了性别平等。具体而言，欧盟立法者在实施欧盟立法时已经可以区分不同的情况或不同的主体，

―――――――――

〔1〕 该条规定，"在条约的适用范围内，任何基于国籍的区别对待都应当是禁止的，除条约有特别规定的以外"――译者注。

但仅以纠正自由市场的失衡为目的，而不是以确保特定的个人、社会状态（就像在阐明分配正义和假定"分配者"国家时发生的那样）为目的，也不是以确保所有人都达到一定收入水平、享有一些基本的生活财产为目的。

总之，如果从实质角度来理解平等原则的话，就像意大利法律体制所理解的那样，成员国基于公共权力并根据其他基本原则而可能采取一些违背自由市场原则的社会性再平衡措施，就不应该受到质疑。不过，在欧盟法律体制中缺乏这样的理解，基于平等原则，歧视的限制在很多方面仍然取决于欧盟单一市场机制的运行，而该市场机制建立在对竞争规则的遵守和对四项基本经济自由的尊重的基础上。

2. 关于分配正义含意的疑问

基于上述分析，欧盟法中的平等原则，也就是非歧视原则，体现出的关于保护的不同客体和较小力度不言而喻。具体到税收领域，欧盟法中的税收平等原则事实上一直被理解为仅仅涉及平等原则中一个关于主体间区别的形式方面而已，该原则仅仅用于确保在某一欧盟成员国中经营的非居民主体（相比于居民主体）不受该成员国（作为来源地国）的歧视。此外，该原则已经被欧盟法律体制创立并经欧洲法院解释为中性原则的代名词，并作为欧盟基础条约所保护的四项基本经济自由的指示性和保障性原则。因此，与成员国内国法中的税收平等原则不同，欧盟法中的税收平等原则并不体现分配正义中关于理性和税收制度连贯性的绝对价值，而仅仅作为一种消除作为欧洲单一市场实现障碍的征税不对称的工具，即一种专门用于解决涉及四项基本经济自由问题的工具。

将来上述结论可能会发生改变，只要当实质平等原则和它暗含的制度连贯性和理性渗透到欧盟法律体制及其税收领域时。当然，如果实现这一点，欧盟税收制度给人的"消极、被动"的景象将不再符合，与成员国法律体制间潜在性冲突产生的理由也将不再存在，成员国选择区别对待的经济政策目标以及通过区别对待的规则以实现这些目标的权力将被直接否定。

不过，在短期内是不会、也不可能实现这一点的。2000年《欧盟基本权利宪章》（*Charter of Fundamental Rights of the European Union*）及《里斯本条约》规定了一些表述非常笼统的内容，而这些内容是欧盟公共财政体制根据实质平等及分配正义进行重构的理由基础。尽管是泛泛的，这些内容涉及这样一些基本价值：人的尊严、自由、民主、共同责任和平等。同时，这些内容也涉及这样一些均衡目标：可持续发展、完全就业、社会进步、社会正义

的推进。但是，这些规定不应该被高估，就像不应该高估《欧洲联盟条约》
(*Treaty on European Union*) 第 6 条所规定的那个宣示一样。根据该条规定，
作为欧盟法一般原则的共同体政治自由和民主以及对《欧洲人权公约》所保
护并在成员国共同宪法传统下所具有的人权的尊重应该给予保障。基于尊重
法律的实证主义立场，这个宣示是泛泛的，缺乏规则的效力，最多仅具有一
项弱的作为解释工具的功能，尽管这样的见解并不被一些将欧洲主义视为信
仰的学者所认同。不过，这些学者因为以下事实而无法给出令人信服的回应，
并决心不去思考征税与自由、民主和平等这些基本价值间非紧密的关联，即
欧盟基础条约规定的基本原则和基础规则仍然未使欧盟法律体制显示出一体
性，同时，欧盟法律体制在大部分领域仍保持着原初的经济主义的确立模式。
而这足以说明欧盟税法原则的范围与成员国税法基本原则的范围相符合是非
常困难的，也足以说明欧盟非歧视原则扩展到实质平等的方面还没有实现。

　　需要指出的是，欧洲法院也在税收领域通过从欧盟基础条约规则中发展
的一般原则（附带着对成员国行为指导和控制的功能）来丰富、充实欧洲一
体化的内容并填补基础条约规则的空缺。不过，这一趋势对于摆脱在平等主
义领域中的僵局而言并没有什么帮助。这些一般原则仅仅是间接地触及到了
成员国法律所理解的实质平等这一主题。比如，真诚合作原则（Principle of
Sincere Cooperation），该原则在《欧洲联盟条约》第 4 条第 3 款中规定，[1]并
被欧洲法院适用于处理国家援助禁止问题。还比如比例性原则（Principle of
Proportionality）和连贯性原则（Principle of Cohesion），这两项原则虽然在理
性这一方面与平等原则有一些关联，但它们更多的是在辅助性这个方面上
（也就是关于欧盟机构权力如何行使的问题）发挥作用，它们要求为了达到一
项目的而使用的手段、方式应该是连贯的和适当的，不得超过达到该目的所
需要的必要的程度。

　　此外，如果把欧盟协调的危机（仅此而已）归纳到在基本原则层面上的
欧盟法演变的危机中，就应该注意到，税收一体化的进程还处在较低水平中。

---

　　〔1〕原文为 "Pursuant to the principle of sincere cooperation, the Union and the Member States shall, in
full mutual respect, assist each other in carrying out tasks which flow from the Treaties. The Member States shall
take any appropriate measure, general or particular, to ensure fulfilment of the obligations arising out of the Trea-
ties or resulting from the acts of the institutions of the Union. The Member States shall facilitate the achievement
of the Union's tasks and refrain from any measure which could jeopardise the attainment of the Union's
objectives" ——译者注。

这个进程实质上除依靠欧洲法院精心拟制、但还是支离破碎的司法判决以外，最重要的还是依靠最弱的"软法"的手段，该手段是辅助性原则（Principle of Subsidiarity）的体现，[1]并主要通过协作的方式来实施。[2]该协作的方式应用已久，欧盟委员会使用该方式在制定国家援助禁止、企业征税行为准则和从 1997 年开始、通过专门程序颁布社会政策方面取得了一些成果。同时，尽管该方式从自身来看不具有法律上的约束力，但至少在变动性和灵活性方面拥有优势，欧盟委员会以此来推动欧盟法，人们也可以此预测欧盟法的发展。但是，通过协作的方式形成的规则系统属于次一级的法源系统，且仅由技术性规范和精细程度适宜的规则所组成，这种系统不适合用来"表达"共同的基本原则，也就是说协作的方式不适合用于确认基本价值。

三、关于税法基本原则在欧盟基础条约中的期望

总之，无论如何，只有欧盟基础条约才能使纳入实质平等和分配正义的欧洲一体化进程启动。为此，为了降低在欧盟法律体制和成员国法律制度之间出现分歧的可能性，欧盟基础条约需要做一些改变。特别是，欧盟基础条约不应该忽视税收这个领域和它的基本原则，尤其是考虑到欧盟在未来如果需要一种真正的自有税收收入的话（这是可以预见的），例如，引入一种联邦类型的欧洲税。[3]对此，理由很简单，如果传统的公民和社会权利应当在欧盟基本宪章中得到保障，那么关于欧盟自有税收收入的原则也应当在其中规定，因为这些原则是实现这些公民和社会权利在财政层面上的必要内容。从这种意义上看，那些认为在欧盟基础条约中应当包含（公民）同意原则的提议是值得赞赏的，而同意原则应当从以下两个方面来理解：一方面，税的征

---

〔1〕 辅助性原则涉及的是欧盟机构和成员国政府之间如何划分职权的问题。根据《欧洲联盟条约》第 5 条第 3 款的规定，只有当成员国没有充分能力完成拟议中的行动目标，而出于拟议中的行动的规模和效果的原因，联盟能更好地完成时，才由本联盟采取行动——译者注。

〔2〕 协作是指欧盟委员会发布不具有约束力的规范准则，成员国参考这类的规范准则——译者注。

〔3〕 根据欧盟理事会 2000 年 9 月 29 日所做的决定（Council Decision of 29 September 2000 on the system of the European Communities' own resources），欧盟现有自有财源主要包括以下四项：（1）进口关税，即对于来自于或出口到欧盟境外的商品所征收的关税；（2）农业性提款及其他特别商品进口所征收费用；（3）增值税收入的参与分享；（4）所有成员国国民生产总值的总和的一部分。而欧盟这些自有财源无疑是对成员国取得的税收收入进行分配的结果，或者说是成员国国家支付的财源，欧盟也即体现为国家的联盟。而引入一种所谓的欧洲税，意味着自然人、法人或其他组织（无论属于哪一个成员国）直接向欧盟支付相应的税款，这样，欧盟无疑将体现联邦国家性质的一面——译者注。

收应当民主地由集合体的代表被征收者的代表机构所决定，另一方面，这些税收是由单个的成员国公民以分摊欧盟费用的名义共同地、合作地缴纳。其中：

a）关于同意，撇开所采用的形式手段不谈，意味着税的征收的合法性在于民众或者说是被课以财产性给付义务的主体的志愿性。

b）关于公共、社会费用的分摊，其作用在于从分配的财政正义（即对个体自由的适当压制）只能单独地受社会正义制约这个意义上把前者与后者联系起来。

考虑到在欧盟体制结构中已经存在一些相关价值，同时，考虑到欧洲具有引以为豪的社会连带性（团结）传统，这种传统符合"社会国"模式，并且所有的成员国已经视这种传统为一种理想的纲领性任务（作为它们的政治方向），因此从理论上来讲，实现上述境况不应该是困难的。在该任务（完成之后）成为一种欧盟认同感和自豪的来源之前，全民覆盖的医疗保障、从幼儿园到大学的免费教育、社会救济和失业者的援助等仍然代表了这个任务的特征性目标，特别是当与美国这方面的经验相比时。

如果上述观念得到认同，面临的具体问题便是欧盟基础条约如何在纳税人保护、分配正义保障和欧盟公共、社会费用资金保障方面提供强有力的保障。如果在欧盟基础条约范围内，社会权利和税收领域的平等基本原则的保护还是作为一种理论性的论断，而这种理论性的论断至多仅作为非歧视原则的有效根据，同时在税的征收和社会正义之间不建立某种关联性的话，就会存在这样一种风险，或者换一个角度，就会存在这样一种好处：关于应当确保欧盟财源充足的规则将保持在成员国的权限和责任框架下。而在这些成员国内部，关于财源的规则就将继续受制于某种"牵引"，这种"牵引"由处于政治争辩当中的关于观念形态定位的交替（有时是新自由主义的观念形态，有时是自由社会的观念形态，有时又是自由民主主义的观念形态）所造成。相反，如果意图准许欧盟来保障对财源规则进行公平的重新制定，那么就需要在欧盟基础条约上，或者从宪法的意义上（比如失败的欧盟宪法）建立这样一种可能性，即欧盟可以自治地、直接地并根据具有联邦主义倾向的规则行使自身的（制定）相关规则权力来完成上述意图。

需要特别指出的是，在欧盟基础条约上，尤其是从宪法的意义上对欧盟设立一种关于社会国的传统任务，同时包含关于财政税收的有效保障，会有一个有利之处，即通过将相关的问题置于在正常的议会论证和选举策略之中，而使这些问题与政治脱钩。总之，欧盟基础条约除规范关于自由贸易区和确立（需要被着重强调的）市场主义和自由主义的规则以外，还应当在关于税收正义和社会正义关联的层面上果断地取得进展，以实现某种宪法性的"改道"。不过，不清楚的是，此种"改道"在欧洲能够获得多少的赞同。

四、欧盟法与内国法基本原则间的可能冲突

在上述期望之中，即期望随着一体化进程的开展，将来欧盟法律制度和成员国法律制度之间产生分歧的可能性能逐渐减少，应该寻思的是，目前在税收层面上，是否以及何时两类法律体制间的差异会具体成为一种对宪法性基本原则的不可补救的损害，以致使平等原则承担反限制的功能。显然，回答这样一个疑问并不容易，并且只能根据每一种具体的情况逐一地回答。如同前文已说过的，这种回答的做出应该查实能够适用于具体案例的欧盟税收规则是否不符合实质平等原则，尽管符合欧盟法律制度所接纳的形式平等原则，同时查实针对这种缺陷这些规则是否提供了截然不同的保护。

根据经验，当查实（关于欧盟税收规则适用）的结果为针对内国（征税）事项的税务处理（方式）扩展至欧盟内跨境相关（征税）事项，因此，结果同时为维持成员国内国税收法律制度中的原则时，也就是当在欧洲一体化（的进程中）没有引起对立时，上述查实的结果应当倾向于否定，也就是说倾向于否定两类法律体制间存在冲突。相反，当调整的欧盟法规则规定了自治的规则，同时规定绝对禁止（适用）相关成员国法律规则，而这种禁止可能与成员国法律制度所理解的平等原则相冲突时，上述查实的结果应当倾向于肯定，也就是说倾向于肯定两类法律体制间存在冲突。当涉及税收领域，上述第二类情形就发生得更加频繁，比如增值税和消费税，它们具有最典型的欧盟面貌，同时也具有非来源于成员国规则的自治规则。此外，从抽象和预测的角度分析，在未来当涉及关于欧盟税收政策和税收体系的最一般化选择时，也会出现上述第二类情形。比如，如果有一天，为了创立欧盟资金的真正自有财源，建立起一种欧盟税收体系，这种税收体系建立在这样的规则之上：这些规则全部不符合成员国税收体制所符合的分配公平原则。此时，就能够认为这一原则被违背了。

（一）案例：非盈利性组织的增值税优惠待遇

撇开上述欧盟税收体系一般化的情形不谈（目前很难实现的），两类法律体制间的冲突已经可以在一些案例中产生，比如像意大利卢卡省税务委员会

曾审理过的某一案例。[1]在这一案例中，该税务委员会意识到了理性的宪法性原则与欧盟及成员国关于非盈利性组织税收优惠的增值税规则之间存在可能的冲突，并且将该案件于2003年3月27日提交给了意大利宪法法院。该案件涉及禁止向非盈利性组织的某类行为给予增值税优惠待遇，税务委员会认为根据平等的基本原则，这种禁止是不合理的，相反，税务机关认为仅根据以下事实，就可以认定是合理的，即该种行为没有被纳入到根据增值税第六号指令成员国制定的可以予以免除缴纳增值税义务的经营业务的目录内。[2]税务委员会认为应当斥责这种没有规定该项特殊优惠的意大利规则所体现的非理性。但是，撇开税务委员会的判决结果以及宪法法院裁决的结果不谈，问题可能也可以从拒绝该优惠待遇的欧盟法规则与平等基本原则不符合这个角度来分析。

（二）案例：抵免法与免税法

再考虑一类产生分歧的案例，在这类案例中，欧盟法的禁止涉及《意大利所得税法》第165条规定的关于境外（缴纳的）税的有限抵免。有限抵免作为一种旨在消除所得法律性双重征税的手段，因此也就是旨在使只在境内（经营）取得收入的居民主体和在境外（经营）取得收入的居民主体这两类主体间的税收待遇相同化的方法。在该方法的运用中，同时拥有境外收入的居民主体至少补偿了意大利针对该境外收入本应征收的税额，即当境外对于该收入征收的税额低于意大利对该境外收入征收的税额时，该居民主体不得不向意大利缴纳差额的税款。当然，在相反的情况，居民主体负担被境外多征的税款。这个方法符合平等原则，即确保了上述两类主体间的税负相同，但唯一的缺陷是：当某成员国的居民主体向另一实行更低税率的成员国投资时，这个方法中的"补偿"结果造成了该居民主体要比后一个成员国的居民主体承担更高的税收负担。与有限抵免法不同，运用免税法就不会出现这种结果。免税法在经济的方面与"资本输入中性"相符合，与"资本输出中性"相对立，而抵免法与"资本输出中性"相符合。免税法，即通过居民国不对居民主体在境外取得的收入征税，追求这样一个目的：使该居民主体的

---

〔1〕 意大利税务委员会的职责相当于税务法院，分为省和大区两级，对大区税务委员会判决的上诉直接由最高法院受理——译者注。

〔2〕 See art. 13 of Sixth Council Directive of 17 May 1977 on the harmonization of the laws of the Member States relating to turnover taxes — Common system of value added tax: uniform basis of assessment（77/388/EEC）.

境外收入只"屈从于"来源国的税率，也就是说，即使当境外的税率低于境内的税率时，该居民主体也不会承担额外的税收负担。应用这种方法有一个积极的作用，即确保了投资境外的本国居民主体与境外的居民主体处于一个公平的竞争条件之下。

尽管欧洲法院在著名的 Gilly 案判决中已经表明抵免法与欧盟法是相符合的,[1]但是一部分欧盟共同体主义的税收学说并不认同欧洲法院的这个结论，指出与抵免法相比，免税法表现出更强的与欧洲单一市场的一致性。[2]结果，由于假定相对于分配正义的重要性，市场的重要性被确认为具有优先地位，他们要求在欧盟层面用免税法替代在应用方面占优势的抵免法。但是，显然，这会导致与成员国法律中的平等原则相冲突，而意大利立法者是希望通过采用抵免法的规则来遵从平等原则。

(三) 案例：银行保密义务与信息交换

以下是另一类产生分歧的案例，但与平等原则无关，也不涉及意大利。这类案例出现在制定《对存款所得采用支付利息形式的税收指令》（Council Directive 2003/48/EC）期间，涉及不可查询的银行保密（资料）的宪法性保护。根据当时一些成员国的法律，特别是奥地利法律，对于金融性收入的征税是遭反对的。指令文本于 2000 年 6 月 19 日达成，突破了关于所谓信息扣留（不提供）和交换规则的共存模式（该模式在指令最初的版本中被采纳），除了一些有限制（或者是临时性地或者个别性地）的例外之外，只规定了关于需要在来源国征税的金融性收入的信息交换规则，而没有规定相关的信息扣留规则。此外，由于这个规则与在欧盟一些成员国（除奥地利外，还包括比利时、卢森堡）和在其他的欧洲领域内的第三国中实施的关于银行保密的基本原则相抵触，在 2003 年 6 月 3 日的欧盟（经济与金融事务）理事会对该指令进行批准时，不得不确定了一段时间，在这段时间内，那些对于银行信息保护最敏感的成员国们可以继续适用信息扣留规则，而不是信息交换规则。

考虑到欧盟新指令的出台需要遵循关于表决机制的全体一致同意原则，指令规定上述时间段的内容也就不难理解了。鉴于指令只规定了信息交换的规则，这属于信息的普及化和共享义务规则，该规则与在上述三个欧盟国家

---

〔1〕 See ECJ' Judgment of 12 May 1998.

〔2〕 这是因为属于不同成员国的居民在同一国内承担相同的税负、处于公平的竞争条件之下——译者注。

当时仍然生效的关于银行保密的原则相冲突，因此产生分歧。而关于银行保密的原则，是一项得到宪法保障的原则（奥地利就提出过这一点）。因此，无论如何，该原则得以作为反限制的原则，用以反对欧盟指令的应用。不过，该原则作为奥地利法律体制中的基本原则的可能性有多大，事实上并不清楚。

结论：应用反限制理论的可能性

作为结论，这里探究的是上述可能出现的涉及税收平等原则等基本原则的分歧，会给欧盟法律体制和成员国法律体制带来什么样的法律效果。对此，需要指出的是，这种分歧的出现并非不可避免地导致两类法律体制的关系产生危机这一创伤性结果，以致使成员国怀疑是否应加入到欧盟之中。相反，在分歧出现的情形下，需要考虑应用反限制理论。这样，对于欧盟法律体制的法律效果，应当仅仅是间接"排除适用"与成员国宪法性基本原则和权利相冲突的欧盟法规则，也就是说，反限制只能引起相冲突的欧盟法规则在单个的具体情形中不能在成员国中适用。同时，反限制不应当再被视为是一种关于留用还是脱离欧盟法律体制的选择，也并不带来冲突的扩大以及对两类法律体制一致性和同质化点的探寻的放弃。

反限制程序机制则从法官将关于执行欧盟法的意大利法律的合法性问题呈交给宪法法院这一举措开始，当然局限于被认为与宪法性基本原则和权利相冲突的某项欧盟安排或行动范围内。因此，宪法法院可能作出的违宪性判决所涉及的那部意大利法律，废除的并不是整部法律，而仅仅是其中的这样一些规则措施，该法律允许某项特定的欧盟安排或行动在这些规则措施中解释它们在意大利法律体制中的效力，也就是说它们在意大利法律体制中被应用的效力。这种理解反限制理论的方式积极之处在于通过排除适用，成员国法院不会对欧盟法律体制进行反抗或抵制，相反，成员国法院仅仅会运用宪法性基本原则来识别某项欧盟法规则是否需要违背，同时局限于根据两元论的理论来遵守内国法律体制所提供的最透彻的保护。

夫妻共同遗嘱之法律效力探究

刘文科*　翟远见**

一、研究缘起：夫妻共同遗嘱法律效力认定不一

夫妻共同遗嘱，作为遗嘱继承领域一种普遍的遗嘱方式，本应作为遗嘱的主要形式予以应用。然实质意义上[1]的夫妻共同遗嘱因其具有严格的内在整体性和变更、撤销的非自由性，[2]即彼此之间的关联性与约束性，与遗嘱作为一种单方法律行为能够为遗嘱人自由变动之基本法理相冲突，此为人诟病之处。在司法实践中，关于是否承认夫妻共同遗嘱效力可以分为两类：一类为不承认其效力的案件，例如在齐 X_1 与齐 X_2 等继承纠纷案中，涉及其中夫妻共同遗嘱规定的房产继承，朝阳区法院认为夫妻共同遗嘱之效力有待商榷，因而对该份遗嘱的效力不予确认。[3]另一类则认可夫妻共同遗嘱效力，肯定其正当地位。[4]夫妻共同遗嘱效力认定不一的混乱，源于司法审判中缺乏统一适用的裁判规范，进而导致该制度在具体适用过程中出现了同案不同判的状况。本文将针对上述问题展开详细探讨。

二、理论探析：夫妻共同遗嘱之基本原理

实质意义的夫妻共同遗嘱，是指两个以上的遗嘱人将其共同一致的意思

---

　*　刘文科，中国政法大学比较法学研究院 2016 级比较法学专业研究生。
　**　翟远见，中国政法大学比较法学研究院副教授，意大利罗马第二大学法学博士。

〔1〕　夫妻共同遗嘱可以分为实质上和形式上两种，然形式上的共同遗嘱本质上乃为两份单独遗嘱载在同一份纸面文件之上，其之间不存在任何关系，效力的认定仍适用普通遗嘱规则，因而不作为本文的讨论对象。

〔2〕　麻昌华、曹诗权："共同遗嘱的认定与建构"，载《法商研究》1999 年第 1 期。

〔3〕　北京市朝阳区人民法院（2014）朝民初字第 01589 号民事判决书。

〔4〕　洛阳市老城区人民法院（2017）豫 0302 民初 905 号民事判决书。

通过一个遗嘱表示出来，形成一个内容共同或相互关联的整体遗嘱。通常可以分为三种情形：一是相互指定对方为自己的遗产继承人；二是相互指定对方为继承人，并约定后死亡者将遗产留给指定的第三人；三是共同指定第三人为遗产的继承人或受遗赠人。[1]为讨论方便，后文将与之相对应的遗嘱类型简称为第一类、第二类、第三类夫妻共同遗嘱。

（一）国内立法例纵向梳理

20世纪清末，我国《民律草案》第1501条规定："二人以上，不得共同设立一遗嘱"，明文否定夫妻共同遗嘱制度。当前通行的《继承法》仅规定了自书、代书、口头、录音以及公证遗嘱几类遗嘱形式，唯独不见夫妻共同遗嘱。官方文件中关于夫妻共同遗嘱的规定仅仅见于2000年司法部出台的部门规章《遗嘱公证细则》的第15条规定。而正在进行编纂的民法典继承编，针对夫妻共同遗嘱是否应该入典，学者各执己见。在各学者的立法建议稿中，王利明教授坚决反对设立夫妻共同遗嘱制度，[2]而徐国栋教授则对夫妻共同遗嘱持限制的肯定说。[3]总体观之，立法上是否应该承认夫妻共同遗嘱的正当地位仍较为混乱，难以统一。

（二）国内学理之反思总结

台湾地区"民法"对夫妻共同遗嘱无明文规定，但学者通说认为，夫妻共同遗嘱就其成立多受他方遗嘱人之约束，而其撤回又受他方遗嘱人意思之牵制，此不仅妨碍遗嘱撤回之自由，而且就夫妻共同遗嘱人之意思易生疑义，自不宜承认夫妻共同遗嘱。[4]与台湾地区一致否认态度不同，大陆地区对于是否承认夫妻共同遗嘱效力议论纷纷，不同的学者理论观点大致可以分为肯定说、[5]否定说[6]与限制肯定说[7]三种，足见我国大陆地区认定夫妻共同遗嘱效力的混乱。

---

〔1〕　房绍坤、范李瑛、张洪波编著：《婚姻家庭与继承法》（第四版），中国人民大学出版社2015年版，第214页。

〔2〕　王利明主编：《中国民法典学者建议稿及立法理由》，法律出版社2005年版，第553页。

〔3〕　徐国栋主编：《绿色民法典草案》，社会科学文献出版社2004年版，第232页。

〔4〕　陈棋炎、黄宗乐、郭振恭：《民法继承新论》（修订十版），三民书局股份有限公司2016年版，第256页。

〔5〕　杨立新、朱呈义：《继承法专论》，高等教育出版社2006年版，第127页。

〔6〕　刘耀东、张平华：《继承法原理》，中国法制出版社2009年版，第308页。

〔7〕　蒋月主编：《婚姻家庭与继承法》（第三版），厦门大学出版社2014年版，第347页。

（三）域外夫妻共同遗嘱之经验探讨

大陆法系国家对于夫妻共同遗嘱的存在充满了争议。因为立法背景、法律价值取向以及历史传统文化的影响，发展为态度迥异的两派：德国、奥地利等国在本国的立法中肯定夫妻共同遗嘱的存在效力。[1]而以日本、法国、意大利等国为代表则普遍对夫妻共同遗嘱效力不予承认，立法中多予以否定。[2]与大陆法系各国对待夫妻共同遗嘱态度不一致相较，英美法系各国普遍承认夫妻共同遗嘱的法律效力，但名称不同，其所称的"相互遗嘱"才真正具有夫妻共同遗嘱之内涵，即指两个以上的当事人在相同条件下，相互签订授予对方利益的书面文件，并且在遗嘱人之间还订有不得撤销的合同。在衡平法上，该合同构成推定信托。[3]英美法系中虽明确界定了夫妻共同遗嘱的性质，但对于我国而言，在没有承认夫妻共同遗嘱的情况下再引入尚有争议的遗嘱信托概念，颇有乱上加乱之嫌，借鉴意义不大。

（四）小结

根据第三方遗嘱服务机构中华遗嘱库发布的《中华遗嘱库白皮书（2013－2017）》显示，97.79%的夫妻选择合立遗嘱。[4]由此可见，夫妻共同遗嘱在民间已经逐渐成了一种传统习惯。若明确该种形式的遗嘱效力，将这类习惯的内容上升为法律规则，则符合群体的法感情，既有利于人们自觉遵守法律规则，提高民众对法律规则的认同感，也有利于保障法律规则的有效实施。[5]至于国内学者对于共同遗嘱持有的肯否意见，都没有根据该行为相互性的本质特征，即关联性与约束性，来挖掘其独特的行为效力。夫妻共同遗嘱是广义"遗嘱"之下的一种独特形式，并不会与现有的遗嘱行为理论产

---

〔1〕《德国民法典》第2269条、《奥地利民法典》第1248条，《瑞士民法典》中原本在草案中对于夫妻共同遗嘱有所规定但在正式条文中将草案中的规定删除，未置有规定。且在解释上不许夫妻共同遗嘱，但又认为在同一纸面上若有两独立内容之遗嘱，或有物质上之分离两个遗嘱，其中含有一遗嘱，惟以他遗嘱不撤回为条件而为有效时，亦非夫妻共同遗嘱。详见史尚宽：《继承法论》，中国政法大学出版社2000年版，第417页。

〔2〕《日本民法典》第975条、《法国民法典》第968条、《意大利民法典》第589条、《葡萄牙民法典》第2181条等。

〔3〕［澳］肯·马蒂、马克·波顿：《澳大利亚继承概要》（第二版），陈苇等译，西南政法大学外国家庭及妇女理论研究中心2007年版，第37页。

〔4〕澎湃新闻："图解 | 中国式遗嘱：忌立遗嘱心态改观，遗嘱纠纷几时休"，https://m.thepaper.cn/newsDetail_forward_2060254？from＝singlemessage&isappinstalled＝0，最后访问日期：2018年6月14日。

〔5〕王利明：《我国民法典重大疑难问题之研究》（第二版），法律出版社2016年版，第122页。

生冲突，应通过合理的解释构建，明确其法律效力，统一其适用规范。

三、解释进路：夫妻共同遗嘱之有效性分析

　　夫妻共同遗嘱效力在法理上不被认可的症结在于双方遗嘱人之间的关联性与约束性，下文将通过两路径去尝试进行有效性分析，证明夫妻共同遗嘱能为现有理论所解释涵盖，应当承认其法律效力。

　　（一）夫妻共同遗嘱行为性质分析

　　夫妻之间订立共同遗嘱的行为可被归入何种法律行为种类范畴，关系着行为效力规则如何构建。不同学者对此持有不同观点，大致可以分为以下三种：

　　1. 单方行为说

　　按照德国继承法学界通行的观点，夫妻共同遗嘱从性质上属于双份的、（但仍是）单方、可彼此关联的死因处分，两个遗嘱都以彼此为条件。[1]并且，在弗卢梅教授《法律行为论》一书中虽然没有明确将夫妻共同遗嘱视为一种单方行为，但却认为继承合同属于单方法律行为。[2]既然约束力更强的继承合同都被视为一种单方法律行为，举重以明轻，夫妻共同遗嘱行为亦应被归入单方行为的范畴。

　　2. 双方行为说

　　刘春茂教授认为共同遗嘱是合立遗嘱人双方的法律行为，只有双方都有订立共同遗嘱的意愿和行为，这种共同遗嘱才能成立。任何的单方意思表示都不能订立夫妻共同遗嘱。[3]

　　3. 共同行为说

　　共同行为是指两个以上当事人内容相同、方向平行的意思表示达成一致方能成立的民事行为。[4]就实质意义上的夫妻共同遗嘱而言，学者因其不是双方当事人基于各自的目标和利益而形成的相对应的表意合致，而是各方当事人为追求一个共同的目标所实施的法律行为，将其视为一种共同行为。[5]

---

　　〔1〕　Vgl. NK—BGB/Radlmayr, § 2265 Rn 3；Palandt/Edenhofer, Einf. v. §2265 Rn 1，转引自王强："继承法处分行为初探"，载《中国政法大学学报》2017年第2期。

　　〔2〕　［德］维尔纳·弗卢梅：《法律行为论》，迟颖译，法律出版社2013年版，第160页。

　　〔3〕　刘春茂主编：《中国民法学·财产继承》，人民法院出版社2008年版，第299页。

　　〔4〕　王雷："我国民法典编纂中的团体法思维"，载《当代法学》2015年第4期。

　　〔5〕　韩长印："共同法律行为理论的初步构建——以公司设立为分析对象"，载《中国法学》2009年第3期。

关于夫妻共同遗嘱行为性质的三种观点，笔者认为第二种观点殊不可取。如若视夫妻共同遗嘱人彼此的行为为双方法律行为，则势必会发展成为一种继承契约。在我国如今尚未正视夫妻共同遗嘱地位的立法实践中，要引入一项比夫妻共同遗嘱更具约束力的继承方式，风险极大。至于第一种观点与第三种观点因共同遗嘱类型的不同都有其合理存在的价值。第一种观点中所体现的夫妻共同遗嘱内部关系更像是第一、第二种类型的夫妻共同遗嘱，有其独特的效力运行规则，笔者着重放在第二条解释路径中展开解释。至于第三类夫妻共同遗嘱，其意思表示内容相同，方向一致，与夫妻共同处分家庭共有财产等典型共同行为一般无二，因而能够被归入共同行为的范畴进行解释构建。

对夫妻共同遗嘱行为的解释，重点在于夫妻共同遗嘱的约束性与关联性问题。首先，共同行为所涉及的权利义务是个体与共同体之间的权利义务关系，内部相关的权利义务内容往往已经"先在"地存在，行为人只能就如何建立或是否进入该类共同体做出有限的意思表示，而不能就具体的权利义务进行任意安排和取舍，[1]其受到的约束较大，意思自治的空间相当有限，此乃约束性之所在。但应特别强调的是，能够凌驾于各方行为人之上、并对各行为人产生影响的共同体必须是完整的，具备能够让外界识别的稳定的性能，而不能仅仅处在准备阶段。若仅处在准备阶段，共同行为人一方行为不受共同体约束，当可自由变动；其次，该共同体整体目标由共同行为之间发生一定的"化学反应"所形成，化学反应中任何一方原料都至关重要。一方共同行为发生变动，若不足以影响共同体目标的实现，则另一方共同行为照常生效。若变动足够有影响，则另一方共同行为或无效或不生效力。共同行为之间具有的紧密关联性自不待言。

由此看来，当夫妻双方选择了此种类型的共同遗嘱，即选择了进入这种遗嘱共同体中，遗嘱人享有的意思自由仅局限在如何建立以及是否进入到这种共同体中，而不能再轻易介入到具体的要素中去，并且当该遗嘱共同体趋于成熟后，遗嘱人也不能享有随时变动的自由。当一方遗嘱人的行为发生变动时，如对共同遗嘱整体目标有所影响，则另一方遗嘱人的遗嘱行为无效或不生效力。

---

〔1〕 张作华："传统法律行为理论的现代改造及体系重构——从'权利行为'到'关系行为'"，载《法商研究》2009 年第 1 期。

（二）法律行为联立的类推适用

法律行为联立，这是意大利民法大家 Giorgianni 提出的一种理论观点，他通过系统化地整理司法实务，得出法律行为联立具备的三个条件：其一，存在数个独立的法律行为；其二，该数个法律行为在功能上相互依存；其三，一个法律行为的效力将传导到相关联的其他法律行为上去。[1]法律行为联立中的类型种类自然不仅限于单方法律行为，就如今的研究现状而言，更多地是对于双方法律行为，即合同之间联立的研究，学者普遍将其放在无名合同中进行探讨。依史尚宽教授之见解，所谓合同联立是指数个合同"不失其个性，而相结合"。[2]依结合之方式，可将合同联立分为两种情况，一种是单纯外观的结合，相互间不具依存关系。一种是具有一定依存关系的结合，即依当事人的意思，一个契约的效力依存于另一方契约的效力。[3]至于为何合同联立能够产生这样的依存关系，在陆青教授看来，既取决于当事人的意思自治，又取决于客观上依赖数个合同之间结合才能够实现的整体交易目标的制约。[4]

上文中将第三类夫妻共同遗嘱行为归于共同行为的范畴，至于另外两种类型的夫妻共同遗嘱是否是两份相互关联、以彼此为条件的单方遗嘱行为，进而能够类推适用法律行为联立，更确切地说，是借助合同联立规则来类推解释，需要对其结构进行分析。假设 A、B 为夫妻制定共同遗嘱，指定 C 为最终继承人。该类夫妻共同遗嘱的结构即 A 与 B 约定无论哪一方去世，遗产都要由彼此继承，约定最终的继承人为 C。此类夫妻共同遗嘱中因为有选择的存在，若拆分其整体，会发现有两种竞合的平行行为，即 A（先去世）指定 B 的前提是要 B 指定 C 为最后的继承人，与 B（先去世）指定 A 的前提是 A 要指定 C 为最后的继承人平行竞合。可知若 A（或 B）没有作出相应的遗嘱行为，则 B（或 A）便不会作出相对方期待人的遗嘱行为。从其结构内部分析可知，此种类型的夫妻共同遗嘱内部是有两个相互为条件的遗嘱行为，即 A（或 B）指定 B（或 A）为继承人与最终指定 C 为继承人互为条件。符

---

〔1〕 Giorgianni, Negozi giuridici collegati, in Riv. it, sc. giur, 1937, 3 ss, 转引自陆青："合同联立问题研究"，载《政治与法律》2014 年第 5 期。

〔2〕 史尚宽：《债法总论》，中国政法大学出版社 2000 年版，第 11 页。

〔3〕 王泽鉴：《债法原理》（第一册），三民书局股份有限公司 2009 年版，第 122 页。相同观点亦见于刘春堂：《民法债编通则（一）：契约法总论》，三民书局股份有限公司 2011 年版，第 18 页。

〔4〕 陆青："合同联立问题研究"，载《政治与法律》2014 年第 5 期。

合法律行为联立的行为特点，可以进行类推适用。至于夫妻相互指定彼此为继承人的共同遗嘱类型，结构与此类似且更为简单，同样可类推适用法律行为联立规则。

既然这两类夫妻共同遗嘱可以适用法律行为联立规则，接下来要对其效力发挥进行详细剖析。如同陆青教授所言，既要着眼于夫妻共同遗嘱的基本构成部分，又要从整体目标实现层面来进行大局把握。

首先是夫妻共同遗嘱的关联性。从基本组成部分看来，夫妻共同遗嘱由两份单独的遗嘱构成，一份遗嘱效力依赖于另一份遗嘱效力。于此场合，各份遗嘱是否有效成立需要分别判断。[1]至于依赖程度有多大，会不会影响到另一方遗嘱的效力，从合同联立之间效力的关联来看，有学者主张若其中一契约不成立、无效、撤销或解除时，另一契约亦同其命运。[2]但有学者主张一合同解除是否导致其他合同解除，可以比照《合同法》第166条的规则，通过审慎分析数个合同自身功能发挥以及整体交易目的实现之间的关系再做判断，[3]若其中一合同的解除会影响到整体目标的实现，则其解除的影响就会波及其他合同，令这些合同被动解除。否则其解除不会对其他合同产生影响。笔者倾向于支持第二种观点，只有这样，才不会仅仅重视其内部结构而忽略了整体目标。而从整体角度考虑，因为夫妻共同遗嘱中一般只涉及两个遗嘱的参与，并不像合同联立一样可能涉及多个合同共同合力来实现某一复杂的整体交易目标。因此其数量、相互之间的复杂关系等远远不能相提并论。合同联立之中各项合同纵横交错，在某一区域效力的缺失很有可能会由另一合同去补足，因而并不会牵一发而动全身。夫妻共同遗嘱中的两个遗嘱对于最终遗嘱目标的实现缺一不可，因而在一方遗嘱变动时，源于法律行为联立的特性以及最终遗嘱目标的干涉影响，另一方遗嘱亦有可能随之变动，此乃夫妻共同遗嘱关联性所在。

其次是夫妻共同遗嘱的约束性。主要体现在遗嘱行为与法律行为联立之间的冲突。遗嘱是可以随意变动的，但根据法律行为联立之规则，就内部结构而言，因关联性对于遗嘱人法律行为的影响使得对方为了保证自己行为目标的实现，对于行为人的行为施加影响力以求稳定。而从整体看来，行为人

---

〔1〕 崔建远：《合同法学》，法律出版社2015年版，第16页。
〔2〕 王泽鉴：《债法原理》（第一册），三民书局股份有限公司2009年版，第123页。
〔3〕 陆青："合同联立问题研究"，载《政治与法律》2014年第5期。

的法律行为要受到行为联立整体目标的约束。这就涉及单方法律行为的变动自由与夫妻共同遗嘱整体目标、内部因素相制约的冲突。单方法律行为在联立的法律行为之中自然是不能随意变动的，但是又不能完全被禁止，该如何衡量把握？笔者尝试借助合同法上对于认定缔约过失责任的方法来权衡法律行为联立对于单方行为的约束。如果认定联立的法律行为人作出了一定的前期工作，使得联立的法律行为整体向既定目标方向发展，则认为此时联立的法律行为整体对于单方行为产生较强的拘束力，单方行为不能被变动。反之，则允许变动。

通过上文中对于夫妻共同遗嘱行为定性以及类推适用法律行为联立规则的探讨，能够证明夫妻共同遗嘱能为现有法理所容纳，其行为的有效性能够被合理解释，进而为规范夫妻共同遗嘱在实践当中的具体适用打下基础。

四、制度运行：夫妻共同遗嘱之具体适用

既然对夫妻共同遗嘱效力的有效性进行了合理充分的学理解释，接下来要对该制度在司法实践中的具体适用——遗嘱何时生效，遗嘱的撤回[1]等进行一番检视。不同的法院对此有着不同的评判标准，并且学说理论中，针对这些问题仍能够划分成不同类别。

（一）生效时点

在第一类、第二类夫妻共同遗嘱中，根据上文对于其内部结构的分析，共同遗嘱内部存在两份相互关联、以彼此为条件的遗嘱。二者遵循遗嘱最基本的生效原则——遗嘱人死亡即生效。但在第一类夫妻共同遗嘱中，一方遗嘱人死亡后，死亡遗嘱人一方的遗嘱发生效力，而对于在世一方遗嘱人而言，由于在遗嘱中指定的继承人早于其先去世，其遗嘱自然失效，此时夫妻共同遗嘱全部发生效力；而在第二类夫妻共同遗嘱中，该共同遗嘱并不会因为其中一方遗嘱行为的生效就取得整体生效的法律效果，仍有赖于另一方遗嘱行

---

〔1〕 遗嘱的变更，是指遗嘱人在遗嘱设立后对遗嘱内容的部分修改或变动，即遗嘱人依法改变其原来所立遗嘱的部分内容，并赋予修改后的遗嘱在遗嘱人死亡时而发生法律效力的单方法律行为，详见孟令志、曹诗权、麻昌华：《婚姻家庭与继承法》，北京大学出版社 2012 年版，第 311～312 页。遗嘱的撤销，"兹所谓撤销系在遗嘱发生效力以前，防止其效力发生，实质上为撤回……在德国民法上此时称为遗嘱之废止或撤回以与撤销相区别。奥地利民法、瑞士民法亦称为撤回，韩国民法称为撤回，法国民法则称为撤销。"详见史尚宽：《继承法论》，中国大学出版社 2000 年版，第 470 页。为清晰明确，下文中在此意义上的"撤销"一词均由"撤回"代替，以与夫妻共同遗嘱中特有之"撤销"相区别。

为生效的支持。故在此类夫妻共同遗嘱中，一方去世，夫妻共同遗嘱部分生效。就查询到的案件观察，司法实务中对于此类夫妻共同遗嘱的生效时间并没有太大争议。

何时生效在第三类夫妻共同遗嘱中出现的问题是最大、亦最具研究价值。司法实践中有认为此类夫妻共同遗嘱的生效时间即最后一方遗嘱人死亡时;[1]有认为夫妻共同遗嘱的生效时间是分别开始的，一方配偶去世后，其遗嘱即发生效力。[2]然而在理论界中对于该类夫妻共同遗嘱的生效时间观点较为一致，认为应当在夫妻共同遗嘱人全部死亡后才发生效力。[3]笔者以为，按照第三类夫妻共同遗嘱适用共同行为性质的定性，两方共同行为的效力发生是不受彼此影响的，只有在变动的时候才会受到共同体的约束以判断是否影响到相对方的行为效力。因此如同第二类夫妻共同遗嘱一般，在一方遗嘱人去世后，仍适用遗嘱的一般生效规则，发生去世遗嘱人一方财产由指定第三人继承的法律效果，但夫妻共同遗嘱不发生整体效力。

当然，夫妻共同遗嘱何时生效不仅是关系夫妻共同遗嘱人的真意表示以致影响夫妻共同遗嘱的法律效果，亦与继承人甚至遗嘱之外第三人相关，反映到实践中表现为侵权、[4]继承时效[5]等问题，因与本文所探讨主题关系不大，在此不做进一步讨论。

（二）遗嘱撤回、变更以及遗产处分

夫妻共同遗嘱人对于这三种权利的行使以夫妻共同遗嘱人一方过世为划分界限呈现出不同样态，接下来分别进行讨论。

1. 配偶双方在世期间

德国继承法学者认为，夫妻均在世时，任何一方均可自由撤回其死因处分，无论该处分是否具有相互性。但依第 2271 条第 1 款第 1 句，撤回相互处分须采取第 2296 条规定的形式，即以公证证书的形式向另一方作出撤回表

---

〔1〕 参见河南省高级人民法院（2013）豫法立二民申字第 02525 号民事裁决书、北京市高级人民法院（2015）高民申字第 4530 号民事裁决书、北京市丰台区人民法院（2015）丰民初字第 24662 号民事判决书、平顶山市中级人民法院（2016）豫 04 民终 870 号民事判决书。

〔2〕 参见北京市昌平区人民法院（2016）京 0114 民初 12781 号民事判决书、湘潭市中级人民法院（2016）湘 03 民终 914 号民事判决书、宁波市中级人民法院（2017）浙 02 民申 62 号民事裁定书。

〔3〕 蒋月主编：《婚姻家庭与继承法》（第三版），厦门大学出版社 2014 年版，第 346 页；房绍坤、范李瑛、张洪波：《婚姻家庭与继承法》（第四版），中国人民大学出版社 2015 年版，第 215 页。

〔4〕 参见黔西南布依族苗族自治州中级人民法院（2015）兴民字第 1177 号民事判决书。

〔5〕 参见长沙市中级人民法院（2016）湘 01 民终 4080 号民事判决书。

示，以确保另一方知晓该撤回。[1]我国学者对此持有相同观点，认为在夫妻共同遗嘱人生存期间，可以通过共同意思表示变更或撤回遗嘱；一方变更、撤回遗嘱之内容或对财产进行处分，应告知另一方。[2]至于双方配偶能否对遗嘱财产进行处分，德国法上认为无论双方在世还是一方去世之后，夫妻共同遗嘱均不妨碍双方生前自由处分个人财产。我国司法审判案件中的法院看法亦与上述学者观点相一致。[3]

　　而按照上文对于夫妻共同遗嘱的解释，当夫妻选择第一、二种夫妻共同遗嘱时，因此阶段遗嘱人都在世，仅仅是法律行为取得联立，并没有使得联立整体目标取得实质性进展，整体目标的约束无法与单方行为变动自由相衡量，因而遗嘱人可随意变更或者撤回其所订立遗嘱，处分其遗嘱财产自不待言；当夫妻选择第三种共同遗嘱类型，在这个时间阶段，虽然已经表达了欲通过夫妻共同遗嘱建立一种遗嘱共同体的想法，但该遗嘱共同体并不处于一种稳定的状态，并不能够完全凌驾于各遗嘱人之上，对其产生强有力的约束。各遗嘱人因而能够随意撤回、变更其所订立遗嘱，处分其遗嘱财产。

　　2. 配偶一方去世后

　　对于在世一方遗嘱人在此阶段权利的行使，司法实务界与理论界议论纷纷，争论不断。总体观之，问题症结落脚于一点：在世一方遗嘱人此时是否享有着此三项权利。

　　有学者主张因为夫妻共同遗嘱的相互牵连与制约，遗嘱人在一方去世后不能变更、撤回遗嘱，否则就会导致夫妻共同遗嘱不复存在；[4]与此截然相反，有学者肯定了在世一方遗嘱人能够进行变更或撤回的权利，认为当夫妻一方死亡时，生存一方则有权变更或撤回自己的遗嘱，[5]有的审判法院也支持了学者此种观点；[6]而房绍坤教授则认为在夫妻共同遗嘱人一方死亡后，生存方原则上不得变更、撤回遗嘱或进行与遗嘱内容相违背的财产处分，只

---

　　〔1〕［德］雷纳·弗兰克、托比亚斯·海尔姆斯：《德国继承法》，王葆莳、林佳业译，中国政法大学出版社 2015 年版，第 116 页。

　　〔2〕麻昌华、曹诗权："夫妻共同遗嘱的认定与建构"，载《法商研究》1999 年第 1 期。

　　〔3〕参见沈阳市中级人民法院（2017）辽 01 民终 10796 号民事判决书。

　　〔4〕参见刘文：《继承法律制度研究》，中国政法大学出版社 2016 年版，第 231~233 页。

　　〔5〕吴国平：《我国财产继承制度立法研究》，厦门大学出版社 2014 年版，第 205 页。

　　〔6〕参见上海市第二中级人民法院（2016）沪 02 民终 4931 号、（2017）沪 02 民终 1788 号民事判决书。

有在符合条件时，另一方当事人才可以撤回、变更遗嘱。[1]对于该条件应如何理解，房教授并没有给出具体建议，在程某亮、程某武等与程某玲物权确认纠纷中法院对此做出了详细解释；[2]最后一种观点是主张原则上虽不得在一方死亡后另一方得以行使变更、撤回的权利，但是如果有约定或者授权，则在一方遗嘱人去世后，在世一方享有变更、撤回遗嘱的自由。[3]而在一般的司法审判中，对于夫妻共同遗嘱中的此类约定（或授权），实践多有不同。[4]

夫妻共同遗嘱人一方死亡后，在第一种类型的夫妻共同遗嘱中，因为遗嘱人死亡导致共同遗嘱发生效力，因而不作为讨论情形；而在第二类夫妻共同遗嘱中，遗嘱人以死亡的形式努力地向联立的法律行为整体的生效为一定作为。此时单方行为自由不能抗衡联立整体的约束。另外，若撤回其遗嘱，另一方遗嘱即刻不生效力或无效，且其已过世，无重新行为之机会，不符合公平正义原则的要求。因而，除法律规定的特定情形以及双方约定情形外，在世一方不能随意撤回其死因处分便能被很好地理解；在第三种夫妻共同遗嘱类型中，在世遗嘱人不能如同双方皆在世一般可以合意废除夫妻共同遗嘱，且距夫妻共同遗嘱这一共同体所要实现最终目标的时刻点——夫妻共同遗嘱人都去世仅只剩最后一步，此时夫妻共同遗嘱是一种成熟的、稳定的共同体。因而在世一方不享有撤回遗嘱的权利。

与上文中论述同理，在一方遗嘱人因特殊情形撤回其遗嘱后，夫妻共同遗嘱不能继续存在。遗嘱人是否能够享有遗嘱变更以及遗产处分的权利，如同上文所述，需要取决于其变动程度对于整体目标实现的影响，不能一以概之。

（三）遗产处分、遗嘱变更及其限度

认可在世一方可在一方遗嘱人去世后撤回、变更遗嘱的理论观点，普遍认为遗嘱人只能在自己的遗嘱部分进行变更。至于如何界定自己的遗嘱部分

---

〔1〕 房绍坤、范李瑛、张洪波：《婚姻家庭与继承法》（第四版），中国人民大学出版社 2015 年版，第 214 ~ 215 页。

〔2〕 参见青岛市中级人民法院（2014）青民再终字第 165 号民事判决书。

〔3〕 周子凡："德国夫妻共同遗嘱的变更、撤销研究"，载《净月学刊》2017 年第 3 期。

〔4〕 认可该约定的有：青岛市中级人民法院（2017）鲁 02 民终 999 号民事判决书、上海市第二中级人民法院（2016）沪 02 民终 4931 号民事判决书；对约定的效力不予承认的有：浙江省高级人民法院（2008）浙民一终字第 228 号民事判决书。

的范围，罗马法上规定，遗嘱继承的本质在于死者法律地位的移转，附随其发生的是死者财产的转移。[1]发展至今形成的遗赠、遗嘱执行、分割指示等遗嘱内容皆附着于此两者之上。因最终死者法律地位的继受关系着整个夫妻共同遗嘱存亡与否，不能轻易变动，故夫妻共同遗嘱之变更或撤回即仅能发生于以遗嘱人财产所承载的遗嘱内容之上。司法审判中有的支持在世一方可在个人财产范围内撤回或变更，[2]有些是支持在个人财产以及夫妻共同财产属于自己的份额内行使。[3]此乃遗产范围界定之不明确使然。按照时间阶段的不同分为两种情形进行讨论。

1. 双方遗嘱人都在世

对于行使限度的考量除了关系到遗嘱整体目标的实现以外，还影响到了在世一方遗嘱人能够在多大范围内避免夫妻共同遗嘱所附加的约束进而去行使自己的遗嘱财产自由。在夫妻共同遗嘱人都在世时，因为没有涉及遗嘱财产的继承分割问题，所以夫妻二人的遗产范围确定，为个人财产与夫妻共同财产个人份额的总和。一方遗嘱人变更遗嘱或进行处分遗产，需在此范围内行使。如若变动程度大大影响了共同遗嘱最终目标的实现，最终效果与撤回遗嘱一般无二，都会致使夫妻共同遗嘱的消亡。反之，变动程度产生的影响如若对于共同遗嘱目标不会产生影响，则即使变更遗嘱、处分遗产，亦不会致使共同遗嘱消亡。

2. 一方遗嘱人去世

按照上文对于一方遗嘱人死亡后另一方变动遗嘱的解释，在世一方遗嘱人除了规定情形以外，不能够行使撤回遗嘱的权利。而能否享有变更遗嘱、处分遗产的权利，则由是否影响到共同遗嘱整体目标来决定。

（1）第一种夫妻共同遗嘱类型

在此种夫妻共同遗嘱中，因为遗嘱人死亡导致共同遗嘱发生整体效力，在世遗嘱人不存在变动遗嘱之可能，因而不作为讨论情形。

（2）第二种夫妻共同遗嘱类型

按照上文对于夫妻共同遗嘱结构的分析，在世遗嘱人一方继承了去世一

---

〔1〕　费安玲：《罗马继承法研究》，中国政法大学出版社 2000 年版，第 107 页。

〔2〕　参见上海市宝山区人民法院（2017）沪 0113 民初 10464 号民事判决书。

〔3〕　参见北京市第一中级人民法院（2015）号民事判决书、厦门市中级人民法院（2014）厦民终字第 2331 号民事判决书、南京市中级人民法院（2015）宁民再终字第 38 号民事判决书。

方遗嘱人的遗产，在世一方占有的财产总量是确定的，但是否在世遗嘱人能够对该遗产享有完整、不受限制的所有权，这涉及处分财产的自由限度问题。司法实践中出现在一方遗嘱人死亡情形下，在世一方在继承了其遗产之后，有的可以自由处分财产，[1]有的则必须受制于最终继承人的意志的情况。[2]原因为何，借鉴德国继承法可知，对于相互指定加共同指定最终继承人的此类夫妻共同遗嘱，针对去世一方遗嘱人的遗产，产生了两种模式的权属变化：一为合并式，即去世一方遗产全部归入在世方的个人财产，形成一个整体，在其死亡之前可对该财产享有不受约束的自由；二为分离式，一方去世时，另一方先取得去世人之财产，但与自身财产不发生混同。后去世方拥有两份独立的财产，一份是从先去世方手中取得的，其自由受限制。而另一份则是其个人财产，自由不受限。[3]此能够解释我国司法实践中对于相同范围之遗产处分限度不一的问题。然在这两种模式中如何择一而适，进而认定在世一方拥有怎样的处分限度？笔者以为，对于两种模式应兼而采之。虽在我国继承法中尚无后位继承制度，[4]但却不妨碍当事人通过遗嘱设计来追求类似的法律效果。后位继承制度是以遵循对个人意志的尊重为优先的价值取向，体现出主体的自由性和法的个人本位特点。[5]至于在实践中判断夫妻共同遗嘱到底采用了何种模式，应该结合遗嘱用语，利用遗嘱解释来判断其真实意图。至于在无法查清遗嘱人真实意图的情况下，出于对尊重现行制度、维护家族财产统一、减少纷争、和睦家庭的考虑，应推定遗嘱人采合并模式。[6]因此遗嘱人仅能在相应继承模式下的财产范围内自由处分遗产，但如若影响到共同遗嘱整体目标实现，或者超出了行使范围，则该权利不再被享有。

至于变更遗嘱的限度问题，此时按照不同的遗嘱继承模式取得的最终效果不同。若采分离模式，则承载在世一方变更遗嘱的财产范围应仅限于其个人所有财产，即配偶一方去世时的个人财产、夫妻共同财产中的个人份额以

---

〔1〕 参见北京市第二中级人民法院（2015）二中民终字第03122号民事判决书。

〔2〕 参见青岛市市北区人民法院（2015）北民重字第20号民事判决书。

〔3〕 ［德］雷纳·弗兰克、托比亚斯·海尔姆斯：《德国继承法》，王葆莳、林佳业译，中国政法大学2015年版，第111页。

〔4〕 后位继承是指在遗嘱继承中，被继承人先指定继承人所继承的财产利益，因某条件的成就或期限的到来而移转给另一继承人的特殊继承制度。详见申卫星："期待权研究导论"，载《清华法学》2002年第1期。

〔5〕 王歌雅："论继承法的修正"，载《中国法学》2013年第6期。

〔6〕 王葆莳："夫妻共同遗嘱中'关联性处分'的法律效力"，载《法商研究》2015年第6期。

及两者此时产生的收益。遗嘱人仅能在此部分财产范围内进行遗嘱变更。若采合并模式，则在世一方可以在夫妻财产总和范围内变更遗嘱。对于不同的继承模式的选择，对于在世一方能够变更遗嘱的行使限度也不同，但无论是在何种范围内进行变更，对于共同遗嘱整体目标都不能产生影响，否则该权利不能被享有。

（3）第三种夫妻共同遗嘱类型

按照上文所述，当一方遗嘱人去世后，即发生其财产由指定第三人继承的法律效果。此时在世一方遗嘱人能够行使的限度即个人财产以及夫妻共同财产中的个人份额。因而能够被允许、对共同遗嘱整体目标不产生影响的遗嘱变更或者遗产处分即限于这部分财产范围内。超出了这部分财产范围进行变更遗嘱、遗产处分，或者可能进行影响整体目标实现的遗嘱行为，都应当被禁止。

结　论

随着社会发展，对人性自由的解放程度也越来越宽，除了法律明确禁止不能逾越的界限，一切都能根据行为人的意思去进行设定，夫妻共同遗嘱在将来一定会有越发广阔的应用与发展空间，不仅仅是涉及继承领域方面，在已颁布的《民法总则》监护规则中就涉及了夫妻共同遗嘱指定监护的情况，表明夫妻共同遗嘱具备与其他领域制度相结合而适用的可能性。这就要求务必承认夫妻共同遗嘱的合法效力，明确统一夫妻共同遗嘱适用规范。以夫妻共同遗嘱为支点，以求能够构筑向其他领域辐射、与之接轨应用的夫妻共同遗嘱规则制度，进而与单方遗嘱一道形成严密完整的遗嘱体系，解决实际社会生活中的遗嘱难题。

论共享交通工具中租赁权的法律性质

郭 瑶 *

一、问题的提出

随着互联网技术的发展，各类共享交通工具成为可能，但时至今日，共享交通工具的基本法律问题并没有得到解决，特别是在物权法定原则下，人们在租赁期间内取得的动产使用权究竟是何种性质尚存疑问。在共享交通工具的各类用户协议中，均规定了用户在租赁期间内享有交通工具的使用权，如《e 骑租车协议》第 3 款规定："在租车期间拥有租赁车辆的合法使用权并享有 e 骑为保障租赁车辆使用功能所提供的服务。"对于该租赁权的性质，学界是存在争议的，主要存在两说：一是物权说，即用户取得的是一种动产用益物权；二是债权说，即用户取得的是一种债权性使用权。权利性质的不同会导致用户权益保护程度存在差异，若对租赁权的性质认定得当，会进一步促进共享经济的发展，反之则会起到阻碍作用。本文的目的在于分析共享交通工具中租赁权的法律性质，并为共享交通工具的制度构建提出建议。

二、租赁权的概念辨析

（一）租赁权的两个阶段

承租人使用共享交通工具时，会先与出租人签订租赁协议（多为格式合同），之后由出租人交付共享交通工具，[1]承租人取得共享交通工具并开始使用。在这一流程中，实际上存在两个阶段：在租赁物交付使用前，承租人对

---

* 郭瑶，中国政法大学法律硕士学院 2016 级硕士研究生。

〔1〕 共享单车较为特殊，由于共享单车已被出租人放在路边且被网络锁定，故用户通过软件解锁单车这一行为即可视为出租人完成交付。

出租人享有债权请求权，仅得请求出租人交付租赁物；在租赁物交付使用后，承租人即取得对物的占有。其中，第一阶段发生在标的物使用移转之前，属于纯粹的债权阶段；而第二阶段则发生于标的物使用移转之后，产生了基于债务关系的支配权。[1]这两个阶段更为本质的差异在于，在第一阶段中，由于其是纯粹的债权关系，仅在出租人与承租人之间产生效果，并未突破债的相对性原则；而在第二阶段中，由于承租人取得了对物的占有，不可避免地会对第三人产生效力，突破了债的相对性原则，这也是租赁权最为特殊的地方。

但我国学者多以"租赁权"这一概念笼统称之，并发展出物权说[2]、债权说[3]、债权物权化[4]等相关学说，这种做法值得商榷。实则，在这两个阶段中，法律关系和权利性质都颇为不同，须分而论之，方能清晰解释其实质。否则，以租赁法律关系或租赁权之称，笼统认识这两个阶段及其双重结构，则无怪乎我国学者为其是物权还是债权而争论不休。

在这两个阶段中，第一阶段属于纯粹的债权阶段自无争议，有争议的是第二阶段。在第二阶段中，出租人将标的物交付承租人后，承租人仍需依约向出租人支付租金，该法律关系发生于承租人与出租人之间，未突破债权相对性原则。但承租人对标的物之占有可对抗第三人，由此产生针对第三人的法律关系，此种法律关系存在于承租人与第三人之间，显然已超出了以相对性为特征的债务关系之范围，故有学者将其称为"基于债务关系而产生的占有、支配关系"。[5]目前学界有关租赁权的争议之处，也多集中于此。

（二）承租人的使用权

出租人将共享交通工具交付给承租人后，承租人取得标的物之占有自无疑问，有疑问的是，承租人基于占有事实对标的物进行使用时，此种使用权法律性质为何？

对于通过租赁所取得的使用权的法律性质，目前存在两说，一说认为其是债权性使用权，如高富平认为："在大陆法存在两个类似的制度安排，均可

---

〔1〕 金可可："基于债务关系之支配权"，载《法学研究》2009年第2期。

〔2〕 宋刚："论我国用益物权的重构——以租赁权性质展开"，载《河南社会科学》2005年第3期。

〔3〕 高富平：《物权法原论》（第二版），法律出版社2014年版，第224页。

〔4〕 尹田：《法国当代物权法》，法律出版社2009年版，第337页。

〔5〕 金可可："基于债务关系之支配权"，载《法学研究》2009年第2期。

以实现在一定期间使用他人之物的目的，这便是用益物权制度和租赁制度。但用益物权被认为是物权，而租赁形成的使用权属于债权范畴，因此，两种使用权法律性质截然不同。"[1]台湾学者谢在全[2]、王泽鉴[3]亦采此说；另一说认为其是物权性使用权。如宋刚认为："在买卖不破租赁的条件下，我国的动产租赁就是动产用益物权，能够通过租赁制度贯通动产、不动产的用益权制度，扩大用益权制度在动产中的适用。"[4]

相比而言，持债权性使用权观点的学者占大多数，究其原因，主要存在以下两个理由：

1. 动产价值较小，且难以公示

在传统社会中，由于动产价值较低，较易获得，将其使用价值与所有权分离，单独规定为物权并不具有社会意义。[5]且动产物权以占有为公示方法，占有的公示力仅能表现简单的法律关系，对较复杂的法律关系无法体现。在实践中，动产种类繁多，数量零碎，其价值又低，即便偶尔需要利用他人的动产，也可依租赁等债的方式获得，不必采取用益物权的方式。[6]

2. 租赁标的千差万别，法律难以规定

根据物权法定原则，物权的类型和种类由法律规定，但由于动产的类别及租赁期限千差万别，法律难以做出类型化规定，只好将此种使用权归为债权。[7]

但这两个理由值得商榷，就理由一而言，在共享经济中，共享标的价值越来越大，且随着网络技术的发展，动产使用权的公示也成为可能，如共享标的物有着独特的外观设计和标识，人们常常一眼就能认出这是共享标的。不仅如此，在观念上，我们在看到共享标的时，往往都会默认使用该共享标的物的是承租人，而非出租人，我们难以想象，一个人看到他人骑"小黄车"时，会认为骑车的人是"小黄车"的真正所有人，除非他对社会发展一无所

---

[1] 高富平：《物权法原论》（第二版），法律出版社 2014 年版，第 224 页。

[2] 谢在全：《民法物权论》（中册），中国政法大学出版社 2011 年版，第 434 页。

[3] 王泽鉴：《民法物权》（第二版），北京大学出版社 2010 年版，第 277 页。

[4] 宋刚："论我国用益物权的重构——以租赁权性质展开"，载《河南社会科学》2005 年第 3 期。

[5] 谢在全：《民法物权论》（中册），中国政法大学出版社 2011 年版，第 425 页。

[6] 梁慧星、陈华彬：《物权法》，法律出版社 2010 年版，第 251 页。

[7] 宋刚："论我国用益物权的重构——以租赁权性质展开"，载《河南社会科学》2005 年第 3 期。

知。而且，就算"小黄车"脱离承租人，第三人错以为这是空闲车辆而通过网络 APP 租赁这一"小黄车"时，网络也会显示该车已被出租，这实际上达到了第二重公示效果。可以说，在现代经济模式和科学技术的冲击下，传统学说面临着前所未有的挑战。

就理由二而言，"租赁物""租赁期限"千差万别实际上说的是动产物权种类繁多，第三人难以了解动产物权内容，其本质涉及的是动产物权难以公示的问题，而且，这里的公示针对的是想要承租该共享标的的第三人，对于普通第三人，由于其并不想在共享标的上设立权利，仅负担不侵害该共享标的的义务，动产物权的内容对其而言无关紧要。因此，问题的关键就变成了，当第三人有意在共享标的上设立权利时，若其无法知道之前设立的权利该如何处理。实际上，这一问题被现代技术解决了，由于共享标的是通过网络被租赁，第三人在承租共享标的时，可以轻而易举地看到设立在共享标的之上的所有权利，可以说，在现代科技中，共享标的动产物权的公示已不再成为问题。

综上，支撑债权性使用权说的基本理由在现代共享经济中难以成立，那么，我们应否转而采纳物权性使用权说呢，若要采纳，就必须有足够的理由。下文着重论述物权性使用权说的优势所在。

三、物权性使用权的优势所在

（一）有益于保护承租人权益

实则，从保护承租人权益的角度出发，物权性使用权较债权性使用权更能保护承租人权益，主要表现为以下几方面。

1. 物权性使用权对承租人的保护程度更强

物权性使用权属于物权，具有对世性，物权性使用权人可以针对一切人行使原物返还请求权；而债权性使用权不是物权，不具有对世性，债权性使用权人仅能基于占有事实行使占有保护请求权。相比而言，占有保护请求权适用范围更为狭窄，并非一种普遍的返还请求权，仅适用于瑕疵占有情形，只有在占有物被暴力侵夺时，占有人才可以行使占有保护请求权。

此外，占有保护请求权人需以占有为前提，而物权返还请求权则无需以占有为前提。究其原因，是因为物权一经设定就具有制度上的稳定性，无需以占有来证明权利存在，但占有保护请求权人必须时刻占有该物，否则难以证明权利存在。

2. 物权性使用权不受债务关系的制约

物权系由物权行为设立、移转，其内容与效力由物权行为决定。就动产用益物权而言，《德国民法典》第1032条："为在动产上设定用益权，所有人必须将物交付给取得人，且双方当事人必须达成关于取得人应享有用益权的合意。"[1]根据该条，动产用益物权不仅需要交付这一物权行为，还需要参考基础债务关系方能最终确定权利内容，但基础债务关系仅具有参考作用，并不影响动产用益物权的效力。可见，动产用益物权仍以物权行为为根本，根据物权行为的独立性和抽象性原则，债务关系被一方所解除或因其他原因消灭的，物权行为效力不受影响，动产用益物权亦仍然存在。一言以蔽之，物权行为以其独立性和抽象性割断了动产用益物权在债务关系中之根基。

相比而言，债权性使用权属于债权，仍受基础债务关系的制约。例如，一旦出租人行使法定解约权，租赁合同因解约权的行使而消灭，承租人的使用权也随之消灭。究其原因，是因为在债权性使用权中，承租人系因债权行为取得物上权利，物上权利仍处于债务关系中，一旦债务关系发生变动，便会影响身处其中的债权性使用权。因此，相比于动产用益物权，债权性使用权在很大程度上受到基础债务关系的制约。

综上所述，在承租人权益保护上，物权性使用权更有优势。

（二）具有法经济学上的实益

良好的权益保护会促进共享经济行业持续稳定发展。这与目前进行的农村土地承包经营权"三权分置"有类似之处，以往囿于物权法定原则，城市投资者难以取得农村土地的物权性权利，只能通过租赁取得债权性使用权，这种做法的弊端在于，城市投资者取得债权性使用权并完成建设后，一旦农村土地权利人违约反悔，城市投资者的债权便难以抵抗出租者的物权，进而使得城市投资者血本无归。为解决这一问题，国家从土地承包经营权中抽离出经营权，允许城市投资者取得该物权性使用权，以此来保障城市投资者的权益。

"三权分置"给我们的启发在于，随着共享经济的进一步发展，共享产品本身的价值会越来越大，如由共享自行车变为共享电车，甚至可能变为共享飞机。随着共享标的价值的增加，承租人所付出的成本也越来越大，此时若仅赋予承租人以债权性使用权，这种使用权恐怕难以抵抗来自出租人和第三

---

[1] 《德国民法典》，陈卫佐译注，法律出版社2015年版，第370页。

人的侵害。只有赋予承租人持续稳定的物权性权利，承租人才敢于租赁，价值大的共享物品才有可能成为共享标的。

综上，无论是从承租人权益保护的角度，还是从法经济学的角度，物权性使用权都具有不可比拟的优势。那么，物权性使用权在我国现行法律制度下是否存在生存空间呢，下文予以详述。

四、动产用益物权构建的可行性

（一）动产用益物权并不违反物权法定原则

虽然我国《物权法》第 5 条确立了物权法定原则，并在用益物权中规定了四类不动产用益物权，但这并不意味着《物权法》否定了动产用益物权的存在。原因在于，《物权法》第 117 条为动产用益物权留下制度空间，该条规定："用益物权，指对他人所有的动产或者不动产，依法享有占有、使用和收益的权利。"由该条规定可以看出，用益物权的客体包括动产，但由于动产缺乏公示可能性与使用价值较低等缺点，立法并未对动产用益物权进行具体化规定。

可见，与其说物权法定原则禁止动产用益物权类型化，毋宁说动产用益物权并不违反物权法定原则，只不过受制于社会发展环境，过去的动产缺乏公示可能性且使用价值较低，立法者认为没有必要予以重点规定。一旦社会条件发生变化，动产用益物权有了市场需求和公示可能性，动产用益物权就会成为物权类型。

从另一角度来说，立法者不可能穷尽一切物的利用关系，归纳出所有的物权类型。如果采取严格的物权法定主义，势必会遗漏某些物权类型。特别是我国现在的经济正处于转型时期，各种对物的利用关系极其复杂，僵化的物权法定将会限制物的利用。[1]因此，当《物权法》与其他法律规定难以满足社会实际生活对物权种类及效力的需求时，可依据第 117 条认定某些以动产为客体、以用益为内容的权利为物权。[2]随着共享经济的蓬勃发展和网络技术的普及，越来越多具有极高价值的动产（如飞机）被纳入共享体系，且由于网络公示的便利，动产公示也成了可能，以往认为动产缺乏公示可能性

---

〔1〕 李先波、罗小红："论物权法定原则之缓和"，载《湖南师范大学社会科学学报》2011 年第 3 期。

〔2〕 崔建远：《物权法》（第三版），中国人民大学出版社 2014 年版，第 255 页。

且使用价值较低的观点有待改变。

实际上，学界对绝对的物权法定原则也多持怀疑态度，如杨立新认为："如果使物权法定主义过于僵固和绝对化，面对社会改革开放、经济形势不断发展的变化，当出现新型物权以及物权新内容时，法律无法应对。"[1]谢在全认为："在物权法定主义立场之下，法律所提供的物权种类和内容符合社会永远的需要，故为最理想的设计，但是时过境迁，事实上殆无可能。因此，物权法定主义的适用应不得过度僵化，以免成为社会进步的绊脚石，更不得将其虚化，以免造成物权法体系的解构。"[2]

因此，我们对于物权法定原则不应做僵化理解，而应持开放态度。《物权法》第117条将动产纳入到用益物权客体的范围之内，预留了通过特别法设立动产用益物权类型的可能性，为将来动产用益物权的类型化敞开了大门。

（二）动产用益物权具有比较法上的经验

早在罗马法时期，罗马法就在人役权中规定了动产用益物权，之所以承认动产用益物权，是因为"用益权的目的既在维持用益权人日常生活的需要，故不论动产与不动产，都可以作为用益权的标的。"且动产用益物权的客体极为广泛，其"不仅限于日常的必需品，即使文娱用品，如书画、雕塑、花园、鱼塘等亦可；即使其维持费用远远超过其收益的，也不在排除之列。"[3]此外，罗马法将用益权与使用权分开规定，肯定了只有使用权能的动产用益物权的存在。

《德国民法典》继承罗马法，承认动产用益物权，第1032条规定："为在动产上设定用益权，所有人必须将物交付给取得人，且双方当事人必须达成关于取得人应享有用益权的合意。"[4]可见，在德国法中，在交付动产的基础上，用益物权需参照双方的合意（即基础债务合同）方能最终确定。

《法国民法典》亦承认动产用益物权，《法国民法典》第581条规定："用益权得就各种动产或不动产设定之。"在确定动产用益物权的内容时，《法国民法典》要求双方制作动产目录，详细记录设立在动产之上的权利，第600条规定："用益权人按受领时的现状收取用益物；但用益权人须经在所有权人

〔1〕 杨立新："民法分则物权编应当规定物权法定缓和原则"，载《清华法学》2017年第2期。
〔2〕 谢在全：《民法物权论》（上册），中国政法大学出版社2011年版，第32~36页。
〔3〕 周枏：《罗马法原论》（上），商务印书馆1994年版，第399页。
〔4〕 《德国民法典》，陈卫佐译注，法律出版社2015年版，第370页。

面前，或经合法传唤所有权人后，作成作为用益权客体的动产目录……始得享有其用益权。"

《意大利民法典》对动产用益物权成立和生效的条件规定得更为宽松，公民可以以法定、意定和时效三种方式在众多类型的动产上设置动产用益物权，如牛群、羊群（第994条）、可消费物（第995条）、易损耗物（第999条）、证券（第2025条）、公债、船舶、航空器、机动车（第2820条第2款），且动产用益权无需登记即可生效。

可见，传统大陆法系并未排斥动产用益物权，都对动产用益物权的成立和生效要件作了规定，只不过在确定动产用益物权的内容时，需要根据当事人双方制定的动产目录（法国法），或者参照基础债务合同（德国法）予以明确。这对我国有着极大的启示，我们在构建共享经济的动产用益物权制度时，可以要求双方当事人用书面形式对动产用益物权的内容予以明确，并通过网络予以公示，这在现有技术条件下是完全可行的。

（三）现代科学技术使动产用益物权的公示成为可能

动产缺乏公示可能性这一特点，一直是动产用益物权发展的瓶颈。如谢在全认为，动产物权系以占有为公示方法，无从将不同之用益内容完全表现于外，以动产设定用益物权于公示技术上有其困难。[1]梁慧星认为，动产物权以占有为公示方法，占有的公示力仅能表现简单的法律关系，对较复杂的法律关系无法体现。[2]

这种顾虑并非空穴来风，受制于当时落后的科学技术，动产公示缺乏配套的公示手段，往往只能借助于"占有即所有"这一朴素的物权观念。但随着科技的发展，特别是共享经济模式出现之后，动产物权的公示性成为可能。当ofo小黄车和摩拜单车将装有定位系统的不同款式的单车投入市场，并配以铺天盖地的广告宣传时，共享单车就有了事实上很强的公示性，在共享交通工具领域，已经解决了共享交通工具公示性问题。这种模式为以后其他共享动产的公示提供了思路，共享动产可以借助品牌、政策等手段，达到动产的公示目的，并配以安装定位系统、用户实名及押金等形式保障动产的安全。

概言之，科技的发展及媒体的力量为共享动产的公示提供了可能，随着共享动产的普及，用户使用人数的增加，这种公示效力会进一步加强。

---

〔1〕谢在全：《民法物权论》（中册），中国政法大学出版社2011年版，第425页。
〔2〕梁慧星、陈华彬：《物权法》，法律出版社2010年版，第251页。

结　论

随着共享经济的发展，承租人使用权的性质成为亟待解决的法律问题。受制于落后的技术条件和商业模式，以往学者多认为承租人使用权为债权性使用权，但随着现代社会的发展以及共享经济的出现，这一观点已失去了其生存的土壤。要想让共享经济继续蓬勃发展，就需要为其扫清法律障碍。相较于债权性使用权，物权性使用权无论是在用户权益保护上，还是在法经济学上，都有其无可比拟的优势。而且，现行《物权法》并未完全否定动产用益物权的存在，而是存有制度发展空间，等待社会发展成熟、人们需要动产用益物权时再予以承认。可以说，共享经济为动产用益物权在我国的设立创造了契机，我们在结合传统大陆法系经验的基础上，完全可以在现行法中纳入动产用益物权，为共享经济的发展注入动力。

意大利设计和意大利的设计权：
给欧洲的启示*

［意］ Mario Franzosi** 著

李碧函*** 译

梁译方**** 校

作品分类：著作权—设计作品—具有创作性

概要：①意大利："鱼骨头"理论。②什么是设计？③法律权利存在的困难。④为设计而设立的意大利评审团。⑤有关设计的条例和指令。⑥如何实施有关设计的法律法规。

一、意大利："鱼骨头"理论

在设计领域，意大利一直享有盛誉，意大利人对设计也非常的敏感，我们试着探究其中的原因。

我们从意大利的地图上可以看到，在北部，阿尔卑斯山呈现出一个弯曲的人字形，其骨架由阿尔卑斯山峰构成，而骨架又形成了山谷。意大利被亚平宁山脉由东到西割裂，亚平宁山脉的山峰代表着脊椎，同时它也划分出了很多山谷。许多世纪以来，即使是两条山脉之间的平原也不是平坦的一块区域：波河从西到东流经意大利的中心地区，而且南北存在着众多平行的支流。之前水道不受管制，形成了人类难以穿越的沼泽，如此意大利半岛再次被分

---

　* 本文原载于 Riv. dir. ind., fasc. 2, 2009, pag. 71，翻译于 2008 年 4 月香港商会举行的会议。

　** Mario Franzosi，美国华盛顿大学访问教授。

　*** 李碧函，中国政法大学法律硕士学院 2015 级硕士研究生。

**** 梁译方，中国政法大学法律硕士学院 2016 级硕士研究生。

裂。所以总共有三块鱼骨头。[1]

这种特殊的地理环境造就了非常多元化的微型气候（在意大利可以找到欧洲 50% 以上的植物物种），[2]同时也造就了与众不同的微型历史。一直到近代为止，国家统一无法实现，[3]每一个山谷，每一个人，都是为了自己考虑。

因为文化是历史的产物，历史创造各种微型文化，随后衍生出不同的语言和思考问题的方式。诚然现今这些文化差异在日渐消失，但是若认为所有的意大利人都天生共有着同一种性格，这明显是错误的。

意大利人是个人主义者（当然我也是这样的），也是在这个意义上，每一个山谷或岛屿，每一个男人或女人，都各自计划着自己的生活，在意着自己的财产，以及思考着他所处的环境。

图1　鱼骨理论

对意大利人来说，（在一定程度上现在仍然是）创造比复制更简单。[4]进而导致，在各个方面，人与人之间、文化与文化之间的竞争不断变得激烈。[5]每一个山谷都有自己的风格，因而竞争一直在持续。每一个山谷都对

---

〔1〕　如果地理解释不完全正确，则是地理的错误，而不是作者的错误。

〔2〕　相比之下，波兰只有 2%。

〔3〕　历史上，直到 1860 年，意大利方得以政治统一。从社会的角度来看，直到国家电视台问世的 100 年后，人们才使用共同的语言、按照共同生活方式生活。

〔4〕　当然，在本文中，意大利人以假冒而闻名的事实必须完全被忽视。

〔5〕　意大利人是强大的战士，但仅限于内战。

拥有不同于相邻山谷且比其更加美丽的礼拜堂、城堡、雕像、教堂、画作而感到自豪。也正是如此，世界上50%以上的艺术作品都集中在意大利[1]：意大利人不是生活在一个普通的国家里，而是生活在世界上最富有的博物馆中。

难怪意大利人都对设计具有独特的敏感度，如果没有这种敏感度才奇怪了。

二、什么是设计

设计不是一个能简单概括的定义，但是人们是可以理解它的内涵的（至少对于意大利人，是可以理解的）。就满足人们审美观这一点来看，设计和形象艺术非常的近似。在实用性和代表普通物品正确的样式方面，设计又与实用艺术相类似。

设计师设计出普通的物品，这些物品能够在大型商场、家具市场或者家用电器市场被找到，或者能够在家庭中被使用（人们习以为常后没有意识到这是设计）。设计者必须根据人们需求的功能（工具、器材和使用方法）来考虑如何设计这个物品，进而去考虑材料、最合适的技术、消费者的心理倾向、舒适性、耐用性、外观和成本。设计师寻求最佳的解决方案，最后设计出符合要求的产品，其具有合适的体积、外观和成本，并能满足消费者和供应商的期望。当你的设计只完成一部分的时候，你只能说做到了人们想要的程度，当你的设计作品的外观具有实用性的时候，你才可以说你设计完成了一件完美而且价格合适的作品。我们可以使用贡布里希对艺术的定义来概括设计："当艺术呈现的时候一切都刚刚好，就不要对它做任何的更改，大众也会认为，它已经是完美的了。"[2]这时，才算完成了设计了一件设计作品。[3]

贡布里希给艺术下的定义同样也是可以应用在设计上的，但设计不是艺术，也不能将设计师称作是艺术家。一个艺术家会创作出展示在博物馆、银行的大厅或者是有声望的律师事务所中的绘画、雕塑作品。艺术家的目的是创作出能蕴含出艺术、蕴含这个世界的规律或者是表达自己的情感的作品。

---

〔1〕 这是根据教科文组织制定的分类。相比之下，排名第二的国家拥有15%。

〔2〕 Gombrich, *The Story of Art*, Phaidon Ed., 15th Ed., 1991, 14. 这自然让人联想到歌德说的："我现在就说——徘徊，你是如此美丽。"

〔3〕 设计师的创作并不是为了满足公众的品味，而是为了做正确的事——重新定位公众的品味。意大利法学界将设计师定义为"风格的创造者"和非表演者。Trib. Milano, 30 maggio 1974, in GADI, 1974, 565；Trib. Roma, 26 febbraio 1982, in GADI, 1982, 1528.

　　一位设计师想要设计出一种可以使用多年的制作精良的咖啡壶。而一个堪称完美的咖啡壶，用其倒咖啡的时候人们不会烫伤，人们从商店或者旧货市场就可以买到。

　　设计者甚至不是时尚创作者（或者也可以说不是时装设计师）。尽管许多优秀的时装设计师也是设计师，一个时装设计师可以设计出拥有自己风格，[1]并且散发着美丽、与众不同、富有以及美好的时尚作品。这些时装设计师可以设计出来时尚，但是缺乏实用性。他们设计时装而非咖啡壶，而当他设计咖啡壶时就不再是时装设计师而是一名设计师了。

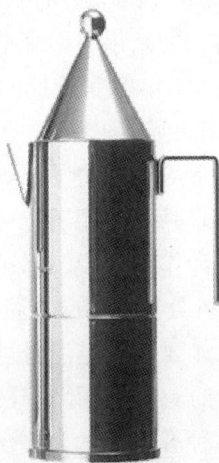

图2　"圆锥"咖啡壶，阿尔多·罗西为阿莱西设计

三、法律上的困境

　　与设计师相比，律师和立法者普遍缺乏创造力。因为他们整日埋头于书籍之中，奔波在各个会议之间，循规蹈矩，对各种微型文化，对服装和咖啡壶缺乏理解和接触。法学的理论往往是建立在逻辑上而非经验上的，至少在著作权法领域是这样的。法学理论首先是建立在技术性上的，之后是创造性，最后才考虑语句的优美。若三者均不具有，也不必然具有同时性。与设计不同，无论是意大利还是欧洲大多数国家，有关创新方面的法学构建历史是相

─────────────

　　〔1〕　造型师的风格而不是物品的风格。"风格中有人"，而不是"有物"。对于设计而言则恰恰相反。

对短暂的，基于这样的理念，首先构建出来的法是保护含有技术含量的作品，然后是独特的作品，最后才是美观的作品。这三者并不也本不应该相互排斥。第一种受专利保护，第二种受商标法保护，第三种受装饰图案或者作者权利法保护（我更倾向于使用"版权"这个词，解释太过于冗长，在此由于篇幅有限，不再赘述）。

但是随之而来会产生一个问题，如果一件作品同时拥有技术性、独特性、美观性，应该如何受法律的保护呢？

意大利的法律和其他国家的法律一样也遇到这样一大困境：如果给予这样的作品以版权类型的保护（版权有着相当多种权利的保护），这样就会导致给予一个技术产品保护期间过长的结果，而那些更加重要、更加著名的技术性产品反而只能得到预计只有 20 年的保护期间。如果使用专利这种形式保护，就会造成导致本应受到版权更高程度保护的作品的保护程度较低。

意大利现今的解决之道非常简单。给予外观设计以专利的保护，给予审美图案以装饰图案的保护。除非一件作品不能被分割，否则将不会给予版权保护。这样一来，对于一件设计作品来说，保护手段有二，其一是获得是装饰图案的保护，其二是在图案可分割的情况下获得版权的保护。[1]

这些是获得装饰图案保护（要求已经注册过）必须具备的条件，此种保护至今尚不明确。经常被引用的裁决表明装饰图案不仅要求新颖性，还必须向相关艺术领域的专家传递一种有根据的新型美感。[2]在我看来，只有少数艺术家可以传递这种感觉。随便拿出来一本普通的艺术史书本，里面提及的上百位艺术家中，只有 5 到 10 人满足这一要求。

要得到版权法的保护还需要满足作品可分割这一要求，看起来似乎有些苛求。一件作品具有可分割性，就意味着它脱离其艺术价值之后还有着实际的作用。有着这种特性的代表作是切利尼为法国国王弗朗切斯科一世设计的《盐瓶》。

---

〔1〕　这个理论出自 Piola Caselli, *Trattato del diritto d'autore*, 1927, p. 106 ss. 另参见 Piola Caselli, *L'allacciamento della protezione dell'arte industriale con la protezione del diritto d'autore*, in Dir. aut. , 1940, 21.

〔2〕　Bonasi Benucci, *La tutela della forma nel diritto industriale*, Milano, 1965, p. 66 ss. ; Cass. n. 1869/1965, e numerose sentenze di merito.

图3　切利尼为法国国王弗朗切斯科一世设计的《盐瓶》

另外一个更好的例子（更加契合本文的目的）是十九世纪的一座工厂的内部的架构。

图4　蒙贾纳武器工厂

陶立克式的柱头（更不用说石柱了）表现给劳动者沉思冥想的美感，可以减轻因为辛苦的劳作给他们带来的痛苦。它还能使人们的思绪得到一时的平静，使人们能够带着愉悦的心情完成工作。柱头的美是可以从它的实用功能中区分出来的，因此，柱头可以从它的支撑功能中脱离出来（当然必须相当谨慎，以避免整体的崩塌）。

可分离性理论可以简单地概括如下：如果椅子只是一把简单的椅子，它不能受到版权保护；但是，如果它被放置在博物馆（禁止坐躺，否则就会触发报警器），此时它可以受到版权保护。

笔者不能从这个理论以及这个理论的解释中看到任何价值和意义。[1]但是，这种看法已经没有任何必要了，因为法律已经根据此理论进行了修改。然而，无论如何这仍然是来自立法者解释并应用此概念的一种倾向，我们希望这种倾向将很快消失。

意大利的这种法律系统并不是完美无瑕的，在一定意义上甚至有点自相矛盾。因为这种版权保护不能应用于大部分的境外创作完成的美学作品，根据《伯尔尼公约》的国民待遇原则，[2]意大利的设计师也不会在国外受到此种保护，这样无论是在意大利还是在国外，意大利的法律都剥夺了设计师受保护的权利。[3]

四、为设计而设立的意大利评审团

然而，即使法院拒绝保护设计作品，那些仿制品也会被认为是不正当竞争的产物。这样就产生了另一种法律解决途径。鉴于不正当竞争条例禁止那些被工会认定是不正当竞争的行为，那么也就很容易理解设计师工会可以自己保护设计作品，保护的结果甚至要比法律保护和法院保护好得多。

1993 年出现了一个私立组织，它的主要任务就是鉴别某个商业化的产品是否被认定构成不正当竞争。这个组织就是后来的设计评审团。工业联合会和工业设计协会都为它的产生做出了贡献。雷莫弗朗切斯利时任第一任主席。陪审团是由 15 名专家（设计师、律师、营销专家）组成，做出的决定需要得到法定的人数即 6 位的同意。

评审团有两个基本规则：一个是设计的定义，一个是不正当的定义。

第 3 条定义了"工业设计"的概念，工业设计是一种构思、设计、产品，跟商业化的物品、器材、机器的零部件或者配件、外观设计等一样，有着美观的外表和相关的实用功能。

---

〔1〕 Franzosi, *Arte e diritto*, in questa Rivista, 1977, I, 282. 这样的规则依旧体现在美国法律中，但美国人似乎对此并不满意。

〔2〕 Meglio, *principio di ritorsione*, 第 6 条：如果你不在你的国家给予保护，我也不会在我的国家给予保护。

〔3〕 意大利法律适用于域外的案例的情形。

第 4 条定义了什么是不正当模仿，"它是对他人作品的模仿，非法利用或是无正当理由利用他人的劳动成果。特别是没有原创性或者创新性贡献时，就重现他人的作品，然后加之利用，被认为是不正当模仿。"

陪审团的操作规则很简单：当一方当事人声称一种产品不合法，而另一方当事人则声称是合法的，陪审团就要做出决定，并且明示这个决定并非是一个判决，由私权利而非公权力作出，因此不具有法律的约束力。

过去的这些年里，陪审团已经做出了涉及纺织品、电子仪器、煤气灶、游艇、机械仪器、门、玻璃杯、沙发床、勺子和城市规划等不同的决定。设计师或者模仿者有的是意大利人，也有的是外国人。笔者对这种评价机制持支持的态度，就像陪审团的主席和委员们一样。但是律师发现一个令人惊讶的现象，就是所有的决定都是全体一致通过的，所有的委员都采取了同一种意见。只有少数情况，当事人对陪审团做出的决定不满意，将争端诉至法院，企图运用法律的手段来推翻陪审团的决定，认为其不符合法律的规定。

法院首先评估评审团的活动是否合法，或者说不是非法的。这是非常一个简单的判断，而且判断一般是该决定是合法的，但是之后法院必须指出原因。即决定的做出是建立在法典的基础之上、符合意大利现行的法律。法院做出的决定是绝对的，不可被推翻。具有深远意义的是，这些法院都是米兰法院、曼托瓦法院和米兰上诉法院。背后的原因很简单，陪审团正确理解并适用了反不正当竞争法。[1]但是陪审团的做法不像设计师协会那样，为了保护设计师行会和设计师而提高进入协会的门槛，而是为了保护设计打击仿冒行为。一些法院已经开始任命陪审团作为处理关于设计作品的案件的专家。

这些经验表明：很难定义什么是设计以及什么是禁止的模仿；但是也不可能在实际操作中认为一件作品既是设计品又是禁止的仿造品；这在保护设计作品的法律中也是找不到根据的。

五、有关设计的条例和指令

近年来立法发生了显著的变化。首先是 98/ 71/ CE 号指令被欧盟的成员国接受，2001 年 2 月 22 日的第 95 号文件被意大利所接受，以及 2001 年 12 月 12 号的 02/ 6 号关于集体设计的条例也生效了。

---

〔1〕 因此支持卑鄙的模仿，或即时福利假设，或背信弃义。参见 Franzosi, *La protezione del design industriale*. Unmittelbare *Leistunguebernahme quale base di protezione*, in Contratto e impresa, 1991, p. 97.

　　这种法律机制赋予了设计作品以保护期限（25 年），只要它满足了关于新颖性的两个条件（条例的第 5 条的规定）以及比新颖性要求更加严格的具有独立性的特征（条例的第 6 条）。法国、德国和意大利的相关条例中也使用了与意大利法律表述的第二个条件相同的术语。意大利法律的第 5 条第 3 款规定：一件设计或者模型具有独立性需要满足以下条件，该作品或模型在用户中的印象区别于在其注册之前或者在提出注册之前就已经获得优先权而被公众认知的作品。

　　然而奇怪的是这一表述在意大利语法律版本中有所不同，但是跟原始的条例草案中的表述却是一致的（直到最终定稿的时候才更换表述）：一件设计产品被认定为具有独立性需要满足以下条件，即消费者对该产品产生的整体印象要显著区别于消费者对其他任何已经存在的可以被公众接触到的产品的整体印象。（注意"显著区别于"中的"显著"一词。显而易见的是，2001年，翻译欧盟此条例的意大利语翻译者是可以看到该文章的最后一部分的，我们将在下文中详述。）

　　当然，条例中没有规定独立性的含义，所以这项工作就留给了各法院以及终审的欧盟法院去判断。各方都做出了努力来定义这一要求，[1]在此笔者就不再多加赘述。虽然现状依旧令人担心。

　　毫无疑问的是如果放任这个必要条件被滥用，将会导致所建立的保护水平过于低层次。我们距离有基础的新颖审美的要求还相差甚远，距离有审美价值的要求也相去甚远。而条例似乎只要求具备独立性，即使这已经是被认定为设计方法的表达问题，其与获得专利的方法的问题是不同的（因而不能对此多做苛责），但在我看来，实际应用中其与版权保护的方法近似。然而仅有版权的保护是不够的，而且是远远不够的。只有在作品成为独立的产品并且是人格的体现时才能得到足够的保护。不是任何人用同一种方法制作出来的任何的东西，而是某个人用他自己的方法做出来的不同寻常的作品，而非复制品。独特性确实能够被肉眼所欣赏，被使用它的消费者所欣赏，而绝非能被所有人所欣赏。但是这并不代表这个要求对于其保护是严格的。对于设

---

　　〔1〕　Ubertazzi, *Commentario breve al diritto della concorrenza*, Padova, 2004, pp. 1068 ~ 1076 (9 pagine di citazione); Suthersanen, *Design Law in Europe*, London, 2000, pp. 6 ~ 38; Heinrich, DesG/HMA, *Schweizerisches Designgesetz*, Zurich, 2002; Cohen, *Le nouveau droit de dessins et modéles*, 2002; Fittante, in Scuffi – Franzosi – Fittante, *Il codice della proprietà industriale*, Padova, 2005, p. 197 s.

计作品而言，这样的保护还远远不够。实践广泛地显示了这一要求。大部分在 UAMI（设立在阿利坎特的专门机构）注册过的设计作品都远远没有达到在我看来应该达到的水平。

赋予版权以低水平的保护是行得通的，因为版权保护的对象往往已经被表述为文字、图像或者其他实际可以观察到的方式，而这种方式是多种多样的，甚至是不可穷尽的。建立低级别创作的垄断不会影响（通常）表达的发展，但这不适用于设计，设计受形式和功能的刚性要求的强烈约束。事实上，如果正确地定义了设计的概念，正如上述所做的那样，如果是形式和功能的最佳结合，就不会存在其他的设计，而只存在这一种，因为形式和功能只存在一种最理想的结合。然而在现实的生活中，是不存在唯一的设计的，因为没有一个设计是完美无瑕的。但是即使如此，还是存在着某些少数的设计，尽管存在着某些缺憾，但是其精密程度很高。这些才是真正的设计的作品，才是法律真正应该保护的对象。其他的并不就是丑陋的设计，简单来说，应该不算是真正意义上的设计，它们仅仅是一种具有审美观和实用观的人都不会购买的应用于商品上的外观形式。

六、如何实施有关设计的法律法规

有一个古老的法律规则是，当一部法律被认为是不合适的，要做的是解释它而非实施它。这句谚语其实可以用在设计的法律上面（既包括条例也包括法律），它们是不合适的，因此我们必须予以解释。

"合适的消费者"的法律概念指的是非从书本或者判决中了解设计而是对设计有着日常经验的人们。举一个与现实相近的例子，一个合适的消费者生活在一个到处都可以找到设计的环境里，在这个环境里，没有哪个女人会穿着与鞋子颜色不搭的衣服去购物，农民也不会种下一棵树，之后任其生长，不加修剪。[1]合适的消费者应该是对艺术有着特殊感觉的人，可能是因为自幼就参观了世界上很多博物馆的原因，就像那些经常到意大利的城市和小镇旅游的人们一样。

"独特性"的法律概念是指某些人完成了外观和功能的平衡，其特点是独特性，因为其直觉、灵感和作者的努力可以定义为是一种创新，从与众不同

---

〔1〕 它不仅适应了周围的景观，而且周围的景观有助于创造它自己，正如你在托斯卡纳所看到的那样。

的角度看待同样的问题，别具一格。一方面，它找到了解决问题的符合逻辑的方法；另一方面，它也是唯一的正确方法，隐藏在其他许多不正确的可替代方法之中。同时也需要一种直觉来发现和识别正确的方式，也就是设计的方式。

在笔者看来，设计评审团的存在是完全合理的。除了机构，笔者发现真正有用的是那些合理的准则。可能比之前解释的法律要求更为严苛，但是笔者认为这是理所应当的。从语言学的角度来看，意大利语版的 2001 年的 02/6 号条例也是不恰当的，它用了"显著的区别"这一描述，但是这是一种非常宽泛的表述，没有人愿意在欧洲人引以为豪的橱窗里看到过时的、毫无创意的商品。那些能够得到合法注册团体的保护，且拥有不超过 25 年的垄断性期的作品的原因只有一个，那就是它们有着版权法意义上的独特性。这些商店似乎成了前共产主义的窗口。

再议工业设计 [*]

［意］ Giuseppe Sena^{**}　著

李碧函^{***}　译

梁译方^{****}　校

一、对实用新型的研究导致重新考虑工业财产法律体系的合理性

如果我们的任务是找到规则以及规则的制定和实际适用（当然是关于法律的）的逻辑（推理），那么可以首先发现或者甚至可以说是这项研究的结论，就是我们正在研究的、费尽心力构建的机制的合理性缺乏逻辑性。

做上述研究的前提就是要认识到，所有有关工业产权的规定都致力于为智力成果、研究活动、工业设计、新产品的生产以及最终推动技术进步和发明创造建立一种独有的保护机制。然而，尽管这项活动是通过具有不同价值的贡献而发展起来的，根据一条基本连续的发展路线，要"定量"地区分他们创造的不同价值，依据法律规定获得的工业产权证书应当能够在类型上以及"定性"上做出区分。但实用新型问题却存在矛盾。

正如本期刊最近强调的那样，发明和实用新型的区别不仅仅是在创造的贡献和发明的重要性的"量"上面，更重要的是它们在对科技和经济的显著

---

　* 本文原载于 Riv. dir. ind., fasc. 4 ~ 5, 2009, pag. 205.

　** Giuseppe Sena，意大利米兰大学工业产权法教授。

　*** 李碧函，中国政法大学法律硕士学院 2015 级硕士研究生。

　**** 梁译方，中国政法大学法律硕士学院 2016 级硕士研究生。

性的推动上存在差异。[1]

根据物品的类型以及其最新的外观,使用"定量"这个标准不可能将发明创造和实用新型区分开。[2]

实际上,各种各样的发明创造都由特定的物体组成,比如关于能够在水中行驶的发明,一般都有着特定的外观设计,有着翅膀形状的涡轮的叶片、螺旋桨,还有船舵、船体。对此最新且有力的证明是空气动力学在F1赛车上取得的成功;还有就是能够解决很多机械上技术问题的外观发明、器具的外观以及各种工作使用的器械。还有某些光学问题,人们仅仅通过镜片、镜子或者其他的部件的形式就能解决。类似的例子还有很多,但我们在此唯一感兴趣的是提请注意这样一个事实,一项发明,或者是一种解决技术问题的方式,在不同的前提下,都可以具象为特定的形式。[3]

发明和实用新型之间的差别一直被认为因为创新的程度不同(以及不同的科学技术价值),我这段时间提及很多,[4]将发明活动定义为创新性的"含量",由此人们得出结论,发明和实用新型之间的区别在于创新的"含量"不同。但是不能将"含量"和"数量"划等号,其中还应该放入一个没有被法律认可的自由裁量权的因素。相反地,对创新特征的评价甚至是对发明创造的评价(《意大利知识产权法典》第48条),应该以它的未确定的性质为前提,这种性质往往是任意的,但又是可以自由裁量的;[5]甚至法律都明确规定了职工发明的"定量"评价(《意大利知识产权法典》第64.2条是关于发明创造的重要性的规定)以及在职工专利的"定量"评价(《意大利知识产

---

〔1〕 Franzosi, "Invenzione e modello di utilità", in *questa Rivista*, 2008, I, 159.《摩纳哥公约》否认两者之间存在质的区别;"发明和实用新型":最高法院现在依旧保持传统的重要性? 规范性框架并没有给解释者一个空间来确认实用新型内在新颖性要求的特殊性,如果不是关于创造的目的,那么实用新型就是对现有作品的形式的改观,而非产品本身,因此,模型和产品之间的区别不是涉及两种情况下的创造性活动,而是涉及它的目的。并且不适合对新颖程度进行翻译。这两个法令的规范体系(即1939年6月29日,关于发明的第1127号,以及1940年8月29日,关于实用新型的第1411号)不允许我们怀疑立法者是否从发明和实用新型之间实质性的差别出发。

〔2〕 现行判例采用"定性"标准(参见最高上诉法院,2008年4月2日,第8510号),尽管它要求实用新型具有较小但是明确的创造性贡献。

〔3〕 Sena, "Utilità e funzione distintiva nella forma del prodotto", in *questa Rivista*, 1957, I, 276 in part. 278; Id., *Cenni sulla distinzione tra invenzioni e modelli*, ivi, 1964, II, 249; Id., *I diritti sulle invenzioni e sui modelli industriali*, III ed., Milano 1990, p. 545 e 564 ss. Cfr. pure i numerosi esempi tratti dalla giurisprudenza e riportati da Vanzetti, Note su modelli di utilità e invenzioni, cit.

〔4〕 Sena, *I diritti sulle invenzioni e sui modelli industriali*, III ed., Milano 1990, p. 141.

〔5〕 欧洲专利局关于这一点的判例是一个非常明显的示范。

权法典》第 71.1 条规定了取得证书的条件之一就是"具有科技进步性，对经济发展具有重要价值"）。

在进一步讨论之前，我们还应该指出的是，提出和分享的这一观点，不包括实用新型和基于涉及发明创造的"含量"的创新性物品的发明的区分，我们还需要符合逻辑的提出和承认专利和实用新型一样包括"小型"发明。举例而言，增添特殊功效，在生产过程中或制药问题上应用或使用舒适的设备，必须需要指出的是对限制的忽视，这种限制不包括在某些科学领域中，人们必须要考虑到用实用新型的规范来调节。

《意大利知识产权法典》第 82.1 条使得适用范围扩大的时候非常的困难，但是"实施的特殊效力"可能在一定情况下可以归结于一种程序或者是一种复合形式。

总之，在这一点上可以断定，我们可以询问这样是否是可行的，作为具有必要条件（特别是具有创造性活动）的设备的工业发明专利是由产品的外观构成的，既不是专利性的如实用新型一样解决了几乎所有的技术难题（不要求是特定的创新活动），也不能被定位成一种物品的外观。

二、实用新型的保护规则在不断发展，并且时至今日，它们之间的发展前景也大相径庭

忽视发明创造和实用新型之间客观或者符合逻辑的差别，一方面，将会限制这一原则功能的发挥，比起发明的体系更有可能会选择一个简化的专利体系，另一方面，也会限制其自身的机会。

事实上，实用新型这一概念出现于十九世纪的德国，它出现的原因仅仅是为了利用实用新型制度缩减德国专利局的开支以及在管理过程中遇到的实际困难，因为在此之前，专利制度产生了大量问题（比如之后的预防性审查和异议机制）；但是实用新型由小型发明创造构成，适用一种比较简单的程序，没有预防性审查，也不存在异议的可能性。现在的意大利也在考虑要不要采取与德国相同的模式，因为第 34 号法律规定了发明创造的预防性审查和异议机制。[1]

正如已经指出的那样，适用于实用新型的不包括预防性审查和异议机制的简化程序与我们保护发明创造的法律相违背。但是 2008 年的 7 月 27 日之后

---

〔1〕 Cfr. Sena, *I diritti sulle invenzioni e sui modelli industriali*, cit., p.141 ss.

又被拉回了现实，受欧洲专利局的要求，仅对工业发明专利申请，进行优先权查询。

这种对于实用新型的解释在逻辑一致性的层面上，允许真正的工业发明和"小"发明之间的差别的存在，也就是工业发明的发明专利和实用新型的专利之间的差别的存在。由申请人来判断（根据保护时间长短和义务的高低以及相关手续费用的高低），并且在实践中由申请人（这显然是从另外一个层面上分析，但是和前面的分析有着明显的相似之处）在欧洲专利和意大利专利之间选择。[1]

在《摩纳哥公约》中，出于维护整个体系的一致性，并没有关于实用新型的规定，而且意大利的法律中也没有实用新型的规定，可见人们对它的根本性否定。[2]

三、通过上面的简述，认真考虑之后，现行有效的法律规定最好首先要考虑《摩纳哥公约》，即使它没有做出不同于发明创造的实用新型的规定是非常荒谬的[3]

问题在于，一项欧洲的发明专利的有效期会因为其已经在国内注册了实用新型而受到限制。[4]要解决这个问题，有必要对之前谈及的"定性"和"定量"的理论进行区分；其实这个问题的本质是对实用新型的第一个概念的否认。

如果认为实用新型是根本区别于发明创造的（"定性"理论），那么一项欧洲的专利如果之前注册过实用新型，那么它将会被否决，而且还将会被委员会撤销或者是被国家法官宣布无效。发明也将会面临同样的问题，即使发明解决了技术性的难题，代表了创新性和新颖性要求（简而言之，所有的要求），但是这个方法不是可以推广普及的。

---

〔1〕 这种机制在法国系统中就存在，该系统与发明专利一起提供发明证书（见《知识产权法典》第 611 条第 2 款）。这个解决方案，cfr. Vanzetti, *Note sui modelli di utilità e invenzioni*, cit., p. 206.

〔2〕 实践来看，实用新型专利的使用越来越少：1985 年申请的申请数量为 6 338 件；2000 年仅有一半，即 3 132 件；在 2008 年，只提交了 2 198 件申请。并且出于"程序"的原因，撤销了该机构，参见 Ghidini, *Profili evolutivi del diritto industriale*, Milano 2008, p. 106 ss.

〔3〕《欧洲专利公约》第 140 条规定的"国家实用新型"是指在法律规定了实用新型的成员国进行注册申请的专利，享有优先权。这些是与成员国立法协调的规则，这证明了公约中实用新型机制的怪异性。

〔4〕《欧洲专利公约》第 87 条和《巴黎公约》的第 4 条为其在申请实用新型时赋予优先权。

事实上，欧洲的专利是不会被宣布无效的，因为它满足了所有的条件，尤其是创造性条件，发明代表了实用新型的客观自然属性；欧洲专利只有在满足了第138条的情况下才能被宣布无效。[1]

这个问题还应该考虑以下几个方面。

如果无效的假设是绝对的，那么需要注意的问题是一些特例的存在或者不存在，它可以超越市场价值原则；[2]举例而言，如果其不能被认定为一种发明，也不能作为一种技术问题的解决方法，那么就可以认定一项专利是无效的。[3]

但这种情况考虑的是，毫无疑问，这些实用新型致力于技术难题的解决，并且尽管"轻微"，但其可以被定性为发明（《民法典》第2592条和《欧洲专利公约》第87.1条）。

因此不能以任何方式否认欧洲专利的效力，因为发明的技术鉴定和实用新型是一样的。

如果实用新型跟发明一样需要申请专利，我们需要逐一讨论，其代表的创新性的"含量"，即创造性的水平，它涉及的是"量"的判断，而非"质"的判断。

欧洲的法律体系中没有规定发明、实用新型和外观设计三者之间的差别，授予机器、仪器等物品等法律保护效力的是专利法，它们也能和其他的发明一样取得证书。

因此，关于欧洲法律体系的这一解释和"定量"理论是完全一致的。

进一步论证此结论的论据是《欧洲专利公约》的第87条，它规定了同一个发明在申请国家实用新型的基础上，申请欧洲实用新型时具有"优先权"。

鉴于实用新型申请专利和申请欧洲专利（"……为同一发明"）需要满足的条件是存在紧密联系的，那么显而易见的是，前者（实用新型）可能是最适合取得欧洲有效专利的，前提是其新颖性和创造性满足了必然要求；总之，在《摩纳哥公约》中，这种可能性不能从模型的客观属性规定中被排除。

参照《摩纳哥公约》和实用新型之间的关系，我们最终要在我们的法律

---

〔1〕 Franzosi, "Invenzione e modello di utilità", *in questa Rivista*, 2008, I, 159；《摩纳哥公约》否认两者之间存在质的区别。

〔2〕 然而，正如法律严格规定无效假设的情况一样，可能出现案件存在或不存在的问题；cfr. sul tema Sena, *Il voto nell'assemblea delle società per azioni*, Milano 1961, p. 465 ss.

〔3〕 这可能发生在设计和模型、商标和著作权（设计和软件）、发明和实用模型中。

制度内，研究由欧洲专利局授予的欧洲专利的国家部分的命运。

这里所考虑到的假设是一项创造满足了专利发明生效的条件，即创造性达到一定水平，但是根据其客观属性或者是逻辑属性，我们却申请了实用新型（可以有特殊的效力或者是申请、使用的简便性）。

意大利的法律接受了"创新性含量"理论，"一项创造，根据意大利的法律，必须申请为实用新型，同时它也是一个在意大利有效的欧洲专利，如果它的专利在此之前只根据国家的要求取得，它就不能受到比它已经取得的保护更好的保护，所以一项欧洲专利在意大利只能受到不超过10年的保护"。[1]

这个结论是不能接受的，因为一个欧洲专利具体国际的部分生效与否，无效的原因只能是根据与《欧洲专利公约》第138条相适应的《意大利知识产权法典》的第76条的规定。

如果欧洲专利是有效的（而且正如我们所看到的，其有效性也不能因为它的附属物而被否定——即使满足了所有的条件——根据实用新型的逻辑分类），就产生了与国家发明专利一样的结果，有了一个相适应的保护期（《欧洲专利公约》第2条和第64条）。

不是因为《意大利知识产权法典》的第76.3条的不可预见性，而是因为那个推定假设了反复提到的无效性以及实用新型的属性，因为发明没有对欧洲专利的有效性产生影响，即使它已经满足了创新性和新颖性条件。

不可以参考《意大利知识产权法典》第76条第5款的规定，如果采用了欧洲专利（国内部分）可以被宣告无效这一规定，因为意大利根据同样的法律规定，并且补充了"当由专利法授予的保护是完整的时候"也可以宣告其无效；但是这一规定同我们的法律相结合，《意大利知识产权法典》第76条和《欧洲专利公约》的第138条做了同样的阐述，根据国内的实用新型，不能对欧洲专利采用最长的保护期限，这样就限定了无效的适用范围以及不构成无效的可能性。

参照《摩纳哥公约》和意大利法律中的欧洲专利部分，我们必须得出，首先，在优先权的基础之上，一项实用新型可以申请欧洲专利（《欧洲专利公约》第87.1条）。

如果实用新型满足了专利性的要求，特别是达到了发明的创新的水平，欧洲专利局将授予有效的专利。相反，如果要否认一项发明具有足够的创新

---

〔1〕 Così Trib. Milano, 5 luglio 2005, in Giur. ann. dir. ind., 4884；判决和注释都没有说服力。

性，欧洲专利局将驳回欧洲专利申请回或撤销欧洲专利，或者由国家法院取消。然而，在这种情况下，就有了将申请欧洲专利（拒绝申请专利，撤回或撤销专利）转化为申请国家实用新型的可能性（《意大利知识产权法典》第58条2、3、4款）。

四、最后，关于国家立法，通常而言，必须考虑到实用新型本来就是科技创造的一种，[1] 至少在法律规定的基础上，授予机器、器材等特殊的有效性和实用性（c.p.i. 的第 82 条）

就创造性而言，即使某些"创新概念"（《意大利知识产权法典》第 82 条第 3 款）必须能够在其中被确定，但对于实用新型而言也不要求以发明为特征的创新活动（《意大利知识产权法典》第 48 条）[2]。法律的最后一个方面，识别性即抽象概念中的专有对象，其与产品纯粹的形式截然不同，它将该实用新型重新归入发明的范畴，使其毫无疑问地成了"小型发明"。

考虑到新颖性缺失或者新颖性不足（即实用新型的新颖性）这一特殊情况，以及物品不是由产品形式组成，而且对于前者而言，由简化或者是生产过程的效益最大化组成，授予一项产品的生产方法特殊的法律效力，"创造性含量"理论的支持者可能自然而然地就想到可以申请专利的实用新型，也就是"小型发明"。但是不能忽视《意大利知识产权法典》第 82 条第 1 款（该条款是"创造性含量"这一理论的重要基础）的特定的字面意思，除非接受真正自由和发展的法律解释，否则难以克服类型上的限制。

最后，真正的发明（即发明活动的成果），它是靠物体的形状来实现（在汽车和航空工业中空气动力学的解决方案，以及上面提供所有的例子），必须承认能够申请专利的发明创造，不能因为任何理由就排除了或者限制了只属于实用新型的技术解决方案的保护。但是"定量"理论和欧洲的专利法律没有涉及这项原则。

关于这些问题的研究结果尚未明确和确定，而且通常情况下发明和实用新型之间的区别也未有明确的定论。

---

〔1〕 因此，区别于设计和模型以及商标等，即使区别并不是特别明显。

〔2〕 关于这个问题，Franzosi 支持一个极端的论点，认为对于实用新型而言，不需要创造性的贡献，因为该模型可能是显而易见的，仅限于有用的贡献；Vanzetti 的观点却与此相反。笔者认为新颖性确实必然受到新奇的"量子"的限制，即非显而易见性。在这种意义上的论证也可以在上述领域中提到的"创新概念"公式中找到。

　　立法者已经认识到上述的这些不确定性，并且在法律中表明了他们的观点，对于同一个发明，可以同时和交替申请专利发明和实用新型（《意大利知识产权法典》第84条），无效的专利发明可以转化为有效的实用新型（《意大利知识产权法典》第76条第3款），由在欧洲申请专利（遭拒或撤销）可以转变为向国家申请实用新型，以及当欧洲的专利被撤销时可以申请实用新型（《意大利知识产权法典》第58条第2、3、4款）。

文化权与著作权：参与和获取 *

［意］Caterina Sganga ** 著
戴宇鑫 *** 译
左梓钰 **** 校

一、灰姑娘和她的水晶鞋

曾几何时，知识产权的国际标准化被首次指控为——即便不是直接肇事者——蓄意侵害发展中国家人权的共犯。当时，学者和实践者们主要关注的是药品专利权与健康权。之后，数起生物盗版（biopiracy）事件使学界的关注焦点转向了对传统知识的保护，以及当前的知识产权制度在承认集体所有（community ownership）和建立利益共享机制方面的不足。文化权就在那时初次登台，但仅是一个快速、短暂的亮相，之后就被由专利法大规模的扩张而引发的争论所取代。

与此同时，主要是在发达国家中，著作权法的强制实施——因其对言论自由的潜在消极影响——开始受到质疑。这是一次将合宪性论证和人权论证纳入知识产权法领域的意义重大的——尽管并非完全成功的——尝试。然而，文化权却始终无法在该领域内占据一席之地。问题在于，为什么？

---

* 本文原载于 C. Geiger, *Research Handbook on Human Rights and Intellectual Property*, Edward Elgar, 2015, pp. 560 ~ 576.

** Caterina Sganga（卡特琳娜·斯冈嘎），匈牙利中欧大学法律研究院与经济和商业学院双聘助理教授，意大利比萨圣安娜高等研究院比较私法学副教授。

*** 戴宇鑫，中国政法大学法律硕士学院 2016 级硕士研究生。

**** 左梓钰，中国政法大学法律硕士学院 2016 级硕士研究生。

在人权体系中，文化权一直被视作是灰姑娘般的存在。[1]尽管早在1945年联合国教科文组织（UNESCO）创建之时已获得正式承认，[2]并被纳入1966年联合国《经济、社会和文化权利国际公约》（ICESCR)[3]，但长期以来，对文化权的分析和实践并未得到充分发展。[4]与此同时，各国在很大程度上忽视了其尊重、保护和实现文化权的义务，而特定宪法条款的缺失，同样无助于提升立法者与法院对此的认知。[5]

若干原因造成了对文化权的遗忘。首先，文化权一直难以概念化：不仅"文化"是一个模糊且宽泛的术语，[6]而且"文化权"也不同于一般人权，这既是因为它们兼具个体性与集体性的混合特征，也是因为它们的"横向性质（transversal nature)"——它们涵盖了那些同样能归于市民权利、政治权利或者社会权利项下的权利。[7]其次，长期以来，各种国际渊源交叠所造成的权利混同，未能通过有效、全面且有拘束力的解释予以解决。[8]最后，但也

---

〔1〕 这一定义来自 Yvonne Donders, *The Legal Framework of the Right to Take Part in Cultural Life*, Yvonne Donders and Vladimir Volodin (eds), Human Right in Education, Science and Culture: Legal Developments and Challenges (Ashgate Publishing 2007), 232.

〔2〕 参见 *Constitution of the United Nations Educational, Scientific and Cultural Organization* (UNESCO Constitution), 16 November 1945, 4 UNTS 275, Article 1 (1) .

〔3〕 *International Covenant on Economic, Social and Cultural Rights* (ICESCR), 16 December 1966, 993 UNTS 3.

〔4〕 此种现象已引起诸多学者的广泛讨论。参见，例如 Janus Symonides, "Cultural Rights", in: Janus Symonides (ed.), *Human Rights: Concepts and Standards* (UNESCO Publishing 2000), 175 – 6; Stephen A. Hansen, "The Right to Take Part in Cultural Life: Toward Defining Minimum Core of the Obligations Related to Article 15 (1) (a) of the International Covenant on Economic, Social and Cultural Rights", in: Audrey Chapman and Sage Russell (eds.), *Core Obligations: Building a Framework for Economic, Social and Cultural Rights* (Intersentia 2002), 281.

〔5〕 参见 Yvonne Donders, *The Legal Framework of the Right to Take Part in Cultural Life*, Yvonne, Donders and Vladimir Volodin (eds), Human Right in Education, Science and Culture: Legal Developments and Challenges (Ashgate Publishing 2007), 232. 类似观点，参见 Henry J. Steiner, Philip Alston and Ryan Goodman, *International Human Rights in Context: Law, Politics, Morals* (2 ed. , OUP 2000), 237 ff.

〔6〕 正如联合国经济及社会理事会所强调的那样，Commission on Human Rights, *The Limburg Principles on the Implementation of the International Covenant on Economic, Social and Cultural Rights*, 43 Session, Annex, UN Doc. E/CN. 4/1987/17, 8 January 1987, paras 11 ~ 58.

〔7〕 参见 Patrice Meyer-Bisch 的详细分析，"Les Droits Culturels Forment-ils une Categorie Specifique de Droits de l'Homme? Quelques Difficulties Logiques", in: Patrice Meyer-Bisch (ed.), *Les Droits Culturels: Une Categorie Sous-Developpee de Droits de l'Homme* (Fribourg, Editions Universitaires 1993), 17 ff.

〔8〕 正如 Laurence Helfer 所强调的那样，"Toward a Human Rights Framework for Intellectual Property", (2007) 40 *U. C. dcnis L. rev*, 971, 977.

是最重要的，文化权总表现为那些不太紧迫的事项，[1]各国普遍认为保障市民权利、政治权利、社会权利和经济权利是更加必要的，对这些权利的实现通常是参与文化生活的前提条件。

然而，过去的二十年见证了实质性的改变。UNESCO 倾注巨力，以提升人们对于文化权在促进发展和成长、在为其他人权的实现奠定基础的方面所起到的根本性作用的认知。[2]殊途同归，跨国公司对传统知识的盗用，突显了文化在划分集体范围方面的意义，并且有助于将文化权重塑为具备多重细微差别特征的自治范畴（autonomous category characterized by multiple nuances）。[3]在学者和社会团体方面，技术革命使"文化权"这一动态概念得以出现，突出了获取和参与之间边界的模糊性。[4]

那么，文化权与知识产权之间的互动，究竟是怎样的呢？

它们的相遇是一个古老的故事，但问题的性质最近却发生了改变。权利客体与知识产权范围的大规模扩张，使得 James Boyle 等学者将此过程定义为"第二次圈地运动"（second enclosure movement），只不过这次并非如在中世纪英格兰那样以土地为目标，而是转向了信息和智力成果。[5]对计算机软件和数据库的保护（后者甚至无须是原创的），将专利法的范围拓展至涵盖活性有机体（lively organisms）和遗传物质（genetic materials），对著作权保护期限的延长和各类专有权的授予，均极大地压缩了公有领域的空间。随着"合理"

---

〔1〕 类似观点，参见 S. R. Konate, Implementation of Cultural Rights: Analytical Study of Article 15 of the International Covenant on Economic, Social and Cultural Rights, *UN Doc. E/C.12/1992/WP.4*, 25 November 1992, 12.

〔2〕 Jerome H. Reichman et al., "Access to Scientific and Technological Knowledge: UNESCO's Past, Present and Future Roles", in: Abdulqawi A. Yusuf (ed.), Standard-Setting in UNESCO, Vol. 1: *Normative Action in Education, Science and Culture* (Martinus Nijhoff 2007), 323–50.

〔3〕 参见，例如 Graham Dutfield, "TRIPS-Related Aspects of Traditional Knowledge", (2001) 33 Case Western Reserve Journal of International Law, 233, 238; Olufunmilayo B. Arewa, "TRIPS and Traditional Knowledge: Local Communities, Local Knowledge, and Global Intellectual Property Frameworks", (2006) 10 Marquette Int. Prop LR, 155, 169; John Reid, "Biopiracy: The Struggle for Traditional Knowledge Rights", (2010) 34 American Indian LR, 77, 82; similarly Commission on Intellectual Property Rights (CIPR), *Integrating Intellectual Property and Development Policy* (London, September 2002), 74 ff, available at: http://www.iprcommission.org/papers/pdfs/final_report/ciprfullfinal.pdf (accessed 25 November 2014).

〔4〕 对这一过程的描述以及对相关研究的评论，参见 Lea Shaver and Caterina Sganga, "The Right to Take Part in Cultural Life: Copyright and Human Rights", (2010) 27 Wisconsin Int'l LJ, 637, 642–5.

〔5〕 James Boyle, "The Second Enclosure Movement and the Construction of the Public Domain", (2003) 66 Law and Contemporary Problems, 33.

使用范围的缩小，以及知识产权人对其智力成果控制力的增强，获取信息和文化产品变得更加受限。数字技术——原本能实现更低成本、更普遍地获取和参与文化生活——到头来却被视为作者和发明者的一个威胁，沦为了更严厉的强制实施措施和控制作品的复制、发行和使用行为的受法律保护的私人工具。

　　为了应对新的规制框架在创造和分享文化与科学产品领域内所造成的不利影响，数个活动团体共同声援了获取知识（A2K)[1]运动和知识产权法改革。虽然与发展中国家相关的议题长期主导了这一论辩，但关注焦点已逐渐涉及发达国家中有关新的知识产权法规对科学文化的获取和参与所造成的寒蝉效应（the chilling effects)。因此，前述运动目前存在着两条演进方向:[2]其一，旨在发展的 A2K（A2K for development)，学者以此强调知识产权法需要灵活性，以便达到用于教育和成长的文化产品的最低获取水平；其二，旨在创造和革新的A2K（A2K for creativity and innovation)，针对突飞猛进的国际知识产权法规，已被指控阻碍了艺术和科学自由以及累积的知识生成的情形。

　　然而，虽然文化权的字样频繁出现，但相关国际人权文件仅是零星地被用于支持具体政策的提案，正如药品专利与健康权所经历的那样。下文旨在填补这一缺口，运用描述性（descriptive）和规范性（normative）的方法[3]，帮助王子和水晶鞋寻回走失的灰姑娘。

二、冲突还是共存

　　当试图确定人权与知识产权相互影响的性质之时，学者和实践者与他们试图分析的法律体系一样分崩离析。最大的分歧出现在推导出矛盾和冲突状态的那些人与发现共同原理的那些人之间，造就了一个复杂但可能的共存的结果。[4]在文化权与 A2K 领域，那些存在最密切联系的国际渊源，似乎确证

---

〔1〕　关于 A2K 运动及其对知识产权法的影响，参见 Amy Kapzcynski, "The Access to Knowledge Mobilization and the New Politics of Intellectual Property", (2008) Yale IJ, 804.

〔2〕　此种说法由 Ahmed Abdel Latif 首次提出，"The Emergence of the A2K Movement: Reminiscences and Reflections of a Developing-Country Delegate", in: Gaelle Krikorian and Amy Kapczynski (eds), *Access to Knowledge in the Age of Intellectual Property* (Zone Book 2010), 117.

〔3〕　效仿 Laurence R. Helfer and Graeme W. Austin, *Human Rights and Intellectual Property: Mapping the Global Interface* (CUP 2010).

〔4〕　相关讨论无法完全列举。对这一理论论辩的优质综述，参见 Lea Shaver, "The Right to Science and Culture", (*2010*) *Wisconsin LR*, 121, 121 –3.

了更为乐观的后一种观点。

《与贸易有关的知识产权协定》（*the TRIPS Agreement*）的序言部分已经指出最不发达国家所需要的灵活性，"以便它们能够建立一个合理且有效的技术基础"。[1]同样地，第7条和第8条所确定的原则和目的指明了诸如转让和传播技术、促进对社会经济和技术发展至关重要的领域内的公共利益等目标。[2]灵活性的要素存在于诸多实质性条款中，例如，允许各国立法者选择最为合适的权利用尽（exhaustion）制度的第6条，规定强制许可（compulsory licensing）方案的第31条，或者是禁止滥用知识产权的第40条。[3]避免公有领域过度财产化的一般性限制规定，包含在特定客体的不可专利性（non-patentability）的规则之中（第27条），以及第9条第2款规定的"思想—表达二分法（idea-expression dichotomy）"之中。[4]同样地，在著作权领域，两部《世界知识产权组织互联网条约》（*the WIPO Internet Treaties*）的序言部分，均承认在作者、表演者和录音制品制作者权利与"广大公众的利益尤其是教育、研究和获得信息的利益"之间"保持一个平衡的必要性"，[5]尽管同样的平衡激发了《伯尔尼公约》（*the Berne Convention*）中对作者权利的有补偿的和无

---

〔1〕 *Agreement on Trade-Related Aspects of Intellectual Property Rights*（*TRIPS Agreement*），Marrakesh Agreement Establishing the World Trade Organization，Annex 1C，15 April 1994，31 – 33 ILM 1197，Preamble. 世界贸易组织争端解决机构一再强调序言部分对解释协定的重要性。参见，例如 *United States-Import Prohibition of Certain Shrimp and Shrimp Products*（WT/DS58/AB/R），Appellate Body Report，12 October 1998，paras 153 ~ 154. See also Daniel Gervais，*The TRIPS Agreement：Drafting History and Analysis*（2 ed.，Sweet & Maxwell 2003），para. 2.08.

〔2〕 第7条和第8条在解释《与贸易有关的知识产权协定》方面的重要性，来自《维也纳条约法公约》第31条（1）款的规定，UN Doc. A/Conf.39/27，23 May 1969. See，clearly，*India-Patent Protection for Pharmaceutical and Agricultural Chemical Products*（WT/DS50/AB/R），Appellate Body Report，19 December 1997，paras 46 ~ 47.

〔3〕 对《与贸易有关的知识产权协定》第40条所提供的可能性的讨论，可见于 Ruth L. Okediji，*The International Copyright System：Limitations，Exceptions and Public Interest Consideration for Developing Countries*，UNCTAD-ICTSD Project on IPRs and Sustainable Development（ICTSD，Issue no. 15，2006），16 ~ 19.

〔4〕 Jerome H. Reichman et al.，"Access to Scientific and Technological Knowledge：UNESCO's Past，Present and Future Roles"，in：Abdulqawi A. Yusuf（ed.），Standard-Setting in UNESCO，Vol. 1：Normative Action in Education，Science and Culture（Martinus Nijhoff 2007），323 ~ 350. "思想—表达二分法"所起到的作用，参见 Carlos Correa，*Trade Related Aspects of Intellectual Property Rights：A Commentary on the TRIPS Agreement*（OUP 2007），120.

〔5〕 *WIPO Copyright Treaty*（WCT），20 December 1996，S. Treaty Doc. No. 105 – 17，36 ILM 65；*WIPO Performances and Phonograms Treaty*（WPPT），20 December 1996，36 ILM，76，Preamble.

补偿的限制。[1]关注发展中国家需求的一个很好的例子来自《伯尔尼公约》附录，该附录确立了一个强制许可（compulsory licensing）方案，允许当地复制和发行难以获得的或者价格难以接受的作品。[2]

软法文件（Soft law instruments）也体现了 A2K 运动所提出的一些论点。在《世界知识产权组织发展议程》（WIPO Development Agenda）的 45 项建议中，[3]有两项要求该组织在规制知识产权之时，应当考虑到"不同的发展水平"[4]和"国际知识产权协定中所规定的灵活性，尤其是发展中国家和最不发达国家关心的灵活性"，[5]而另外三个建议则强调——特别是在准则制定活动中[6]——保护公有领域的必要性，[7]以及获取知识"以鼓励创造和革新"的重要性。[8]

然而，闪闪发光的并不总是金子。尽管国际渊源方面提供了灵活性，但知识产权与文化权间的冲突，却变得愈发频繁和普遍。[9]

冲突的第一个例子是数据库。最初，《与贸易有关的知识产权协定》要求成员国，只有在数据的集合能被确定属于智力创造时，才能对之加以保护，并允许成员国根据其 A2K 需求，自由地决定原创性的最低水平；此外，前述

---

〔1〕 *Berne Convention for the Protection of Literary and Artistic Works*（Berne Convention），9 September 1886，25 UST 1341，828 UNTS 221（last revised 24 July 1971），Articles 2bis，9（2），10，10bis（uncompensated），and Articles 11bis and 13（compensated）. The bipartition is proposed by Ruth L. Okediji，*The International Copyright System：Limitations，Exceptions and Public Interest Consideration for Developing Countries*，UNCTAD-ICTSD Project on IPRs and Sustainable Development（ICTSD，Issue no. 15，2006），12～16.

〔2〕 Berne Convention，Appendix I. The Appendix was also incorporated in the WCT，Article 1（4）.

〔3〕 *WIPO Development Agenda*，WIPO Doc. A/43/16，Annex A，12 November 2007，available at：http://www. wipo. int/ip-development/en/agenda，accessed 25 November 2014.

〔4〕 *WIPO Development Agenda*，Cluster B，Recommendation 15.

〔5〕 *WIPO Development Agenda*，Cluster B，Recommendation 17，recalling paras 4～5 of the *Doha Declaration on the TRIPS Agreement and Public Health*，World Trade Organization，WT/MIN（01）/DEC/2，20 November 2001.

〔6〕 *WIPO Development Agenda*，Cluster B，Recommendation 20.

〔7〕 *WIPO Development Agenda*，Cluster B，Recommendation 16. 为落实《发展议程》的建议，发展与知识产权委员会（CDIP）最近制定了《知识产权、信息和通讯技术计划》（ICTs），the Digital Divide and Access to Knowledge，WIPO Doc. CDIP/4/5 Rev. 关于 CDIP 在该领域内开展的工作，参见 CDIP，11 Session，May 2013，*Feasibility Assessment on Possible New WIPO Activities Related to Using Copyright to Promote Access to Information and Creative Content*，Report prepared by Sisule F. Musungu，WIPO Doc. CDIP/11/6，2 April 2013.

〔8〕 *WIPO Development Agenda*，Cluster B，Recommendation 19.

〔9〕 此处，有意未论及诸如传统知识与当地民众权利等 A2K for development 的议题，本书的其他部分已对之进行了分析。

保护并不延及数据库内容，以便能够免费使用已经属于公有领域的材料。此种做法，旨在为创作者提供激励，同时防止数据和信息过度私有化的风险。[1]但欧盟并未亦步亦趋，出于补偿公司投资的考虑，欧盟对非原创性集合的内容设定了额外的特殊权利。接下来的数年，欧盟通过双边贸易协定使其他国家采用了相同的模式，并且游说——并未成功——世界知识产权组织制定类似的条款。[2]自那时起，数据库的所有者们制定出了复杂的许可协议，这进一步扩大了其专有权的范围，且未被强制性的立法例外所平衡。[3]众多学者和 A2K 实践者针对该项指令提出反对意见，[4]而面对着 2000 年代数据库产品的负面资料，欧盟委员会自身也已经开始对当地公司的激励措施、信息的过度私人化、增长的订阅费用[5]与 A2K 议题[6]之间的权衡产生了疑虑。然而，尽管存在明显的弊端，立法中这些富有争议的部分，从未接受过真正的人权影响评估。

鉴于著作权例外和限制制度（copyright exceptions and limitations）在传统上所扮演的平衡作者利益与个体人权、公共需求的角色，对该制度的压缩是知识产权与文化权冲突的第二个例子。这一过程始于《与贸易有关的知识产权协定》对"三步检验法（the three-step-test）"的采用，这标志着与《伯尔

---

〔1〕 类似观点，参见 Carlos Correa, *Trade Related Aspects of Intellectual Property Rights: A Commentary on the TRIPS Agreement* (OUP 2007), 126~127.

〔2〕 Henning Grosse Ruse-Khan, "Access to Knowledge Under the International Copyright Regime, the WIPO Development Agenda and the European Communities' New External Trade and IP Policy", in Estelle Derclaye (ed.), Research Handbook on the Future of EU Copyright, Edward Elgar, 2009, pp. 600~609, 援引了欧盟与非洲、加勒比和太平洋集团（ACP）成员国谈判达成的若干《经济伙伴关系协定》（EPAs）的例子。在此，首次出现了一项要求保护非原创数据库上特殊权利的条款，进而取代了 Cotonou Agreement, OJ L287/1, 28 October 2005, and its reference to the TRIPS Agreement standards. 欧盟关于保护非原创性数据库的条约提案，最终在 2005 年被搁置，see WIPO, "Protection of Non-original Databases", available at: http://www.wipo.int/copyright/en/activities/databases.html (accessed 25 November 2014).

〔3〕 参见 Estelle Derclaye, *The Legal Protection of Databases: A Comparative Analysis* (Edward Elgar 2008), 174 ff.

〔4〕 特别是 Severine Dusollier, Yves Poullet, Mireille Buydens, *Copyright and Access to Information in the Digital Environment*, UNESCO Study CII-2000/WS/5, Paris, 17 July 2000.

〔5〕 特别是在与若干数据库的价格上涨相比对之后。图书馆期刊价格调查显示，对研究期刊的订阅成本在不到 30 天内的涨幅超过了通货膨胀的 250%。载 http://lj.libraryjournal.com (accessed 25 November 2014).

〔6〕 Commission of the European Communities, DG Internal market and Services Working Paper, *First Evaluation of Directive 96/6/EC on the Legal Protection of Databases*, Brussels, 12 December 2005, 15 ff. and 23 ff.

尼公约》标准[1]的背离，并且导致了一个强调贸易原理的检验解释，损害了其最初所承载的公共利益方面的价值。[2]这一被若干论者批评的转变，[3]与美国司法对合理使用原则（the fair use doctrine）的适用的转变相类似，转变后的合理使用原则更重视关于作品的实际和潜在市场的问题，不再以作品的使用目的为主要判断依据。[4]

数年后，《世界知识产权组织互联网条约》（the WIPO Internet Treaties）要求缔约国扩大作者在网络空间的权利，但仅列出了不具强制性的例外；[5]欧盟如法炮制，[6]促成了一个被削弱的、不协调的合法使用（lawful use）拼凑物。另一方面，发展中国家被迫提高对著作权的保护水平，但依旧未获得有关例外执行的任何指示，其中许多国家失去了利用这些工具来满足自身文化需求的机会。[7]再次重申，尽管这一立法趋势对获取和参与文化生活产生了毋庸置疑的影响，但立法者和法院从未有效地利用人权来恢复失去的平衡，并且从未对此问题进行过任何人权评估。

第三个冲突——同样由《世界知识产权组织互联网条约》引发——源自对技术保护措施（TPMs）的法律承认，该措施是对著作权人标记并防止作品

---

〔1〕《伯尔尼公约》仅将"三步检验法"作为对复制权的限制，且限定在著作权领域，而《与贸易有关的知识产权协定》则将该检验扩及商标权、专利权和著作权项下的全部专有权。

〔2〕 WTO Dispute Panel Report, *United States-Section 110（5）of the US Copyright Act*（WT/DS160/R），15 June 2000. 对此决议的详尽分析，参见 Jane C. Ginsburg, *Toward Supranational Copyright Law? The WTO Panel Decision and the "Three-Step Test" for Copyright Exceptions*，（2001）RIDA, 187.

〔3〕 其中的部分文献，参见 Christophe Geiger, "The Role of the Three-Step Test in the Adaptation of Copyright Law to the Information Society", *UNESCO e-Copyright Bulletin*, *January-March* 2007, 4～5, *and related bibliography*; Daniel Gervais, Intellectual Property and Human Rights: Learning to Live Together, in: Paul L. C. Torremans ed. , *Intellectual Property and Human Rights*: *Enhanced Edition of Copyright and Human Rights*, Kluwer Law International 2008, pp. 8～10; Rochelle Cooper Dreyfuss , Graeme Dinwoodie, "TRIPS and the Dynamics of Intellectual Property Lawmaking", （2004）36 *Case Western Reserve Journal of Int'l L*, 95; Ruth L. Okediji, "TRIPS Dispute Settlement and the Sources of（International）Copyright Law", （2001）49 *JCPS*, 585.

〔4〕 对这一过程的详细阐述，参见 Neil W. Netanel, *Copyright's Paradox*（OUP 2008），54 ff.

〔5〕 WCT Article 10; WPPT, Article 16. 《伯尔尼公约》采取了相同的方式，但对作品引文存在强制性例外［第10条（1）款］。

〔6〕 Directive 2001/29/EC of the European Parliament and of the Council of 22 May 2001 on the Harmonisation of Certain Aspects of Copyright and Related Rights in the Information Society（InfoSociety Directive），OJ L 167, 22 June 2001, Article 5, 仅列出了一个强制性例外，并允许成员国在第5条（3）的清单内容中自由选择。

〔7〕 参见 Vera Franz, "Back to Balance: Limitations and Exceptions to Copyright", in Gaelle Krikorian and Amy Kapczynski（eds），*Access to Knowledge in the Age of Intellectual Property*（Zone Book 2010），519.

复制、追踪并控制对其作品的获取和使用的设备的概括称呼。[1]在 TEM 被用于阻止未经许可的作品使用之时，缔约国被要求制止直接规避行为和生产、分销规避设备的行为。此种对例外和限制的隐形规则（implicit reference），足以让各国立法者支持对合理的"代码破解（code-cracking）"免除责任，但欧盟指令（EU Directive）和《美国数字千年版权法》（DMCA）展示了这一机会是如何被束之高阁的。[2]除此之外，无论是立法者还是法院均未真正回答，通过最终用户许可协议（EULAs）——由 TEMs 执行——限制使用者特权的行业惯例所提出的下述问题[3]：如果对遭到禁止的例外的使用，是享有特定人权的先决条件，这该如何处理呢？

针对这些以及一些其他的冲突，学者们已经提出了不同的解决方案。但是，少有论者从保护、尊重和实现文化权的必要性上立论——这种解释性的方案不仅值得探索，而且是各国遵守其国际法律义务的必经之路。

三、设定场景：人权体系

参与文化生活权首次在人权舞台的正式亮相，可以追溯到 1948 年。《世界人权宣言》（UDHR）第 27 条承认每个人所享有的"自由参加社会的文化生活，享受艺术，并分享科学进步及其产生的福利"的权利，以及"对由于他所创作的任何科学、文学或美术作品而产生的精神的和物质的利益，有享受保护的权利"。[4]UDHR 的表述——在颁布时并无拘束力，但随后被接受成为国际习惯法的一部分[5]——后来为 ICESCR 第 15 条所细化，这是一份具有拘束力的文本，通过将 UDHR 的表述区分为独立又紧密关联的三个部分，以

---

〔1〕 WCT, Article 16；WPPT, Article 18.

〔2〕 事实上，尽管对 TEMs 进行了规定［《欧盟信息社会指令》第 6 条（4）款、《美国数字千年版权法》第 1201 条（a）（1）（c）与第 1201 条（c）］，但两份文件均确保了对例外与合理使用的享有。不过，它们的范围远比一般的著作权例外要狭窄得多。详尽分析，参见 Giuseppe Mazziotti, *EU Digital Copyright Law and The End Users*（Springer 2008），94～102.

〔3〕 就合同对著作权例外的可排除性这一争议问题，学者们进行了长期讨论。其中最为全面的分析，可参见 Lucie Guibault, *Copyright Limitations and Contracts：An Analysis of the Contractual Overridability of Limitations on Copyright*（Kluwer Law International 2002）.

〔4〕 UN General Assembly, *Universal Declaration of Human Rights*（UDHR），10 December 1948, 217A（III），Article 27.

〔5〕 特别参见 Hurst Hannum, "The Status of the Universal Declaration of Human Rights in National and International Law"，（1995－1996）25 *Georgia Journal of International and Comparative Law*，287；更为广泛的讨论，可参见 Olivier De Schutter ed. , *International Human Rights Law*（CUP 2010），50 ff.

此强调文化权的棱镜本质（the prismatic nature）。

半个多世纪以来，无论是学者还是实践者，均未详尽阐述这两个条款的内容与范围，而各国宪法和地区性宪章的沉默，也未能迫使他们对之加以推进。事实上，各国/各地区的相关文件与 ICESCR 第 15 条间的关联更加紧密，这表现在艺术和科学自由通常被视作表达自由的子项，而非文化权本身。[1] 尽管随后的数个国际条约和声明对此有所引用，[2] 国际组织同样忽略了对参与文化生活权进行解释和落实的必要性，任由各国自行决定其义务的内容。

随着联合国经济、社会及文化权利委员会（CESCR）的干预，及其对 ICESCR 第 15 条作出的两个一般性意见（General Comments），上述情况发生了变化。关注第 15 条并从其第（1）款（c）项[3]入手的决定并非偶然，而是联合国人权小组委员会（UN Sub-Commission on Human Rights）[4]明确要求。该决定用于协助 WTO、WIPO 和各国政府"根据国际人权义务和原则，将前者融入其国家和地方的立法、政策和规定中去，以维护知识产权的社会功能"，[5]并督促国际组织"充分考虑到国际人权文件项下现有的国家

---

〔1〕 若干国家的宪法，将艺术和科学自由，或是学术自由，置于言论自由的相关条款下（例如《德国基本法》第 5 条），或者——以相同内涵地——将其与教学自由相结合（例如《意大利宪法》第 33 条）。更为明确的是，公约主席团（the Presidium of the Convention）在对《欧洲基本权利宪章》（the European Charter of Fundamental Rights）第 13 条的解释性说明中指出："这一权利主要是从思想和言论自由的权利中推导出来的。它应在顾及第 1 条的情况下行使，并可能受到《欧洲人权公约》第 10 条所施加的限制。"参见 *Explanations Relating to the Charter of Fundamental Rights*, 2007/C 303/02, OJ C303, 14 December 2007, 22.

〔2〕 联合国经济及社会理事会，经济、社会和文化权利委员会提供了最具相关性的举措，参见 *General Comment no. 21*, *Right of Everyone to Take Part in Cultural Life* (*Article 15*, *paragraph 1 (a)*, *of the International Covenant on Economic*, *Social and Cultural Rights*) (*General Comment no. 21*), UN Doc. E/C. 12/GC/21, 20 November 2009, notes 1 ~ 10.

〔3〕 ECOSOC, Committee on Economic, Social and Cultural Rights, *General Comment no. 17*, *The Right of Everyone to Benefit from the Protection of the Moral and Material Interests Resulting from Any Scientific*, *Literary or Artistic Production of Which He or She Is the Author* (*Article 15*, *paragraph 1 (c)*, *of the Covenant*) (*General Comment no. 17*), UN Doc. E/C. 12/GC/17, 12 January 2006, para. 39 (e).

〔4〕 ESOSOC, Sub-Commission on Promotion and Protection of Human Rights, *Intellectual Property Rights and Human Rights* (Resolution 2000/7), UN Doc. E/CN. 4/Sub. 2/RES/2000/7, 17 August 2000, para. 11.

〔5〕 ESOSOC, Sub-Commission on Promotion and Protection of Human Rights, *Intellectual Property Rights and Human Rights* (Resolution 2000/7), UN Doc. E/CN. 4/Sub. 2/RES/2000/7, 17 August 2000, paras 5 ~ 6. 对此决议的最早评论，参见 David Weissbrodt, Kell Schoff, *A Human Rights Approach to Intellectual Property Protection*: *The Genesis and Application of Sub-Commission Resolution 2000/7*, (2003) 5 MIPR, 1.

义务"。[1]

委员会仅是部分地完成了其任务。然而，第 17 号一般性意见中的若干陈述，仍有助于理解 CESCR 所认为的第 15 条第（1）款（c）项的含义和范围，以及知识产权与其他人权间的关系。

第一，第 17 号一般性意见表明，ICESCR 第 15 条第（1）款（c）项所保护的权利不能等同于国民的知识产权。作者与发明者的精神和物质利益受到保护，只是为了确保他们与自己作品之间的联系，或者是能够因创作而拥有适当的生活水平。[2] 除此之外，知识产权事关国家政策与国际贸易，事实证明——与人权截然不同——他们受限于时间和地域，并且——除精神权利（moral rights）外——他们是可撤销的、可没收的、可授权的以及可转让的。[3] 因此，在对知识产权与人权进行权衡之时，应当牢牢记住这两种权利并不处于同一层级（hierarchical grade）。

第二，还应当明确反对近来为公司的知识产权提供人权保护的倾向，[4] 第 17 号一般意见指出，鉴于与人类尊严所具有的不可分割的联系，第 15 条第（1）款（c）项所保护的权利不能为法人享有。[5]

第三，它强调各国的核心义务包括：在第 15 条第（1）款（c）项与其他涉及"食物权、健康权和受教育权，以及参与文化生活和享受科学进步及其应用的利益"的义务之间，实现一个适当的平衡。[6] 不言而喻，即便是知识产权中最基础的人权因素，也应按照尊重、保护和实现其它为 ICESCR 所保护的权利的义务要求，进行模范化（modelled）处理，各国也有义务修正自己的知识产权法，以免与第 15 条第（1）款（a）、（b）项保护的权利相

---

〔1〕　ESOSOC, Sub-Commission on Promotion and Protection of Human Rights, *Intellectual Property Rights and Human Rights*（Resolution 2000/7）, Resolution 2000/7, UN Doc. E/CN.4/Sub.2/RES/2000/7, 17 August 2000, para. 8.

〔2〕　General Comment No. 17, paras 1~3.

〔3〕　General Comment No. 17, paras 4.

〔4〕　此种保护通常奠基于私有财产的人权之上。更为广泛的讨论，参见 Laurence Helfer, "The New Innovation Frontier? Intellectual Property and the European Court of Human Rights", (2008) 49 *Harvard Int'l LJ*, 1. 更为一般性的，参见，例如，Peter K. Yu, "Reconceptualizing Intellectual Property Interests in a Human Rights Framework", (2007) 40 *V. c. davis L. rev*, 1039; Kal Raustiala, "Density and Conflict in International Intellectual Property Law", (2007) 40 *V. c. davis L. rev*, 1021.

〔5〕　General Comment No. 17, paras 7.

〔6〕　General Comment No. 17, paras 35.

冲突。[1]

言至此处，情况似乎还不错。但是，在起草针对第 15 条第（1）款（a）项的第 21 号一般性意见时，CESCR 并未像之前那样，强调不同《公约》条款间的相互影响。[2]它的文本——鲜有例外地——包含了除革新性之外的各类事项，[3]有限的关注点和传统的方法使之难以解决目前大部分关于文化参与和获取的富有争议的问题，尤其是在日益增强的对信息和知识的私有化以及控制开始发挥影响的情况下[4]。

第 21 号一般性意见确定了参与文化生活权的三个相互关联的主要组成部分：参与文化生活、获取文化生活以及为文化生活做出贡献。[5]虽然整个权利被界定为自由——包括每个人的选择自由、表达自由、意见自由、创作自由以及合作自由——但对此唯一的语言表达就是"参与"。[6]相反，"贡献"包括参与集体文化发展和相关决策过程的权利；[7]而"获取"则是指"熟悉和理解他或她自己的文化，并通过教育和资料了解其它文化"的权利，"接受适当考虑到文化认同的优质教育和培养"的权利，"通过一切信息或交流技术媒介学习表达和传播方式"的权利，以及"从文化遗产和其他个体与社群创作中受益"的权利。[8]然而最终情况是，第 15 条第（1）款（a）项所保护的权利的行使，以及第 15 条第（1）款（c）项所承认的权利的保护之间的可能存有的联系，并未被提及。这种相互参照的缺失，也影响到对尊重、保护和实现参与文化生活权的义务内涵的界定。

在"尊重"的义务方面，委员会明确要求各国保护对文化产品和信息交

---

〔1〕　此种解释已被——例如——《保护和促进文化表达形式多样性公约》（*the Convention on the Protection and Promotion of the Diversity of Cultural Expressions*）所确证，UNESCO General Conference，33 Session，Geneva，UNESCO Doc. 33/C/23，20 October 2005，Annex II，para. 16.

〔2〕　General Comment No. 21.

〔3〕　其大部分声明和定义，已在 UNESCO《关于公众参加文化生活并对之做出贡献的建议书》（*the UNESCO Recommendation on Participation by the People at Large in Cultural Life and Their Contribution to It*）中得到明确，UNESCO General Conference，10 Session，Nairobi，26 November 1976，and，partially，in the Convention on Cultural Diversity，supra note 62.

〔4〕　UNESCO General Conference，10 Session，Nairobi，26 November 1976，and，partially，in the Convention on Cultural Diversity.

〔5〕　General Comment No. 21，para. 15.

〔6〕　General Comment No. 21，para. 15（a）.

〔7〕　General Comment No. 21，para. 15（c）.

〔8〕　General Comment No. 21，para. 15（b）.

流的获取，这被视为行使言论自由和创造自由权利的先决条件，它是"参与"的关键方面并与艺术自由交织在一起［第15条第（3）款］。此外，各国应牢记"文化活动、产品和服务……不得被视为仅具有商业价值"，并兼顾"通过文字和图片实现思想的自由流动的需求"。[1]

类似的指导原则对"保护"的义务进行了描述，这次涉及第三方实施的违法行为。此外，一般性意见强调必须保存和传递文化遗产，保护边缘化群体的文化免受全球化的不利影响，并防止对传统知识和资源的不正当利用。[2]

"实现"的义务又被细分为促进、提升和支持——获取、参与和奉献文化生活的义务，[3]并囊括了大量积极而"经典"的措施和政策，例如为公共机构、基础设施和相关活动提供财政支持。[4]不过，"超越文化的物质层面（如博物馆、图书馆、剧院、电影院、纪念碑和遗址），采取同样能促进有效获取非物质文化产品（如语言、知识和习俗）的政策、计划和前瞻性措施"的必要性，也被简要提及。[5]

虽然这些表述均未明确或暗示地提及国家的知识产权法律和政策，但IC-ESCR第15条描述下的权利共存，要求对其内容和意义进行综合性的解释。第17号一般性意见和——即使仅是简略的——第21号一般性意见对此也有所考虑，但它们未能完成解释的任务。[6]只有将两个文件合并在一套连贯的指导原则中，并通过知识产权的语言加以表述，才有可能解决这一缺陷。

四、在知识产权法中尊重、保护和实现参与文化生活权：亟需一种多层面处理路径

正如CESCR反复重申的那样，[7]国家义务存在多个负担主体。它们不仅是指向立法者，还指向了行政机关和法院；此外，它们跨越国家间的边界，

---

〔1〕　General Comment No. 21, para. 43.

〔2〕　General Comment No. 21, para. 50.

〔3〕　General Comment No. 21, para. 51.

〔4〕　General Comment No. 21, paras. 52～54.

〔5〕　General Comment No. 21, para. 70.

〔6〕　General Comment No. 17, para. 29; General Comment no. 21, para. 47.

〔7〕　In ECOSOC, Committee on Economic, Social and Cultural Rights, General Comment No. 3, *The Nature of State Parties' Obligations* (Article 2, Paragraph 1, of the Covenant), UN Doc. E/1991/23, 14 December 1990, paras 5～6.

要求各国在开展国际性活动时也加以遵循。[1]

这种做法的影响往往被忽视,特别是在传统上所要求的——为满足其需要——采用特别法律条款和积极政府措施的权利背景下。从这个意义上说,文化权是典型的例子。虽然 CESCR 在为便利国家报告的编写而拟定的指南中,要求列出的措施"在有效保护作者的精神和物质利益,与《公约》所承认的其他权利相关的国家义务之间,取得适当的平衡",[2]但只有三个国家对第(1)(a)、(b)段和第(1)(c)段之间的相互影响有所讨论。[3]其他的所有报告都仅是列举了"传统"措施,类似于第 21 号一般性意见中列出的、以实现参与文化生活权义务的措施。[4]

但是,在将一般性意见转化进知识产权领域之际,采用一个多层面处理的路径来履行国家义务,以保证有效地实现第 15 条第(1)款(a)项所保护的权利,显得尤为重要。

根据第 21 号一般性意见,为了"尊重"参加文化生活权,各国应当避免采取可能妨碍该权利实现的法律和政策。对知识产权而言,这要求其规则和执法不应妨碍文化的获取、参与和对之作出贡献,并应当追求第 17 号一般性意见所阐明的,且为协调知识产权事项的所有主要的国际条约和公约所确立的平衡。这样的结论可能带来一些影响,特别是对例外和限制制度以及"三步检验法"而言。

例外和限制制度——以及合理使用制度——通常是著作权领域中用于平衡获取和控制的主要工具。[5]如今,那个引导它们适应社会和技术发展的良

〔1〕 这一原则由委员会在第 21 号一般性意见的第 76 段中重申。

〔2〕 ECOSOC, Committee on Economic, Social and Cultural Rights, *Guidelines on Treaty-Specific Documents to Be Submitted by States Parties under Articles 16 and 17 of the International Covenant on Economic, Social and Cultural Rights*, UN Doc. E/C. 12/2008/2, 24 March 2009, para. 71 (d).

〔3〕 Brazil, Belgium and Canada. ECOSOC, *Implementation of the International Covenant on Economic, Social and Cultural Rights*, *Initial Reports Submitted by States Parties under Articles 16 and 17 of the Covenant*, *Brazil*, UN Doc. E/1990/5/Add. 53, August 2001; ECOSOC, *Implementation of the International Covenant on Economic, Social and Cultural Rights*, *Third Periodic Reports Submitted by States Parties under Articles 16 and 17 of the Covenant*, *Belgium*, UN Doc. E/C. 12/BEL/3, April 2006; ECOSOC, *Implementation of the International Covenant on Economic, Social and Cultural Rights*, *Fifth Periodic Reports Submitted by States Parties under Articles 16 and 17 of the Covenant*, *Canada*, UN Doc. E/C. 12/CAN/5, August 2005.

〔4〕 所有的这些报告均可获取自:http://www. unhchr. ch/tbs/doc. nsf/RepStatfrset? OpenFrameSet (accessed 25 November 2014).

〔5〕 参见 Jane C. Ginsburg, "A Tale of Two Copyrights: Literary Property in Revolutionary France and America", in: Brad Sherman and Alain Strowel (eds), Of Authors and Origins: *Essays on Copyright Law* (Oxford, Clarendon Press 1994), 131.

性过程已停止，使得它们被无视、被僵化、受限制，并为一个贸易导向的
"三步检验法"所排查。

现在，如果各国只有在防止著作权阻碍第15条第（1）款（a）所保护权
利的充分实现的情况下才能被视为遵循了其人权义务，那么立法者理应有责
任维持前述例外的有效性，这些例外确保对文化权的尊重或者——在必要
时——引入新的特别的条款。基于此，WIPO 决定推动《视力障碍者例外条
约》（*A Treaty on Exceptions for Visually Impaired People*）的通过，[1]而其著作
权及其相关权常设委员会（Standing Committee for Copyright and Related Rights）
最近也开始着手为图书馆和档案馆、教育和研究机构与其他残障人士制定一
项国际性文件。[2]

如果需要确保尊重参与文化生活权，立法者应当将针对软件和数据库保
护的例外和限制，与著作权法的总则相协调。而非原创性数据库上的特殊权
利，在呈现出公有领域的过度私有化情形时，应当受到限制或者予以禁
止。[3]同理，该举措也可能有助于寻求与著作权法总则针对 TPMs 规避行为所
设定的例外的相互协调。[4]除此之外，为了填补最终的立法空白，每当有利
于著作权执法的决定会导致违背第15条第（1）款（a）之时，法院还应当通
过类推的方式适用现有的规则。

同样，第15条第（1）款（a）项呼吁国际组织、各国立法者和法院对
"三步检验法"采用不同的解释路径。[5]当需要保证对参与文化生活权的享有

〔1〕 WIPO, *Marrakesh Treaty to Facilitate Access to Published Works for Persons Who Are Blind*, *Visually Impaired*, *or Otherwise Print Disabled*, VIP/DC/8, 27 June 2013.

〔2〕 参见 WIPO Standing Committee on Copyright and Related Rights（SCCR）, *Draft Agenda for the Twenty-Seventh Session*, Geneva, April 28 to May 2, 2014, SCCR/27/1 PROV., January 28, 2014; Id., *Draft Agenda for the Twenty-Eight Session*, Geneva, June 30 to July 4, 2014, SCCR/28/1/PROV. REV., June 30, 2014.

〔3〕 参见，例如，Severine Dusollier, Yves Poullet, Mireille Buydens, Copyright and Access to Information in the Digital Environment, UNESCO Study CII-2000/WS/5, Paris, 17 July 2000, 6~7. 更为一般的讨论，参见 Mark Davison, Database Protection: The Commodification of Information, in Lucie Guibault and P. Bernt Hugenoltz（eds.）, *The Future of the Public Domain: Identifying the Commons in Information Law*（Kluwer Law International 2006）, 180 ff.

〔4〕 参见，例如，Guido Westkamp, "Digital Rights Management, Internet Governance and the Autopoiesis of Modern Copyright Law", *SSRN Electronic Journal*, （2005）CIL 319, 332-5.

〔5〕 参见 "Declaration on a Balanced Interpretation of the Three-Step Test in Copyright Law", （2008）IIC, 707; Christophe Geiger, "The Role of the Three-Step Test in the Adaptation of Copyright Law to the Information Society", *UNESCO e-Copyright Bulletin*, January-March 2007, 122.

时，检验的第三个部分（即某些特殊情况下所需的平衡）应当发挥核心作用，[1]而"正常使用（normal exploitation）"和"合法利益（legitimate inter-est）"的概念应仅限于作者权利的人权核心，[2]因为这是唯一与第 15 条第（1）款（a）保护的权利层级相同的权利。因此，如果将与获取和参与文化生活的权利产生冲突，法院就不能利用"三步检验法"——像他们近来所做的那样——对现有例外的范围加以限制。[3]与之相对，对国家义务的多层面处理，或许指明了一个契机，即将前述检验解释为，每当各国法律未规定保证尊重第 15 条第（1）款（a）的例外时的一项可供援用的开放条款（open clause）。[4]一些欧洲法院已经遵循了这一解释思路，在著作权法领域呼应着第三人效力理论（the theory of Drittwirkung）。[5]

在过去数年里，为解决数字盗版（digital piracy）问题所采取的严厉的民事和刑事制裁措施，也引发了能否与国家义务相兼容的质疑。然而，可容许的和不可容许的措施之间的界限是模糊不清而难以界定的。有鉴于此，一个可能的解决办法在于，实施任何强制措施之前，进行个案的人权评估。[6]虽然是事后进行的且限于言论自由问题，类似的方法已被用于挑战对所谓"三振出局法（three strikes laws）"的采用，该法律在未经事先司法审查的情况下，通过禁止互联网访问来制裁对著作权的侵犯。[7]

在"权利保障"的义务方面，各国被要求阻止第三方对享有第 15 条第

---

〔1〕 参见 "Declaration on a Balanced Interpretation of the Three-Step Test in Copyright Law"，(2008) IIC，707；Christophe Geiger，"The Role of the Three-Step Test in the Adaptation of Copyright Law to the Infor-mation Society"，*UNESCO e-Copyright Bulletin*，January-March 2007，123；Martin Senftleben，*Copyright*，*Lim-itations and the Three-Step Test*（Kluwer Law International 2004），193.

〔2〕 这一解释路径与第 17 号一般性意见所提出的检验完美契合，该检验旨在权衡，对第 15 条第（1）款（c）项所保护的权利进行限制的可接受性。

〔3〕 此种趋势已蔓延至对"三步检验法"有明确法律规定的国家边界之外（例如，捷克共和国、法国、希腊、匈牙利、意大利、卢森堡、马耳他、波兰、葡萄牙和斯洛文尼亚）。

〔4〕 General Comment No. 17，para 43 ff.

〔5〕 最具相关性的案例概览，参见 Jonathan Griffiths，*The "Three-Step Test" in European Copyright Law：Problems and Solutions*，(2009) IPQ，495 ff.；Martin Senftleben，"Overprotection and Protection Over-laps in Intellectual Property Law：The Need for Horizontal Fair Use Defences"，in：Annette Kur and Vytautas Mizaras（eds），*The Structure of Intellectual Property Law：Can One Size Fit All?*（Edward Elgar 2011），141 ff.

〔6〕 正如第 17 号一般性意见第 35 段中所建议的那样。

〔7〕 例如法国 "Hadopi 1" 法案。参见 Nicola Lucchi，"Access to Network Services and Protection of Constitutional Rights：Recognizing the Essential Role of Internet Access for the Freedom of Expression"，(2011) 19 *Cardozo Journal of International and Comparative Law*，645.

（1）款（a）项所保护权利的干涉。将第 21 号一般性意见进行转化性陈述，得出它其实是要求知识产权法及其执法，应避免因使用（或滥用）知识产权的行为而对公众获取、参与和贡献文化生活造成损害。

该义务在 EULAs 领域尤为重要，当事人在该领域内可自由决定其在使用受保护作品方面的权利义务范围。通常，许可协议以附和合同（adhesion contracts）的形式出现，并且排除可能是充分实现参与文化生活权的基础的特定例外的适用。虽然有几个国家对知识产权的反竞争性使用（anti-competitive use of IPRs）进行了规制，但立法者和法院从未试图将知识产权滥用/误用的概念内涵拓展至破坏著作权平衡的私人行为上。[1]有学者建议改用消费者保护法来解决这个问题，[2]但相关实践已经表明，一般性的消费者保护工具在数字版权领域的可适用性极小。[3]

由此可见，遵守权利保障义务的最好的方式在于建立一个——远超在尊重和实现义务中所要求的——完整的多层面处理路径。就立法者而言，如果对例外的适用属于获取和参与文化生活的先决条件，则应禁止对例外的合同性排除（contractual derogation）。这一方案已经得到了实施，如比利时和葡萄牙声明了其著作权的所有例外都必须被贯彻执行，[4]又如新的《欧盟软件保护指令》中的相关规定。[5]然而，在立法迟缓（legislative inertia）的情况下，

---

〔1〕 许多学者已经指出了基于《与贸易有关的知识产权协定》第 8 条所宣告的目的，参照第 40 条解决这一问题的可能。参见 Ruth L. Okediji, *The International Copyright System: Limitations, Exceptions and Public Interest Consideration for Developing Countries, UNCTAD - ICTSD Project on IPRs and Sustainable Development* (ICTSD, Issue No. 15, 2006), 16～18.

〔2〕 参见 Lucie Guibault, "Accommodating the Needs of iConsumers: Making Sure They Get Their Money's Worth of Digital Entertainment", (2008) 31 J Consum Policy, 409.

〔3〕 对于欧盟协定的评价，参见 Centre for the Study of European Contract Law (CSECL) and Institute for Information Law (IViR), "Digital Content Services for Consumers: Comparative Analysis of the Applicable Legal Frameworks and Suggestions for the Contours of a Model System of Consumer Protection in Relation to Digital Content Services", Report 1: Country Reports, 2012, available at: http://www. ivir. nl/publications/helberger/Digital_content_services_for_consumers_1. pdf (accessed 25 November 2014).

〔4〕 在落实《欧盟数据库指令》之时，比利时宣告了其著作权法中几乎所有例外的强制性。参见《1994 年比利时著作权法》第 23 条。葡萄牙第 50/2004 号法律的第 75 条（5）款，将任何排除或阻碍正常适用该法规定的免费使用制度的单方拟定条款，宣告为无效。Article 75 (5) of the Portuguese Act no. 50/2004 declares void any unilateral contractual provision eliminating or impeding the normal exercise of the free uses mentioned in the Act.

〔5〕 Directive 2009/24/EC of the European Parliament and of the Council of 23 April 2009 on the Legal Protection of Computer Programs, OJ L 111/15, 5 May 2009, Article 5, with regard to the making of backup copies, reverse engineering and use of the program in accordance with its intended purpose.

法院仍被要求遵守国家义务。此时，可供选用的做法，或者是宣布条款的不可执行与保护参与文化生活权相矛盾；[1]或者是遵循近来由欧盟法院和美国司法系统所开辟的道路，即以更有创造性和更加宽泛的方式适用知识产权滥用的规则。[2]

最后，为了遵守其"权利实现"的义务，各国应当采取旨在促进和提升获取、参与和贡献文化生活的措施。此时，与知识产权法间的关联看似模糊不清。但是，只要我们对该领域内最富创新性的国家政策稍作了解，就会发现前者与知识产权议题间的反复联系。欧洲数字图书馆（Europeana）项目——由欧盟委员会资助，旨在通过数字化和对互联网平台的利用，增加对知识和文化产品的获取——已经放缓了其进度；而且，由于著作权法施加的限制所引起的不确定性，该项目的覆盖范围也有所缩减。[3]其它的一些开放获取倡议（open access initiatives）——其目标与参与文化生活权的实现相一致——也面临着相同的境遇。在这种情况下，为了遵守对第 15 条第（1）款（a）项加以实现的义务，各国可以并且应当在提供财政支持之外，制定特别的知识产权规则，以支持和促进对 A2K 的探索。

结　论

在国际标准化的进程中，知识产权法不断与一系列的国际人权发生冲突。这引起诸多学者和实践者的注意，并引发了激烈的争论。然而，知识产权对获取和参与文化生活的影响却被长期忽视了。

---

〔1〕 例如丹麦的实践。参见 Centre for the Study of European Contract Law（CSECL）and Institute for Information Law（IViR），"Digital Content Services for Consumers：Comparative Analysis of the Applicable Legal Frameworks and Suggestions for the Contours of a Model System of Consumer Protection in Relation to Digital Content Services"，Report 1：Country Reports，2012，195，available at：http://www. ivir. nl/publications/helberger/Digital_content_services_for_consumers_1. pdf（accessed 25 November 2014）.

〔2〕 参见 Christophe Geiger，"The Constitutional Dimension of Intellectual Property"，in：Paul L. C. Torremans，*Intellectual Property and Human Rights*：*Enhanced Edition of Copyright and Human Rights*（Kluwer Law International 2008），120 – 21. 对于美国相关情况的概述，参见 John T. Cross，Peter K. Yu，"Competition Law and Copyright Misuse"，in：Ysolde Gendrau ed.，*Un Cocktail de Droit d'Auteurs*（Les Éditions Thémis' 2007），55 ~ 90.

〔3〕 欧洲数字图书馆（Europeana）是一个门户网站，集合了扫描自欧洲各处的数百万书籍、绘画、电影、博物馆藏品和文献档案，可通过 https://www. europeana. eu 访问和使用。该项目已经遭遇了诸多著作权方面的争论，参见 Jonathan Purday，"Intellectual Property Issues and Europeana, Europe's Digital Library, Museum and Archive"，（2010）10 *Legal Information Management*，174.

由于著作权法的扩张，及其对文化、科学产品的创造和共享所产生的不利影响，前述情况在过去二十年间发生了改变。学界的目光聚焦在了公有领域内容的私有化，以及新的规制框架对获取知识和参与文化生活所施加的严厉限制。有论者指出，有必要进行著作权改革，以便在作者的私人利益、个体人权和公共需要之间恢复适当的平衡，并且提出了诸多冲突解决方案。但是，尽管经常诉诸人权论据，却少有论者将其理论建立在国家根据国际人权文件所承担的国际法律义务之上。

本文旨在填补这一空白。在简要概述了最为典型的文化权与知识产权相冲突的例子后，本文简述了与获取和参与文化生活相关的立法框架，重点关注 ICESCR 第 15 条的规定，以及 CESCR 一般性意见对之作出的解释。为补救前述一般性意见对其各项文化权间相互影响问题上的沉默和遗漏，本文还尝试以知识产权法的语言对国际人权文件的相关表述进行转化性陈述，并提供了各国可能需要采取的措施实例，以便他们遵守第 15 条第（1）款（a）项下义务。

到目前为止，为消弭两个法律体系间的冲突，并实现一个和平的共存状态，已有多方作出努力。然而，对国家义务的多层面处理路径——不仅涉及立法者，还涉及法院——仍然缺失。采用这种路径，或许有助于各国将人权有效地纳入知识产权的话语体系内；并且，长远看来，这也有助于实现著作权的稳定平衡，而此种平衡早已在著作权国际标准化的浪潮中被打破了。

论"非遗"名称与商标注册

——以浙江温州东源"木活字"为例 *

郑璇玉** 王雨桐***

伴随着"生产性"[1]非物质文化遗产理念的提出,越来越多的技艺类非物质文化遗产(以下简称"非遗")走入市场。商标作为企业的名片,有助于技艺类"非遗"的生产性保护,但同时也引起了"非遗"领域中的知识产权争议。例如,浙江省瑞安市东源村的"木活字印刷技术"是一项国家级非物质文化遗产,当地的全部传承人为达到生产性保护的目的,组成了瑞安市活字印刷协会,并考虑以市场化的方式活态传承和自我生存。但是,他们发现,以"木活字"三个字出现的商标已经被当地另一家企业抢先注册在印刷品等类别上,这无疑是对木活字市场化的重大打击,同时也给"非遗"生产性保护提出了法律课题。

一、"非遗"名称的构成

根据《保护非物质文化遗产公约》的定义,"非遗"是指被各群体、团体或个人视为其文化遗产的各种实践、表演、表现形式、知识体系和技能及其有关的工具、实物、工艺品和文化场所。[2]我国《非物质文化遗产法》规

---

　　* 本文受国家社科基金重大项目"创新驱动发展战略下知识产权公共领域问题研究"(17ZDA139)资助。
　　** 郑璇玉,法学博士,中国政法大学民商经济法学院知识产权法研究所副教授。
　　*** 王雨桐,中国政法大学民商经济法学院知识产权专业硕士研究生。
　　〔1〕 参见《文化部关于加强非物质文化遗产生产性保护的指导意见》(文非遗发〔2012〕4号)。
　　〔2〕《保护非物质文化遗产公约》第2条:(一)"非物质文化遗产",指被各社区、群体,有时是个人,视为其文化遗产组成部分的各种社会实践、观念表述、表现形式、知识、技能以及相关的工具、实物、手工艺品和文化场所。这种非物质文化遗产世代相传,在各社区和群体适应周围环境以及与自然和历史的互动中,被不断地再创造,为这些社区和群体提供认同感和持续感,从而增强对文化多样性和人类创造力的尊重。(二)按上述第(一)项的定义,"非物质文化遗产"包括以下方面:1. 口头传统和表现形式,包括作为非物质文化遗产媒介的语言;2. 表演艺术;3. 社会实践、仪式、节庆活动;4. 有关自然界和宇宙的知识和实践;5. 传统手工艺。

定,"非遗"是指各族人民世代相传并视为其文化遗产组成部分的各种传统文化表现形式,以及与传统文化表现形式相关的实物和场所。[1]按照上述定义可见,"非遗"吸收了民间传统知识中的相当比重的表现形式,成为几乎涵盖所有带有民族象征的和与物质文化相对的非物质文化属性的表现形式。其中,技艺性"非遗"在商业社会中产生的法律问题通常体现于商标争议,包括商标是否可以注册、注册权利是否专属于传承人等。这些问题,通常与"非遗"的名称本身相关。

通观我国当前有关技艺类"非遗"名称的表述可以发现,我国当前的"非遗"命名习惯,通常是对当地"非遗"主体、"非遗"所在区域、"非遗"内核、"非遗"的材质载体、技艺名称等,进行排列组合。另外,"非遗"的简称也增添了"非遗"名称构成上的特殊之处。由于"非遗"名称较长,当我们提及"非遗"时,通常并不会将整个行政认定的名称全盘使用,而是以约定俗成的简称进行代指,省略形容技艺的部分,只提及"非遗"全称中的核心部分。简称的表述方式也符合中文的语言表达习惯,人们乐于用三个字或者四个字的方式来形成流畅的口语指代。这些简称能够在特定地域直接指向"非遗"。"非遗"名称的构成概括起来主要表现为以下几类:

第一类名称采取地名加"非遗"内核的形式,如"古井烧鹅""合肥贡鹅"等,属地性和对"非遗"内容的呈现指向明确。

第二类名称则采用"非遗"的作用对象或者最终完成形式加"非遗"技艺的传承人或者代表人,二者在顺序上自由组合。如:"泥人张""张小泉剪刀"等。这一类传承主体和技艺呈现也十分明确。

第三类名称更加简约,即材质加技艺,如"发绣"等,此类名称虽然简约,但却完成了"非遗"技艺的最后呈现。由于其技艺内核指向明确,并且载体特殊,能让公众感知其既是一种特殊的技艺,也是一种"非遗"技艺的直接产品,不易产生混淆。

第四类名称直接表现了"非遗"的内核和"非遗"分属的类别。这一类是比较容易出现问题的一类。其特点是,将一种复杂的行为方式直接凝炼成

---

〔1〕《中华人民共和国非物质文化遗产法》第2条:本法所称非物质文化遗产,是指各族人民世代相传并视为其文化遗产组成部分的各种传统文化表现形式,以及与传统文化表现形式相关的实物和场所。包括:(一)传统口头文学以及作为其载体的语言;(二)传统美术、书法、音乐、舞蹈、戏剧、曲艺和杂技;(三)传统技艺、医药和历法;(四)传统礼仪、节庆等民俗;(五)传统体育和游艺;(六)其他非物质文化遗产。

高度概括的总结，既与其"非遗"内核密切联系，又带有高度的抽象性，并抽离了地区的属性和传承的权属。同时，该类名称也并非"非遗"技艺的最终呈现。因此，如果不是"非遗"的所属部门或者"非遗"产生的地域，很难将这一类名称与上述前三类列举的名称所指向的"非遗"内核等同，正如本文要论述的"木活字"。不管是全称还是简称，"木活字"在传承当地就是指的"非遗"这种技艺。

"木活字""非遗"指的是毕昇活字印刷术在历史的不断传承过程中的演进和当代固定。它的过程表现为：将每个汉字分别刻在一定尺寸的木块上，并按照操作经验对这些字块进行有效组织和分列，使得在需要的时候能够快速地找到。在进行印刷时，将规定的字块进行固定，同时辅以其他工具进行"去尘""上墨"等环节，最终与特定的纸张联系在一起，完成印刷，而这一系列活动都处于"木活字"之中。与上述前三类名称相比，作为第四类名称，它特点明显：首先它是系列活动的概括。其次，它没有表明地域和传承者。最后，它不是最后的呈现，木活字不是产品，用木活字印刷的印刷品才是最后的呈现。

除了"木活字"名称构成的特殊性之外，"木活字"的"非遗"名称与"非遗"内核之间的指向性也存在特殊之处，导致其脱离"非遗"，独立成为商标。首先，"木活字"印刷技艺指向性较弱。针对印刷术，人们存在"惯用描述"。人们对印刷术的技艺的印象停留在毕昇带来的久远的文化符号，因此人们在提到印刷术时通常用的名称是"活字印刷"或者"活字印刷术"，或者"四大发明"之一，而很少会提及"木活字"传承的特殊性。其次，"木活字"的指向受到"非遗"命名地域性忽略的影响。"非遗"往往传承于特定地域，并由特定人群传承。"非遗"名称通常会惯以地名或人名加以限定和修饰，但"木活字"并没有。生活在特定地域外的人们通常不能感知其地域来源，自然不会将其与"非遗"相联系，从而具备了独立于"非遗"名称、可作为商标符号注册的独立性。

总之，"非遗"名称的商标争夺实质是对"非遗"名称背后的商业价值的争夺。在"非遗"评定时，"非遗"在不属于"非遗"地域的知名度高低并不会影响"非遗"评级的高低。"木活字"就属于"非遗"级别很高，但在其他地域知名度并不太高的"非遗"名称。因此，这类"非遗"名称在商标上易于通过注册审核，而其背后体现的在特定地域内的商业价值、文化价值却存在无数可能。商业活动的范围不以地域为限，占领了"木活字"的商标，就等于预备了未来对"木活字"背后的商业价值的利用。

二、"非遗"进入商业价值载体

"非遗"进入商业活动时，"非遗"名称由原有的指向增添了更为复杂的含义。在商业活动中，整个"非遗"本身成为商业价值的载体，而名称则既指向了内核，也指向其中的商业价值。当前许多"非遗"项目都是以商业性活动来维系传承，这给"非遗"的商业价值利用带来了更便利的条件，并且这种利用将始终伴随着"非遗"生命的传承特点，构成强大的文化承载力和市场占有率。

"非遗"的商业价值体现在三个方面，首先是特定区域内"非遗"的代表性。"非遗"的形式多种多样，由于"非遗"技艺本身的独一无二，因此以"非遗"为核心的商业活动顺理成章地占有了特定区域的知名度，并形成当然的市场主要份额。从商标的角度来看，"非遗"进入商业活动后，其知名度使得商标注册人无须对商标进行从零到有的声誉积累，可以将"非遗"累积的声誉直接利用。因此，如果"非遗"名称能够通过商标注册，那么以该商标进行的"非遗"的商业利用将直接与"非遗"的声誉发生联系。

其次，该区域中特定民众对"非遗"的认同。"非遗"带有强烈的地域属性，这种属性产生的根源是特定族群对"非遗"内核的认同。这种认同发生在商业活动中即产生了在消费行为和认知方式上的指向，包括天然的好感和价值判断。

最后，该项"非遗"的文化影响力。"非遗"表现为活态化传承，不仅生命周期长，也是该地区乃至国家的文化象征之一。"非遗"本身也带有天然的文化属性，其文化影响力的范围远远大于商标和商誉本身，在增附到商业价值的过程中，赋予商业价值深度和广度。有学者认为，"非遗"集聚了显性的文化价值与隐性的商业价值，商业价值产生于文化价值，商业价值的发挥也有助于保留其文化价值。[1]因此，对于"非遗"名称的商标注册的争夺实际就是对其背后商业价值的争夺。

从以上角度出发思考"非遗"的商业价值归属，不难发现此种价值应当归属"非遗"传承者们。一方面，只有"非遗"真正的传承者才能真正地在

---

〔1〕 崔艳峰："非物质文化遗产公法与私法保护的契合"，载《重庆工商大学学报》2016 年第 2期。

实践中丰富、发扬"非遗"的文化内涵,从而传承具有地域代表性、群众认同感的"非遗"文化,创造"非遗"的商业价值。另一方面,在"非遗"代代传承者们的辛勤付出与不懈传承下,"非遗"的回报可以确保他们继续从事传承"非遗"的动力和丰富社会文化的多元性。如果任何人都可以使用"非遗"作为商标,在侵占了"非遗"的商业价值的同时,也排斥了"非遗"传承人未来对"非遗"的市场开发。在"木活字"案中,即使传承人今后可以以"木活字"的"非遗"指向在"非遗"领域内继续活动,但是由于"木活字"这项技艺本身就固定在当下的商业经营活动中,不能明确注册成商标,未来所有的商业价值的实现都会存在困难。

三、"非遗"名称商标争议类型

我国的商标注册与司法实践并不阻止将"非遗"名称作为商标注册,但没有对"非遗"进行特殊的考量,因此在商标注册和"非遗"认同之间产生了法律和文化的部分脱节。目前,以"非遗"名称进行商标注册产生的矛盾大致分为如下几类:

第一,"非遗"传承人或"非遗"企业与他人在商标注册时就"非遗"名称与商标显著性之间的矛盾,即"非遗"名称是否符合商标要素并具备获得显著性。[1]其中矛盾主要集中在"非遗"名称是否具备显著性的问题上。

第二,"非遗"企业与"非遗"传承人的矛盾,即在多个主体对"非遗"的传承作出贡献的情况下,"非遗"在商业活动过程中的价值归属。[2]这一类矛盾也包括同一商标权的归属争夺。

第三,"非遗"传承人或企业与其他主体关于商标间的矛盾,即一方在先以"非遗"内核或者组成要素注册的商标能否阻碍其他企业相同、类似商标的注册。[3]争议双方多以商标是否容易造成混淆为出发点。[4]

---

〔1〕 如"汤瓶八诊"案,参见"杨华祥与国家工商行政管理总局商标评审委员会无效宣告(商标)案",北京市高级人民法院(2016)京行终 1479 号行政判决书。

〔2〕 如"童德大"案,参见"王春兰与国家工商行政管理总局商标评审委员会行政纠纷案",北京市高级人民法院(2017)京行终 1397 号行政判决书。

〔3〕 如"一正"案,参见"镇江唐老一正斋药业有限公司与商标评审委员会等商标争议行政纠纷案",北京市高级人民法院(2010)高行终字第 1495 号行政裁定书。

〔4〕 如"雷允上"案,参见"雷允上公司诉商评委、第三人饶平县邦胜医药保健品有限公司商标行政纠纷案",北京市第一中级人民法院(2011)一中知行初字第 776 号行政裁定书。

第四，"非遗"传承人或企业与其他主体关于权利间的矛盾，即以"非遗"为核心的在先权利能否阻碍其他企业的商标注册。[1]例如，对"非遗"传承的贡献可以构成对"非遗"名称商标的在先使用权。[2]如果关于"非遗"的在先权利是商号权等明确的权利内容，则存在以此为由对他人的注册商标进行异议或宣告无效的可能。[3]再或者，以他人的注册是否有不良影响[4]、是否具有欺骗性[5]等角度间接判断在先权利的正当性。

可见，"非遗"名称的可注册性问题是基础问题。"非遗"群体内部的矛盾，实质与商标本身的联系不大。而"非遗"传承人与他人的外部矛盾，则必须考虑"非遗"名称本身的特殊性，以防止法律与文化的脱节。在诸多考量因素中，"非遗"名称是否可注册、是否可由"非遗"传承人以外的他人注册的问题，实质是有关争议中较为基础而又常被忽略的一个问题。只有明确了"非遗"名称的商标注册条件，才会真正产生"权利"之间的矛盾，从而运用商标法的有关规则进行解决。否则，单纯从商标之间是否会产生混淆的角度来解决纠纷，忽视他人商标本身的正当性，可能会对"非遗"的生产性保护带来负面影响。

四、"非遗"名称商标争议中的思考

有关"非遗"名称商标的可注册性问题，当前商标局在进行"非遗"名称的商标审查时，考虑的核心仍然是商标的显著性问题，只要申请注册的商标具备显著性，则可以获得注册。显著性是指商标的识别、区分能力。一般认为，臆造、任意与暗示类的商标当然具备固有显著性，而描述类商标和通用名称则不具备当然的显著性，除非经过长期使用，使得该名称已经在公众中产生了识别来源的能力，即具备了获得显著性，才能注册。文章第一部分

---

〔1〕 如"同福德"案，参见"余晓华与商标评审委员会等商标争议行政纠纷案"，北京市高级人民法院（2011）高行终字第 375 号行政判决书。

〔2〕 如"蒋玉记"案，参见"蒋玉友与南京夫子庙饮食有限公司因申请诉前停止侵害注册商标专用权损害责任纠纷案"，江苏省高级人民法院（2013）苏知民终字第 0037 号民事判决书。

〔3〕 如"同福德"案，参见"余晓华与商标评审委员会等商标争议行政纠纷案"，北京市高级人民法院（2011）高行终字第 375 号行政判决书。

〔4〕 如"瓜州铁锅"案，参见"贾宝平与国家工商行政管理总局商标评审委员会行政纠纷案"，北京知识产权法院（2015）京知行初字第 1803 号行政判决书。

〔5〕 如"莲花血鸭"案，参见"周晨群与国家工商行政管理总局商标评审委员会行政纠纷案"，北京市高级人民法院（2014）高行（知）终字第 2979 号行政判决书。

对"非遗"名称进行了分类，其中前三类有直接呈现性的"非遗"名称都是对传统技艺或者技艺展现过程本身进行描述，属于凝炼程度不高的"非遗"名称。这些名称在显著性认定上可能被认为是通用名称而不符合商标注册的条件。即使进行获得显著性的考察，在商标名称与"非遗"名称高度一致重合的情况下进行获得显著性的提取也是非常困难的，如"汤瓶八诊"案中，北京市高级人民法院认为："无论是在争议商标的使用时间、使用范围方面，还是在相关公众的客观认知效果方面，争议商标通过使用所建立的知名度，仍不足以抵消或者超越相关公众对'汤瓶八诊'是一种具有中国回族特色的养生保健疗法的认知。"[1]可见，"非遗"传承者与"非遗"企业在对"非遗"名称直接利用进行商标注册时，可能存在一定的困难，需要对商标的构造进行丰富，或者作为集体商标或证明商标注册。针对第四类"非遗"名称，即如果"非遗"名称具有了脱离"非遗"的独立性并且存在高度的凝炼，则容易通过显著性审查，如"木活字"。

如上文所言，"非遗"背后的商业价值不应被他人随意占用。如果他人先将此类"非遗"名称进行注册，与传承人产生争议并进入了商标异议程序，此时如果仅仅考虑显著性的内涵就可能存在不足，因为仅从显著性角度，他人的注册符合商标法所要求的条件，却可能是故意抢占了应属"非遗"传承人的商业价值。此时，本文认为，除考察显著性外，还应当区分申请人注册时主观上的善意和非善意，也包括申请人是否以直接侵占"非遗"传承人创造的文化价值背后的商业价值为目的，再结合显著性的考虑，以更好地解决"非遗"传承人与其他市场主体之间的矛盾。

善意是指已经履行了应履行的法定与注意义务而无过错的情形。非善意则相反，具体而言，即违反了诚实信用原则。诚实信用原则是指在不损害他人利益和社会利益的前提下追求自己的利益。[2]在国家对非物质文化遗产的保护体制下，公民有尊重非物质文化遗产传承者的劳动与传承之义务，也就伴随着尊重劳动传承下商业价值之归属而不随意侵占之责任。公众在寻求商标注册时，应对"非遗"名称进行合理避让，以更好地实现"非遗"保护之目标。

---

〔1〕 参见"杨华祥与国家工商行政管理总局商标评审委员会无效宣告（商标）案"，北京市高级人民法院（2016）京行终 1479 号行政判决书。

〔2〕 陈奎："《商标法》中诚实信用原则的理论与实践"，载《知识产权》2016 年第 8 期。

我国的商标取得制度采取注册制，表面上肯定了利用商标对市场机会的先占，但是对诚实信用的强调、对在先权利的保护等原则，仍然是在强调商标权利应归属于真正的有权主体，防止搭便车的行为。在"非遗"商业价值有归属的情况下，许可他人抢占"非遗"的商业价值，显然违背商标法的立法精神。当然，实践中也不能排除他人是基于善意或有正当理由对"非遗"名称进行了使用与注册，并没有占用"非遗"商业价值的故意，例如一些老字号在历史中商誉间断导致名称被他人长期使用的情形，[1]他人的注册不应被一律禁止。由此可见，善意的判断非常重要。通常而言，"非遗"的等级越高、知名度越大、宣传越广泛，他人知晓该"非遗"的可能性就越高，注册行为被认定为非善意的可能就越大。另外，"非遗"认定时间是否先于商标申请时间、双方是否处于同一行政区域、从事的产业是否相同类似，都会影响对主观善意的判断。如果他人在注册时已经尽了合理的注意义务，进行了积极的商标检索与查询，并没有发现该商标与"非遗"有任何关系，单纯因巧合而使用了相同的符号，或是将"非遗"名称中的部分元素注册在完全不同且不会有损"非遗"形象的商品类别之上，并具备合理理由的，不应一律禁止。[2]如果当事人在注册时并未指明其注册的名称为"非遗"名称，并且注册人有理由知道这属于"非遗"名称，那么这种非善意的情形应当直接加重对后续的异议程序和司法裁量的判断影响，以维护"非遗"传承人享有"非遗"商业价值的权利。这种加重判断的出发点也是考虑到在"非遗"的领域，仍然存在众多的"非遗"的传承人对于"非遗"名称的侵占的认知困难和异议困难的社会背景。在以"非遗"的传承和自我生存为最低要求的商业活动下，尤其在传承人呈群体性且年龄偏大的情况下，主张异议从经济上和精力上都是不足的。在当下商标法没有对"非遗"名称进行立法上的特殊保护的情况下，最大化地发挥诚实信用原则的作用，方能更好地平衡"非遗"传承人与他人的利益，解决双方的纠纷。

综上所述，本文认为，法律保护"非遗"传承者的商标权益，在现有的商标法框架下，在对"非遗"名称的商标认定中，应当适当考虑"非遗"名称指向时的不同方式，从而判断该名称是否具备显著性，以及他人的注册是

---

〔1〕 如"同福德"案，参见"余晓华与商标评审委员会等商标争议行政纠纷案"，北京市高级人民法院（2011）高行终字第 375 号行政判决书。

〔2〕 这里仅仅以通常情况而论。"非遗"的商业价值仍然需要进一步考虑。

否是出于善意。从长远角度看，通过立法对"非遗"名称的注册条件进行确认可能是较好的办法，因为这样可以为社会提供明确的指引，以较低的确权成本替代较高的维权成本，寻找有效的"非遗"的法律保护环境的目的，就是促进"非遗"的自我生存、活态传承和生产性传承。

论"作者权"之当代困境

左梓钰 *

引 言

文艺复兴和启蒙运动使人们从蒙昧主义中苏醒，发觉了"个人"和"个性"。知识产权法就在这样的历史背景中逐渐诞生了。传统意义上的著作权法构建了"作者—作品"二元体系，强调作者的专有权。从话语和文本理论来讲，也就是视作者为作品的唯一纽带。作者是陈述人和解读人的统一体，读者只是被动的接受者和聆听者。传统意义上的作者权只重视作者在知识生产中的重要性，却忽视了读者在这种生产中的价值。

1840 年，鸦片战争一声炮响，中国风雨如磐。欲"血荐轩辕"的改革先驱们立志救国图强，向西方、日本列强寻求济世良方。甲午战败，宣告单纯引进国外器物技术以自强的洋务派的失败。后以康有为、梁启超为代表的改良派指出国家必须改良政治、进行变法，社会需要"开民智、新民德、鼓民力"。[1]就如何开化国民而言，梁启超、严复等人主张效法西方文学，并强调小说的重要性，由此也掀起了文学翻译热潮，大量的文学概念和理论被引进。[2]

在中国批量引入西方先进理念的 100 多年里，西方从结构主义走向后结构主义、从现代主义走向后现代主义、从索绪尔走向德里达。新中国成立后

---

* 左梓钰，中国政法大学法律硕士学院 2016 级研究生。

〔1〕 齐裕焜、陈慧琴：《镜与剑：中国讽刺小说史略》，文津出版社 1995 年版，第 164 页。

〔2〕 参见齐裕焜、陈慧琴：《镜与剑：中国讽刺小说史略》，文津出版社 1995 年版，第 164～166 页。梁启超在《译印政治小说序》中提出"西方以小说立国"的观点，并在《论小说与群治之关系》中指出"欲新一国之民，不可不先新一国之小说"；严复、夏曾佑在《本馆附印说部缘起》中指出"且闻欧美、东瀛，其开化之时，往往得小说之助。"

至改革开放前，文艺作品带有鲜明的政治色彩，此时的中国文学依旧延续了五四运动以来现代文学的"威权叙事"，[1]这也正是现代主义所倡导的"宏大叙事"[2]范式。作者必须将自己的意向贯穿在作品的点点滴滴中，作者与作品紧密联系；一切都是作者的话语，读者是倾听者、是被动的。自"文革"结束后，"新时期文学"欲竭力走出过去的阴影，初期以"伤痕文学"为代表。至20世纪晚期，出现了先锋文学，该文学以自我怀疑、自我解构、精神分裂为特征，通过戏仿或反讽式重写等手法，呈现出明显的后现代文学色彩。主体性[3]不再那么明显，可能被掩藏、甚至被消解在叙事话语中。[4]作品出现多个声音、多种文本对话，作品想要表达什么需依靠读者去解读。

加拿大知识产权法学者克雷格（Craig）指出，浪漫主义时期的人们崇尚模仿；后在文艺复兴和启蒙运动影响下，随着个人意识的觉醒，人们强调个性和财产所有权，版权法也是在这一时期开始诞生的，因而"独创性"和"作者权"就逐渐成为版权法上的两个支柱概念。[5]正如张春艳所言，作者权法国家重在确认作品的归属和对作者利益的保护。[6]然而在当代，作者传统意义上的权威受到挑战，独创性也并非人们想象得那般神话，当现在的文本不仅仅依赖过去的文本，还可能仅仅是其他文本的再生产时[7]，是否有必要对当代著作权法中"作者权"予以新的解释呢？

---

〔1〕 参见杨小滨：《中国后现代：先锋小说中的精神创伤与反讽》，愚人译，上海三联书店2013年版，第3~20页。

〔2〕 这一术语最早出现在让－弗朗索瓦·利奥塔尔的《后现代状态》一书中，宏大叙事强调叙事的连贯性，掩盖差异和冲突，并在解释事物过程中获得一种合法性。以利奥塔为代表的后现代主义学者们对这样的范式提出质疑，否定这种具有支配力量的话语体系，指出语言的"不稳定"和"未言说"等状态。参见［法］让－弗朗索瓦·利奥塔尔：《后现代状态》，车槿山译，南京大学出版社2011年版。

〔3〕 "主体性"被用来描述"由历史、社会以及语言结构来建构并改变的个人"。后现代艺术家们对这样笛卡尔式的主体概念提出质疑，在发展过程中逐渐倾向从语言学的角度进行解构。参见［美］维克多·泰勒、查尔斯·温奎斯特编：《后现代主义百科全书》，章燕、李自修等译，吉林人民出版社2007年版，第467~469页。

〔4〕 杨小滨在《中国后现代：先锋小说中的精神创伤与反讽》中以余华《一九八六年》、《往事与刑罚》、《古典爱情》和《鲜血梅花》等作品，残雪《山上的小屋》《苍老的浮云》等作品，以及莫言《酒国》作品，来说明当代中国小说叙事的后现代性。

〔5〕 Cary J. Craig, *Copyright, Communication and Culture: Towards a Relational Theory of Copyright Law*, Edward Elgar Publishing, 2011, pp. 13~17.

〔6〕 参见张春艳：《视听作品著作权研究——以参与利益分配的主体为视角》，知识产权出版社2015年版，第101~113页。

〔7〕 后现代主义学者如巴特、福柯、德里达等人都认为当代是一个话语和文本无限生产的时代。

后现代主义文学家和哲学家罗兰·巴特、米歇尔·福柯以及雅克·德里达从"作者之死"谈到当今的"作者是什么"的问题，最后指出读者在作品生产中的重要性，指出作者和读者身份交换的现实性，并指出文本是开放而非封闭的，读者是主动的解读人而非被动的接受者。后现代主义哲学家们主张建构"作者—作品—读者"三元体系，这对于我们重新建构知识产权法中的作者权概念有着重大启发。本文将以巴特、福柯和德里达的话语和文本理论为基础，对传统作者权进行解构并试图重新建构新的体系。

笔者必须承认本人在此所做的工作是有限的：因为他们是结构和后结构主义、后现代主义的三位顶级代表人们，他们每个人都是文学、语言学、文化学和哲学家的综合体，笔者无法穷尽他们的思想，也无法琢磨透他们的表达。但是本人在此所做的工作是必要的，无论是就知识产权法在中国的良性发展的探索也好，还是就中国目前著作权法改革趋势的思考也好，笔者将竭力把自己已知的、认为自己理解了的以及想要表达的思想给传递出来。正如李琛教授所言，法"源于生活，又高于生活"。[1]如果作为基础的法的第一性发生变化，那么法作为调整社会现实的第二性也需要随之调整以符合人们的需要。全球化把中国带给世界，同时也把世界带给中国。世界有的元素中国可能有或将会有，世界没有的元素中国也可能会有或将会有。所以，做好准备很重要。

一、巴特的论断：作者之死[2]

罗兰·巴特的作品风格多样。他先前受索绪尔的影响运用结构主义方法论探讨话语、文本和社会，后转向后结构主义，研究互文性问题。巴特的研究方法从结构主义转向后结构主义的代表作之一就是《作者的死亡》。他在本文中对传统的作者权威进行批判和解构，并强调读者的主观能动性和对文本解读的意义。

（一）传统"作者权"的动摇

巴特首先指出，当人们从中世纪的蒙昧主义中脱离出来，在理性的指导

---

[1] 李琛："法的第二性原理与知识产权概念"，载《中国人民大学学报》2004年第1期。

[2] 参见［法］罗兰·巴特："作者的死亡"，载《罗兰·巴特随笔选》，怀宇译，百花文艺出版社2005年版，第294～301页。该文的英文版最初发表于1967年美国期刊Aspen上，法文发表于1968年Manteia上。

下发现了"个人"的时候，文学上的作品以前所未有的方式与作者紧密结合在了一起，对作品的解释也是从作者方面出发的，读者始终是处于话语的预置意义下的被动接受者。但作者的权威范式在一些作家对常规的突破下、在允许多人共同写作的超现实主义和语言学的解构下逐渐被动摇。一个文本不是由一个"多维空间"组成，多种写作相互交织却没有一个是"原始写作"；因而作者的能力实际在于"混合各种写作"，在于模仿在前的却永远不是真正原始的写作。[1]

巴特对作者能力的论断，从法学角度来讲，实际是对传统"作者专有权"和"独创性"的定义提出了挑战。既然一部作品不可能脱离对先前作品经验的汲取，那么一部作品的诞生能完全将劳动成果归结在一个人身上吗？同时，独创性在知识产权法学者眼里就似一种神话，也难以被诠释清楚。但独创性是作者权的基础，动摇独创性，实际也是动摇了作者权。对此，我们不是说作者权不应当存在，而是指作者权的内容需要重新被解释。

（二）传统生产模式的颠覆

巴特指出，如果说有一个人可以将作品的痕迹汇聚在一起、可以从多面来审视一部作品的话，那个人，就是读者。读者是文本意义体系的积极建设者而非被动接受者。因此他断言："读者的诞生应以作者的死亡为代价。"[2]巴特这里提出的文本阐释方式，呼应了后现代对文本"对话性"的强调。"作者之死"在此意味着话语权的颠倒，把读者置于作者和作品之上。当代的"用户创造内容"[3]（user-generated content）便是这种情形。

哈特利认为"用户创造内容"形成社会新兴阶级——"创意阶级"。[4]虽然这种个体创造性工作能给当前文化增加活力和价值，但对于传统的消费模式（生产者生产，消费者消费）来讲是一种冲击（或称为破坏）。熊琦认为，在判断"用户创造内容"的合法性时，法院可以引入"转换性使用"概念，将具有功能转换或内容转换的相关行为视为合理使用；并以《著作权法

---

〔1〕 参见［法］罗兰·巴特："作者的死亡"，载《罗兰·巴特随笔选》，怀宇译，百花文艺出版社 2005 年版，第 299 页。

〔2〕 参见［法］罗兰·巴特："作者的死亡"，载《罗兰·巴特随笔选》，怀宇译，百花文艺出版社 2005 年版，第 301 页。

〔3〕 "用户创造内容"是指数字化时代下通过互联网进行传播的在先前作品上增加的内容。以"百度百科""维基百科"等为代表。

〔4〕 参见［澳］约翰·哈特利：《数字时代的文化》，李士林、黄晓波译，浙江大学出版社 2014年版，第 26 ~ 27 页。

实施条例》的合理使用一般判定标准为基础，把可能替代原作品并造成经济损失的相关行为归为改编权。[1]熊琦提出的分别处理确实有必要，因为用户增加的内容不一定都有"新意义或新功能"，然而产生新意义或新功能的内容却是在读者对作者及其文本的解构中诞生的。

二、福柯的思考：作者是什么[2]

福柯被誉为后现代领域中最有影响的思想家，他一生涉及的研究领域广泛并对后世产生重大影响。汪民安认为福柯的雄心壮志在于"试图对整个西方文化作出一种全景式的勾勒"。[3]福柯在人、性和权力方面的探讨，建构了其独特的批评模式；尤以其权力理论为代表。福柯通过考察历史上塑造主体的权力/知识模式，试图说明现代人成型的缘由。虽然詹明信不太认可福柯等人过分强调权力的批评方法，认为他们把目光过分局限在了阶级，可能导致人们与经济结构联系的断裂。[4]但福柯讨论问题的立足点本与詹明信不同，二者不能一概而论。

作品是知识的一种表现形式，知识是塑造主体的权力手段，因而作品便是塑造主体的一种权力手段。在福柯眼里，诸如教育家、警察、心理分析学家、医生等，甚至玩伴、同学等人均属于"后现代的巫师"，他们通过话语陈述获得权力，塑造甚至控制着别人的同时也在塑造着自己。作者是话语者之一，作品是他们的陈述，因而他们是权力/知识模式的典型代表之一，自然会受到福柯的重视。虽然福柯在其文章《作者是什么?》中指出他只是在文本、书这个范围内讨论"作者—作用"关系，但是无论是书也好、音乐绘画等其他作品形式也好，作品的同质性不会因形式的不同而改变。

---

〔1〕 参见熊琦："'用户创造内容'与作品转换性使用认定"，载《法学评论》2017 年第 3 期。

〔2〕 参见 [法] 米歇尔·福柯："作者是什么?"，逢真译，载《最新西方文论选》，王逢振等编，漓江出版社 1991 年版，第 445～460 页。本文最初发表于 Bulletin de la Société francaise de Philosophie，第 63 卷第 3 期，1969 年，第 73～104 页。

〔3〕 "编者前言"，载 [法] 米歇尔·福柯：《福柯读本》，汪民安主编，北京大学出版社 2010 年版，第 13 页。

〔4〕 詹明信是伟大的马克思主义文化批评家，因此他进行批评分析时坚持"经济基础决定上层建筑"，以经济分析为起点也为终点。参见 [美] 詹明信："马克思主义与理论的历史性"，载《晚期资本主义的文化逻辑》，张旭东编，陈清侨、严锋译，生活·读书·新知三联书店 2013 年版，第 17 页。

（一）作者的消逝

福柯认为，当今的写作[1]发生了符号的能指和所指的断裂，文本被解释的空间放大了；写作不再将主体植入语言，而只关心"开局"，其后写作的主体，即作者，便在陈述中逐渐消逝。曾经的史诗为了阻止英雄的死亡而写作，英雄通过叙事而得到永存，因而有了叙事防止死亡的说法。然而这种意义已不为现在的写作所采纳，作者的个人特点在写作中不断被消解，"要了解作者，那就要通过他不在的独特性和他与死亡的联系。"[2]显然福柯与巴特在这个问题上的观点是一致的。传统意义的作者权被解构，作品为读者解读、生产和增值。读者在写作中成为作者，作者在写作中也是读者。

福柯最后提出还应该对话语的存在方式进行研究，这种存在方式就是话语在"归属、占用、传播和增值"等方面的修改和变化。[3]联系著作权法中"作者权"概念的构建和发展，再联系上文所提到的"用户创造内容"现象，它们就是话语存在的这几种方式流变的一个典型体现。

（二）"作者是话语的一种作用"[4]

福柯从四个方面论述"作者—作用"在话语中的特征。考虑到本文的目的，笔者在此主要论述前两个方面。首先，福柯从法学角度上指出作品（文本）是占有的客体；言语本就是在以合法、非法为代表的对立两极间游走的行为，这是写作本身存在的危险。版权法的确立和财产利益的激励将其违法特征以规则的形式固定下来，并以一种体系的面貌恢复了写作的危险。

福柯在这里实际上指出了版权法的一个重要性质——推动言论自由。如果不仔细琢磨他话语中的逻辑，我们很难理解前述结论。第一，写作本身存在的危险，是言语（言论）特质所带来的，这个特质就是"合法非法、神圣

---

〔1〕 这里的写作是静态与动态的结合体，静态的写作我们可统称为作品，动态的写作可理解为是表达的过程。

〔2〕〔法〕米歇尔·福柯："作者是什么？"，逢真译，载《最新西方文论选》，王逢振等编，漓江出版社1991年版，第447页。

〔3〕〔法〕米歇尔·福柯："作者是什么？"，逢真译，载《最新西方文论选》，王逢振等编，漓江出版社1991年版，第458页。

〔4〕〔法〕米歇尔·福柯："作者是什么？"，逢真译，载《最新西方文论选》，王逢振等编，漓江出版社1991年版，第451~460页。

世俗、虔诚亵渎"[1]等一系列的对立两极；第二，福柯这里说的"违法特征"是话语被认为是违法的情形；第三，版权法以体系的面貌恢复写作的危险，即是以体系的面貌恢复言语特质。

其次，"作者—作用"不具有永恒性。福柯指出，曾有一段时期人们并不过问作品的作者，如不少史诗和民间故事并不知其作者；中世纪时期，确定作者是为了确定文本的真实性。后来，科学文本和文学文本的承认方式产生了区别，前者可因其自身价值被承认，后者仍要与作者紧密联系才能被接受。但福柯指出认为文本完全由作者支配的说法过于绝对，他以"文类研究"为例，指出"重现文本主题的分析"和"根据非作者标准的主体的变化的分析"并非"完全依靠单个创造者的概念"。[2]

福柯这里的"重现文本主题的分析"和"根据非作者标准的主体的变化的分析"类似于"重述"叙事，该重述是指"重释性叙述"[3]。人们之所以对故事不断进行重述，依据董上德的著述，是因为人生的"西西弗斯困境"会不断出现，而同一问题在不同时代有不同特征，因而需要人们世世代代的学习、探讨和进步；这尤其体现在"集体共享型故事"的演变上，比如四大民间传说。叶永胜指出神话重述是"本事迁移"的表现形式之一，通过诸如戏仿、改编、续写等手段将原态性事件进行重构，从而揭示本事或对过往本事重述中未曾发现的意义，这是"文学史和文化流变的规律"。[4]重述叙事的结果，可能会形成新作品或演绎作品。福柯指出这些分析非依靠单个创造者概念，其实就是指文本再生产中的文本相互依赖性。后人的创作是建立在前人文本基础之上的。

福柯在论述中明确指出作者除了生产自己的作品外，其独特贡献还在于"生产构成其他文本的可能性规则"。[5]这指出了作者给当世和后世留下的创作空间，并体现了后现代主义对文本的解读态度，即开放而非封闭。福柯的

---

〔1〕 ［法］米歇尔·福柯："作者是什么?"，逢真译，载《最新西方文论选》，王逢振等编，漓江出版社1991年版，第451页。

〔2〕 ［法］米歇尔·福柯："作者是什么?"，逢真译，载《最新西方文论选》，王逢振等编，漓江出版社1991年版，第452页。

〔3〕 董上德：《古代戏曲小说叙事研究》，广东高等教育出版社2007年版，第123～154页。

〔4〕 叶永胜：《中国现代神话诗学研究》，合肥工业大学出版社2014年版，第184～194页。

〔5〕 ［法］米歇尔·福柯："作者是什么?"，逢真译，载《最新西方文论选》，王逢振等编，漓江出版社1991年版，第455页。

文本和话语理论不仅影响着德里达，同时也为我们著作权法的进一步建构、解释和发展提供了启示。

三、德里达的号召：通往无限的文本[1]

受尼采和海德格尔的启发，德里达发展了对西方形而上学的逻各斯中心主义[2]的批判。传统的两极对立的理性主义受到挑战，德里达从中发展出了"第三词"概念。还是以作者权为例，传统的作者权体系建立在"作者—作品"的两极，而当今的"读者"便是以"第三词"的身份破解了前述的二元体系，从而构成"作者—作品—读者"的三元体系[3]。虽然哈琴在解释巴特利用互文性概念解构"作者—作品"关系时指出前者是被"读者—作品"关系取代，[4]但是本文认为以三元体系解释作者、读者和作品关系更有助于我们理解德里达的思想，而且作者并非不完全起作用。作者和读者的身份在相互转化，否认任何一方都是对对方的否认。

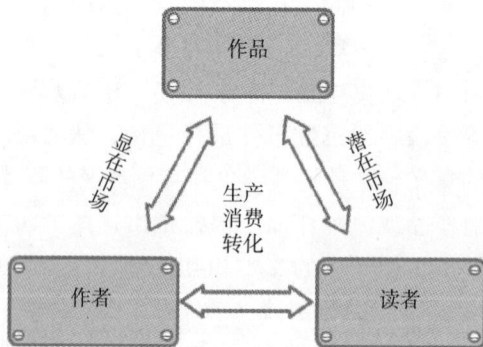

图1

哈琴指出，以戏仿为手法的各种艺术表现形式质疑着"世界"和"艺术"的文本分界，这种质疑的结果就是德里达所言的"以决定无限的方式产

---

〔1〕 这里的标题"通往无限的文本"改编自福柯所著"通往无限的语言"一文的标题，结合了德里达的文本理念；这并非德里达的一篇文章。

〔2〕 "逻各斯中心主义"（Logocentrism）是指西方以两极关系为基础来界定现实的理性主义，这种两极结构包括"思想/物质、存在/虚无、男性/女性、善/恶、言说/书写"等内容。

〔3〕 见图1。

〔4〕 ［加］琳达·哈琴：《后现代主义诗学：历史·理论·小说》，李杨、李锋译，南京大学出版社2009年版，第169页。

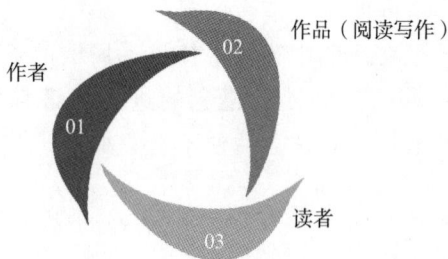

图 2

生出无穷无尽的新文本。"[1]在德里达看来，艺术作品不再是自主和封闭的，而是与其所处的位置（环境）相互作用的；不同文本的相互作用引导我们对所谓确定事物的解构，在解构的同时又重新建构新的意义。

德里达的代表作《人文科学话语中的结构、符号和游戏》被誉为解构主义的"宣言"。他首先解构了"中心"概念，接着以列维·施特劳斯的文本为分析对象，指出语言是游戏和差异的运动。

（一）"去中心化"

德里达认为，西方传统的哲学和科学的书写都要在结构中建立一个中心，使它与一种固定的、在场的点相连，因此限制了文本和话语的空间，封闭了文本，也阻止了话语的相互转换。可既然话语不能对换，它们又怎么能与围绕的中心对换呢？因此结构的中心实则自相矛盾，所谓在结构内却又脱离着结构，它非在场也非源头，却总是通过在场的形式被体现；这种形式就是"重复、替代、转换和对调"。[2]如此一来，中心瓦解，结构的概念发生断裂；这种断裂，德里达指出，是"重复"[3]。书写的话语在游戏中重复着过去、排演着未来。

那么德里达这里的论述对我们著作权法的启示又是什么呢？第一，传统的作者权体系就是一个以"作者"为中心的结构体系。如前文所述，

---

〔1〕 ［法］雅克·德里达："签名、事件、上下文"，转引自［加］琳达·哈琴：《后现代主义诗学：历史·理论·小说》，李杨、李锋译，南京大学出版社 2009 年版，第 126 页。本节将以德里达的《人文科学话语中的结构、符号和游戏》一文（载德里达《书写与差异》，第 502～525 页）为基础来初窥他的理念。

〔2〕 参见［法］雅克·德里达："人文科学话语中的结构、符号和游戏"，载德里达《书写与差异》（下），张宁译，生活·读书·新知三联书店 2001 年版，第 502～504 页。

〔3〕 这里的"重复"不是日常理解的"一一对应"，是一个哲学话语。联系本文所述的"文本和话语"理论，这里的重复就是话语、叙事、主题、历史等元素的再述。

显然作者权忽视了作者同时也是读者的身份。第二，结构断裂的时间就是重复的开始，笔者已经在注解中解释了德里达所谓的重复的概念。这再一次向"作者专有权"和"独创性"概念的进一步解释发出邀请函，因为新作品的产生在人类最初的表达之后便不能一概而论为专属于一个人的劳动成果。

（二）破解神话

德里达认为施特劳斯的文本就是在结构的自我矛盾中进行解构的理想代表。他赞赏施特劳斯关于神话和神话学的科学建构的活动，认为他在对神话话语进行自我批判、自我反省的时刻又重新建构起了神话话语的新的意义。德里达指出"神话的统一体或绝对发源地是不存在的"，神话话语若要保持它的存在，就要防止自身陷入中心语言的暴力。[1]

"独创性"被誉为知识产权法学的一个神话，以之为基础的作者权也没有想象得那么容易使人理解明白。新的发展要求对基本概念进行新的解释，这也是法学发展的自我要求。德里达这里还向我们指出了一个严肃的问题，如果我们要保持"作者权"和"独创性"的存在，就要防止它们陷入中心语言的暴力。比如，当法律不能再为人们的需求服务而只自顾自话时，法律在人们心里还会"存在"吗？

结　论

透过本文粗浅的论述，我们初步了解了巴特、福柯和德里达的文本、话语理论及其对著作权法解释和构建的影响。巴特通过解构传统意义上的"作者—作品"体系，对"原创"概念提出挑战，并强调读者对文本意义的重构作用；对法学上的启发即是当代著作权法需要对"独创性"概念作出新的解释，戏仿应当作为合理使用被纳入法律规范。福柯承继着巴特的"作者之死"的思想，从"作者—作用"的角度对传统意义上的作者权进行进一步的解构，指出读者在文本生产增值方面的重要性，同时指出版权法对于基本人权言论自由的重要性。最后，德里达通过论证话语和文本的开放性和不稳定性，指出质疑将带来无限的新文本。因此传统的二元作者权体系需要重新构建，应当建立"作者—作品—读者"的三元体系。如果传统的作者权体系只以作者

---

〔1〕　参见［法］雅克·德里达："人文科学话语中的结构、符号和游戏"，载德里达《书写与差异》（下），张宁译，生活·读书·新知三联书店 2001 年版，第 514～515 页。

为中心，忽视作者与读者身份的转化，忽视读者同样作为生产者的身份，忽视作品间的继承和批判的联系，这就在知识产权体系内打下了让它走向畸形的基础，同样作为利益分配机制的知识产权制度在社会上所引起的效应也会制造畸形的结果。

罗马法视角下后抵押权人权利体系及其现代意义 *

李 媚**

引 言

自李克强总理在达沃斯论坛上提出"大众创业、万众创新"的政策指引后，其多次强调要为双创企业和人员提供法律制度支持。[1]目前，市场主体面临的最紧要问题是资金融通，中小微企业融资难已成为制约我国经济发展的"瓶颈"。[2]如何发挥"民事财产制度的重要经济功能，即创造有效利用资源的刺激"，[3]既能利用抵押物价值获取更多融通资金，同时又能有效预防金融风险形成，这促使学者们进一步思考如何借助民法典编纂之契机对抵押制度进行改革和创新。

对于重复抵押之制度价值，学界早有清晰认识，可以使抵押物的价值（交换价值）成几何级数增长，促使物尽其用，有助于解决目前中小企业融资难问题。但重复抵押制度若设计不合理，则在实践中极易形成价值"泡沫"，不但不能对数个重叠债权起到担保作用，在恶意重复抵押时，还会侵害抵押权人合法权益。[4]风险预防和控制的着眼点不应放在限制市场交易主体设立

---

* 本文受"中央高校基本科研业务费专项资金"资助。

** 李媚，意大利罗马第二大学法学博士，中国政法大学比较法学研究院讲师。

〔1〕 李克强："把'双创'推向更大范围、更高层次、更深程度"，http://www.gov.cn/xinwen/2017-07/12/content_520932.htm，最后访问日期：2018年7月15日。李克强："进一步培育融合协同共享的双创生态环境"，http://www.xinhuanet.com/politics/2017-09/15/c_1121670512.htm.，最后访问日期：2018年7月15日。

〔2〕 林毅夫、李永军："中小金融机构发展与中小企业融资"，载《经济研究》2001年第1期。

〔3〕 ［美］理查德·A.波斯纳：《法律的经济分析》，蒋兆康译，中国大百科全书出版社1997年版，第18页。

〔4〕 胡志刚："同一不动产上设立多个抵押权的效力认定——兼议再抵押与重复抵押"，载《中国房地产》2005年第10期。

多重抵押上，重复抵押的基础即为用一定价值的物担保溢价的债权额，而这种经济价值比例风险关系应由在后债权人自己衡量，正如哈耶克在《自由秩序原理》中所言："作为立法者应当更多地将应对未来不确定事件的决策权交由每一个人自己去行使，这样才能使得自生自发的扩展秩序得以建立。"[1]法律所能做的就是为在后债权人提供制度支持，应重点关注后抵押权人权利体系的构建，以明示其不被完全清偿之风险，让其在充分掌握信息和了解风险前提下作出理性判断，并为其救济和维护自身利益提供制度途径。

遗憾的是，我国《物权法》只在第199条规定各抵押权竞合时顺位确定规则。未就各抵押权人间权利义务、后抵押权人权利等作出规定，学界对这一问题之研究基本处于空白状态。历史研究作为法学研究的常用方法是必要的，[2]罗马法学作为现代法学基础和历史渊源，基本包含了现代社会中的大多数法权关系，故本文以罗马法为视角，以重复抵押权之设立、运行和实现为线索，探讨在这一过程中应如何从规范角度构建后抵押权人之权利体系及其现代意义。

一、后抵押权人知情权

（一）前提：罗马法"时间在先、权利在先"原则

在罗马法上，在抵押权竞合的重复抵押中，首先需考虑多个抵押设定间存在时间差。按照罗马法上的规定，应赋予在先设立的担保权人以优先权。[3]为此，罗马法上确定了"时间在先、权利在先"（*prior tempore potior iure*）原则，[4]物权具有排他性，以时间先后作为确定抵押效力的原则，是法律赋予的公平，债务人不享有单独改变这一按照时间先后确定优先权顺位的权

---

〔1〕［英］弗里德利希·冯·哈耶克：《自由秩序原理（上册）》，邓正来译，生活·读书·新知三联书店1997年版，第19~21页。

〔2〕 Fritz Schulz, *History of Roman Legal Science*, Oxford：Clarendon Press, 1946, p. 100.

〔3〕 Salvatore Tondo, *Convalida del pegno e concorso dei pegni successivi*, Giuffrè, Milano, 1959, p. 133. Arnaldo Biscardi, *Appunti sulle garanzie reali in diritto romano*, Milano, 1976, p. 228. 《学说汇纂》第20卷第4节对此进行专门阐述。

〔4〕 罗马法上很多片断揭示了在没有当事人约定情况下，抵押权竞合时应适用"时间在先、权利在先"原则：D. 20. 4. 9. pr.、D. 20. 4. 13. pr.、D. 46. 3. 96. 3. S. Schipani, *Iustiniani Augusti Digesta seu Pandectae e Traduzione*, IV, Giuffrè, Milano, 2011, p. 27. Rubino Domentco-Gaetano G. Paolo, *La responsabilità patrimoniale*, *il pegno*, *i privilegi*, Torino, UTET, 1956, p. 189. *The Enactments of Justinian*, II, The Digest of Pandects, v. 46. Vincenzo Arangio-Ruiz, *Istituzione di diritto romano*, Napoli, 2012, p. 268. Piero Schlesinger, *Manuale di diritto private*, diciottesima edizione, Giuffrè, Milano, 2007, p. 430.

利。[1]罗马法上既已确定了抵押权顺位制度，其目的是调控一物之上的多个抵押权人权利冲突，进而做出资源分配和利益安排，同时也起到提醒在后债权人提前评估和预测借贷风险的作用。

我国《物权法》承继了罗马法上"时间在先、权利在先"原则，第199条确定了抵押权按照登记先后优先受偿的顺位原则。顺位的先后直接影响后抵押权人能否获得满足，其一般要待前一顺位抵押权人受偿后，才得以在剩余价值中再受偿。因此，重复抵押的设立并不损害在先抵押权人的利益，[2]同时又能使不动产抵押物价值的抵押担保作用得到最大发挥。

（二）后抵押权人知情权及其保障

基于重复抵押的"时间在先、权利在先"原则，后抵押权人承担了巨大风险，有可能使其设立抵押的目的落空，债权得不到保障。由于抵押人和债权人间就抵押物之状态存在信息不对称，故重复抵押制度能否良性发展，取决于能否成功解决信息不对称问题。因为，对后抵押权人利益进行限制的制度合理性即为：其明知在先抵押权存在而自愿放弃优先受偿利益。解决这一信息不对称问题，保障后顺位抵押权人知情权的方式可双管齐下：一是明确规定抵押人的告知义务；二是完善抵押权统一登记制度，使债权人通过查阅登记簿而明知。

1. 罗马法上债务人告知义务及其现代意义

后抵押权人的"明知"，在罗马法上是通过抵押人履行告知义务来实现的。罗马法学家认为："同一物，无论是动产或不动产，为多个抵押权人设立担保，不取决于可预见的该物价值可满足多个债权的能力，而取决于相关利益人对解禁原先的'禁止双重典质'禁令的同意。"[3]意思是说，后抵押权人应在自愿前提下，才在其他债权人之后就该物价值获得受偿。因此，为保障后抵押人对抵押物状态知情，债务人应告知其重复抵押之情形并征得其同意，

---

〔1〕 Alfredo Bicci, *Della surroga ipotecaria per evizione e del lucri dotali*, Torino, 1882, p. 21.

〔2〕 对于重复抵押的设立，《物权法》纠正了《民通意见》第115条非经抵押权人同意再设立的抵押无效的规定。这一规定不正当限制了抵押人的财产处分权，破坏了私法自治。

〔3〕 Arnaldo Biscardi, *Appunti sulle garanzie reali in diritto romano*, Milano, 1976, p. 228. 罗马法并非自始就允许在同一物上设立多重抵押。在前古典时期（约公元前3世纪至公元前2世纪），同一物上设立多重抵押受到"双重典质"（*di punizione per Stellionatus*）禁令惩罚，即"一物之上不能同时存在多个物的担保"之禁令。公元2世纪时，随着罗马社会经济发展、财产之丰富和流动，借贷需求迅速增长，加之对物的利用也进一步细化，使用、收益、交换价值权等多项权能从所有权中抽象出来，故而逐步产生了在同一物上可设立多重抵押之制度。

否则债务人应承担欺诈责任。罗马法上片断 D. 13，7，36，1. 说到 "若债务人以他人的物或以已设立抵押的物再为我设立抵押，而未告知我，则其承担双重典质和欺诈责任"。[1]该片断中，乌尔比安揭示出债务人的告知义务，其应使在后债权人明确预知风险，明知在先权利存在还愿意借贷并接受在后抵押，那么，其就不能抱怨可能带来的不完全担保，因为其明知存在在先的、更为广泛的抵押权。[2]这被视为对自身权利的处分，是意思自治的结果。实际上，希腊和罗马法都规定了债务人对在后债权人的告知义务。[3]且在罗马法上，债务人不履行告知义务属于 "恶的欺诈"（dolus malus），具有促使对方做出对其自身利益不利行为的故意。[4]秉持罗马法上 "无救济即无权利"之理念，共和国时期，罗马法上明确赋予了后抵押权人有关欺诈的请求权和诉权，最高裁判官相继创设 "欺诈之诉" 和 "欺诈抗辩"，使受欺诈人可撤销或拒绝履行基于欺诈而订立的合同，并有权要求赔偿损失，且损失并不局限于债发生时可预见的损失。在罗马法上，重复抵押的设立本质上不能排除风险，但由于有预告风险的告知义务，并有违反这一告知义务的救济措施，因而罗马法上的制度设计是完善的。

抵押权顺位的先后决定了抵押权人的受偿机会和数额，在后债权人接受对其不利的限制，必须是在未被欺诈的自由状态下选择的结果，我国法律有必要借鉴罗马法经验，明确规定债务人设立重复抵押时的告知义务，要求抵押人将该抵押物已设立抵押的情况告知在后债权人。缺乏告知义务的规定，一定程度上是对在后债权人知情权的剥夺，本质上剥夺了其是否愿意接受顺位劣后抵押权而给予借贷的选择权，这不利于重复抵押制度的良性发展，也不利于对交易安全的保护。因为 "债权人的抵押权涉及交易安全，保护抵押权包含着对借贷关系的交易安全的保护，没有对交易安全的预期，融资就难以顺利进行"。[5]故而，若抵押人采取封闭信息甚至蒙骗手段，让债权人在不知情时被诱导设立重复抵押而进行借贷，则债务人应当承担欺诈责任，毫无疑问，受欺诈人可请求

---

〔1〕 Ulpianus 11 ad ed. "Sed et si quis rem alienam mihi pignori dederit sciens prudensque vel si quis alii obligatam mihi obligavit nec me de hoc certioraverit, eodem crimine plectetur". S. Schipani, *Iustiniani Augusti Digesta seu Pandectae e Traduzione*, IV, Giuffrè, Milano, 2011.

〔2〕 Alfredo Bicci, *Della surroga ipotecaria per evizione ed lucri dotali*, Torino, 1882, p. 24.

〔3〕 Arnaldo Biscardi, *Appunti sulle garanzie reali in diritto romano*, Milano, 1976, pp. 224~225.

〔4〕 Dolus bonus e dolus malus, Simone Dizionario online.

〔5〕 徐洁："担保物权与时效的关联性研究"，载《法学研究》2012 年第 5 期。

损害赔偿。且这一欺诈责任之承担不应局限于赋予受欺诈一方按照《合同法》第54条、第58条之规定享有撤销权以及请求赔偿损失的权利。除此之外，可借鉴罗马法上"欺诈之诉"之做法，以《合同法》第42条第2项"故意隐瞒与订立合同有关的重要事实或者提供虚假情况"这一有关欺诈缔约的规定为依托，应允许在后抵押权人针对抵押人告知义务之未履行提起独立的欺诈之诉。[1]将这一诉权独立的意义在于："因欺诈而生的撤销权受到除斥期间的限制，而第42条规定的请求权则不受此限。"[2]

2. 不动产统一登记制度之建立和完善

随着现代社会交易的频繁性与交易主体的随机性和陌生化，使得当事人之间往往形成信息不对称之局面，"为了防范和降低交易风险，交易者就必须在一个公开的交易信息平台上进行活动，以便相互了解并沟通信息"。[3]故而，对后抵押权人知情权保护的另一有效手段是建立完善的不动产抵押登记信息管理及信息公开与查询制度。正如王泽鉴先生所言，"物权具有绝对排他的效力，其得丧变更须有足由外部可以辨认的表征，始可透明其法律关系，减少交易成本，保护交易安全。"[4]通过公示使在后债权人了解该标的物上已设立的物权状况，避免瑕疵抵押行为，减少纠纷。

在我国之前的不动产登记实践中，作为抵押主要客体的房屋所有权与土地使用权实行分开登记制度，这让很多债权人在不知情情况下接受了房地的重复抵押，而"房随地走和地随房走"原则又导致各抵押权人间产生利益冲突，一定程度上使得恶意重复抵押未得到有效限制。究其原因是"我国分类分部门分别登记的担保登记制度，存在多头立法、登记机关林立、程序繁复、信息不透明、查询困难、难以监管担保泡沫等弊端。"[5]故为保护债权人权益，预防担保风险，应建立统一的财产权和担保登记制度。公开和透明的公示信息，使抵押权人能从不动产抵押物价值和该抵押物先前所担保债权价值来自主判断是否接受设立第二位甚至第三位的再抵押。在其所获信息充分、

────────────────

〔1〕　目前已有学者将我国《合同法》第42条第2项之规定看作是欺诈缔约，参见崔建远主编：《合同法》，法律出版社2010年版，第123～124页。

〔2〕　刘勇："缔约过失与欺诈的制度竞合——以欺诈的'故意'要件为中心"，载《法学研究》2015年第5期。

〔3〕　李猛："论抽象社会"，载《社会学研究》1999年第1期。

〔4〕　王泽鉴：《民法物权.1.通则·所有权》，中国政法大学出版社2001年版，第92页。

〔5〕　曾章伟："统一担保登记制度刍议"，载《前沿》2013年第17期。

有合理的预期的情况下，重复抵押的设立对其而言就是善意的。同时，不动产统一登记制度也可确定抵押权行使规则，避免发生冲突和纠纷。

我国的《不动产登记暂行条例》已于 2015 年 3 月 1 日起施行，已搭建起基本的制度架构，其第 6 条规定：“县级以上地方人民政府应当确定一个部门为本行政区域的不动产登记机构，负责不动产登记工作。”但具体不动产登记机关的落实和登记制度的完全建立尚需时日。该《条例》将各地不动产登记机构确定权交由县级以上人民政府，极有可能出现的情况是各地所确定的登记机构并不一致，或土地部门、或房产管理部门、或重新设立不动产登记局，这不利于建立全国范围内统一的不动产登记查询体系。并且，在具体落实时，还存在各部门职责分散整合难、信息资源共享难、技术标准统一难等现实障碍。建立不动产统一登记制度、整合不动产登记职责，较好的办法是在全国范围内实现一个窗口对外，启动全国统一的不动产登记信息平台。

二、后抵押权人之顺位规则与变更

（一）抵押权顺位升进主义和固定主义之争

在重复抵押中，在先抵押权因债的清偿、无效等原因消灭，后抵押权是否升进以取代其顺位，这直接影响后抵押权人利益。为此，各个国家和地区采不同立法例：一是顺位升进主义，如法国、日本和我国台湾地区[1]，指在先抵押权消灭后，在后抵押权当然升至其顺位；二是顺位固定主义，如德国[2]、瑞士[3]等，指当一抵押权所附之债权消灭，其抵押权移属于抵押物所有权人，后抵押权人顺位保持固定不变。我国大陆地区立法对这一问题并无明确规定，学术界和实务界目前多采顺位升进主义。但也多有批评顺位升进而要求改采顺位固定主义之呼声，[4]其理由大抵如下：其一，后抵押权人因为在先债权消灭而获得额外利益于法无据，损害了债务人和一般债权人的

---

〔1〕　其均无明文规定，在学术界和司法实践中，多认可顺位升进主义原则。

〔2〕　《德国民法典》，陈卫佐译，法律出版社 2004 年版，第 1163 条：“所有人抵押权（1）抵押权为之而设定的债权并未形成的，抵押权属于所有人。债权已消灭的，所有人取得抵押权。……”

〔3〕　《瑞士民法典》，于海涌、赵希璇译，法律出版社 2016 年版，第 814 条：“同一土地设定若干顺序的不动产担保物权的，如一顺序不动产担保物权消灭时，其后位的不动产担保债权人无请求升位的权利。优先的不动产担保物权受清偿后，可设定另一不动产担保权。”

〔4〕　王全弟、盛宏观：“抵押权顺位升进主义与固定主义之选择”，载《法学》2008 年第 4 期；陈华彬：“从保全抵押权到流通抵押权——基于对德国不动产担保权发展轨迹的研究”，载《法治研究》2012 年第 9 期。

正当权益。其二，"要实行抵押权证券化，则必须实行抵押权次序固定主义"。[1]持升进主义观点的学者对此反驳道：其一，在后债权人虽可提出更有利的放贷条件，但并不改变其所承受风险，顺位升进带来的利益正是对该风险的补偿。其二，从融资之现实效果看，"如果在重复抵押制度中采取顺位固定主义，则不动产所有人于欲设定后顺位抵押权，以告贷金钱之必要时，常因后顺位抵押权之顺位不能升进，而遭拒绝。"[2]其三，顺位升进立法例下也可实现抵押权证券化，只不过该证券的发行、转移都需要以债权为依托。

实际上，无论顺位固定还是升进，其最终指向都是抵押的价值权本质，只是侧重不同而已：固定主义注重抵押权之独立性，在价值分配上更倾向于保护抵押人，而升进主义更强调抵押权之附随性，倾向于保护后抵押权人。若仅从制度优劣进行评判，笔者认为，二者并无明显优劣之分。

（二）罗马法上的抵押权顺位规则

法学家盖尤斯曾说为更好地了解现有事物，应走向其起源，从其历史起源和变迁中吸取经验。就在先抵押权消灭，在后抵押权顺位如何之疑问，罗马法上早有定论。"后顺位抵押权之升进主义，此种立法最早起源于罗马法：先次序担保权消灭时，后次序担保权当然且即时升进其次序为一般之原则"。[3]同一物上所担保的在先债权消灭，在后抵押权顺位如何确定，罗马法学家认为其本质是后顺位抵押权的抵押物范围确定问题。片断 D. 20，1，15，2.[4]中对罗马法上采顺位升进主义提供了很好证明：无需明确约定，在第一债权消灭后，第二抵押权人可整个地获得该物的担保。[5]罗马法上承认该在后抵押权人是就物的整体价值获得抵押担保，在先抵押权消灭时，在后抵押权顺位上升。[6]乌尔比安在《论告示》第 73 卷中也说到："如果一个债务人将其物品同时为两个人设立抵押，那么，对这两个抵押权人而言，这个物品

---

〔1〕 王瑾："我国民法典草案抵押权制度的缺失和修缮"，载《法学杂志》2003 年第 5 期。

〔2〕 谢在全："抵押权次序升进原则与次序固定原则"，载《台湾本土法学杂志》2000 年第 7 期。

〔3〕 史尚宽：《物权法论》，台北荣泰印书馆 1957 年版，第 296 页。

〔4〕 S. Schipani, *Iustiniani Augusti Digesta seu Pandectae e Traduzione*, IV, Giuffrè, Milano, 2011, p. 11.

〔5〕 Arnaldo Biscardi, *Appunti sulle garanzie reali in diritto romano*, Milano, 1976, p. 252.

〔6〕 Salvatore Tondo, *Convalida del pegno e concorso dei pegni successivi*, Giuffrè, Milano, 1959, p. 161.

的全部受该两个抵押的约束。"

罗马法上的重复抵押制度中，以顺位升进作为一般原则，但并不排斥当事人之意思自治。罗马法学家认为，若多个抵押权人在同一物上竞合只适用"时间在先、权利在先"原则则会非常危险。当说到担保权人的优先权问题时，学者们都认为应先尊重当事人意思自治。[1]重复抵押中"时间在先、权利在先"原则不需要缔结协议明确约定，只要没有相反约定即可，这由担保物权性质所决定。[2]这里的相反约定不仅仅体现在设立之后的抵押权顺位的放弃、变更等，还体现在设立的时候，就可以和抵押人约定这一抵押权顺位。片断 D. 20，4，12，4。[3]中，罗马法学家确认说：债务人为在先债权人设立抵押，经其同意又为他人设立抵押，在先债权人可放弃其顺位，同意第二债权人享有优先权。在后债权人也可与在先债权人协议改变其优先权顺位。[4]罗马法上，认可在抵押权设立之初预先约定抵押权顺位，若债权人答应放弃顺位升进之利益，应该接受的事实是可完全由当事人意思自治，可缔结协议排除了抵押权人的优先权。[5]罗马法上，在法律设定抵押权顺位规则的时候，为当事人的意志保留适当的自由空间，实际上已承认约定固定顺位，也已承认所有权人抵押制度。

在古罗马时期，意思自治就是通过契约自由正式得以法律化，抵押权作为意定担保物权，当事人就其顺位的处分可自主决定。当说到担保权人优先权问题时，罗马法学家都认为应首先尊重当事人意思自治。[6]意思自治原则所承载的民法基本价值"自由"是指"民事主体应在法律和事实可能性范围内，以尽可能高的程度享有自由做其愿意做的任何事情"。[7]民法规则某种程

---

〔1〕 Boudewijn Serks, *La pluralite' de creanciers hypothecaires sans rang en dorit romain classique et paul. 5 'ad plaut. '* D. 20，4，13，in B. I. D. R. , 89, 1986, Milano, p. 319.

〔2〕 Rubino Domenico – Gaetano G. Paolo, *La responsabilità patrimoniale, il pegno, i privilegi*, Torino, UTET, 1956, p. 189.

〔3〕 S. Schipani, *Iustiniani Augusti Digesta seu Pandectae e Traduzione*, IV, Giuffrè, Milano, 2011, p. 30.

〔4〕 Alfredo Bicci, *Della surroga ipotecaria per evizione e del lucri dotali*, Torino, 1882, p. 28.

〔5〕 Salvatore Tondo, *Convalida del pegno e concorso dei pegni successivi*, Giuffrè, Milano, 1959, p. 179.

〔6〕 Boudewijn Serks, *La pluralite' de creanciers hypothecaires sans rang en dorit romain classique et paul. 5 'ad plaut. '* D. 20，4，13. in B. I. D. R. , 89, 1986, Milano, p. 319.

〔7〕 Robert Alexy：*Theorie der Grundrechte*, Baden-Baden, 1986, p. 317. 转引自王轶："略论民法基本原则及其关系"，载龙翼飞主编：《民商法理论与实践》，中国法制出版社 2006 年版，第 34 页。

度上作为引导性规范，应提供给当事人各种选择之可能，以提高权利处分和财产流转效率，故而，在罗马法上，抵押权人顺位确定规则是先考察当事人之合意，无合意则适用顺位升进的一般原则。

（三）罗马法上抵押权顺位规则之现代启示

任何制度的设计都可能利弊并存，法律制度的制定和实施必须与其所处的社会现实紧密结合。[1]面对顺位固定而使债权人不愿接受在后抵押导致融资受阻之情形，坚持顺位固定主义的德国和瑞士都做出一定程度的制度调整，通过后抵押权人请求涂销登记和预告登记的方式，以加强在后抵押权人之信心，刺激融资借贷。[2]法国和日本法上针对顺位升进主义也进行变通：当所有权与抵押权发生混同时，例外地承认所有人抵押权，以防止不公平现象发生。日本更在升进主义基础上以债权为依托实现抵押权证券化。如今，固定主义与升进主义正走向逐步融合，互相弥补制度之短，已然失去严格区分之意义。

在我国重复抵押的立法中，究竟采用哪种立法模式，学者间争论已久尚未达成共识，立法上对该两种模式也未置可否。德国、瑞士和法国、日本的改革现状告诉我们，固定主义或升进主义已不再泾渭分明，后发优势的立法智慧体现在：对制度之选择应结合本国国情、法律传统、制度成本等方面综合考量而作出选择，相比而言，罗马法上以顺位升进为原则，当事人可约定

---

〔1〕 邢克波、房锦东："论对我国两审终审制度的坚持和完善——兼论司法体制改革"，载《当代法学》2002 年第 8 期。

〔2〕 德国在民法没有修正之前，允许抵押权人在设定后顺位抵押权之后可以与抵押物所有人约定，当抵押物所有人获得先顺位抵押权时，就负有涂销所有人抵押权的义务，但是双方的合意毕竟只具有债权效力，仍然无法让后顺位抵押权人受到充分保障。所以，为了使这项约定突破债权效力对抗第三人，法律允许双方可采用预告登记的方式赋予其物权效力，这样就使债权人解除后顾之忧，乐于与抵押物所有人设立后顺位抵押权，进一步拓宽融资渠道。在这之后，涂销登记请求权的约定及由此产生的预告登记急剧增加，使德国立法者考虑通过立法的方式作出修正。在 1977 年德国将《德国民法典》第 1179 条进行了修正，增订了第 1179a 条、第 1179b 条和第 1196 条第 3 项。按照新的规定，先顺位的抵押权或者同顺位的抵押权在发生所有人抵押权时，后顺位或者同顺位的抵押权主体对该抵押权享有涂销登记请求权。该项请求权在办理登记的时候，可办理预告登记，使该涂销登记请求权具有相同的保全效力。瑞士的顺位固定主义，也在试图缓和其弊端。在空白担保位置制度下，唯有不动产所有人在空白位置上设定新的抵押权才产生固定的效力。后顺位的抵押权在空白的担保位置没有设定新的抵押权之前，是有可能升进的。例如《瑞士民法典》对于保留的空白担保位置，在没有设定新抵押权之前，如果抵押物变卖，那么，它所卖得的价金应该由后顺位的抵押权人依其顺位获得清偿。

顺位之模式较适合我国国情。[1]

原因在于，我国目前学界主流观点和司法实践中主要做法都采升进主义，未来以升进主义为原则，既可以避免与我国长期以来贯彻的抵押权附随性理论相冲突，也与我国现有的担保物权制度相适应，不会给既有的担保物权体系带来冲击。并且，按照意思自治理论，"人们可依其自身的意志并按照一定的法则去创设自己的权利义务，当事人的意志不仅仅是权利义务的渊源，而且是权利义务发生的根据"。[2]作为经济理性人[3]，债权人为获取更高额利息，应允许其在设立重复抵押时与抵押人约定放弃顺位升进而选择顺位固定，或者将某一顺位的抵押权保留给抵押人自身，便于抵押人有机会通过该顺位再进行融资。实际上我国担保法律制度中，已经在《担保法解释》第 77 条和《融资租赁解释》第 9 条承认了所有人抵押权制度，一定程度已突破担保物权的附随性，允许当事人约定固定顺位，并不会造成担保物权体系之冲突。重复抵押制度中，应允许相关的当事人有一定的自由空间去进行利益的自我协调。从经济学视角出发，民法中关于抵押权顺位的制度设计不仅追求公平的最大化，而且力图实现经济效率的最大化，在保证各方利益平衡的基础上，促进资本能够以更高的效率融通也是其目的之一。应赋予抵押权人与抵押人更多自主选择的空间，交由经济理性人来自己决定。

为了使抵押权人对权利的支配更具有弹性，并充分发挥抵押权人利用抵押物的交换价值融通资本的担保功能，应允许抵押人对其顺位进行处分，这也是对抵押权人意思自治的一种尊重，是民法意思自治原则之体现。这在我国制度中早已得到确认，《物权法》第 194 条规定，抵押权人可以放弃抵押权或是顺位，各抵押权人也可以缔结协议变更抵押权顺位，只要不损害其他利害关系人合法权益即可。这一规定与大陆法系主要国家一致。[4]

---

〔1〕 亦有学者提出了折衷主义的思路：可顺位固定为原则，顺位升进为例外；亦可顺位升进为原则，顺位固定为例外。参见常鹏翱：《物权程序的建构与效应》，中国人民大学出版社 2005 年版。

〔2〕 尹田编著：《法国现代合同法》，法律出版社 1995 年版，第 13 页。

〔3〕 经济学是建立在假设每个从事经济活动的个体都是理性的，即经济人（economic man）又称"理性—经济人"。

〔4〕 如《日本民法典》第 373 条规定："抵押权的次序，可以依照各抵押权人的合意而变更。"参见《日本民法典》，王书江译，中国法制出版社 2000 年版；《德国民法典》第 880 条规定："土地上权利次序关系可以在事后变更，次序后移的权利人和次序前移的权利人应当订立协议变更次序。"参见《德国民法典》，郑冲、贾红梅译，法律出版社 2001 年版。

三、后抵押权人权利实现

(一) 后抵押权人的变卖权和优先受偿权

抵押权的实现是指在债权已届清偿期而债务人不履行债务时，抵押权人处分抵押物而优先受偿的行为。[1]重复抵押中，由于设立多个抵押所担保的各债权履行期不一致，可能出现在后债权先到期的情况，故而，抵押权的实现应与抵押权顺位和债务的履行期充分联系起来，解决先后顺位抵押权人的实际受偿顺序问题。如何使重复抵押中的多个抵押权得到公平的实现，这与市场经济正常秩序的维护和抵押权人利益的保护的关系甚巨，《物权法》第199条规定了多个均已到期债权受抵押物清偿的顺序，但并未规定若抵押物上仍存在未到期债权的抵押权如何处理，对顺位在后的抵押权应如何实现也缺乏明确规定，实属疏漏，学界对此也缺乏深入讨论。

1. 我国后抵押权人权利实现之争

顺位在后的抵押权所担保的债权先到期的，如何设置担保物权实现制度？我国立法上唯一的依据是《担保法解释》第78条，其第1款规定："同一财产向两个以上债权人抵押的，顺序在后的抵押权所担保的债权先到期的，抵押权人只能就抵押物价值超出顺序在先的抵押担保债权的部分受偿。"按该规定，后抵押权人在抵押物拍卖、变卖后，留足在先担保的主债权及其利息等债权额并将之提存，剩余部分方可由在后抵押权人受偿。该规定实际赋予了后抵押权人一定范围内的优先受偿的权利。规定是否合理，学界有两种截然不同的观点。

第一种观点认为，后抵押权不应先行实现，只有等待先抵押权实现后，尚有剩余价款才能受偿。主要理由是认为这是重复抵押中"时间在先、权利在先"原则的本质要求，决定了在先抵押权必定优先实现，是物权排他效力之体现。"次序权的权利内容不仅是对抵押物所担保的债权数额的受偿有先后次序之分，对抵押权实现的时间也要遵从次序的限制……不仅要保障在均需处分抵押物期待权利的数个债权人中，前顺位抵押权对应担保的债权数额的受偿优先，还要保障其债权期限内抵押物不被后顺位的抵押权人处分，从而保障先顺位抵押物清偿的时间顺序的优先。"[2]第二种观点认可《担保法解

---

〔1〕 孙宪忠编著：《物权法》，社会科学文献出版社2005年版，第294页。

〔2〕 王瑾："我国民法典草案抵押权制度的缺失和修缮"，载《法学杂志》2003年第5期。

释》第 78 条之规定，在后担保债权先行到期之情形下，后抵押权人先扣除清偿在先担保债权所需价款并将价款提存，剩余价款可用来清偿后抵押权人债权。[1]理由在于：若要求后抵押权人必须等待先抵押权人获得优先受偿后才可行使其抵押权获得清偿，这会降低市场交易效率，很可能会使后抵押权人利益受损，尤其在抵押物价值不断下降时，一味等待尤其会对在后抵押权人利益造成严重损害。这一争议至今仍未有定论，2012 年修订《民事诉讼法》时，对同一财产上设立多个担保物权之情况，后担保物权人能否申请实现担保物权仍未明确规定。实践中，大多法院的做法是确定这一担保财产价值充足与否，如果充足，则允许后担保物权人申请实现担保物权。若不充足，则不允许在后担保物权人行使其权利。

2. 罗马法上后抵押权人权利实现之分离原则及其启示

就重复抵押中，由于所担保债权履行期限不一致所带来的各抵押权实现的难题，罗马法上的处理方式为我们提供了很好的借鉴思路。在罗马法上，抵押权行使分为两部分：变卖抵押物和就变卖所得金额优先受偿。在罗马法上，当变卖权成为担保物权必要要素时，逻辑上也应承认后抵押权人应享有变卖权。[2]后抵押权实际也是就该抵押物整体价值上设立抵押，只在优先受偿顺序上与先抵押权人存在差异。若先抵押权担保的债权尚未到期，先抵押权人无法行使担保权，而后抵押所担保债权已到期，则其可要求占有该不动产，赋予后抵押权人变卖该物的权利。[3]片断 D. 13，7，5。[4]中法学家彭波尼确定：即使当事人缔结相反约定，也不能取消担保权人的变卖权。债权人有权利在债权到期没有获得清偿时，出卖抵押物以满足其债权，这一变卖权是抵押的题中之义。不能剥夺这一出卖权，也不能限制这一变卖权的

---

〔1〕 王利明：《物权法研究》，中国人民大学出版社 2002 年版，第 553 页。

〔2〕 Salvatore Tondo, *Convalida del pegno e concorso dei pegni successivi*, Giuffrè, Milano, 1959, p. 153. 到公元 3 世纪时，出卖权成了担保协议中的必然约款，债权人必然享有出卖权，即使在协议中排除出卖权也不生效，不能排除这一担保物权本质效力。Alberto Burdese, *Lex commissoria e ius vendendi nella fiducia e nel pignus*, Torino: G. Giappichelli, 1949, pp. 131, 139, 215.

〔3〕 Fritz Schulz, *Classical Roman Law*, Oxford: Clarendon Press, 1992, p. 423.

〔4〕 Pomponio, nel libro diciannovesimo A Sabino. E questo diritto vale, vuoi quando si sia pattuito che non venga assolutamente venduto, vuoi quando si sia violato il patto circa l'importo a cui venderlo, la condizione o il luogo. S. Schipani, *Iustiniani Augusti Digesta seu Pandectae e Traduzione*, III, Giuffrè, Milano, 2005, p. 58.

行使。[1]

罗马法上强调后抵押权人在其债权到期时，变卖该抵押物的权利不会受到妨碍，但其以该物价值获得优先清偿的权利受到影响，因为，该抵押物价值应首先分配给在先抵押权人以满足其债权。[2]事实上，从程序角度看，每一抵押权人首先对抵押物都可扣押占有实现其变卖权，但应先对先顺位抵押权人清偿。[3]否则，先顺位抵押权人可起诉，只有在先抵押权人获得清偿后，后抵押权人才可获得清偿。例如，对第三抵押权人而言，其债权最先到期，其可行使占有、变卖该抵押物的权利，但其应先清偿在先的两个抵押权人，剩余的才可清偿自身债权。[4]罗马法上强调对后抵押权人保护，但以不损害先抵押权人利益为前提，采取的策略是将后抵押权人变卖权和优先受偿权进行分离，赋予后抵押权人以变卖权，但不赋予其优先受偿权。

《担保法解释》规定后抵押权人享有优先受偿权，立法者本意是，试图保护后抵押权人利益，在其债权到期而在先债权尚未到期时，为防止担保物价值急速降低，赋予其该权利以获得救济，并以为在先债权人留出其债权数额为条件。但该规定忽略的事实是，对在先债权的提存只在先抵押权是定额担保时才具有实现可能，但这在实践中不常发生。一般情形下，在先债权数额在尚未到期前无法确定，可能存在当事人约定不清、所担保债权范围不清、损害赔偿数额计算和相关费用等都难以确定的情形。若在先债权是最高额抵押，那对被担保债权的数额确定在其尚未到期时更是困难。并且，实践中"由于'担保范围'栏目登记不明确，当事人就抵押权优先受偿的范围常常发生争议"，[5]时常出现的情况是所进行的提存并未使在先债权获得完全担保，损害了在先抵押权人的合法利益。这违背了"时间在先、权利在先"这一物权基本原则，是对后抵押权人利益的过度保护。而罗马法上赋予后抵押权人以变卖权，却未赋予其优先受偿权，将抵押权实现中的两种权能分开处理的方式很好地调和了多个抵押权人间的矛盾，值得借鉴。

---

〔1〕 LL. D. William Smith, D. C. L. , *A Smaller Dictionary of Greek and Roman Antiquities*, John Murray, London, 1885, pp. 915~918.

〔2〕 Alfredo Bicci, *Della surroga ipotecaria per evizione e del lucri dotali*, Torino, 1882, p. 31.

〔3〕 Arnaldo Biscardi, *Appunti sulle garanzie reali in diritto romano*, Milano, 1976, p. 235.

〔4〕 Arnaldo Biscardi, *Appunti sulle garanzie reali in diritto romano*, Milano, 1976, p. 237.

〔5〕 高圣平、申晨："不动产抵押登记若干问题探讨——从不动产统一登记条例出发"，载《社会科学》2014 年第 5 期。

（二）后顺位抵押权人的清偿代位权

1. 罗马法上的清偿代位权

清偿代位权，即后抵押权人可清偿先抵押权人之债权以取代其顺位。[1]抵押的代位意味着顺位的代位，意味着后抵押权人获得先抵押权人同样的顺位，享有对抗其他债权人的抵押权。[2]我国尚未规定后抵押权人的这一权利。后抵押权人取代先抵押权人地位的权利在罗马法上也被称为"出价权"（Ius offerendi），即抵押接替权，后抵押权人对先抵押权人享有这一权利，即同一物上设立多个抵押，如果第二抵押权人对第一抵押权人行使出价权，在其清偿了第一抵押权人后可获得该第一抵押权人的位置。同样第三抵押权人清偿第一抵押权人，也可获得其顺位。[3]片断 D. 20，4，11，4。[4]明确揭示出后抵押权人这一权利：假设后抵押权人已准备好向先抵押权人清偿以满足其债权……在先抵押权人拒绝接受后抵押权人的清偿时，其应该被认为是无正当原因不接受这一给付。[5]罗马法上赋予后抵押权人这一权利，只要其清偿先抵押权人，其可完全取代先抵押权人的位置和权利，享有先抵押权人的抗辩权。[6]由于受担保物权领域的"时间在先、权利在先"原则约束，后抵押权人在先抵押权人尚未获得清偿时不能完全实现其抵押权。清偿代位权制度赋予后抵押权人可通过对先抵押权人的清偿而取代其地位的权利，以便顺利实现抵押权。

清偿代位即使违反先顺位抵押权人的意愿也可行使，这是为了避免先抵押权人故意不行使权利以致抵押制度价值无法实现，实际赋予后抵押权人保护其利益的一种保障性手段。因为实践中，抵押物价值可能远超出被担保的在先债权额，抵押物价值损失实际并不危及在先债权人利益，故其可能疏于抵押物之保全或不急于实现抵押权。若先抵押权人故意不行使权利而损害后抵押权人之利益，虽有悖于诚信原则，但法律无法强制权利人行使其权利，

---

〔1〕 Alberto Burdese, *Manuale di diritto privato romano*, Torino, UTET, p. 385.

〔2〕 Ratti, *Sul ius vendendi del creditore pignoratizio*, in Studi urbinati, 1927, p. 15.

〔3〕 Arnaldo Biscardi, *Appunti sulle garanzie reali in diritto romano*, Milano, 1976, p. 253. 参见黄风编著：《罗马法词典》，法律出版社 2002 年版，第 142 页。

〔4〕 Qualora il creditore successivo sia pronto a pagare il dovuto al creditore precedente, si deve vedere se egli spetti l'azione ipotecaria allorche' il precedente creditore non voglia accettare il denaro…S. Schipani, *Iustiniani Augusti Digesta seu Pandectae e Traduzione*, IV, Giuffrè, Milano, Giuffrè, 2011, p. 29.

〔5〕 Salvatore Tondo, *Convalida del pegno e concorso dei pegni successivi*, Milano, 1959, p. 159.

〔6〕 Alfredo Bicci, *Della surroga ipotecaria per evizione e del lucri dotali*, Torino, 1882, p. 15.

可采取的策略是赋予后抵押权人相关权利以抵销在先抵押权人怠于行使权利的消极效果。对于各项罗马法律制度的发展来说，更多依靠的是寻求法律手段以使享有主观权利的人获得保护。[1]

2. 后抵押权人清偿代位权之具体行使

后抵押权人不仅有扣押和变卖该物的权利，还享有对先抵押权人清偿以取代其地位的权利。在罗马法上先抵押权人有义务接受这一清偿，因为这实质对其利益不产生不利影响，其设立担保的目的是为了获得清偿，只要完全满足其债权，没有必要限制后抵押权人的清偿代位权。[2] 片断 D. 20, 5, 5 pr.[3]中，罗马法学家马尔西安认为，当第二债权人提供给第一债权人本应该由债务人提供的清偿，那么第二债权人就取代第一债权人地位，由于他清偿了第一债权人，其可行使变卖权和优先受偿权，使第一和第二债权都获得满足。[4]这一代位权也可由第三债权人或在后债权人行使，清偿在先债权人而获得其顺位利益。[5]但该清偿代位权只在清偿数额内取代先顺位抵押权人利益，且不能影响其他抵押权人权利。[6]

结　语

"同一标的物上数种权利重叠，系现代物权法之特色，最能发挥物权之功能，既符合当事人之利益，复可促进社会经济福利。"[7]重复抵押制度盘活了特别是作为抵押物的不动产的价值，使其为尽可能多的债权提供担保，拓宽了融资渠道，提高了不动产抵押担保制度的社会效益。而这一制度价值之充分发挥，则有赖于后抵押权人权利保障制度设计合理，以平衡担保物权制度的安全性和效益性，促使债权人接受在后抵押权而进行借贷，以实现多重融

〔1〕 黄风：《罗马私法导论》，中国政法大学出版社2003年版，第24页。

〔2〕 Arnaldo Biscardi, *Appunti sulle garanzie reali in diritto romano*, Milano, 1976, p. 235.

〔3〕 Marciano, nel libro unico alla formula ipotecaria. Quando il secondo creditore, avendo offerto al primo creditore il denaro dovutogli dal debitore, sia subentrato al suo posto, in virtu' del denaro pagato al primo creditore, puo' correttamente vendere. S. Schipani, *Iustiniani Augusti Digesta seu Pandectae e Traduzione*, IV, Giuffrè, Milano, 2011, p. 36.

〔4〕 Arnaldo Biscardi, *Appunti sulle garanzie reali in diritto romano*, Milano, 1976, p. 235.

〔5〕 Fritz Schulz, *Classical Roman Law*, Oxford: Clarendon Pass, 1992, p. 425.

〔6〕 LL. D. William Smith, D. C. L., *A Smaller Dictionary of Greek and Roman Antiquities*, John Murray, London, 1885, pp. 915~918.

〔7〕 王泽鉴：《民法学说与判例研究》（第1册），中国政法大学出版社1998年版，第264页。

资和物的效用最大限度发挥。

对在后抵押权人而言，设立重复抵押时，应保障其知情权，要求债务人履行告知义务，否则承担欺诈责任，通过预告风险措施以便在后抵押权人进行风险评估。完善的不动产统一登记体系是解决信息不对称之重要方法。在重复抵押运行过程中，罗马法上已认可在抵押权设立之初当事人可预先约定抵押权顺位，且各抵押权人可协议变更抵押权顺位。基于我国原有之顺位升进之习惯传统和担保物权制度体系之融洽性，未来立法可采顺位升进主义为原则，当事人约定为例外。鉴于在先担保债权数额较难确定，对后抵押权人保护以不损害先抵押权人利益为前提，可借鉴罗马法上将抵押权行使分为变卖抵押物和就变卖所得金额优先受偿两部分，只赋予后抵押权人以变卖权，但不赋予其优先受偿权。制度设计上，为避免先抵押权人故意不行使其权利，应赋予后抵押权人清偿代位权，以便其可顺利实现抵押权，这实际是赋予后抵押权人保护其利益的一种保障性手段。

论身体健康权救济中非财产
损害之基本范畴

李　琳*

一、问题的提出

身体权和健康权（以下简称"身体健康权"）是人格权中最重要的组成部分。《民法总则》第110条明确宣示了自然人享有身体权和健康权，但是没有作出具体规定。在《民法典各编草案征求意见稿》中，出现了人格权编，其中也宣示了身体权和健康权受法律保护，但是也没有明确保护的方式。只有在《侵权责任法》以及《民法典各编草案征求意见稿》侵权责任编中才有对身体健康权的救济，但也仅仅规定了残疾赔偿金和精神损害赔偿两种救济方式。

事实上，身体健康权被侵害后，会产生两种损害，即财产损害和非财产损害。现在的法律法规主要侧重于救济财产损害，而忽视了对非财产损害的救济。

随着中国经济社会的发展，物质财富高速积累，忽视对非财产损害的救济而产生的问题越来越突出。

第一，现行法律规定的"精神损害"的概念范围过窄，仅仅包括主观精神损害。而实际上，在人身伤害的案件中，受害人受到的非财产损害不仅仅只有主观精神损害。

第二，精神损害等赔偿普遍偏低，一般最高额为5万元，个别地区为10万元。[1]现在社会上各种恶性伤害事件、恶性工伤事件等频发。这样的赔偿

---

* 李琳，中国政法大学法律硕士学院讲师，法国蒙彼利埃大学法学院民商法博士。

[1] 王胜明主编：《中华人民共和国侵权责任法释义》，法律出版社2010年版，第112页。

数额对于抚慰受害人和预防人身损害发生，力度不足。

第三，在身体健康权救济中的公平问题。如虽然《侵权责任法》在解决这一问题上有所努力，其第 17 条规定了"同命可以同价"，但是从另一个意义上来看，也是说"同命可以不同价"。而且，更重要的是，对于伤害身体健康的情况，按照现行法律法规和司法解释，还是不"同价"的。这样的规定，对于一些低收入的人来说很不公平，保护也很不完善。

第四，残疾赔偿金的性质以及刑事附带民事诉讼中的精神损害赔偿问题等在理论界和实务界都还没有得到妥善的解决。

第五，在现在的中国侵权责任法制度体系下，一些特殊人群，如残障人士、植物人、[1]失业者或家庭主妇等[2]的身体健康权保护，还很不到位。如伤害婴儿、精神病人，他们甚至有时不能感受到精神上的痛苦，也就很难达到"严重精神损害"的适用标准，因而难以得到救济。

第六，在《侵权责任法》生效之后，最高人民法院关于人身损害赔偿和精神损害赔偿的两个司法解释[3]之间、司法解释与《侵权责任法》之间出现了不一致的情况。

总之，以上问题的出现，主要是因为"非财产损害"概念与精神损害概念的关系没有厘清，身体健康权非财产损害性质不清晰以及类型化的缺失，使得赔偿制度不完善。

范畴及其体系是人类在一定历史阶段理论思维发展水平的指示器，也是各门科学成熟程度的标志。当代中国法学，范畴及其体系的研究都是薄弱环节。[4]因此，基本范畴的问题是研究非财产损害制度的基本问题。

在未来的民法典各编的立法中，要建立完善的身体健康权非财产损害赔偿制度，关键要厘清身体健康权非财产损害的基本范畴，即其概念、性质、类型等。这是一个基本问题。为此，首先应当正本清源，回到这个概念和制

---

〔1〕 如在事故中受害人完全失去意识，而且永远都难以恢复，但是一直保持生命，也就是常说的"植物人"。这样的受害者是否可以请求精神损害赔偿呢？

〔2〕 [德] 克雷斯蒂安·冯·巴尔：《欧洲比较侵权行为法》（下卷），焦美华译，张新宝校，法律出版社 2001 年版，第 19 页。

〔3〕 即《最高人民法院关于确定民事侵权精神损害赔偿责任若干问题的解释》和《最高人民法院关于审理人身损害赔偿案件适用法律若干问题的解释》。

〔4〕 张文显："论法学范畴体系"，载《江西社会科学》2004 年第 4 期。

度的最开始的起源来研究。

现代西方的身体健康权救济中的非财产损害赔偿制度起源于罗马法中的私犯之债。[1]然而私犯之债本身的内涵也是在不断变化之中的。罗马法侵权责任体系的最大特点之一,规定人身伤害的"侵辱"(iniuria)与规定财产损害的"阿奎利亚法损害"(damnum iniuria datum)呈泾渭分明之态。[2]从时间上来看,"侵辱"在"阿奎利亚法损害"之前就已经出现在了成文法中。[3]后世的罗马法学者提出:"自由人的身体不能成为损害赔偿的衡量对象"。[4]这样的理念和制度,体现了人之为人的价值,彰显了"任何人都不能成为自己肢体的所有权人"的理念。[5]虽然因为罗马帝国的衰亡,罗马法湮没在了中世纪的黑暗中。但它具有永恒的价值,也需持续接受实践的检验和理论的反思,对于这一理念的忽视是我们遭遇一系列困境的原因。[6]

罗马法的概念一直是演变的、开放的。经过千年的发展,"损害"(damnum)的概念随着阿奎利亚法的扩张而获得了更丰富的内涵。到了近代,"损害"的概念已经一般化,而且包括了对人身财产等造成的不利益。在侵权法上,德国民法典确立了"非财产损害"的概念和对其赔偿的限制。[7]之后的一些国家民法典纷纷确立了非财产损害赔偿制度。因为人们把侵权法的功能逐渐定义为"赔偿"而非"惩罚",许多国家采取了限制非财产损害赔偿的

---

　　〔1〕 罗马法上的私犯之债,主要包括四种典型的类型,包括"侵辱"(iniuria)、"盗窃"(furtum)、"抢劫"(vi bona rapta)和"阿奎利亚法损害"(damnum iniuria datum),也叫"非法损害"。参见费安玲主编:《罗马私法学》,中国政法大学出版社 2009 年版,第 372 页以下。

　　〔2〕 "阿奎利亚法损害"(damnum iniuria datum)在后来的发展中逐渐失去了惩罚的功能,主要强调"填补损害"。

　　〔3〕 早在公元前 451 年的《十二表法》中,"侵辱"制度就已经被规定。"阿奎利亚法损害"则在几百年后的《阿奎利亚法》中才被确立。

　　〔4〕 D. 9, 1, 3; D. 9, 3, 1, 5; D. 9, 3, 7.

　　〔5〕 D. 9, 2, 13:该片断中使用的"所有权"一词,清楚地表明了把人排除在财产性损害(danno)赔偿之外的理由,即不存在财产性的损失。

　　〔6〕 Cfr. S. Schipani, *Orfani Dell'actio iniuriarum, rileggere i Digesti: Contribut romanistici per una riflessione sulla giuridica della persona*, 中文版:[意]桑德罗·斯奇巴尼:"'侵辱之诉'的遗孤——重读《学说汇纂》:通过罗马法学家的贡献来看对人的法律保护",翟远见、张长绵译,载费安玲主编:《学说汇纂》(第四卷),元照出版公司 2012 年版。

　　〔7〕 《德国民法典》第 253 条规定:"仅在法律所规定的情况下,才能因非财产损害而请求金钱赔偿"。参见《德国民法典》,陈卫佐译,法律出版社 2006 年版。

原则，[1]将人身损害财产方面的赔偿纳入到了损害赔偿的领域，将"侵辱"制度的人身性的内容交给了刑法管辖。这样的体系安排，割裂了"赔偿"与"惩罚"联系的脉络，而为了弥补由此带来的缺漏，则构建了"精神损害"这一自相矛盾的概念。[2]这样的体系对于保护人的尊严和价值并不是很有力。随着社会经济的发展，人的尊严与价值的提高，要求法律规则作出相应的调整。

为了适应社会的发展，解决司法实践中突出的问题，欧洲国家在立法和司法实践上采取了相应的调整。如意大利、法国、德国及英国等，这些国家发展出了自己的一套体系。这些国家都认为，应该把极为严重的人格权侵害本身视为一种可赔偿性的损害——即损害本身即可诉。[3]在这些国家中，意大利将这个原则上升到了一个"当然"的高度。其宪法法院通过判例确立了"生物性损害"（danno biologico）这一革命性的制度，创立了财产损害与精神损害之外的第三种损害类型。[4]

而在国内，对这个身体健康权救济中非财产损害基本范畴的研究似乎并不是很充分。论文等文献数量不多，对于这个问题的研究还处于起步阶段。而由于国内立法和司法上通行"精神损害"的概念，国内学者主要都是从精神损害方面来研究。[5]直接以"非财产损害"为题的论文不是很多，专著更是屈指可数。国内的专著中以"非财产损害"为题的主要有曾世雄、车辉及

---

〔1〕《德国民法典》第253条，《意大利民法典》第2059条。参见《意大利民法典》，费安玲、丁玫、张宓译，中国政法大学出版社2004年版。

〔2〕［意］桑德罗·斯奇巴尼："对《学说汇纂》合同外责任的重新解读及对其现代侵权法的启示"，阮辉玲译，载《中外法学》2009年第5期。精神损害的概念，在许多国家司法和学术研究中都有使用，法国 le domage moral，意大利 il danno morale.

〔3〕［德］克雷斯蒂安·冯·巴尔：《欧洲比较侵权行为法》（下卷），焦美华译，张新宝校，法律出版社2001年版，第24页。

〔4〕［德］克雷斯蒂安·冯·巴尔：《欧洲比较侵权行为法》（下卷），焦美华译，张新宝校，法律出版社2001年版，第25页。下文将对生物性损害进行深入的分析。

〔5〕这方面的专著论文可谓是汗牛充栋。比较著名的有曹康："精神损害赔偿初探"，载《政法论坛》1987年第4期；魏振瀛："精神损害赔偿责任的性质和法律适用"，载《政治与法律》1987年第6期；刘保玉："精神损害的赔偿问题探讨"，载《法学》1987年第6期；余延满："我国《民法通则》并未规定精神损害赔偿制度——《民法通则》第120条解释"，载《法学评论》1992年第3期。最近的有张新宝主编：《精神损害赔偿制度研究》，法律出版社2012年版；胡平：《精神损害赔偿制度研究》，中国法制出版社2004年版等，在此没有一一列出。

刘春梅的著作。[1]这几本著作都对非财产损害有比较详尽的阐释。其中刘春梅的著作，主要从人身伤害入手，以英美法为主要的研究对象，同时介绍了欧洲和日本的相关制度。文中提出了"用非财产损害赔偿取代精神损害赔偿并使之成为法定概念"[2]和"将'非财产损害'归类为'疼痛和痛苦'与'生活乐趣的丧失'"。[3]然而，到目前为止，国内还未见有真正溯及至罗马法源头的历史研究。

同时，相比欧洲罗马法系的一些国家，对中国来说，"非财产损害"是舶来品，在中国学术与司法界使用得并不多。对其概念，国内学者可谓众说纷纭，因此"非财产损害"的概念还处于混乱之中。有必要在整合前人成果的基础上，把这个问题的研究再做深入。只有正本清源，从历史与比较的视角，深刻研究"非财产损害"的定义和类型等，才能为非财产损害制度的建立提供坚实的基础，并为中国的司法实践提供理论上的支持。

二、身体健康权救济中的非财产损害之定义

（一）损害之概念

近代的损害概念，来源于拉丁语（damnum iniuria datum）。Damnum iniuria datum 从一个指对财产方面造成损害的罚金，经过上千年的发展，成为一个几乎包括所有方面的庞大的概念。如《奥地利民法典》第1293条规定，损害是指一个人在其财产、权利和人身上遭受的一切不利益。[4]很多学者也都

---

〔1〕 曾世雄：《非财产上之损害赔偿》，元照出版社2005年版；曾世雄：《损害赔偿法原理》，中国政法大学出版社2001年版；车辉：《非财产损害赔偿问题研究》，法律出版社2011年版；刘春梅：《人身伤害中的非财产损害赔偿研究》，法律出版社2011年版。对于非财产损害的定义，中国大陆和台湾地区主要存在四种观点：第一种观点认为，非财产损害是与财产权的变动无关的、表现为生理抑或心理上的痛苦的损害的形式。第二种观点认为，非财产上损害即无形的损害，是对于财产以外的权利与利益造成的损害，例如生命、身体、自由等。第三种观点认为，非财产损害是指财产损害以外的、不能以金钱计算或衡量的损害。第四种观点认为，非财产损害即是精神损害，而精神损害是指对民事主体精神活动的损害。侵权行为侵害公民、法人的人身权，造成的公民生理、心理上的精神活动、法人维护其精神利益的精神活动的破坏，最终导致精神痛苦及精神利益丧失或减损。参见史尚宽：《债法总论》，中国政法大学出版社2000年版，第287~288页；曾世雄：《损害赔偿法原理》，中国政法大学出版社2001年版，第293页；杨立新：《侵权法论》，人民法院出版社2004年版，第686页；王泽鉴：《民法学说与判例研究》（第七册），中国政法大学出版社1998年版，第134页。

〔2〕 刘春梅：《人身伤害中的非财产损害赔偿研究》，法律出版社2011年版，第236页以下。

〔3〕 刘春梅：《人身伤害中的非财产损害赔偿研究》，法律出版社2011年版，第236页以下。

〔4〕 Cfr. U. Magnus , *Unification of tort law*: *damages*, Kluwer Law International, 2001, p. 10.

有类似的定义。[1]

可以看出，以上的概念都是扩张了的"损害"概念。由于现代广义的"损害"概念已经形成，现代的损害概念已经完全包括了侵辱的概念。再回到罗马法，把人身伤害从损害的概念重新抽出放入侵辱的努力似乎并不是很明智。然而现在混合型的"损害"却使人身伤害的救济不足。有鉴于此，最好的方法是，在损害概念的内部建立二分的结构体系，将罗马法侵辱制度的内容移植进来，从而形成现代罗马法的损害概念和救济制度。西方国家发展到了现阶段，损害的概念经过了两次革命：第一次是人身损害概念的提出及其与财产损害的紧张关系；第二次发生在人身损害内部，人身损害的概念逐渐从因劳动能力丧失而造成的财产损失发展到了狭义上的人身损害概念。[2]

因此，应当从广义上定义损害，然后将其划分为财产上的与非财产上的损害。这两种类型的损害有着非常明确的区分。最重要的是，它们应当根据自身的性质适用不同的金钱救济方式[3]：财产损害适用损害赔偿，而非财产损害，则应当继受罗马法的传统，适用一笔私人罚金。

（二）非财产损害之概念

非财产损害的内涵经过了一千多年的发展，最终在德国法上，被"非财产损害"这样一个概念概括。用一个高度抽象的概念来表示一个内容庞大的体系，将体系中各个组成部分的"公因式"提取出来。

然而从纯粹的逻辑学上来说，此种定义方式并不规范。因为根据形式逻辑学，除非必要，定义中不应包括负概念。[4]而"非财产"实际上是一个"负概念"，即不是财产上的、不能用财产来衡量的"损害"。这样定义的结果是，保持了概念周延，即任何损害不是财产损害就是非财产损害；同时，也使得"非财产损害"成了一个过于繁杂的系统。任何新出现的类型的损害，若无法归于财产损害，都可以放入非财产损害中去。实际上，非财产损害已经不是一个统一的制度了。学者们总是要在特定的前提下讨论非财产损害及其救济，而不是浮泛地谈论非财产损害。因此，有必要对非财产损害进行细

---

[1] 杨立新：《侵权法论》，人民法院出版社 2004 年版，第 159 页；张新宝主编：《精神损害赔偿制度研究》，法律出版社 2012 年版，第 3 页；史尚宽：《债法总论》，中国政法大学出版社 2000 年版，第 287 页。

[2] Cfr. F. D. Busnelli, S. Patti, *Danno e responsabilità civile*, ed. G. Giappichelli, Torino, 1997, p. 42.

[3] 这里并不讨论恢复原则或赔礼道歉等非金钱的救济方式。

[4] 金岳霖主编：《形式逻辑》，人民出版社 1979 年版，第 55 页。

致的分析。

因此，对于非财产损害，准确的定义几乎是不可能完成的任务。有些学者将非财产损害定义为某些不能用经济或金钱衡量的"不利益"。[1]那如何确定这种"不利益"？既然无法用金钱衡量，那如何判断某些行为对于受害人是"利益"还是"不利益"？[2]有一些"不利益"的判断，应当以受害人正常生活状态的改变为标准，在个案中由法官具体认定。另一些"不利益"，可以根据人们"一般观念与社会经验"承认。[3]总之，非财产损害还是应当由法官在具体案件中考量，考量标准是，行为是否对于法律确认的、人和社会正常的生活状态的、无法在经济上衡量的利益造成应当被法律非难的破坏。

非财产损害可能因三个原因而发生，[4]即或因财产损害发生、或因侵害人身权益发生、又或者是单独发生。本文研究的是侵犯身体健康权而发生的非财产损害。

（三）身体健康权非财产损害与精神损害的区别

非财产损害与精神损害的关系是国内学者讨论的热点。但是，什么是精神损害？《民法通则》和《侵权责任法》上并没有作出明确定义，学者间意见也不统一。[5]精神损害的概念和内涵仍是一个未曾充分讨论的问题。[6]

"精神损害"主要有三种内涵：第一，作为与"非财产损害"等同的概念。第二，狭义的，仅仅指主观精神上的伤害，但不包括肉体上的疼痛痛苦和健康的损害。第三，广义的，不仅指主观精神上的伤害，还包括肉体上的疼痛和健康的损害。

---

〔1〕　刘春梅：《人身伤害中的非财产损害赔偿研究》，法律出版社 2011 年版，第 26 页。

〔2〕　如一个案例：某医科大学教授在事先没声明的情况下，利用自己的精液为女患者治疗妇科疾病，使之病情好转。女患者知悉后认为受到强奸和侮辱。这个案子中，如何判断女患者有没有受到"不利益"呢？来源：http://news. xinhuanet. com/photo/2012 - 10/16/c_123830194. htm，最后访问日期：2018 年 7 月 21 日。

〔3〕　曾世雄：《非财产上之损害赔偿》，元照出版社 2005 年版，第 137 页。

〔4〕　刘春梅：《人身伤害中的非财产损害赔偿研究》，法律出版社 2011 年版，第 30 页。

〔5〕　曹康："精神损害赔偿初探"，载《政法论坛》1987 年第 4 期；魏振瀛："精神损害赔偿责任的性质和法律适用"，载《政治与法律》1987 年第 6 期；刘保玉："精神损害的赔偿问题探讨"，载《法学》1987 年第 6 期；余延满："我国《民法通则》并未规定精神损害赔偿制度——《民法通则》第 120 条新解"，载《法学评论》1992 年第 3 期；胡平：《精神损害赔偿制度研究》，中国法制出版社 2004 年版；张新宝主编：《精神损害赔偿制度研究》，法律出版社 2012 年版；车辉：《非财产损害赔偿问题研究》，法律出版社 2011 年版，第 17～26 页。

〔6〕　张新宝主编：《精神损害赔偿制度研究》，法律出版社 2012 年版，第 10 页。

在中国很多学者刚开始也是不区分"精神损害"与"非财产损害"的概念的。但是近年来，越来越多的学者开始对两者进行区分。更有学者主张用"非财产损害"来代替"精神损害"。[1]

实际上，"精神损害赔偿"恰恰是填补由于侵辱之诉（iniuria）消失所造成的"法律漏洞"；但是，"精神损害赔偿"的思想本身就存在矛盾之处：它一方面表明，在对人或对物的损害评价和赔偿时，没有差别；另一面它又承认，存在对人格的侵犯。[2]在赔偿数额的确定上，与罗马法确定的"身体无法估价"和"衡量的标准是善良和公正"等原则不同，而是出现了另一种路径，即通过"成本—收益""价格利益""损失的赔偿"来计算因对人的伤害而须赔偿的数额。此种路径，试图通过对人进行直接的估价来实现加害人与受害人之间的平衡。这两种路径，不仅是文字或表达不同的问题，而且还体现了裁量权和价值目标的差异。[3]

鉴于中国法学界与司法界已经长期使用"精神损害"及"精神损害赔偿"的概念，解决这个矛盾的最好办法，就是继续保留这个概念，然后将"精神损害"及"精神损害赔偿"从狭义上进行解释，并纳入到现代的罗马法非财产损害体系之中，与身体健康本身的损害、疼痛与痛苦、生活乐趣的

---

〔1〕 车辉：《非财产损害赔偿问题研究》，法律出版社 2011 年版，第 211～215 页；刘春梅：《人身伤害中的非财产损害赔偿研究》，法律出版社 2011 年版，第 24～26 页。

〔2〕 Cfr. S. Schipani, *Orfani Dell'actio iniuriarum*, rileggere i Digesti: *Contribut romanistici per una riflessione sulla giuridica della persona*，中文版：〔意〕桑德罗·斯奇巴尼："'侵辱之诉'的遗孤——重读《学说汇纂》：通过罗马法学家的贡献来看对人的法律保护"，翟远见、张长绵译，载费安玲主编：《学说汇纂》（第四卷），元照出版公司 2012 年版；其实欧洲一些国家学说和判例都已经注意到了非财产性，以及传统损害赔偿的不足和法律对于非财产损害的过多限制，于是发展出了一些补救的措施。如满足（satisfaction）、抚慰（solatium, consolation, genugtung）的理论，私人罚金（peine privée）、生物性损害（danno biologico）等。但是这样的措施也有内在的问题。这个问题将在下文阐述。Cfr. F. D. Busnelli, S. Patti, *Danno e responsabilità civile*, ed. G. Giappichelli, Torino, 1997, p. 54; G. Viney, P. Joudain, *Traité de droit civil*: *les effets de la responsabilité*, 2e éd., L. G. D. I Paris, 2001, p. 2～5; B. S. Markesinis, H. Unberath, *The German law of torts*: *a comparative treatise*, Hart Pubishing, 2002, p. 916; U. Magnus, *Unification of tort law*: *damages*, Kluwer Law International, 2001, p. 95 and 119ss. 但是英国判例还是坚持向受害者支付的金钱是"赔偿"（compensation）而非"抚慰"（solatium）。V. H West & Son Ltd v. Shephard [1964] AC 362, [1963] 2 ALL ER 625. Cfr. G. Exall, *Munkman on Damages for personal injuries and death*, 11th ed., LexisNexis U. K., 2004, p.41.

〔3〕 Cfr. S. Schipani, *Orfani Dell'actio iniuriarum*, rileggere i Digesti: *Contribut romanistici per una riflessione sulla giuridica della persona*，中文版：〔意〕桑德罗·斯奇巴尼："'侵辱之诉'的遗孤——重读《学说汇纂》：通过罗马法学家的贡献来看对人的法律保护"，翟远见、张长绵译，载费安玲主编：《学说汇纂》（第四卷），元照出版公司 2012 年版。

丧失等并列为非财产损害的一种类型，适用非财产损害的救济方式。

因此，应当认为，"精神损害"属于非财产损害的一种表现形式，包括精神和情绪上的焦虑、恐慌、消沉、绝望等，这些负面情绪严重破坏了受害人的正常生活状态，应当受到法律的救济。[1]

（四）身体健康权救济中的非财产损害之性质

1. 非财产性

非财产损害，应当具备非财产性，即不能用金钱衡量与计算的性质。这一点已经是公认的性质。[2]罗马法的原则是"人的身体不能用金钱衡量"。这是一个亘古不变的原则，同时也是建立财产损害和非财产损害二分体系的基础。

非财产性来源于人在法律中的地位。罗马法学家赫尔莫杰尼安（Hermogenianus）于公元 3 世纪阐述了罗马法体系的基本原则，即"所有的法律都是为了人而制定"（Hominum causa omne ius constitutum est）。[3]这就是说，人应当作为法律的主体，而不是法律关系的客体。物以及权利——统称财产——的存在，是为了人服务的、和与人对应的一个概念。财产性、交换价值是财产的典型特征，这一特征凸显了其服务于人的工具性质，而不是服务于财产本身或者财产的增加。正如法学家保罗强调的那样："每个人都是根据自己在不同时刻和不同情势下的需要，用多余的物品换取自己需要的物品。"[4]

在意大利民法典制定之时，很多学者曾反对精神损害赔偿。[5]这些理由值得思考。这并不是个案。在 20 世纪之后，欧洲许多国家民法中一直在争论非财产损害赔偿的合理性问题，反对的观点有很多，主要有"人格商品化说"

---

〔1〕 这里的精神痛苦和情绪并不包括已经被认定为神经性疾病的情况，如自闭症、精神分裂症等。许多国家的侵权行为法在处理这类损害问题时首先考察当事人的精神痛苦是否如此强烈以至于可以被认定是疾病。参见［德］克雷斯蒂安·冯·巴尔：《欧洲比较侵权行为法》（下卷），焦美华译，张新宝校，法律出版社 2001 年版，第 85～86 页。

〔2〕 Cfr. G. Viney, P. Joudain, *Traité de droit civil: les effets de la responsabilité*, 2e éd. , L. G. D. J Paris, 2001, p. 200; U. Magnus, *Unification of tort law: damages*, Kluwer Law International, 2001, p. 195; F. D. Busnelli, S. Patti, *Danno e responsabilità civile*, ed. G. Giappichelli, Torino, 1997, p. 46.

〔3〕 D. 1, 5, 2.

〔4〕 D. 18, 1, 1pr.

〔5〕 陈汉："一项法律规范的历史变迁：对意大利民法典中非财产损害赔偿制度的考察"，载费安玲等：《从罗马法走来：桑德罗·斯奇巴尼教授七十寿辰贺文》，中国政法大学出版社 2010 年版。

"无法估量说""无法补偿说"等。[1]

这几种观点主要理论基础是：人的身体健康、尊严等，无法估量其价值，而如果要赔偿，必须用金钱的方式来标准化衡量，[2]这样势必使人格商品化。今年来社会上各种"同命不同价""一条命值几十万"的措辞，已经可见这种金钱衡量人的价值的弊端。并且，由于不具财产性，非财产损害是无法具体用金钱评定的。另外，损害赔偿的目的是消除损害、恢复原状。然而非财产损害是不可恢复的，当然无法用金钱赔偿来消除。[3]

因此，对于非财产损害来说，不存在所谓的"损害赔偿""损害补偿"。因为"赔偿""补偿"都是针对财产。而非财产损害不具财产性，无法估价，也不能用经济视角来衡量。因此，主张对非财产损害进行赔偿，本来就是一个自相矛盾的说法。它一方面表明，在对人或对物损害评价和赔偿时，没有差别；另一面又承认，存在对人格的侵犯。

国内有些学者认为，精神损害赔偿有赔偿总比没有好，[4]相比同态复仇是一个进步。[5]这些观点的困难在于，混淆了赔偿与救济。没有损害赔偿并不代表没有救济。按照罗马法中对侵辱的处理，私人罚金也是一种救济。

2. 法律非难性

20世纪中期之前，法律非难性被认为是法国法中过错概念的前提性要素。[6]而之后，一些国家的司法和学说的注意力转向了违法性，法律非难性在财产损害中不再被强调。最好的证明是，在财产损害赔偿中，并不考虑加害人主观是故意还是过失。另外，法经济学中的汉德公式将过失的判断与预

---

〔1〕 刘春梅：《人身伤害中的非财产损害赔偿研究》，法律出版社2011年版，第38页。

〔2〕 这里指的是赔偿损失，并不包括赔礼道歉等责任承担方式。实际上，赔礼道歉也是中国法特色的救济方式。

〔3〕 有人认为，人身权是具有经济价值的，表现在受伤害后需要物质来填补其损害，例如人身伤害的受害人为了减轻痛苦，可能事发后去从事一些恢复活动，这样的开支，应当属于非财产损害赔偿。参见王晓平、柳波："侵权法上精神损害及其赔偿之再探（下）"，载《广西政法管理干部学院学报》2002年第1期；刘春梅：《人身伤害中的非财产损害赔偿研究》，法律出版社2011年版，第38页。这样的观点显然是混淆了人身损害中的财产损害与非财产损害。

〔4〕 关今华：《精神损害的认定与赔偿》，人民法院出版社1996年版，第401页。

〔5〕 刘士国：《现代侵权损害赔偿研究》，法律出版社1998年版，第163页。

〔6〕 罗瑶："法国法中的侵权过错概念及其对我国立法的借鉴意义"，载《比较法研究》2010年第1期。

防过失的经济成本联系起来，[1]实质性地消除了过错中法律非难性的因素。但是，非财产损害与法律非难性联系紧密。由于人身的尊严以及价值是人类最高的利益，因此任何对其的伤害都应当得到法律的非难。同时，在法律中，行为人的主观恶意是衡量损害和损害救济的一个重要因素。[2]非财产损害的非难性也就决定了其救济应当与财产损害的填补损失不同，其应当具有惩罚的功能。

欧洲如德国、法国等提出了"满足""抚慰"的理论。瑞士法上明确提出了"给付抚慰金"（leistung einer geldsumme als genugtung）。[3]但是这样的处理，也不是全面的。

首先，给付一笔"赔偿金"是否是"抚慰"和"满足"的唯一方式？抑或是最好的方式？在有些国家，采取了其他一些非金钱的措施，如强制慈善工作（oeuvres charitables）、宣告不名誉（déclaration l'honneur ）、赔礼道歉（excuses）、法律非难（réprimandes judiciaires ）和法庭确认侵权（affirmation de l'existence du tort）。[4]这些措施实际上是对加害人的一种非难。

第二，"抚慰金"一定程度上并没有得到法律上的消极评价。其重点是对受害人的"抚慰""安慰"，而不是对加害人的非难、惩罚。非财产损害的法律非难性，是其救济应当具有惩罚性的原因之一。对于侵犯人的尊严和价值的行为造成的伤害，应该说不是一种"需要赔偿的损害"，而是应该"使受害人重新得到满意"。[5]而这种满意，很大程度上包含了对加害人的"报复"，在现代社会，这种"报复"是通过法律的非难而实现的。可见，非财产损害

---

〔1〕　该公式用数学语言表达人们确定注意义务的过程，即如果损害发生的盖然性是 P，可能发生的损害的严重程度为 L，行为人避免损害的负担为 B，那么当 B < PL 而行为人能采取避免措施时，行为人未尽到合理注意义务，为有过失，反之则无。冯钰："汉德公式的解读与反思"，载《中外法学》2008 年第 4 期。

〔2〕　在法国、德国和荷兰等国（奥地利除外），都不把行为人的主观过错程度纳入到财产损害赔偿的考量中去。然而对于非财产损害（或我国所说的精神损害），行为人的主观过错程度是一个重要的考量标准。Cfr. U. Magnus, *Unification of tort law*：*damages*, Kluwer Law International, 2001, pp. 194 ~ 198.

〔3〕　但德国法上使用的是"请求金钱赔偿"，参见王泽鉴："人格权之保护与非财产损害赔偿"，载《王泽鉴法学全集：民法学说与判例研究》（第一卷），中国政法大学出版社 2003 年版；《德国民法典》，陈卫佐译，法律出版社 2006 年版。

〔4〕　Cfr. G. Viney, P. Joudain, *Traité de droit civil*：*les effets de la responsabilité*, 2e éd. , L. G. D. J Paris, 2001, p. 4.

〔5〕　［意］桑德罗·斯奇巴尼："从《阿奎利亚法》到《学说汇纂》第九编：罗马法体系与契约外责任诸问题"，薛军译，载费安玲主编：《学说汇纂》（第一卷），知识产权出版社 2007 年版。

的救济除了德国法所称的调整及抚慰作用外，仍可具惩罚之作用，[1]而且惩罚是主要的作用。

在罗马法中，对于侵辱的处理，是赋予受害人请求给付私人罚金的诉权。这笔金钱并不意味着其与财产损害赔偿具有必然联系。对此，只要思考一下惩罚性的赔偿就明白了。[2]

私人罚金也是一种救济，它的功效就像"赔礼道歉"一样。对于不法行为人来说，包含了制裁的因素。对于受害人，不仅满足了报复的心理要求，而且可以从罚金中得到抚慰。同时受害人还可以获得因侵害行为而受损的其他财产损害。最后，这样的私人罚金对于社会来说是一个预防的作用，它从法律层面昭示了人的价值和尊严的不可侵犯性，任何侵犯人的行为，都将受到法律的非难。[3]

对于罚金的确定，可以采取灵活的措施。即根据"善良和公正"的原则，在一个大的标准下，依据个案的情况确定非财产损害的严重性。确定时应当考虑以下因素：加害人的主观恶意、伤害的严重性、伤害持续时间、伤害对受害人正常生活状态的影响等。以上因素的确定，需要法官来进行判断。这也体现了非财产损害具有主观和客观相结合的特性。

因此最好的救济方式，不是所谓的"损害赔偿"，而应当是根据"善良和公正"标准确定的"私人罚金"。

当提到"罚金"或者"惩罚"之时，有些学者可能会想到刑法，认为民法的理念是保护自由与自治，侵权法的主要功能应当是填补损害。历史发展表明，从罗马法到优士丁尼法再到近现代，民法发展的趋势一直是取消惩罚、制裁，而强调纯粹的损害赔偿，但是惩罚、制裁的因素始终潜在地保留着，[4]如违约金、惩罚性赔偿等。可见惩罚是侵权行为法的功能，从中可以看到古代侵权行为法在现代侵权行为法中的痕迹。而近年来欧洲一些国家的学者已经重新审视"补偿是民事责任的纯粹而唯一的功能"的

---

〔1〕 曾世雄：《损害赔偿法原理》，中国政法大学出版社 2001 年版，第 310～311 页。

〔2〕 D. 1, 18, 6, 9; D. 2, 5, 2, 1; D. 4, 8, 32, 12; D. 5, 1, 2, 8; D. 11, 5, 1, 4; D. 48, 7, 8; D. 48, 8, 6; D. 49, 16, 3, 1; D. 50, 16, 131, 1; D. 50, 16, 244 ecc.

〔3〕 Cfr. F. D. Busnelli, S. Patti, *Danno e responsabilità civile*, ed. G. Giappichelli, Torino, 1997, p. 190.

〔4〕 关于侵权法功能的问题，本文不做详细探讨。但是要说明的是，随着社会保险的完善，侵权法的功能正发生明显的转变。参见孙玉红：《侵权法功能研究》，法律出版社 2010 年版，第 78 页以下。

命题。[1]

实际上，惩罚广泛存在于英美法和一些大陆法系国家，如法国和中国的惩罚性赔偿已经为民法的惩罚功能打开了道路。惩罚性赔偿名义上说是赔偿，实际上就是惩罚。因为赔偿的原则是，赔偿不能超过损害，否则就不是赔偿。[2]

这样的思路应该说是将经济利益的价值放在了人的价值之上，或者说，一种物质主义的立法思路。实际上，由于人身健康权的非财产损害的法律非难性，其救济更应当具有惩罚性。可以说，民事责任法中并不是没有惩罚，而是没有用在最需要的地方。

民事责任的惩罚性和威慑功能在被欧洲大陆学者讳莫如深多年之后，终于开始重新崛起。民事责任法领域的重大革新之一，就是开始把惩罚性赔偿制度作为预防侵权行为发生的工具。[3]

"损害"（damnum）的原始含义，并不是指受害人所受的损害，而是强制行为人承担的责任，其目的是为了惩罚其可非难的行为。正是该可非难的行为，使得"私罚"的界定具备了正当性的基础。[4]

可见，私人罚金是非财产损害的法律非难性的必然结果，也是侵辱之诉和罗马法"善良和公正"精神在现代侵权法中的复兴。[5]"善良和公正"仍然是罗马法系中的价值追求。根据"善良和公正"而确定罚金，不仅体现了民法对人的关爱，更体现了每个人都具有相同的尊严。[6]这正是民法追求的

---

〔1〕 ［意］F. D. Busnelli："威慑功能、民事责任、侵权行为、惩罚性赔偿"，翟远见译，载费安玲主编：《学说汇纂》（第三卷），知识产权出版社 2011 年版。

〔2〕 阿奎利亚法中的损害赔偿，须依被害物当年的最高价值向其所有主以金钱赔偿（D. 9，2，2pr.）。这被看作具有惩罚性。

〔3〕 欧洲令人吃惊地对侵权法的威慑功能敞开了大门。有三个迹象表明了这一点：第一，从权威判决中，可以看出人身损害赔偿数额的确定，特别是对其性质的界定，逐渐具有惩罚性特征。第二，有些著名学者将民事责任的功能主要定位在惩罚和预防功能。第三，在德国，德国的债法改革运动中出现了"德国法中私罚的复兴"运动与"侵辱之诉的复兴"运动。参见 ［意］F. D. Busnelli："威慑功能、民事责任、侵权行为、惩罚性赔偿"，翟远见译，载费安玲主编：《学说汇纂》（第三卷），知识产权出版社 2011 年版。

〔4〕 ［意］F. D. Busnelli："威慑功能、民事责任、侵权行为、惩罚性赔偿"，翟远见译，载费安玲主编：《学说汇纂》（第三卷），知识产权出版社 2011 年版。

〔5〕 ［意］F. D. Busnelli："威慑功能、民事责任、侵权行为、惩罚性赔偿"，翟远见译，载费安玲主编：《学说汇纂》（第三卷），知识产权出版社 2011 年版。

〔6〕 ［意］桑德罗·斯奇巴尼："从《阿奎利亚法》到《学说汇纂》第九编：罗马法体系与契约外责任诸问题"，薛军译，载费安玲主编：《学说汇纂》（第一卷），知识产权出版社 2007 年版。

价值所在。

3. 不可恢复性

非财产损害是不可恢复的。当行为发生后，精神的伤害、疼痛和痛苦都已经发生并不可挽回。就算事后通过治疗或者其他方法恢复，也无法回到从前，时光不会倒流，那些伤痛不会因为时间的流逝或者金钱的抚慰而消失，而会继续留在过去和记忆之中。

而对身体健康的伤害，则需要分类来看。一般来说，如果一个身体健康的伤害足够微小，如磕磕碰碰造成皮肤淤青、被打耳光脸被打红等，这样的伤害因为极其微小，以至于无法构成法律上的"损害"，当事人亦无法获得法律救济。因为任何"损害"必须构成法律上意义的损害，才能涉及"损害赔偿"的问题。[1]虽然这样的伤害是可以"恢复"的，但是不能构成法律上"损害"。

另外一种情况是，身体健康受到了比较大的伤害，但是经过治疗后没有留下终身残疾，如骨折之后痊愈。这种情况，虽然从医学上来说，受害人已经"恢复"，但是受伤后身体的机能已经改变，无法再恢复到和受伤前一样的状态。这与财物受损后可以替换或者完全修复不同，这样的伤害是不可逆的，也就是不可恢复的。法律也将这样的伤害作为救济的对象。对于这两种情况的判断，并不总是明确的。因此需要法官在实践中，根据具体情况判断。

由于非财产损害的不可恢复性，所谓的非财产损害赔偿金并不能使受害人所经历的各种非财产损害从真正意义上得到"填补"、"抹平"或"消逝"，而是试图给受害人一笔钱，使受害人从伤痛中恢复，回到正常的生活状态。[2]但是随着保险制度的建立和完善，这一功能的意义上的重要性正在发生变化。防范于未然，这才是民法对于人的尊严和价值最好的保护。

由于不可恢复性，预防应当是非财产损害救济制度中极其重要的一个功能。在民事责任的诸多功能中，尤其要指出的是它的预防功能。[3]在侵权诉

---

〔1〕 〔德〕克雷斯蒂安·冯·巴尔：《欧洲比较侵权行为法》（下卷），焦美华译，张新宝校，法律出版社 2001 年版，第 80 页。

〔2〕 刘春梅：《人身伤害中的非财产损害赔偿研究》，法律出版社 2011 年版，第 31 页。

〔3〕 〔意〕F. D. Busnelli："威慑功能、民事责任、侵权行为、惩罚性赔偿"，翟远见译，载费安玲主编：《学说汇纂》（第三卷），知识产权出版社 2011 年版。

讼中被告应当支付的损害赔偿，是一种对做了某种错事而进行的惩罚。[1]如果用法经济学的观点来看，这种惩罚是加害人为侵权行为付出的成本。[2]由于"罚金"的法律非难比"损害赔偿"更强，因此罚金会给行为人和其他人产生更强烈的威慑感，从而加强预防效果。

由于其惩罚性，私人罚金能够向社会宣示法律对于人的保护的重视，对于那些已经侵犯了他人身体健康权的人，罚金代表负面评价，能让其体会到痛苦与懊悔，从而之后会加倍注意自己的行为，这样可以起到特殊预防的作用。而对于社会来说，可以让所有人看到侵犯人身健康权的成本。这样可以起到普通预防的作用。这样的效果对于工伤或职业病也有作用。近年来，许多地方爆出农民工患上尘肺病却得不到有效的救济。当然这是一个复杂的问题，但是如果引入私人罚金，赋予劳动者更有利的武器，相关企业就会考虑造成人身伤害的成本，而主动改善工作环境。

私人罚金在刑法保持消极谦逊及行政执法缺失的情况下，能够赋予受害人更有利的武器，同时促使社会和企业更尊重人的尊严和价值。

三、身体健康权救济中的非财产损害之类型

身体健康权救济中的非财产损害是对于法律确认的、人和社会正常的生活状态的、无法在经济上衡量的利益造成的不可恢复且应当被非难的破坏。非财产损害具有非财产性、法律非难性以及不可恢复性。根据这样的定义和特征，并参考非财产损害的发展历史和一些有代表性国家的立法司法实践的研究，我们可以大致确定身体健康权救济中的非财产损害的具体类型。划分具体类型时应当考虑的是：对身体健康权的全面保护与社会行为自由、经济

---

〔1〕　曾世雄：《损害赔偿法原理》，中国政法大学出版社 2001 年版，第 312 页。

〔2〕　从加害人角度着眼，确切地说是着眼于对加害人或者潜在加害人行为的预防上。基本思路是，通过损害赔偿数额的确定，给潜在的加害人一个价格，通过这个价格，让潜在的加害人产生进行预防的激励。很明显，这种思路首先将人身损害赔偿的功能定位于对损失发生的预防方面。对损失的预防应当成为侵权损害赔偿的首要功能。首先，身体和生命源自父母，对每个人都极其宝贵。一旦事故发生，失去的永远不可能再有。与健康和生命相比，钱算什么呢？因此，以人为本，重要的是使每个人都能够避免事故的不幸，真正地从制度上保护每一个社会主体。当然，将事故彻底消灭是不可能的，法律经济学的研究表明，如果试图将事故彻底消灭，需要过高的边际成本，消灭事故所付出的成本之高，一方面可能抑制该努力的不可实现，另一方面即使能够实现，所付出的成本将比该事故发生后的预期损失还要大，在这种情况下，事故的不发生将要比事故的发生付出更多的成本。但是，至少可以通过制度的激励使事故以尽最小的社会可以接受的概率发生。参见王成："侵权损害赔偿计算的经济分析——以人身及精神损害赔偿为背景"，载《比较法研究》2004 年第 2 期。

顺利发展的权衡。

随着经济和人权观念的提升，每一个发达的法律制度都将对人的保护作为侵权法保护的主体。大多数人都会赞同这样一个观点，即人们对身体完整和自由的法律保护的要求，比对契约的要高一些。[1]

但是，侵权法也是一部自由保护法。不能因为其严苛的责任而致人人自危，使侵权法变成破坏人们行为自由和经济发展的因素。侵权行为法只有避免了过分苛严的责任时，才能作为有效的、有意义的和公正的赔偿体系运行。[2]

由于损害概念的开放性，因此身体健康权救济中的非财产损害是一个极具开放性的概念，因此无法穷尽地列举其类型。而且，在进行系统抽象的过程中，针对"人"及人所承受的痛苦而确立起来的损害分类有时候是有些超出实际的，在贯彻这些概念分类中，很多设计并不是那么可靠，反而在落实的过程中贬低了人类痛苦在现实中的重要意义。[3]总之，要设计一套完美无缺的非财产损害赔偿制度是几乎不可能的。只有在法律的框架下，基于"损害是现实存在"，可以基于某些受损的特定价值而承认特定的非财产损害赔偿。

根据侵害权益的不同，非财产损害可以分为侵害物质性人格权的非财产损害和侵害非物质性人格权的非财产损害。前者又可以分为对生命、身体、健康权的非财产损害。

根据主体的不同，对身体健康的非财产损害可以分为直接非财产损害和间接非财产损害。前者如直接伤害自然人身体健康，后者如行为对行为承受者之外的第三人造成了身体健康的伤害。

根据侵犯客体的不同，对身体健康的非财产损害可以分为对身体完整性本身的伤害和对身体完整性本身的伤害之外的其他非财产损害。后者如主观精神损害、肉体疼痛、安乐生活丧失等。

根据成立原因不同，分为法定的对身体健康的非财产损害和约定的对身体健康的非财产损害。

---

〔1〕 欧洲侵权法小组编著：《欧洲侵权法原则：文本与评注》，于敏、谢鸿飞译，法律出版社2009年版，第61页。

〔2〕 Cfr. H. Rogers, *Winfield and Jolowicz on Tort*, 14th ed., p. 3.

〔3〕 Cfr. G. Travaglino, *Il Danno non patrimoniale nel sistema dell'illecito civile italiano*, 中文版：［意］贾科莫·特拉瓦里诺："论非财产损害赔偿"，章颖译，载费安玲主编：《学说汇纂》（第四卷），元照出版公司2012年版。

以下根据侵犯客体的不同探讨身体健康的非财产损害的分类。

（一）对身体健康本身的伤害、生物性损害（danno biologico）、生理性损害（les préjudices physiologiques）

1. 性质

将对身体健康本身完整性的伤害作为一种可赔偿的损害，是一个革命性的创举。这种损害在法国法上被称为生理性损害（les préjudices physiologiques），在意大利法上被称为生物性损害（danno biologico）。身体健康是人的根本利益。然而之前人们都只关注因身体健康受损而导致的财产性后果，即劳动力的伤害、财产的损失或狭义精神损害，而没有关注身体健康伤害本身。

现在标准定义是，无论对主体收入和其他方面有无消极的影响，受害人在生理或心理完整性上的损害，本身就是一种独立的损害形态。[1]其性质是，第一，人身伤害性，即仅仅涉及自然人生理或心理完整性的伤害，而对于非物质性人格权的伤害，不能构成此伤害。然而如果因为侵害非物质性人格权而造成了受害者可被医学检测人身健康伤害，则应当认定为发生了身体健康本身完整性的伤害。第二，客观性，即能够通过法医鉴定而确定存在。与其他具有主观性的非财产损害不同，对身体健康本身完整性的伤害具有客观性。这种伤害可以被外在所知并且察觉。第三，非财产性，即与受害者的劳动能力或者经济财产状况的变化无关。这一点至关重要，突出体现了身体健康本身完整性的伤害是一种非财产性损害的本质。

目前从欧洲来看，虽然名称不尽相同，但这一损害类型已经为大多数国家所承认。如法国的生理性损害（les préjudices physiologiques），德国特定条件下的"人格的损害"，还有西班牙、葡萄牙等国的相关制度。[2]

2. 表现

对身体健康本身完整性的伤害可以表现为两种情况：第一，生理完整性的伤害，包括肢体及器官功能的伤害、神经系统功能性伤害，甚至因医疗事故而产下严重受伤婴儿的母亲也被认为遭到此种伤害。[3]第二，心理完整性

---

〔1〕［德］克雷斯蒂安·冯·巴尔：《欧洲比较侵权行为法》（下卷），焦美华译，张新宝校，法律出版社2001年版，第26页。

〔2〕［德］克雷斯蒂安·冯·巴尔：《欧洲比较侵权行为法》（下卷），焦美华译，张新宝校，法律出版社2001年版，第26页。

〔3〕［德］克雷斯蒂安·冯·巴尔：《欧洲比较侵权行为法》（下卷），焦美华译，张新宝校，法律出版社2001年版，第30页。

的伤害。包括各种可以被医学确诊的心理疾病和障碍。

3. 确定与救济

由于具有客观性，对身体健康本身完整性的伤害必须要能够被医学检验和确定。欧洲大多数国家对于非财产损害赔偿多持限制态度的原因，主要在于非财产损害无法明确确定和证明。然而对身体健康本身完整性的伤害是客观的、可证的，因此似乎没有限制的必要。也就是说，只要能够从医学上证明，任何对身体健康本身完整性的伤害都应当得到救济。这与财产损害赔偿的理念是一致的。对于极其微小或者受伤害后立即恢复以至于无法在医学上确认的伤害，如被人打了耳光但没有造成其他伤害，被自行车撞伤但是很快就痊愈，不能通过该制度得到救济，受害者可以通过其他方式，如人格权受损，来寻求救济。因此，对于对身体健康本身完整性的伤害应当与其他主观性的非财产损害赔偿请求权区分，适用不受限制，至少与财产损害具有同等的请求权基础。

对身体健康本身完整性的伤害的救济不是为了恢复身体健康的补偿，而是一种惩戒和安抚。因此在数额确定上，应当有所体现。最好的方式是，确定一个全国或者某地区统一的基准赔偿表，这样的赔偿表可以通过实践积累而总结归纳出来。然后根据个案的情况，在一定比例内上下浮动，考虑的情况应当包括：加害人的过错程度、加害人经济承受条件、受诉法院当地先例的情况、加害人受刑罚惩罚的情况等。

（二）肉体疼痛（pain）

1. 性质

"疼痛"是指由于身体受到伤害而导致的或者伴随着身体伤害而产生的肉体上的痛感或不适；而主观精神损害，或者说"痛苦"，则是指由人身伤害引起的忧虑、焦急、恐惧、难堪等精神上的折磨。[1]肉体的疼痛与主观精神损害一般被包括在了狭义的精神损害之中。如德国的痛苦抚慰金就包括了受害人遭受的主观精神损害和身体所受痛苦。[2]在英国，法院对"疼痛"和"痛苦"这两个事实也是不作分别认定的。[3]事实上，肉体痛苦与精神痛苦是紧

---

〔1〕 王军、刘春梅："英国人身伤害之非金钱损失赔偿制度研究——兼论对我国相关制度的构建"，载《北方法学》2009 年第 1 期。

〔2〕 〔德〕马克西米利安·福克斯：《侵权行为法》，齐晓琨译，法律出版社 2006 年版，第 229 页。

〔3〕 Cfr. David Kemp Q. C. , *Damages for Personal Injury and Death*, 7th ed. , Sweet & Maxwell Limited, 1999, pp. 134 ~ 135.

密结合的。从临床医学上讲，肉体疼痛是导致精神痛苦的原因之一，精神痛苦也可以是其他原因引起的精神折磨，偏重于心理感受，[1]发生精神痛苦不一定发生肉体痛苦。但如果受害人在受伤瞬间失去了意识，他不会承受精神痛苦，也不会感到肉体的疼痛。

虽然肉体疼痛与主观精神损害密不可分，但还是有区分的必要。相比于主观精神损害，肉体疼痛最大的特点是，具有主客观相结合性。第一，感受的主观性。疼痛只能由受害者自己感受，外界无法感受。每个人感知痛苦的能力不一样，在相同的情况下的疼痛感也不同。第二，发生的客观性，疼痛是否发生，程度大小是客观存在的。各种伤害的疼痛程度可以被客观的医学标准所确定。[2]因此肉体痛苦应当被单独区分出来。

2. 表现

肉体疼痛主要表现为因受身体伤害而导致的身体上的疼痛感或者不适，或者因受伤需要治疗而造成的身体上的疼痛和不适。有时可以被外在察觉，如哭喊、呻吟甚至为缓解疼痛而自残。

3. 确定与救济

疼痛的确定可以分为两类：一类是因立即失去意识而无法感受到疼痛，另一类是从客观上来认定，感受到了疼痛。疼痛可以被客观的医学标准所确定，因此可以确定客观的赔偿标准。但是疼痛本质上还是受害人的自身感受。因此，如果受害人受伤后立即失去意识无法感受疼痛，那么应当认为，肉体疼痛没有发生。但是只要受害人感受到了疼痛，那么不考虑每个受害人对于疼痛感觉的差异、或者由于使用药物而使疼痛缓解，应当根据客观标准来确定疼痛的程度。在伤害引起疼痛将长期发生的情况下，应当适当增加救济金额。这样做主要是考虑到实践中的可操作性。

（三）主观精神损害、痛苦（suffering）

1. 性质

主观精神损害是许多国家普遍承认的一种非财产损害类型。我国的精神损害概念主要是指主观精神损害即痛苦，后来包括了肉体疼痛在内。从历史上来看，主观精神损害是最早被确立的可赔偿的非财产损害类型之一。除具

---

〔1〕 杨连专："论精神损害赔偿中的痛苦"，载《河南科技大学学报（社会科学版）》2006 年第1 期。

〔2〕 如烧伤的疼痛感可能比骨折的疼痛感要强，而尘肺病引起的呼吸困难非常难受。

有非财产损害共同的特征之外，主观精神损害还具有非常强烈的主观性，即主观精神损害发生与否和程度都无法从外界明显证明，主要是受害人的内心体验。因此，为了防止欺诈和诉讼泛滥，欧洲许多国家对于主观精神损害都采取了一定的限制。最常见的限制是"只有法律有规定时才可以赔偿"和需要达到"严重"的程度才能救济。[1]然而，这样的限制的适用必须依赖法官的裁量。

主观精神损害不同于精神性疾病及官能性神经系统损害，后者是可以从医学上确定的，属于对身体健康本身的损害。然而主观精神损害也有可能向后者发展，那时就应当按照对身体健康本身的损害来处理。

2. 表现

我国学界一致认为，精神损害的最终表现形式是精神痛苦和精神利益丧失或减损。[2]人身健康伤害中精神损害主要表现为精神痛苦，主观感受是哀伤、懊恼、悔恨、羞愧、愤怒、胆怯、绝望等；外在表现为失眠、消沉、冷漠、狂躁、迟钝等。[3]

3. 确定与救济

在我国立法和司法实践中，精神损害被区分为严重的精神损害和不严重的精神损害。[4]前者予以救济，而后者则不予以救济。但是这样的区分并没有一个明确的标准。而且严重和不严重的区分也不是很恰当，因为有很多情况是介于严重和不严重之间。因此，比较合理的区分方法是三分法，即分为严重精神损害、一般精神损害以及轻微精神损害。[5]分别适用不同的救济方式：第一种适用金钱赔偿；第二种适用赔礼道歉等方式；[6]而最后一种不能得到法律的救济。因为人们必须容忍社会生活中的轻微不适。[7]但是，对于

---

〔1〕 ［德］克雷斯蒂安·冯·巴尔：《欧洲比较侵权行为法》（下卷），焦美华译，张新宝校，法律出版社 2001 年版，第 200 页以下。

〔2〕 杨立新：《侵权法论》，人民法院出版社 2004 年版，第 686 页；杨连专："论精神损害赔偿中的痛苦"，载《河南科技大学学报（社会科学版）》2006 年第 1 期。

〔3〕 张新宝主编：《精神损害赔偿制度研究》，法律出版社 2012 年版，第 17～18 页。

〔4〕 《侵权责任法》第 22 条及《最高人民法院关于确定民事侵权精神损害赔偿责任若干问题的解释》第 8 条第 2 款。

〔5〕 张新宝主编：《精神损害赔偿制度研究》，法律出版社 2012 年版，第 20 页。

〔6〕 《最高人民法院关于确定民事侵权精神损害赔偿责任若干问题的解释》第 8 条第 1 款。

〔7〕 ［德］克雷斯蒂安·冯·巴尔：《欧洲比较侵权行为法》（下卷），焦美华译，张新宝校，法律出版社 2001 年版，第 84 页。

可以救济的人身健康伤害，应当认为精神损害至少是一般损害以上。[1]

（四）安乐生活的丧失（loss of amenities）、存在性损害（danno esistenziale）、生活乐趣的损害（les préjudices d'agrément）

1. 性质

此种类型的损害，英美法上称为"安乐生活的丧失"（loss of amenities），意大利法上称为"存在性损害"（danno esistenziale），法国法上称为"生活乐趣的损害"（les préjudices d'agrément），是对人的保护发展到比较高的程度的结果。之前的非财产损害赔偿制度更多关注的是人的自然存在的状态，如身体健康、精神状态等。而此种损害关注的是人的社会存在状态，或者说人的自身和社会价值的实现。

许多国家对此种损害并没有明确的定义，很多只是在判例中确定了此种损害可以得到救济。应当认为，此种损害是指，对自然人不能实现其原本可以实现的人格利益而产生的损害，该损害造成了受害人"完整人格实现"的不能，或者不得不放弃从事或参加某项活动而对生活质量造成的一种损害。[2]

这种损害具有很强的个性化因素。因为每个人的生活水平和品质是不同的，需要法官根据个案的情况来判断是否可以适用及如何适用。

2. 表现

安乐生活的丧失表现为，因为人身健康伤害的发生，致使原本生活的乐趣、爱好、从事的事业等表现个人自身和社会价值的享受和活动丧失或发生障碍。

3. 确定与救济

通常情况下，此类损害的确定在参照客观依据的前提下，主要靠法官的个案裁量。人身伤害一般会造成某些生活的改变、享乐的丧失，如体育爱好者在受伤期间无法从事体育运动。但是如果所有这样的情况都得到救济的话，人的日常行动将陷于恐慌的境地。因为人们无法预见一个普通的、不相识的人过着怎么样的生活。因此，应当对此种损害救济的适用作出限制，只有在

---

〔1〕 关于痛苦的认定，参见杨连专："论精神损害赔偿中的痛苦"，载《河南科技大学学报（社会科学版）》2006年第1期；张新宝主编：《精神损害赔偿制度研究》，法律出版社2012年版，第19页以下。

〔2〕 陈汉："一项法律规范的历史变迁：对意大利民法典中非财产损害赔偿制度的考察"，载费安玲等：《从罗马法走来：桑德罗·斯奇巴尼教授七十寿辰贺文》，中国政法大学出版社2010年版。

造成严重伤害和长期的伤害之时，如长期或终身残疾，才能适用这样的救济。

在计算"安乐生活的丧失"的赔偿金时，需要考虑受害人的特定情况，以及伤害对于受害人生活影响的程度。腿部骨折对于一个足球运动员和对于一个不从事体育运动的人来说，意义是不一样的。另外，受害人丧失安乐生活将会持续的时间，也是一个重要的考虑因素。于是普遍有观点认为，在判断精神损害严重程度时，一个 70 岁高位截瘫的老人所受的损害程度要低于一个同样情形的青少年。[1]这种观点有待商榷，剩余寿命的长短，与生活的质量并没有比例关系。有些人可能人生最幸福的时光就是在人生最后十几年。对一位老人来说，伤害造成的安乐生活的丧失并不是随年龄增大，生活安乐丧失得越少。[2]那种随着年龄增加而非财产损害赔偿额越少的做法，是不可思议的。

（五）其他伤害

许多国家在司法实践中创造出了种类繁多的损害种类和名字，其中主要是以上类型变换了名称，或者将以上类型中的某一部作为独立的一种类型。如美感的损害（les préjudices esthétiques）应属于生活安乐丧失的一部分。而有些则混合了财产性因素和非财产因素，典型的是对社会关系的损害（danno alla vita di relazione），其基础是对抽象劳动力的损害。[3]

由于非财产损害的开放性，其类型是一直在发展的。因此无法也没有必要完全列举全部类型。相信在未来的发展中，随着对人的保护越来越全面，非财产损害的类型还会再次扩大。但是不论如何扩大，其非财产损害的性质和特征不会改变。

结 论

身体健康权救济中非财产损害救济制度的背后，体现的是"人"在民法体系中的地位问题。

在罗马法中，人是其始终关注的核心。最能体现这个理念的是，在其立法体系"三分法"（即人法、物法和诉讼法）中，人是第一位的，且在物法

---

〔1〕 张新宝主编：《精神损害赔偿制度研究》，法律出版社 2012 年版，第 257 页。

〔2〕 王军、刘春梅："英国人身伤害之非金钱损失赔偿制度研究——兼论对我国相关制度的构建"，载《北方法学》2009 年第 1 期。

〔3〕 陈汉："一项法律规范的历史变迁：对意大利民法典中非财产损害赔偿制度的考察"，载费安玲等：《从罗马法走来：桑德罗·斯奇巴尼教授七十寿辰贺文》，中国政法大学出版社 2010 年版。

和诉讼法中亦将其放置在核心地位上。[1]它确立了人的中心地位，反映了古代的人文主义。尽管文艺复兴之后，"人文主义"才出现，但是在古代就具有了"人文主义"的实质。[2]正是在这样的哲学背景下，盖尤斯的三编制体系才把人放在首要地位。

近代民法典中，《法国民法典》因其革命性，强调以人为本，其第一编即定为人法，这也是对罗马法《法学阶梯》体系的直接继受。由于其对人的特别尊重，有后人甚至将其称为私法中的人权法，与《人权宣言》相适应。[3]然而，《德国民法典》的潘德克顿体系，制造了"人"与"主体"的分裂。从哲学的角度来看，法学阶梯体系的人—物体系被破坏了，这种结构中的人文信息也就被破坏。人在庞杂的技术性规定中逐渐沦为客体。另外，如温德莎伊德的一些潘德克顿学者，公开宣称民法的第一位的调整对象是财产关系，这种对民法的认识开启了后世的把民法财产法化的恶劣倾向。[4]后来的《瑞士民法典》和1942年《意大利民法典》继承了《法国民法典》的基本价值观念，即以人为本，将人法放到第一编。

现代经济社会高速发展，财富加速积累。相比于物质匮乏的古代社会，现在的问题是，究竟是经济发展为人服务，还是人为经济发展服务。西方发达国家已经转向了人权的保护。但是这个问题在现阶段的中国还是非常尖锐。

应当认为，在市场经济与人的基本价值的保护中，应该以后者为核心和出发点，在建构中国民法典时，应该以人为本，而非以财富为本，同时需要重视人在社会生活中的精神性质的一面，避免以绝对的物质主义的观念来设想民法典所要调整的社会生活。[5]

---

〔1〕 费安玲："罗马法：中国法治建设可资借鉴的思想资源"，载《中国社会科学报》2012年6月6日，第A-07版。

〔2〕 "事实上，文艺复兴不过是复活古代希腊罗马的精神，而'古希腊思想最吸引人的地方之一是以人为中心，而不是以神为中心的。人文主义所不断要求的就是，哲学要成为人生的学校，致力于解决人类的共同问题'。罗马人在继受希腊哲学的同时，也接受了这种哲学的人文主义精神。因为从希腊传入罗马，后来又在罗马发展为新的流派的斯多亚哲学，就是以伦理学为中心，换言之，以人的生活准则为中心的哲学"。徐国栋："民法典草案的基本结构——以民法的调整对象理论为中心"，载《法学研究》2000年第1期。

〔3〕 章礼强："人：民法之本位及民法典编制之归依"，载徐国栋主编：《罗马法与现代民法》（第三卷），中国法制出版社2002年版。

〔4〕 徐国栋："民法典草案的基本结构——以民法的调整对象理论为中心"，载《法学研究》2000年第1期。

〔5〕 薛军："'无财产即无人格'质疑"，载《法学》2005年第2期。

在我国《民法典》相关制度的设计中，也应当秉承这一价值取向。随着我国民法典编纂紧锣密鼓地进行，人身健康权保护的制度已经初见雏形。然而，我国身体健康权救济中非财产损害概念和制度目前还存在着很大的问题。

虽然不久前通过的《民法总则》第 110 条明确规定了自然人享有身体权和健康权，但是无救济即无权利，第 110 条宣告式的规定无法提供具体的救济方式。在现阶段，侵犯身体健康权而造成的损害，主要以《侵权责任法》第 6 条为直接的请求权基础。其中财产损害适用第 16 条至第 18 条，非财产损害，或者说精神损害适用第 22 条。同时还适用《关于审理人身损害赔偿案件适用法律若干问题的解释》等相关司法解释的规定。

《侵权责任法》的立法资料表明，非财产损害（精神损害）赔偿是立法过程中争议很大的问题。法学界分歧主要体现在三个问题：①人身损害赔偿的范围；②赔偿的标准；③残疾赔偿金与死亡赔偿金的性质。[1]司法界主要关注的问题是：②残疾赔偿金与死亡赔偿金的公平赔偿；②死亡赔偿金与精神损害的关系；③刑事附带民事诉讼中的精神损害；④精神损害赔偿的适用范围与适用条件。[2]在立法材料中，出现了"非经济损失赔偿"的概念，其被定义为"主要指精神损害赔偿"。[3]同时实践中也出现了人格物质化等问题。

这些问题的出现，很大程度上是由精神损害概念不清晰、非财产损害救济体系不完善等原因造成的。因此未来的民法典立法者，需要正本清源，厘清各个概念内涵及其源流，使用"非财产损害"的概念，明确其性质并使之类型化，以构建完善的身体健康权非财产损害赔偿体系，成为落实《民法总则》第 110 条、保护人格权的重要路径。

---

〔1〕 全国人大常委会法制工作委员会民法室编：《侵权责任法立法背景与观点全集》，法律出版社 2010 年版，第 156 页。

〔2〕 全国人大常委会法制工作委员会民法室编：《侵权责任法立法背景与观点全集》，法律出版社 2010 年版，第 216 页以下。

〔3〕 全国人大常委会法制工作委员会民法室编：《侵权责任法立法背景与观点全集》，法律出版社 2010 年版，第 465 页。

意大利不动产"一物二卖"的
效力与救济

——以《意大利民法典》第1376条、第2644条为研究对象*

乌 兰**

一、问题的提出

凡研习民法者，必然会对"一物二卖"的案例印象深刻。"一物二卖"或者说"一物多卖"的问题几乎串联起了物、债体系中最主要的几大问题：物权变动模式、债权合同的效力、物权行为理论、不动产登记的效力、善意取得、不动产登记机关的审查、侵害债权的救济，等等。因此，"一物二卖"问题也是训练民法思维的最好范例之一。自我国《物权法》确立区分原则以来，[1]不动产"一物二卖"中就所有权的归属问题是清晰的，当然属于完成不动产登记的一方买受人，此种效力是在不动产登记生效规则基础上实现的。但是对于非适用不动产登记生效规则的不动产物权以及比较法视野下的其他国家物权变动规则，不动产"一物二卖"中不动产所有权的归属如何确定就需要重新加以论证。

由不动产"一物二卖"中所有权的归属还可以扩展到其他不动产物权，例如我国《物权法》上地役权、土地承包经营权的设立以合同生效为已足，区分原则适用的痕迹并不明显，一旦在同一不动产上设立内容完全相同又互不兼容的不动产他物权，按照我国现有的实证法律规范，在先权利人（此种情形下，并非在先买受人）没有进行不动产登记的，不得对抗善意第三人。[2]此种效力的判断是建立在不动产登记对抗规则与在后权利人主观状态

* 本文为"中国政法大学青年教师资助计划项目"成果之一。
** 乌兰，意大利博洛尼亚大学民法学博士，中国政法大学法律硕士学院讲师。
〔1〕《物权法》第15条被认为是不动产权利变动与在先合同效力相区分的实证法律规范，但是该条又将物权变动的范围仅限在不动产领域。
〔2〕 例如《物权法》第158条。

的基础之上,但就不动产权利的归属是否需要通过不动产登记加以判断,似有讨论的空间。这里产生的另一个问题是,不动产登记对抗规则本身是否已经能够涵盖对抗对象的主观状态呢?本文研讨的主要内容——《意大利民法典》(1942 年)第 2644 条就是抛开登记权利人的主观状态而进行一体对抗的不动产登记对抗规则的典型代表。在此种类型的不动产登记对抗规则之下,在先权利人的救济无论是从类型还是从范围角度,变得更加复杂和多元化。这也是为什么本文要介绍与讨论意大利民法上不动产"一物二卖"情形下物权、债权的效力与权利救济的目的所在。

意大利民法教科书中一直以非常简练、直接的语言讲述不动产"一物二卖"的问题:Sempronio 将特定不动产出售给 Tizio,随后又将同一不动产出售给 Mevio,如果 Mevio 在 Tizio 之前将不动产交易进行登记,Mevio 取得不动产所有权;[1]由此引发对意大利物权变动规则与"一物二卖"处理规范的巨大困惑与反思。《意大利民法典》(1942 年)上直接解决不动产"一物二卖"问题的法律规范是第 2644 条第 2 款,规定"尽管取得权利在先,在后的登记也不能对抗在其之前已经登记或抵押登记并从同一权利人处取得物权的在后受让人",即标的物涉及的不动产仍然归属于在先登记的买受人,尽管在其之前可能存在在先买受人。从法律规范的外在表达上,《意大利民法典》(1942 年)的第 2644 条并没有明确地表达不动产登记的效力是对抗效力还是生效效力,仅是在不动产登记章节下使用"不生效"(non hanno effetto)、"针对"(contro)等模糊概念。我们将此规则放置在整个物权法体系之下,特别是《意大利民法典》(1942 年)第 1376 条物权变动的意思主义原则下,看似第 2644 条第 2 款应当解释为不动产登记的对抗效力,但是第 2644 条第 2 款与《意大利民法典》(1942 年)的第 1376 条也暴露出不可调和的冲突。从文义解释的角度,第 2644 条并没有将在后买受人的主观状态与不动产登记的效力相连接,使得不动产登记的对抗效力绝对化,继而影响到不动产交易之债的效力判定与在先受让人的救济。为了解决这一系列问题,还需要从历史与实证角度重新检视不动产物权变动规则与不动产的登记效力,才能更准确地理解意大利民法,甚至是意思主义模式下不动产"一物二卖"的问题。

---

〔1〕 原文为 "Infatti, se Tizio aveva a sua volta acquistato da Sempronio, il quale aveva venduto sia a lui sia a Mevio, se Mevio ha trascritto il proprio acquisto da Sempronio prima che Tizio trascrivesse il trasferimento da Sempronio, Mevio prevale su Tizio", 参见 Francesco Galgano, *Diritto Privato* (*Quindicesima edizione*), CEDAM, Padova, pp. 917 ~ 918.

二、意大利民法对意思主义的坚持

尽管身处欧洲私法逐步融合的大背景之下，被合并在"大陆法系"（Civil Law System）这一更宽泛的法系类别中的法国法与德国法却仍然固执地保留着明显的差异。其中最让民法学家，特别是中国民法学者津津乐道的区别之一，即是两大法律传统在物权变动规则这一问题上所表现出的截然不同的态度：德国法确立了物权形式主义的变动规则；与之相反，法国法却坚守物权变动的意思主义原则。该原则最早出现在《法国民法典》第 1138 条第 2 款和第 1583 条中，[1]被普遍认为是法国大革命高扬的自由精神在民法物权领域的一次重大胜利。自《法国民法典》问世，意大利就开始了对法国民法的全盘继受，并于 1865 年颁布了以《法国民法典》为蓝本的《意大利民法典》（1865 年）（Codice Civile del Regno d'Italia），确立了其在法国法系的中坚地位。

意大利法上的意思主义原则（Principio consensualistico），又称作合意转让原则（Principio del consenso traslativo），规定在《意大利民法典》（1865 年）的第 1125 条。[2]该条摒弃了《法国民法典》第 1138 条第 2 款模糊的表述，不强调合同双方当事人的给付义务，而是明确了物权自合意生效之时发生变动。因此，《意大利民法典》（1865 年）正式确立了物权变动意思主义模式。二次世界大战后期，在新民法典的制定过程中，意大利学界对物权变动意思主义原则的存废进行了长久且"痛苦"的争论。[3]当时的意大利司法部长就新民法典物权

---

〔1〕　实际上《法国民法典》第 1138 条第 2 款并没有清晰地表达出物权变动意思主义原则，而似乎是将合同双方的给付义务作为物权发生变动的原因；但是第 1583 条关于买卖合同的规定则将这一原则清晰、明确地表达出来。参见 Adriano Cavanna, *Storia del diritto moderno in Europa*, vol. 2, Giuffré, Milano, 2005, p. 579. Massimo Bianca, "Riflessioni sul Principio del consenso traslativo", in *Rivista di Diritto Civile*, Parte I, 1964, p. 535.

〔2〕　Art. 1125 cod. civ. abr.: "Nei contratti che hanno per oggetto la traslazione della proprietà o di altro diritto, la proprietà o il diritto si trasmette e si acquista per effetto del consenso legittimamente manifestato…" [《意大利民法典》（1865 年）第 1125 条："转让物的所有权或者其他权利的合同，自双方当事人达成合法有效的合意时起，所有权移转或者取得该其他权利……"]。

〔3〕　1923 年 12 月 30 日第 2814 号法律承认了意大利北部"新行省"的物权变动规则继续有效，"新行省"有权修改《意大利民法典》（1865 年）中财产法和婚姻家庭法以符合不动产登记生效制度，因此在意大利境内，实际上就存在两种物权变动规则。此前一直适用奥地利法的原奥匈帝国境内的城市（包括戈里齐亚、特伦特、博尔扎诺和雅斯特省以及乌迪内、布雷西亚、威尼斯、贝卢诺省内的一些城市）继续实行不动产登记生效制度，即物权变动形式主义规则。同时《意大利民法典》（1942 年）的制定恰逢民法逐步向社会本位转型，意思主义变动规则无论在交易安全还是在意大利境内民法统一的问题上都遭遇了严重挑战，其存废之争议即是由此而起。

编起草情况于 1940 年作出第 1066 号报告，其中对意思主义变动规则和不动产登记的定位作出立法结论，《意大利民法典》（1942 年）（即现行民法典）最终仍然沿用物权变动意思主义原则。[1]

《意大利民法典》（1942 年）第 1376 条规定："转让特定物的所有权、设立或转让物权或其他权利的合同，所有权或其他权利自双方当事人合法有效地达成合意时转让或取得。"[2]自罗马法始，物权变动就需要形式要件加以展示，《意大利民法典》（1942 年）为兼顾此历史传统，采用了《法国民法典》第 1582 条的立法逻辑，在其第 1470 条规定："买卖是以获得价金为目的而转移物的所有权或者其他权利的合同"、第 1476 条规定："出卖人的主要合同义务：（1）交付标的物于买受人；（2）如果物权不能在合同生效时即时取得，则承担使买受人取得所有权或其他权利的义务；（3）确保买受人不受追夺以及标的物不存在瑕疵"。基于上述两条规定，意大利国内学者深刻地评价意大利民法上的物权变动意思主义原则：合同同时承担着双重角色：一是生成当事人之间的债权和债务，二是产生权利特别是物权的设立、转移或消灭的效力，即物权变动的效力；更重要的是，自罗马法以来存在上千年的两个专业概念"权利"与"取得权利的方式"，在意思主义的物权变动规则下逐渐消逝。[3]

自物权变动意思主义原则在《意大利民法典》（1942 年）中重新得以确

---

[1] 该份报告写道："（…）dopo profonda mediazione ho ritenuto di non dover abbandonare il principio tradizionale che considera la trascrizione solo come forma di pubblicità. Mi è sembrato, infatti, che i notevoli inconvenienti di ordine logico e pratico, che sarebbero derivati dalla deroga al principio del trasferimento consensualistico della proprietà…（经过努力协调，我认为不应该废弃传统的不动产登记公示形式。事实上我们可以预见，废弃所有权变动的意思主义规则将会破坏法典的逻辑并给实务操作带来明显的不便）"。但是该报告同时也指出，"新行省"的不动产登记生效制度确实有着不可忽视的优点。原文转引自 Giovanni Doria, *Doppia alienazione immobiliare e teoria dell'effetto reale*, Giuffrè, Milano, 1994, p. 61.

[2] Art. 1376 del codice civile："Nei contratti che hanno per oggetto il trasferimento della proprietà di una cosa determinata, la costituzione o il trasferimento di un diritto reale ovvero il trasferimento di un altro diritto, la proprietà o il diritto si trasmettono o si acquistano per effetto del consenso delle parti legittimamente manifestato."对照《意大利民法典》（1865 年）的第 1125 条规定（见第 228 页注释［2］），显然《意大利民法典》（1942 年）的表述更加严谨：将意思主义原则的适用限定在"特定物（cosa determinata，指标的物已经确定）"所有权转让的情形。从法律解释的角度，意思主义原则也适用于其他权利的转让，包括了债权、股权、有价证券等。

[3] Giuseppe Stolfi, "Appunti sul c. d. Principio consensualistico", in *Rivista del Diritto Commerciale e del Diritto Generale delle Obbligazioni*, Parte Prima, 1977, p. 1. V. Monateri, *Contratto e trasferimento della proprietà. I sistemi romanisti*, Giuffrè, Milano, 2008, p. 155.

认之后，私法学者对其批评之声就从未停止。反对理由从开始的立法言语表述不清、违背罗马法上"占有即所有"的权利外观规则、不利于维护交易安全，到后来的阻碍欧洲私法一体化进程、将物权变动建立在当事人之间存在充分的意思表示这一假设前提上[1]、使物权变动过多地依赖于合同的效力[2]、并未达到交易实践中合同当事人的真正目的[3]，等等。与此同时，该原则的支持者则通过创制各种各样的理论试图证明意思主义原则的优势与正当性。其中最主流的理论解释是：为了避免将标的物的所有权或者其他权利的变动构筑在当事人之间单纯的、随意达成的合意上，《意大利民法典》（1942 年）第 1376 条要求了"合法有效的合意（consenso legittimamente manifestato）"，即当事人之间的合意实际上要满足第 1325 条规定的合同的全部构成要件，[4]其中包括引发物权变动的合法原因。[5]

鉴于意思主义原则在维护交易安全方面的先天缺陷，立法层面上要求合同的当事人通过严格的合同外在形式（公证、书面等）来证明其达成的物权转让合意 [《意大利民法典》（1942 年）第 1350 条]。同时意思主义原则的适用还有诸多的例外：

（1）要物合同不适用意思主义原则，这是由要物合同的性质决定的；

（2）抵押权的设立（第 2808 条第 2 款）、质权的设立（第 2786 条）是登记、交付生效；

---

〔1〕 "物权变动意思主义原则假定双方当事人之间进行了充分、真实、有效转让、受让意思表示，而后才产生物权变动的效果。"而能否产生物权变动的效果，就要依赖于对双方当事人意思表示是否真实、充分、有效的判断，即不断地运用合同解释规则去探寻双方的真实意思，"……这就是说（需将物权变动规则）安置在合同解释规则的领地上"。Stefano D. Monache，"Fedeltà al Principio consensualistico？"，in *Rivista di Diritto Civile*，n. 6，2006，pp. 285 ~ 286.

〔2〕 "意大利民法中的意思主义原则超越了罗马法上物权变动意思要件和形式要件的传统规则，形成了'债权合同—债权债务'的结构……"，将物权变动建立在意思主义原则上的法律制度，"不得不依赖物权变动有因性原则……"Stefano D. Monache，"Fedeltà al Principio consensualistico？"，in *Rivista di Diritto Civile*，n. 6，2006，pp. 286 ~ 287.

〔3〕 基于双方当事人之间的合意而产生物权变动的效果并不是经济学意义上的完整的交易，受让人在合意达成的同时也不能即时取得标的物所带来的一切利益，相反，其取得的仅仅是一个法律上"结果"，从交易过程的角度，这并不符合双方当事人真正的交易意图，参见 Giovanni Doria，*Doppia alienazione immobiliare e teoria dell'effetto reale*，Giuffrè，Milano，1994，p. 76.

〔4〕 第 1325 条规定的合同的要件包括：①当事人之间的合意；②原因；③客体；④形式，违反法律规定的形式要求，合同无效。

〔5〕 Giovanni Doria，*Doppia alienazione immobiliare e teoria dell'effetto reale*，Giuffrè，Milano，1994，p. 66.

（3）意大利北部"新行省"区域内不适用物权变动的意思主义原则（1929年3月28日第499号法律）；

（4）合同当事人约定排除物权变动意思主义规则的适用；

（5）标的物为种类物的，其数量、重量、质量、尺寸等特定化之前不适用意思主义原则（第1377条）；

（6）转让他人之物或者他人之物上的权利，即无权处分［《意大利民法典》（1942年）第1153、1159*bis*、1160、1162、1478条］；[1]

（7）出让人转让将来取得的物或者权利的；

（8）合同一方当事人或者第三人有权选择合同标的，在行使选择权之前不适用意思主义原则；[2]

（9）出于对利害关系人的保护，理论上认为出资人以实物向公司出资的，不适用意思主义原则。[3]

除了上述的例外规则，司法层面上意大利最高法院也通过许多判例限定了物权变动意思主义原则的适用范围，[4]因此，实践中适用意思主义原则判断标的物所有权归属的情形实际上十分有限，或者说正如学者总结的：意大利民法中物权变动意思主义原则仅在"双重确定"即标的物确定、当事人确定的情形下才得以适用。[5]尽管诸多的例外情形在一定程度上实际架空了物权变动的意思主义原则，但是意大利民法仍然坚持意思主义是物权变动的基本效力规则，为后续一系列矛盾的产生埋下了伏笔。

---

〔1〕 意大利民法理论认为在出让人无权处分的情形下，即使受让人因善意取得而成为权利人，也是直接从前权利人处取得权利，而不是合同当事人之间的合意，参见 Enrico Gabrielli, *Dei contratti in generale*, UTET, Milano, 2011, p. 815.

〔2〕 参见 Paolo M. Vecchi, 第55～77页；Enrico Gabrielli, *Dei contratti in generale*, UTET, Milano, 2011, pp. 814～864.

〔3〕 Giuseppe B. Portale, "Principio consensualistico e conferimento di beni in proprietà", in *Rivista delle società*, n. 05, 1970, p. 938. Francesco Delfini, "Principio consensualistico ed autonomia privata", in *Rivista di diritto privato*, n. 02, 2013, p. 190.

〔4〕 Cass. 29 Giugno 1979 n. 3676, Giur. it, 1980, I, 1, 76; Cass. 4 Marzo 1969 n. 692, Riv. not. 1970, I, 1616; Cass. 11 Luglio 1981 n. 4507; Cass. 2 Ottobre 1987 n. 7345; Cass. 30 Maggio 1995 n. 6050; Cass. 11 Dicembre 1990 n. 11792, Giust. civ. 1991, 1, 1219 ecc.

〔5〕 Giuseppe Stolfi, "Appunti sul c. d. Principio consensualistico", in *Rivista del Diritto Commerciale e del Diritto Generale delle Obbligazioni*, Parte Prima, 1977, p. 5.

三、不动产"一物二卖"的法律效力

（一）特定不动产的归属

因对物权变动意思主义原则的坚守，特定不动产的买卖又是意思主义当然的适用范围，意大利民法上与此相关的制度就不得不配合意思主义原则的要求，进而设计不动产的公示。正是如此，在意思主义模式下不动产登记（trascrizione immobiliare）仅是简单的契据登记并且只有对抗效力，[1]登记的最主要功能也被定位为确认多个受让人之间不动产物权的归属，[2]同时不动产登记的对抗性也仅在不动产"一物二卖"或"一物多卖"的情形中才会加以讨论。不同于不动产登记生效规则以不动产登记与否作为判断权利归属的唯一标准，意思主义模式下因双方当事人的意思表示具有物权变动效力，使得不动产的"一物二卖"问题显得尤其复杂。

以意大利法上最经典的"一物二卖"为例：所有权人 Sempronio 与买受人 Tizio 签订买卖合同，将其名下的一处不动产转让给 Tizio，并未办理转让登记；随后 Sempronio 又签订合同将该不动产转让给 Mevio，并办理了转让登记手续，该不动产应当归属于 Tizio 还是 Mevio？根据《意大利民法典》（1942 年）第 2644 条第 2 款的规定"尽管取得权利在先，在后的登记也不能对抗在其之前已经登记或抵押登记并从同一权利人处取得物权的在后受让人"，即在不动产"一物二卖"中，尽管存在前一有效的不动产转让合意，及时完成不动产登记的在后受让人仍能直接从出让人处取得不动产所有权，且其登记行为能够对抗在先受让人。结合物权变动的意思主义原则，实证法上的处理思路显然是相互矛盾的不同路径：根据第 1376 条的规定，该特定不动产在出让人 Sem-

---

〔1〕　现行《意大利民法典》（1942 年）第 2644 条是意大利法上有关不动产登记效力的最主要的规定："前款规定的应登记行为对在其之前已经契据登记或者抵押登记并取得不动产物权的第三人不产生效力。（Gli atti enunciati nell'articolo precedente non hanno effetto riguardo ai terzi che a qualunque titolo hanno acquistato diritti sugli immobili in base a un atto trascritto o iscritto anteriormente alla trascrizione degli atti medesimi）尽管取得权利在先，在后的登记也不能对抗在其之前已经登记或抵押登记并从同一权利人处取得物权的在后受让人。（Seguita la trascrizione, non può avere effetto contro colui che ha trascritto alcuna trascrizione o iscrizione di diritti acquistati verso il suo autore, quantunque l'acquisto risalga a data anteriore）"。其中 trascrizione 是指引起不动产物权变动的行为（例如合同）的登记，而 iscrizione 是指在不动产上设立、转让抵押权的登记。根据《意大利民法典》（1942 年）第 2808 条，抵押权的设立、转让和消灭是采用登记生效规则。

〔2〕　N. Alberto Cimmino, *La trascrizione immobiliare*, Giuffrè, Milano, p. 225.

pronio 与在先受让人 Tizio 达成转让合意时即归 Tizio 所有，而后 Sempronio 向在后受让人 Mevio 的出让行为显然是无权处分；但是第 2644 条第 2 款的规定将该不动产归属于首先完成登记的 Mevio 所有，即是承认了在此种情形下，Mevio 的登记行为能够有效取得该不动产所有权。那么是否意味着在后受让人 Mevio 完成的不动产登记是其取得权利的必要条件呢？这显然违背物权变动的意思主义原则。[1]如果对第 2644 条第 2 款的用语仔细加以分析，另一个十分有趣的问题是，在后受让人 Mevio 是从原权利人 Sempronio 处、因登记在先取得不动产的所有权。而根据物权变动的意思主义原则，Semprinio 自第一次买卖合意达成后就成为无权处分人，Tizio 成为特定标的物的所有权人，但无论是意大利学理还是已有判例，均认定在先登记的 Mevio 从原所有人 Sempronio 处继受取得不动产所有权，而非善意取得。[2]

与不动产"一物二卖"的情形不同，意大利民法上动产的"一物二卖"恰恰适用善意取得，《意大利民法典》（1942 年）第 1155 条规定："出让人向多名受让人转让同一动产的，善意占有该动产的受让人优先于其他人（取得所有权），即使该善意占有人是在后受让人。"因此，动产的"一物二卖"处理规则是清晰与明确的，既坚持了在先动产交易合同的意思主义属性，又使主观善意与占有标的物的外观弥补了出让人无权处分的不足。而在不动产"一物二卖"的情形下，坚持第 1376 条能够产生物权变动的效果，就应该与动产"一物二卖"的处理规则相类似，第二次买卖就是出让人的无权处分，后买受人取得不动产所有权仅能依据"善意取得"[3]，并且是在先买受人丧失了不动产所有权，而不是《意大利民法典》（1942 年）第 2644 条第 2 款设计的登记优先与继受取得的法律效果。坚持第 2644 条的不动产登记优先效力，对于在后买受人无论其主观状态何如，在先的交易均不能产生物权变动的法律效力，同理，在后买受人必须完成不动产登记才能取得财产所有权，

---

〔1〕 意大利民法学界普遍承认第 2644 条"登记优先"违反了第 1376 条物权变动的意思主义原则，Rosario Nicolò, La trascrizione: *appunti al corso di diritto civile*, volume 3, Giuffrè, Milano, 1973, p. 117.

〔2〕 意大利理论与实务界一致认为不动产"一物二卖"中在后受让人取得不动产物权是继受取得，因此第 2644 条第 2 款的规定显然与第 1153、1155 条规定的动产善意原始取得的基本原理不同。但是不可否认，在出让人无权处分的情形下，在后受让人能够继受取得不动产所有权，肯定与其登记行为密不可分。Giovanni Casella, "La doppia alienazione immobiliare: un dibattito sempre aperto", in *Rivista di Diritto Civile*, 1993, II, p. 518.

〔3〕 关于不动产是否能够善意取得的问题，并不是本文要讨论的主题。为了便于理解，统一使用我国物权法上的概念"善意取得"来表述此种情形下不动产物权的变动。

而不是简单的"不得对抗善意第三人",这无异于宣布此时只有登记才能取得不动产所有权,否定了第 1376 条的意思主义原则。同时,《意大利民法典》(1942 年)第 2644 条并没有明确不动产登记对抗的范围,即从解释学的角度,未经登记的不动产买卖交易不仅不能够对抗善意第三人,即使在后受让人明确知晓在先受让人的存在和所有权已经发生变动的事实,仍能通过法律提供的不动产登记制度取得特定的不动产物权。[1]这实际上已经间接承认了不动产登记在此时不动产物权变动中的"生效"效力。

为了配合《意大利民法典》(1942 年)第 1376 条的意思主义物权变动原则,意大利的不动产登记制度也设计为契据登记,并且不进行实质性审查,登记机构只负责记录、保管登记簿。因此,意大利不动产登记并不产生公信力,这也是学界与实务主流观点认为不动产所有权不能善意取得的最主要原因之一。但是《意大利民法典》(1942 年)第 2650 条第 1 款同时规定:在先不动产交易未登记的,其后无论几手转卖交易该不动产,即便已经登记的,也不产生效力。[2]尽管本款想要解决的是不动产登记的连续性问题,但实际上也直接佐证了第 2644 条不动产登记在不动产交易中的效力。

意思主义原则与不动产登记定位之间的冲突引发了此领域理论研究的极度繁荣,学者们纷纷通过各种各样的理论解释来证成第 2644 条"登记优先"[3]在物权变动意思主义模式下存在的合理性。例如,C. A. Funaioli 教授在 20 世纪 50 年代讨论"相对所有权"理论,认为在物权公示制度内部实际上是区分不动产物权的转让与取得的,前者是在合同当事人之间,后者是在合同当事人与第三人之间。因此未经过登记的不动产物权变动合意,受让人

---

〔1〕 Alberto Venturelli, "La responsabilità del secondo acquirente nella doppia alienazione immobiliare", in *La Responsabilità Civile*, n. 11, 2006, p. 871;此外意大利最高法院的判决中也提及"《意大利民法典》(1942 年)第 2644 条的规定并没有区分第三人是善意还是恶意…" Cass. 13 Gennaio 1995 n. 383, RN, 1995, p. 1566.

〔2〕《意大利民法典》(1942 年)第 2650 条第 1 款规定:"如若在先的、应登记的不动产交易未经登记,后续取得不动产的受让人的登记不生效力。"此为"不动产登记的连续性原则",该原则要求不动产物权交易持续进行的,不动产登记簿上的登记必须连续,如前一转让行为未经登记,后续的转让行为即便完成了登记,也不能产生效力。

〔3〕 理论上将《意大利民法典》(1942 年)第 2644 条首先完成登记的在后受让人优先取得不动产物权的规定总结为"登记优先原则",并认为其取代了罗马法上"时间在先,取得在先"(prior in tempore potior in iure)的规则, Cesare Ruperto, *La giurisprudenza sul Codice Civile coordinata con la dottrina. Libro VI, artt. 2643 - 2739*, Giuffrè, Milano, 2012, p. 30.

实际上仅取得了"相对的所有权",并不能对抗其后的第三人。[1]不动产受让人因意思表示一致而取得的所有权是仅相对于出让人的,对第三人而言不动产交易登记是取得不动产物权的必要前提。"相对所有权"理论承认不动产所有权的转让与取得是分开的,并将不动产变动公示的要件涵盖在物权公示制度之内,承认在先受让人因未完成不动产登记而无法取得"对世性"的不动产物权,且影响到同一不动产后续的交易效力,这就将《意大利民法典》(1942年)第2644条第2款重新引向不动产物权变动形式主义的范畴。

意大利最高法院于1988年作出一个十分重要的判决,其主要目的是为了解决不动产"一物二卖"中出让人的责任问题,但是也从侧面揭示了最高法院在此类案件中,针对不动产物权变动意思主义原则与不动产登记对抗规则之间的矛盾的司法态度。该判决适用《意大利民法典》(1942年)第1476条的第2款确定出让人对在先买受人的责任[2],即"合同未立刻产生物权变动效力时,出卖人负责买受人取得物的所有权或其他权利。"同时判决书中还写道:"……出让人附有使在先受让人取得不动产物权的义务,但是出让人在履行该义务的过程中利用不动产登记制度再次出卖标的物,实际上是违反了该项义务……"。[3]抛开出卖人的违约责任,最高法院认为在先的特定不动产买卖合同并未立即在当事人之间产生物权变动的效力,因此出让人在后的买卖行为违反了其使得在先买受人取得该不动产所有权的义务。1988年的判决与随后的判例评论实际上承认了无论是在当事人之间还是对第三人,只有登记才能导致不动产物权发生变动。[4]这一观点与上文提及的"相对所有权"理论以及下文对合同效力进行判断的理论均不相同,意味着最高法院在此类案件中,完全抛弃了物权变动的意思主义原则,转而投向不动产物权变动的登记生效规则。

(二)对买卖合同效力的影响

为了解释《意大利民法典》(1942年)第1376条与第2644条第2款并

---

〔1〕 C. A. Funaioli, *La c. d. proprietà relativa*, in Rivista di diritto commerciale, 1950, I, p. 287.

〔2〕 Angelo Busani, "La doppia alienazione immobiliare", in *La Nuova Giurisprudenza Civile Commentata*, n. 1, pt. 2 2003, p. 88.

〔3〕 Cass. 15 Giugno 1988 n. 4090, in Il Foro Italiano, 1989, I, p. 1568ss, con nota di Casadonte.

〔4〕 Verzoni, "La natura della responsabilità del venditore nei confronti del primo acquirente nell'ipotesi di doppia vendita immobiliare", nota di commento a Cass. 15 Giugno 1988 n. 4090, in *Il Foro Italiano*, 1989, I, p. 311.

存适用的合理性，意大利民法学在物权公示制度与物权效力理论之外，也将触角伸向了合同效力理论。即在"一物二卖"案例中，除了不动产所有权归属这一物权法范畴内的法律效力以外，还涉及不动产买卖的债权效力，即意思主义原则下当事人之间达成意思表示一致肩负着的第二重使命：在当事人之间产生享有债权和负担债务的法律效力。意大利民法上的合同一直是依照《意大利民法典》（1942 年）第 1325 条合同的有效要件：（1）当事人的意思表示一致；（2）（合同的）原因；（3）标的物（合法）；（4）形式（合法）来判断其效力。其中，合同当事人的意思表示一致、合同的标的物以及形式均是判断合同效力的一般要件，我国《民法总则》与《合同法》上对此也有相类似的规定，不做复述。但是合同的"原因"，在意大利民法上是除当事人合意外的另一核心要件，且承担着法律行为的社会经济功能，是意思自治的正当理由。[1]具体到买卖合同，当事人之间的合意并不能直接在表意人之间产生债权债务，也不能使得合同标的物的所有权发生转移，只有当事人之间的合意（法律行为）有正当化的经济社会理由，上述的法律效果才会发生。在判断合同的效力时，往往难以对每一个具体合同是否具备正当化的原因加以单独判断，因此民法典上典型合同的原因也是类型化的，即当事人之间只要缔结的是典型合同，就不会因缺少合同的原因而被判定无效。以买卖合同[2]为例，此类合同的原因是标的物所有权与价金的交换，标的物所有权的移转与价金的支付互为对方正当化的事由。[3]

　　具体到"一物二卖"的情形，在先买受人与在后买受人与出让人签订的都是买卖合同，按照典型合同的类型化原因，前后两个买卖合同均非无效（nullo）。但考虑到意大利不动产登记制度登记的并非不动产物权[4]，而是涉

---

　　〔1〕 合同的原因不同于合同当事人的动机，当事人的动机是主观目的，双方当事人缔结合同的目的各不相同；合同的原因具有客观性，一类典型合同的原因是唯一的，并不会随着当事人的改变或者标的物的变化而改变。参见 F. Galgano, *Diritto Privato*（*Quindicesima edizione*）, CEDAM, Padova, pp. 242 ~ 247.

　　〔2〕 《意大利民法典》（1942 年）第 1470 条规定："买卖合同是为了获取价金而转让标的物的所有权或者其他权利的合同。"

　　〔3〕 以此类推，以物易物合同的原因就是标的物所有权的交换；雇佣合同的原因就是支付报酬与完成劳作之间的交换。

　　〔4〕 意大利不动产登记制度（La trascrizione immobiliare）是为了与《意大利民法典》（1942 年）第 1376 条物权变动的意思主义原则相适应而创设的。不动产登记簿的设计采"人的编成"，查询的方式也是直接按照出让人的姓名进行查询；登记的内容为涉及不动产物权变动的合同或者其他行为。因此，不动产买卖合同具有可登记性，《意大利民法典》（1942 年）第 2643 条也规定了此类合同应当进行登记。

及不动产物权变动的合同（第 2643 条[1]），第 2644 条的适用必然也会影响合同之债的效力。《意大利民法典》（1942 年）第 2643 条实际上创设了不动产受让人的登记义务（onere）。如将此项登记义务视为履行内容之一，本质上就回到了法国意思主义（《法国民法典》第 1138 条）的逻辑轨道。在不动产物权交易中，买受人未登记或者未及时登记的法律效果，主流学理与司法实务皆认为是合同的无效力（inefficacia）。[2]合同的无效力与我国《民法总则》上的法律行为无效及《合同法》上的合同无效并非同一概念，但是相互之间有关联。我们熟知的法律行为或者合同无效（invalido）仅限于狭义的合同无效（nullo）与经撤销无效（annullamento）两种情形，而无效力（inefficacia）的范围要宽泛得多。不仅无效合同（invalido）是当然的无效力的情形，在合同有效（valido）的情形下暂时或者永久地不发生当事人合意追求的法律效力（例如，附条件、附期限行为等）也属于无效力的情形。因此，合同的无效力与司法解释创设的"未生效"概念类似。

正是因为在先买受人与出让人的合同无效力，使得在先买受人并不能按照《意大利民法典》（1942 年）第 1376 条的规定取得特定不动产的所有权。但为保障意思主义的基本结构，此种合同无效力是相对的无效力，即针对率先完成登记的在后受让人而言是无效力，对于出让人与在先买受人而言仍然生效。[3]与"相对所有权"理论不同，未经登记的在先买卖合同无效力并不区分当事人合意是指向债权债务的负担，还是指向不动产物权的变动，即整体上衡量合同当事人之间的意思表示。该理论在保留意思主义"转移合意—物权变动"基本结构的同时，将受让人履行登记义务作为不动产物权变动合同生效的要件之一。因在先不动产交易合同未登记而无效力，特定标的物上的物权并没有发生变动，在后受让人取得不动产物权是从出让人处继受取得。在后的不动产物权交易因受让人完成了不动产登记，履行了登记义务，是唯一生效的（efficacia）合同。

---

〔1〕《意大利民法典》（1942 年）第 2643 条规定了 14 项应当进行登记的具体行为，其中绝大部分都是使不动产上所有权、其他物权发生变动的行为（仅第 8 款是要求租期超过 9 年的不动产租赁合同进行登记）。也有学者认为，第 2643 条并不是应登记行为的类型化，而是不动产物权变动法律效力的类型化，即使其他未列举的行为产生了不动产物权变动的效力，也应当进行登记。参见 N. Alberto Cimmino, *La trascrizione immobiliare*, Giuffrè, Milano, p. 14.

〔2〕 F. Galgano, *Diritto Privato（Quindicesima edizione）*, CEDAM, Padova, p. 292.

〔3〕 Francesco Messineo, *Manuale di diritto civile e commerciale*, volume II, parte prima, Giuffrè, Milano, 1952, p. 546.

此外，学界为解释第 2644 条第 2 款与不动产买卖合同效力之间的关系，还提出了"附解除条件合同"的理论。该理论的推导过程大概分为四步：一是出让人与在先受让人签订的不动产物权变动合同仍是遵循意思主义原则，在先受让人也根据双方的合意取得了不动产上的物权，但在先受让人未及时登记是该合同所附的解除条件；[1]第二，出让人的在后转让行为，虽然是无权处分且不产生物权变动的效力，但是具有可登记性〔《意大利民法典》（1942 年）第 2643 条〕，一旦在后受让人率先完成登记行为，即视为前一合同的解除条件成就；随后，前一合同因解除条件成就立即失效并溯及既往，不动产物权回复至出让人；后一转让合同因出让人重新取得权利而变为有权处分，在后受让人自然取得该项不动产物权；[2]第四步，因出让人与在后受让人之间有效的转让，在后受让人自出让人处继受取得不动产物权。[3]不可否认该理论的设计是精巧的，将未及时登记作为前一合同的解除条件，与英美法系中出卖人有权再次出卖标的物的处理方式极为相似，但在适用前提上却大相径庭。此处，在先不动产转让合同生效后，受让人是否进行不动产登记，对合同的效力与出让人的利益并没有任何实质性的影响，因此所附的解除条件更像是专门为出卖人进行二次转让提供的便利。

显而易见，无论是不动产"一物二卖"的物权归属还是合同效力，物权变动意思主义与《意大利民法典》（1942 年）第 2644 条第 2 款之间相互解释是行不通的。无论是在不动产"一物二卖"的情形中还是不动产继续转让的情形中，立法者将登记公示作为判断不动产物权归属的唯一依据，其目的在于制裁公开市场中隐蔽的不动产交易（当然，更主要的目的在于税收）；而自意大利选择继受法国意思主义原则之时起，就意味着其容忍了隐蔽不动产交易的存在，也就是不动产公示制度的初衷与意思主义的立法旨意相悖。与其纠缠在不断解释第 2644 条是如何符合意思主义原则，不如直接承认立法者在不动产"一物二卖"的问题上将"合法转让"与"权利取得"进行了区分，而不动产物权的完全实现是通过物权公示制度而达成。《意大利民法典》（1942 年）第 2644 条以及相配合的第 2643 条、第 2650 条等规范在一定程度上剥夺了物权变动意思主义原则的适用空间。

---

〔1〕　N. Alberto Cimmino, *La trascrizione immobiliare*, Giuffrè, Milano, p. 23.

〔2〕　Francesco Gazzoni, *La trascrizione immobiliare*, Tomo I, Giuffrè, Milano, 1991, pp. 484～485.

〔3〕　N. Alberto Cimmino, *La trascrizione immobiliare*, Giuffrè, Milano, p. 240.

四、对在先受让人的救济

司法实务对"一物二卖"中不动产所有权的归属直接适用《意大利民法典》（1942 年）第 2644 条第 2 款，由在后受让人取得。特别值得一提的是，针对不动产物权登记优先规则与意思主义原则之间的关系，以及在后受让人的登记行为在取得不动产物权中所发挥的作用（对抗效力与生效效力），意大利的司法判例从来没有明确地表达过其立场与态度。但是，意大利最高法院通过一系列救济在先受让人的司法判例间接地形成了其在不动产"一物二卖"问题上的基本态度：通常情形下，由完成登记的在后受让人取得特定的不动产所有权，此时出让人应赔偿在先受让人无法取得不动产所有权的损失，并将出让人的损害赔偿责任定位在合同责任的范畴，[1]间接地认定未完成登记的在先受让人并未取得该不动产物权；对于在后受让人，至少在不动产"一物二卖"的情形下登记是不动产物权变动的必要条件之一，无论在后受让人的主观状态如何。

（一）出让人的责任

《意大利民法典》（1942 年）第 2644 条将不动产的登记作为判断"一物二卖"或者"一物多卖"情形下不动产物权归属的唯一标准，同时将在先受让人无法取得不动产物权的救济问题摆在理论与实务面前。[2]尽管司法实务回避了《意大利民法典》（1942 年）第 1376 条与第 2644 条之间的关系以及不动产登记在意大利民法体系中的效力等问题，不可否认的是在先买受人确实遭受了损失，且需要有人承担损害赔偿责任。[3]《意大利民法典》（1942 年）第 1376 条与第 2644 条之间的矛盾及其所引发的争议对后续一系列问题，包括出让人的责任、在后受让人的责任都有着十分重要的影响。例如少数学者认为根据物权变动意思主义原则，在先受让人与出让人达成买卖合意的瞬间，只要符合合同的有效要件，就已经取得了该不动产物权，出让人已经尽

---

〔1〕 最高法院判例 Cass. 21 Marzo 1989 n. 1403, in Il Foro Italiano, 1990, I, p. 222ss.

〔2〕 也有学者认为《意大利民法典》（1942 年）第 2644 条对在后受让人无条件取得不动产物权的认可本身掩盖了出让人或在后受让人明知存在前一合同而进行抢先登记的恶意，参见 Alberto Venturelli, "La responsabilità del secondo acquirente nella doppia alienazione immobiliare", in *La Responsabilità Civile*, n. 11, 2006, p. 874.

〔3〕 Alberto Venturelli, "La responsabilità del secondo acquirente nella doppia alienazione immobiliare", in *La Responsabilità Civile*, n. 11, 2006, p. 872.

到了履行合同的义务；但是其后续再次出让同一不动产的行为，构成无权处分且给在先受让人造成了损失，应承担侵权法上的损害赔偿责任。[1]但学界通说认为：前一个不动产物权变动合同因为缺少不动产登记而尚未发生效力（inefficacia），在先受让人并没有取得该不动产物权；在后受让人登记后取得特定不动产物权，出让人的"一物二卖"行为使得成立在先的合同履行不能，因而出让人根据《意大利民法典》（1942 年）第 1218 条的规定承担合同法范畴内的违约责任，[2]该理论也得到了司法实践的支持，[3]并且适用 10 年的时效〔《意大利民法典》（1942 年）第 2946 条〕。

尽管主流理论与实务毫不犹豫地认定不动产"一物二卖"的出让人应当承担合同责任，但是出让人承担损害赔偿责任的法律依据，即在意思主义模式下其违反了哪项合同义务，仍然是学界频繁探讨的内容之一。一种理论认为：出让人违反了《意大利民法典》（1942 年）第 1476 条第 3 款确保买受人不受追夺的义务，根据第 1487 条第 2 款"尽管双方当事人之间约定排除担保义务（第 1476 条第 3 款）的适用，但对其自身原因所造成的标的物被追夺出让人仍要承担责任，任何与之相反的合同条款无效"，出让人应保证标的物不受追夺，且该义务不因合同双方的合意排除而消灭。[4]即第 1487 条第 2 款所规定的"自身原因"不仅指合同签订前出让人对标的物的权利状态，还应扩大解释至合同成立后出让人的行为。出让人对瑕疵担保义务的违反，是违反主合同义务的典型违约行为。出让人与在先受让人之间的合同仍是相对有效，按照意思主义原则，双方之间合意引发不动产物权的变动，出让人需要对标的物以及其上权利承担瑕疵担保责任。无论是合同标的物还是其上的权利完整，在出卖人与在先买受人的合同相对有效的前提下，出卖人随后的无权处分行为是否能够认定为违反合同的瑕疵担保义务还需要斟酌。反对的声音则

---

〔1〕　D. Poletti, "Doppia alienazione immobiliare e 'responsabilità extracontrattuale da contratto'", in *Contratto e Impresa*, 1991, p. 752.

〔2〕　Giovanni Casella, "La doppia alienazione immobiliare: un dibattito sempre aperto", in *Rivista di Diritto Civile*, 1993, II, p. 537.

〔3〕　Trib. Cagliari, 24 Ottobre 1986, n. 3249, in Repertorio del Foro Italiano, 1988, p. 709ss., 判例评论来自 Lai, "Responsabilità del venditore in caso di doppia vendita. Cass. 21 Marzo 1989 n. 1403", in *Il Foro Italiano*, 1990, I, p. 222ss., 判例评论来自 *Cosentino, L'inadempimento efficiente nuovamente al vaglio della Cassazione*, in Rivista del Notariato, 1990, p. 550.

〔4〕　Ruggero Luzzatto, *La compravendita, edizione postuma a cura di Persico*, Utet, Torino, 1961, p. 229; C. Massimo Bianca, La vendita e la permuta, Utet, Torino, 1993, p. 751, ecc.

认为出让人违反了合同的附随义务, 即应避免其后续的行为损害合同相对方的权益, 且此附随义务是建立在诚实信用原则 (第 1375 条) 基础上并与出让人的主合同义务相区别,[1] 该理论也得到了部分司法判例的支持。[2] 从合同目的角度, 双方当事人之间缔结合同或者合同成立之后的唯一核心目标就是履行, 就不动产买卖合同而言是不动产所有权在当事人之间的移转与价金的取得。在先受让人的合同成立时间在先, 出让人基于诚实信用原则不能损害相对方的利益。

上文提及意大利最高法院于 1988 年作出的十分重要的判决, 与已经提及的两种理论观点又有不同。最高法院适用《意大利民法典》(1942 年) 第 1476 条第 2 款的规定来解决不动产 "一物二卖" 中出让人的责任问题。最高法院认为在不动产买卖合同中, 标的物的所有权并不因双方当事人达成合意而发生移转, 恰恰相反, 出让人负有使买受人取得物的所有权或其他权利的义务。该判决中写道: "……出让人负有使第一受让人取得不动产物权的义务, 但是出让人在履行该义务的过程中利用不动产登记机制再次出卖标的物, 实际上是违反了该项义务……",[3] 因此出卖人应当承担违约责任。此判决的影响力十分广泛, 至今在出卖人责任问题上仍是最主要的司法依据之一。[4] 出让人将不动产 "一物二卖", 究竟是违反了合同中的哪一项义务, 最高法院的不同判决中司法态度也不尽相同, 但共同的认知是出让人应承担违约责任, 且责任方式为损害赔偿。

(二) 在后受让人的责任

不动产 "一物二卖" 中的在后受让人是否应当就在先受让人的损失承担责任, 其实理论上早有争议:《意大利民法典》(1942 年) 第 2644 条第 2 款使在先登记的在后受让人取得特定不动产的所有权, 并没有区分在后受让人是否知晓在先的不动产交易。依照文义解释, 无论在后受让人是否知晓在先

---

〔1〕 Giovanna Visintini, *Trattato breve della responsabilità civile*, 2ed, Padova, 1999, p. 205; Nicoletta Muccioli, "Doppia alienazione immobiliare e tutela del primo acquirente", in *Rivista del diritto commerciale e del diritto generale delle obbligazioni*, 1994, n. 6, p. 702.

〔2〕 Cass. 27 Marzo 1965 n. 518, in Il Foro Italiano, 1965, I, p. 1743; Cass. 6 Aprile 1978 n. 1579, in Giustizia Civile, 1978, I, p. 1007; Cass. 2 Febbraio 2000 n. 1131, in Giustizia Civile, 2000, I, p. 1687ss. , ecc.

〔3〕 Cass. 15 Giugno 1988 n. 4090, in Il Foro Italiano, 1989, I, p. 1568ss, con nota di Casadonte.

〔4〕 Angelo Busani, "La doppia alienazione immobiliare", in *La Nuova Giurisprudenza Civile Commentata*, n. 1, pt. 2 2003, p. 88.

的不动产交易，其都可以依法通过不动产登记取得所有权。因此，在先受让人因不动产交易遭受的损失只能向出让人主张赔偿，而并不能向在后的受让人主张。早期的司法实践也普遍按照上述思路来处理此类纠纷，直至 20 世纪 80 年代初，最高法院的司法态度发生了转变。意大利最早的、关于在后受让人应当承担损害赔偿责任的判例是最高法院 1982 年第 76 号民事判决，其中法官认为：在后受让人仅是简单知晓前一不动产交易的存在而在先完成登记的，无需向在先受让人承担损害赔偿责任；只有在后受让人与出让人串通欺诈在先受让人或者故意抢先登记，并以在先受让人丧失该不动产所有权为目的时，才需要根据《意大利民法典》（1942 年）第 2043 条[1]承担侵权损害赔偿责任。正常的民事秩序不会也不能容忍在后受让人恶意利用不动产登记制度损害他人的合法利益，即便是第 2644 条第 2 款将特定不动产物权归属于在先登记的在后受让人，也不意味着在后受让人的滥用行为得不到追究。

该判决对在后受让人归责时，提出在后受让人的主观状态必须是恶意，即在后受让人只有故意抢先登记或者与出让人串通欺诈在先受让人的，才需要承担损害赔偿责任。同时判决也强调对在后受让人的故意或者欺诈应做更宽泛的解释，不仅包括有计划地侵犯在先受让人的权利，还应考量在后受让人是否以获利为目的以及故意造成损害的程度，等等，即相比于合同当事人（出让人）的过错，在后受让人的主观恶意是否达到了需要承担损害赔偿责任的程度。[2]在后受让人的损害赔偿责任适用过错归责原则，当事人的主观状态并不能简单地表述为《意大利民法典》（1942 年）第 2043 条中的"故意或者过失"，最高法院的判决中使用了"恶意"（mala fede）概念。此处的"恶意"与善意第三人中的"善意"并不是完全相对的一组概念，真空地带就是在后受让人简单知晓在先合同存在，并不是在后受让人的主观可归责情形。这与 1982 年判决的说理以及此前对第 2644 条第 2 款的评注所体现的分割标准基本吻合。关于在后受让人"明知"的判断，理论与实务的态度比较统一，即①在后受让人与出让人签订不动产买卖合同时，已知晓存在相同内容的前一不动产买卖合同；或者②签订合同的时候不知，但是在完成不动产登记之

---

〔1〕《意大利民法典》（1942 年）第 2043 条："任何故意或者过失给他人造成不法损害的，行为人应当承担赔偿责任。"

〔2〕 Cass. 8 Gennaio 1982 n. 76, in Il Foro Italiano, 1982, I, p. 397. 判例的评论与注释参见 Giuseppe Benacchio, "Alienazione successiva di uno stesso immobile e responsabilità del secondo acquirente", in *Rivista di Diritto Civile*, 1983, II, p. 678.

前获知前一合意的存在，两种情形均视为在后受让人 "明知" 前一合同的存在。[1]

1982 年的判决作出后，最高法院后续也有几个判决沿用了在后受让人应当承担侵权赔偿责任的审判思路，并且在论证过程中进一步提出了在后受让人承担损害赔偿责任的外在表现是其 "介入（inserimento）" 了前一个交易合同，与出让人共同导致了在先的不动产买卖合同无法履行（cooperazione nell'inadempimento）。[2] 在后受让人与出让人共同导致在先受让人的债权无法实现，无法取得特定的不动产所有权，是在后受让人的行为侵害了已经在先存在的债权债务关系，即第三人侵害债权。[3] 出让人与在后受让人承担损害赔偿责任的基础规范与责任性质不同，只有在后受让人主观上存在严重的过错才会向在先受让人承担赔偿责任。这也表明了在侵害债权引发的损害赔偿责任问题上，意大利司法持有审慎的态度。

最高法院判决中第三人侵害债权的观点在学界也引起了讨论：支持者认为在后受让人与出让人再次进行交易时，在先受让人并不是不动产的所有权人，即在先受让人并没有因为交易合意而取得过不动产所有权。在后受让人是自出让人处直接继受取得不动产所有权，所以仅是侵害了在先受让人的债权。[4] 反对者则认为应该坚持物权变动的意思主义原则，在先受让人因与出让人达成合意已经取得不动产物权，在后受让人的行为侵害的是在先受让人的不动产所有权，而不是侵害了在先受让人的债权；[5] 还有观点认为，在后受让人应当承担合同责任，即同出让人一并适用《意大利民法典》（1942 年）

---

〔1〕　Alberto Venturelli, "La doppia alienazione immobiliare tra risarcimento e restituzioni: la posizione della giurisprudenza", in *Obbligazioni e Contratti*, 2005 – 06, II, n. 3, p. 880.

〔2〕　意大利最高法院判例 Cass. 22 Novembre 1984 n. 6006, in Repertorio del Foro Italiano, 1984, Trascrizione, n. 24; Cass. 18 Agosto 1990 n. 8403, in Il Foro Italiano, 1991, I, p. 2437ss 等认定在后受让人介入前一已经存在的不动产物权变动合同，与出让人一同致使前一合同不能得以履行，不论在后受让人在其中发挥主要作用还是次要作用，均侵犯了前一债权，这也是在后受让人要与出让人共同分担损害赔偿责任的最主要原因。

〔3〕　意大利最高法院通过著名的 Meroni 案（Cass., S. U., 26 Gennaio 1971, n. 174, in Il Foro Italiano, 1971, I, p. 342）将债权纳入侵权法的保护范畴。

〔4〕　Giovanni Doria, *Doppia alienazione immobiliare e teoria dell'effetto reale*, Giuffrè, Milano, 1994, p. 166.

〔5〕　Francesco Gazzoni, *Manuale di diritto privato*, Edizioni Scientifiche Italiane, Napoli, 11 ed., 2004, p. 659.

第 1218 条[1]合同义务不履行的责任，而不是单独适用第 2043 条的侵权责任，但因在先受让人与在后受让人之间并不存在契约关系，该观点的认同度不高。[2]在后受让人承担损害赔偿责任的请求权基础究竟是第三人侵害债权还是侵害不动产所有权，在这一问题上的分歧也体现了学界与实务界对不动产"一物二卖"导致不动产物权发生变动的过程与结构并没有形成共识，特别是对《意大利民法典》（1942 年）第 1376 条与第 2644 条第 2 款如何加以解释、适用并没有一致的结论。

在具体案件中，如何认定在后受让人仅仅是知晓前一不动产交易的存在，而不是与出让人串通共同欺诈在先受让人，或者故意抢先登记使在先受让人无法取得不动产所有权，是司法实务中面临的另一难题，除了实体法的规范外，还需要程序法上的规则加以配合。

（三）损害赔偿的特殊承担方式："原物返还"

无论不动产"一物二卖"中在后受让人承担损害赔偿责任的请求权基础是什么，最高法院通过一系列的判例明确在后受让人恶意导致在先受让人利益受损的，需要承担侵权赔偿责任。除了常见的金钱赔偿责任方式外，《意大利民法典》（1942 年）第 2058 条[3]规定了损害赔偿责任的一种特殊承担方式，即"受害人可以要求全部或部分以特殊形式返还原物"。如适用于不动产"一物二卖"案件中在后受让人承担的损害赔偿责任，即受损的在先受让人可以要求恶意在后受让人返还该项不动产作为损害赔偿责任的承担方式，从而重新取得该不动产所有权。[4]但是权威学者们均主张限制第 2058 条的适用，因为一旦允许在先受让人重新取得该不动产所有权，实际上就推翻了第 2644 条确定的"登记优先"规则，且会动摇不动产登记制度存在的必要性与合理

---

〔1〕《意大利民法典》（1942 年）第 1218 条："债务人未正确履行（合同）义务的，需要赔偿（债权人的）损失，但是能够证明存在不可归责于债务人的事由导致合同义务不能履行的除外。"

〔2〕 Castronovo, *La responsabilità civile. Rassegna di giurisprudenza*, in Rivista Trimestra di Diritto e Procedura Civile, 1986, p. 225.

〔3〕《意大利民法典》（1942 年）第 2058 条："如果可能，受害人可以要求损失的全部或者部分以特殊形式恢复原状。但是，如果以特定形式的恢复原状对债务人而言过于困难，法官可判处相等价值的金钱赔偿。"

〔4〕 Angelo Busani, "La doppia alienazione immobiliare", in *La Nuova Giurisprudenza Civile Commentata*, n. 1, pt. 2 2003, p. 103.

性。[1]尽管如此，这并不妨碍我们将第 2058 条视为救济不动产"一物二卖"中在先受让人的一种特殊方式，特别是在后受让人恶意取得不动产所有权的情形。

是否适用此种损害赔偿的特殊承担方式由法官自由裁量，在诉讼中，在先受让人有权要求相应的赔偿，由法官裁定恶意在后受让人是否将该不动产物权，作为赔偿的特殊形式，重新返还给在先受让人。此时，第 2058 条适用的方式并不是直接将不动产所有权强制移转给在先受让人，而是为在后受让人施加了转让该不动产所有权于受害人（在先受让人）的法定义务（obbligo giudiziale di dare）。如若在后受让人拒不履行该义务，《意大利民法典》（1942年）第 2932 条规定的特别救济方式将会被法官适用，[2]由此在先受让人可以依据司法判决重新取得该项不动产物权。[3]与不动产"一物二卖"中在先受让人因未进行不动产登记而最终无法取得不动产所有权不同，在先受让人可以通过损害赔偿责任的特殊承担方式取得完整的不动产物权，且最终可依据司法判决直接取得。

支持适用《意大利民法典》（1942 年）第 2058 条救济在先受让人的观点也认为这一特别的责任承担方式仅适用于在后受让人恶意侵害或者串通欺诈在先受让人且情节特别严重的情形。[4]但近年来反对的声音也层出不穷，除了会影响不动产登记制度的稳定性外，第 2058 条与第 1227 条之间如何适用也是学界的主要顾虑之一。[5]根据《意大利民法典》（1942 年）第 1227 条，债权人的过失导致损害发生的，将减少损害赔偿的数额，显然在先受让人未

---

〔1〕 Paolo G. Cirillo, "Duplice alienazione immobiliare e responsabilità dell'acquirente", in *Giurisprudenza Italiana*, 1982, I, 1, p. 1551; A. De Cupis, "Trascrizione immobiliare e tutela del primo acquirente", in *Giurisprudenza Italiana*, 1986, IV, p. 9; Francesco Galgano, "*Il Parere*", in *Contratto e Impresa*, 1990, p. 555.

〔2〕 第 2932 条第 1 款规定："负有缔约义务的一方未履行义务的，另一方当事人可以获得一份使未缔结的合同直接生效的判决，前提是该判决有可能且与权利内容不冲突。"在恶意在后受让人负有"原物返还"赔偿义务的情形下，即由法官判决该不动产物权归属于在先受让人，当然原则上与在先受让人所受的损失等值。

〔3〕 Alberto Venturelli, "La doppia alienazione immobiliare tra risarcimento e restituzioni: la posizione della giurisprudenza", *in Obbligazioni e Contratti*, 2005 – 06, II, n. 3, p. 244.

〔4〕 Maria Constanza, "Doppia vendita immobiliare e responsabilità del secondo acquirente di mala fede", in *Rivista di Diritto Civile*, 1983, n. 05, p. 536.

〔5〕 参见 Cass. 27 Marzo 1965 n. 518, in Il Foro Italiano, 1965, I, p. 1743; Cass. 6 Aprile 1978 n. 1579, in Giustizia Civile, 1978, I, p. 1007; Cass. 2 Febbraio 2000 n. 1131, in Giustizia Civile, 2000, I, p. 1687ss., ecc.

及时进行不动产登记也是后续损害发生的一个重要因素,[1]需要计算在后受让人的赔偿数额,而不是全部不动产的价值,这就为适用第 2058 条设置了障碍。因此司法实务对是否将第 2058 条适用于不动产"一物二卖"中对在先受让人的救济也持观望态度,并没有形成典型的判例。

(四)撤销之诉

相比于"原物返还"这种极端的损害赔偿救济方式,在先受让人向法院提出撤销之诉以填补自己的损害在司法实务中应用更广泛,也更容易被接受。所谓在先受让人的撤销之诉,是指不动产"一物二卖"的在先受让人依据《意大利民法典》(1942 年)第 2901 条[2]的规定,主张撤销出让人对同一不动产的再次处分行为,使在后受让人取得不动产所有权的行为归于无效。"不同于'原物返还'损害赔偿的特别承担方式以再次取得不动产物权为目的,在先受让人的撤销之诉是为了处分该项不动产以填补自己所受的损害。"[3]意大利最高法院和上诉法院通过一系列的司法判决[4],形成了其对不动产"一物二卖"中在先受让人撤销之诉的基本态度:①在不动产"一物二卖"中,"在先受让人申请撤销的出让行为发生于在先受让人损害赔偿之债形成之

---

〔1〕《意大利民法典》(1942 年)第 2644 条、第 2650 条等表述中直接将不动产交易的登记作为受让人的义务之一,且未经登记的在先不动产物权变动不得对抗已经登记的在后交易,是在先受让人未进行不动产交易登记的不利法律后果(这也是不动产登记制度的主要目的之一,即减少隐蔽的不动产交易,确保税收)。但是在先不动产交易中,受让人未完成不动产登记并不是违反合同义务的行为,也不是出让人再次转让不动产物权的合理原因,因此与出让人合同责任的确定无关。相反,在确定在后受让人的损害赔偿责任时,在先受让人没有履行不动产登记义务对损失的发生也起到一定作用。

〔2〕《意大利民法典》(1942 年)第 2901 条:"债权人,包括附有条件或者期限的债权,可以申请宣告债务人处分其财产的行为无效:(1)债务人明知会损害债权人的利益的;其财产处分行为先于债权之前发生的,债务人故意事先安排(dolosa preordinazione)以债权无法实现为目的;(2)尽管第三人有偿取得财产,但是明知会损害出让人的债权人的利益的;财产处分行为先于债权发生的,该第三人需参与了该债务人事先故意的财产处分安排……"在不动产"一物二卖"中,只要出让人与在后受让人的主观要件符合第 2091 条的要求的,债权人撤销出让人的财产处分行为的申请就会得到支持,使在后受让人取得不动产物权的行为归于无效。

〔3〕 最高法院判例 Cass. 28 Marzo 1950 n. 661, in Il Foro Padano: Rivista di Giurisprudenza e di dottrina, 1960, I, p. 1370.

〔4〕 Cass. 18 Marzo 1948 n. 426, in Giurisprudenza Italiana, 1948, I, 1, p. 380; App. Torino, 12 Giugno 1942, in Giurisprudenza Commerciale, 1942, I, p. 418; Cass. 5 Settembre 1963 n. 2436, in Il Foro Italiano, 1964, I, p. 2892; App. Bologna, 24 Luglio 1966, in Giustizia Civile, 1967, I, p. 156; Cass. 9 Febbraio 1982 n. 759, in Rivista del Notariato, 1983, p. 182; Cass. 2 Febbraio 2000 n. 1131, in Giustizia Civile, 2000, I, p. 1687ss, con nota di Triola, "Doppia alienazione e azione revocatoria".

前"[1]，而在先受让人与出让人之间的损害赔偿之债形成于出让人再次处分不动产的合同登记时。②出让人与在后受让人之间需恶意串通、事先安排（dolosa preordinazione）转让该项特定财产，"并必须以将来的债权无法实现、损害将来的债权人，即在先受让人的利益为目的"[2]；③"出让人与在后受让人单纯的明知债权有可能受损"[3]的，在先受让人的撤销请求不予支持；④即使出让人明知会损害债权人的利益且具备损害故意，"只要能够证明出让人是为了实现某种特定用途（例如更高的出让价格、换取急需的某项财产，等等）"[4]，在先受让人的撤销请求就不予支持。

在先受让人的撤销之诉中，其无法取得特定不动产的所有权并不是关注点，第2901条想要解决的核心问题是如何保障在先受让人（即损害赔偿责任中的债权人）实现损害填补、得到赔偿。因此，损害赔偿之债的成立时间并不是第二个买卖合同在出让人与在后受让人之间订立，而是在后的不动产交易完成登记，此时在先受让人确定无法实现不动产物权而成为受害人。在先受让人撤销之诉的主观要件是出让人与在后受让人必须明知其行为会损害债权人的债权（在先不动产交易成立后，出让人继续转让同一不动产，自当预见对在先受让人的损害赔偿责任），且事先串通处分特定不动产，如在后受让人是善意有偿取得不动产物权，或者仅是简单知晓债权人的债权有可能会受损，不得适用在先受让人的撤销之诉。这与第2644条第2款的规定以及司法实践中适用《意大利民法典》（1942年）第2043条追究在后受让人的侵权责任的主观要件判定一致。除此以外，出让人的一些特殊目的也被视为例外情形。我们可以认为只有出让人与在后受让人的主观状态达到了严重恶意的程度，担保在先受让人损害赔偿之债得以实现的责任财产受有严重损失的情形下，在先受让人的撤销之诉才能得到支持。

在先受让人撤销之诉的核心关注点是受害人损害赔偿的实现，但是其所产生的效果是在后的不动产交易因被撤销而归于无效，特定标的物此时的权属状态如何又回到了《意大利民法典》（1942年）第1376条与第2644条冲突的范围。如坚持适用意思主义物权变动原则，不动产的所有权自然回复至

---

〔1〕 最高法院判例 Cass. 9 Febbraio 1982 n. 759, in Archivio Civile, 1982, p. 608.

〔2〕 最高法院判例 Cass. 1 Giugno 1976 n. 1983, in Il Foro Italiano, 1977, I, 484.

〔3〕 最高法院判例 Cass. 2 Febbraio 2000 n. 1131, in Giustizia Civile, 2000, I, p. 1687.

〔4〕 意大利最高法院通过著名的 Meroni 案（Cass., S. U., 26 Gennaio 1971, n. 174, in Il Foro Italiano, 1971, I, p. 342ss）将债权纳入侵权法的保护范畴。

在先受让人，通过撤销之诉实现了在先受让人取得不动产所有权的初衷，但是在先受让人的损失仍需得到赔偿；如按照最高法院的司法观点，在先不动产交易中受让人尚未取得不动产所有权，撤销之诉确认在后交易无效的，在先受让人也并非不动产的权利人，所有权应当回复至出让人，而此时在先不动产买卖合同履行不能的障碍消失，可以重新履行。如此，在出让人与在后受让人主观恶意的不动产"一物二卖"中，通过撤销之诉，既可以使得在先受让人有机会重新取得不动产所有权，又避免了对不动产登记制度造成冲击。因此，实践中意大利最高法院和上诉法院更倾向于适用《意大利民法典》（1942 年）第 2901 条，也由此形成了许多典型判例。[1]

结　论

尽管意大利民法仍然坚持继受自《法国民法典》的第 1376 条不动产物权变动意思主义原则，不可否认的是，在不动产"一物二卖"中，第 1376 条与第 2644 条，特别是第 2 款在适用方面出现了严重的矛盾。通过提出不动产物权变动"相对所有权"结构、在先不动产交易合同无效力以及不动产物权合同附解除条件等理论，学界一直试图解释《意大利民法典》（1942 年）第 1376 条与第 2644 条共存的合理性与可能性。但本质上来看，尽管表达得比较隐晦，学理与司法权威均直接或者间接地承认了在后受让人是因完成不动产登记而取得所有权。特别是意大利最高法院 1988 年第 4090 号民事判决，在说理部分明确指出不动产买卖合同并未立即在当事人之间产生物权变动的效力，无论是在合同当事人之间还是对于第三人，只有完成不动产登记才能取得特定物权，实际上已经架空了物权变动的意思主义原则的适用。除了《意大利民法典》（1942 年）第 2644 条以外，意大利民法通过不动产登记的连续性原则（第 2650 条）、不动产交易合同的形式要件（第 1350 条）以及公证人的不动产登记义务（第 2671 条）等规则的相互配合，基本上实现了不动产交易登记在范围与流程上的全覆盖，将隐蔽的不动产交易数量降到最低，实际上已经能够保障不动产市场的秩序与安全。在法律效果方面，与采物权变动形式主义原则国家的不动产登记生效并没有太大的区别，两大法系在此问题上的差异没有想象的那么巨大。但是我国学者在讨论意大利的物权变动模式时，并不进入制度内部，甚至法律体系内部进行深入研究，仍然简单地援引

---

〔1〕　参见第 246 页注〔3〕～〔4〕、第 247 页注〔1〕～〔4〕。

《意大利民法典》（1942 年）第 1376 条的意思主义原则，并以此来主张不动产交易的安全得不到保障。

除了不动产物权的归属，意大利民法为不动产"一物二卖"中无法取得不动产物权的在先受让人提供了一整套严密的救济措施：出让人的合同责任、在后受让人的侵权责任、还允许在先受让人提起撤销之诉，撤销出让人与在后受让人之间的不动产物权转让以保证其赔偿之债的实现。当然每种类型的救济均详细地区分出让人与在后买受人的责任，细化在后受让人主观恶意的程度以及与出让人是否有事先串通，保障在先受让人遭受的损失得到恢复性的救济。最富争议的还是在后受让人是否需要负担"原物返还"的损害赔偿责任，理论界与司法实务对其仍在积极探索中。虽然不动产"一物二卖"的处理规则与物权变动的基本原则之间存在的冲突对后续救济在先受让人有一定的影响，进而可能会影响到在先受让人主张损害赔偿的难易程度，但是解决这一问题的很多规则，例如《意大利民法典》（1942 年）第 1227 条、第 2043 条、第 2058 条以及第 2901 条等均向我们展示了意大利民法甚至是法国法系所具有的灵活、务实、善于解决争议而非特别强调逻辑的特点，而这些正是以逻辑见长的大陆法系民法典所欠缺的。

相比之下，可以确定的是我国《物权法》以及将来的民法典采形式主义的物权变动规则，在不动产方面登记生效是物权变动的基本原则，不动产"一物二卖"中所有权的归属问题是一目了然且逻辑清晰简明的。但我国正处于经济社会变革的关键时期，体现在房地产领域就是不动产价格的剧烈波动与政府调控政策的不断博弈。因不动产价格的持续上涨，"一物二卖"或者多卖成为不动产出让人追求更高价格的常用手段。在房地产交易中，商品房预售需要进行预售合同登记备案，一些大城市（例如北京）现房交易也要求网签，[1] 在功能上能够有效降低一房多卖的风险。但是我国民法也存在着形式主义的例外，《物权法》上也有意思主义的物权变动方式，例如土地承包经营权、宅基地使用权与地役权均是在当事人之间达成合意时设立或流转，未经不动产登记的，不得对抗善意第三人。从目前的《民法典物权编草案》[2] 来

---

〔1〕 根据北京市住房与城乡建设委员会印发的《关于北京市商品房现房买卖合同实行网上签约的通知》（京建交〔2005〕1105 号），北京市的现房买卖均需通过网签。

〔2〕 全国人大法工委起草的《民法典物权编（征求意见稿）》中，土地承包经营权、宅基地使用权和地役权设立与流转的相关规范均为《物权法》上原有的规范。

看，这些不动产物权仍将继续适用意思主义物权变动规则不变。尽管它们不是"一物二卖"中的不动产所有权，但是也可能会面临"一物二卖"的风险。此处不动产未经登记不得对抗善意第三人，按照我国民法的一贯解释和价值追求须是不知且不应当知道在先不动产物权变动的第三人，但是对于"一物二卖"中善意的在后"受让人"取得上述不动产物权是在单纯的善意支配下达成合意即可，还是需要完成不动产物权登记，或者需要一定的权利外观，却是值得商榷的。

我国目前的不动产登记在境内尚未达到完全覆盖，除了对抗效力规则外并没有其他规则来配合推动此类不动产登记的全覆盖，因此，相比意大利，我国上述不动产物权的意思主义原则实现得更加彻底。既然未来的民法典将继续保留上述不动产物权适用意思主义物权变动规则的立法安排，此类不动产物权的双重转让、善意第三人的范围都应加以重新考量，并在现有物权变动规则体系以及不动产登记制度范围内进行合理设计。而无论是我国形式主义物权变动规则下的不动产"一物二卖"，还是意思主义支配下的不动产物权双重转让，对在先受让人的救济都是无法回避的问题。相比于简单的出让人违约责任，意大利民法理论与司法实务的逻辑演进、不断探索更值得我们学习与思考。

新闻报道："知识产权与民法典编纂之深入探讨"学术论坛

刘春田[*] 费安玲^{**} 韦 之^{***} 骆 电^{****}

一、刘春田教授

在 2018 年 4 月 13 日举办的第八期法大知产力论坛上，刘春田教授率先做了主旨发言，他认为核心问题是：知识产权法律体系在我国现行法律体系中的定位。

首先，刘春田教授对知识、财产等概念展开分析，为探讨知识产权入典做理论准备。"知识产权"四个字中的"知识"二字，在人类财产历史实践中居于什么地位？刘春田教授用黑猩猩拿石头砸果壳的例子说明了人跟动物的区别，即"人是制造工具的动物"。人造工具而方便自己的生活，为自己的生活创造方便、快捷、舒适、温暖、快乐等好处。从这时起，我们就利用了科学（知识），也可以说是科学和技术的开始。这些给人们带来方便、快捷、温暖、舒适、快乐等感受的事物以及从中获得的好处就是利益，利益就是财富。其实我们利用所有的条件修建房子，都是给我们带来方便，这就是利益。当利益有了法律上的地位的时候就成为财产，所以说科学和技术都属于知识范畴。

敬畏知识实际上是敬畏人类自身最高的能力，这种最高的能力是由创新

---

* 刘春田，中国人民大学知识产权学院教授。

** 费安玲，中国政法大学法律硕士学院教授。

*** 韦之，中国政法大学民商经济法学院教授。

**** 骆电，最高人民法院第二巡回法庭主审法官。

创造产生的，所以说技术是创造的产物。人类社会是沿着人类创造的技术发展的线索前进的。知识和技术是财产之母，就是财产的源泉。之所以社会发展会呈现出各种时代特征，各种各样高科技产品能够出现，都是由技术和知识决定的。知识其实一直有价值。例如学徒，以三年为时间契约，但三年以后，学徒所创造的财产的一部分还是归师傅所有。学徒跟着作坊干活，实际上就是师傅进行技术移转时，作为接受者的学徒所应该付出的代价。其实那个时候知识就有代价，只不过没有大机器生产使技术和产品相分离。后来由于有了大工业生产，所以技术自然和产品、与特定的人相分离，对技术、知识的支配权可以成为交换标的，可以被产业化、商品化。逻辑和实践都说明知识产权制度就是在这个时候产生的。知识产权制度是创造者权利的宪章。

作为私权的知识产权该不该入民法典？上述的内容貌似关联度不大，但实际上这是一个思想理论上的准备。知识产权进入民法典归根到底是由于技术驱动、经济发展和制度成本需要。

有观点认为，技术进步层出不穷，法律应接不暇。其实从法律上看，技术不管新也好高也好，它都是技术。就技术概念而言，它实际上是稳定的。与物权的客体一样，不管多新都是物都可以成为物权的对象。技术革新再快，也可以成为知识产权调整的对象。因创造而产生的财产关系跟以往因物质和其他行为产生的财产关系，都是产生的好处。知识也好，劳动也好，物质也好，都给我们带来好处，这个好处才是真正的财富。到了财富这里它们都一样，都可归入财产法，只不过内容和方式不同。经济全球化是由技术全球化造成的，人类从砸石头开始向全球化迈进，都是因为技术进步推进了全球化。造了船才能越过海洋，才有海上贸易。归根到底，无论是物资、人力还是智力，结果都是给我们带来好处。它们都是财产，应该在统一的法律体系上进行调整。

就成本而言，放在统一的体系下调整的好处是大家可以学习一本法典，获知众多的规则，我们在生活、生产和贸易方面的成本都会大大地降低。经济活动最高道德就是高效益、低成本。基于体系等原因，我们应该把一个合乎民事规则、合乎财产法本质的知识产权编放入民法典，这对各方面都是有益处的。民法应该是发展的，从罗马法到法国民法典再到德国民法典是不断进步的，今天也应该进步。

二、费安玲教授

费安玲教授首先谈及了法典化的重要性。她从秦律和罗马法谈起，认为以成文法法典的形式来统一法的理念和规则是秦朝的贡献之一，而罗马法当初的法典化努力亦是以成文法的形式体现公平、正义与善良等法的理念。因此，我们应当看到法典化的重要性在于能够体现成文化的法的理念。此外，如今经常能听到说民法典是一个国家社会生活的百科全书，实际上，民法典同时也是一个法学人才培养的教科书，这也是法典化的重要性的体现。

紧接着，费安玲教授分析了知识产权进入民法典能达到何种效果。她提出了四点：第一是使命。法典化是一个国家在立法当中极为重要的一个位阶的法律体现，在宪法之下，很多国家的部门法大多采用法典化的形式，按照体系和一定的逻辑，把法的理念和规则编纂起来；第二是定位。一个国家的知识产权进入到这个国家仅次于宪法位阶的法典当中，这是一种定位，这样的定位也可以称为是仪式感。仪式感强表明一种重要性。作为一个法典来说，什么样的内容进入法典，从一定角度来讲是一个仪式性的象征。在我国继续改革开放的进程中，扩大开放的同时面临着进一步保护知识产权的问题。在立法上，知识产权编不应被剔除在重要的上位阶的民法典之外，仅仅在《民法总则》第 123 条列举的民事权利中予以规定，并不足够；第三，法的体系在于呼应，从本次讨论主题的角度，即为民法典内部的呼应。知识产权如果只在《民法总则》第 123 条中有所规定，后面分则中没有呼应的话，并不合适。所以在分则当中，应当用知识产权编与总则的规定相呼应。此外，对于有些不宜纳入到民法典中的，以单行法的形式规定也是一种呼应；第四是成本。从立法成本角度，因为知识产权是民事权利的组成部分，所以有些方面不需要重复的规定，只需要对于在其他相关规则中没有的内容进行规定。从司法实务成本角度，法典化是令法官熟悉立法的重要路径，从节约成本的角度来讲也是很有必要的。

关于知识产权如何进入民法典，可以采取一般规定、具体规定和单行法规定相结合的方式。知识产权实体法的内容进入民法典，一般规定里面包括主体（自然人和团体）、权利的取得（自动取得和申请审核取得）、权利体系的架构、权利的转让、权利的存续期等内容，并强调著作权、工业产权和其他权利的相互协调。反不正当竞争权和反垄断权实际上是民事权利体系中的救济性权利，应当在我们法典当中进行明确规定。至于具体的申请审核程序，可放在单行法律中进行规定。

最后，费安玲教授表示，作为学者，能够做到的是去呐喊、去呼喊、去发出声音。今天的论坛很重要一点就是给大家强调这一使命，如果我们这代人做不到这点，你们接着上。

三、韦之教授

韦之教授着重从微观的角度探讨民法典知识产权编的具体制度设计。首先，他提出中国民法典的制定是中国法学界面临的一次大考，考验的是法学界的思辨能力、自信心和使命感。同时，这也是法学界乃至整个法律共同体之间对话能力的一次大考——学术圈与实务部门的对话，立法机构与其他法律领域的对话。具体到今天的主题，那就是民法学界与知识产权学界之间对话能力的测试。无疑，知识产权是最能体现时代精神的领域之一，将其纳入民法典当然有助于整个民法典跟上时代的步伐，同时，纳入民法典也能够使得知识产权制度依托大民法的沃土茁壮成长。

知识产权是否纳入民法典以及如何纳入民法典是讨论知识产权编的前提条件。所谓入典，应该仅仅只是知识产权民事法律制度的一次重新的整理和编纂。但是，知识产权法还有很多其他的内容，比如说知识产权的行政程序制度、行政处罚制度、刑事制度，这些都跟我们现在的话题没有关系。但不幸的是，恰恰因为知识产权法这样一个混合性质成了很多人拒绝它入典的理由。其实这很难自圆其说，其他财产制度也有同样的问题，为什么它们能处理好，而到了知识产权就不行了？一个简单的解决办法就是，把知识产权民事法律制度纳入民法典，另外单独制定知识产权的行政程序法和知识产权的行政处罚法，至于有关的刑事法律制度本来就已经在刑法典中了。当然，民法典的制定工作步伐很快，也许我们没有机会在近期实现这样一个目标。即便如此，谁也否认不了知识产权是当今法治的一个参与者，而且是一个越来越重要的参与者。

具体到民法典知识产权编内容的安排，需要尊重一个现实，即我们并非在沙漠上从零开始，而是面对着一个现存的、实在的、已经相当丰满的知识产权法律体系。在对之进行加工时，有两个技术标准需要考虑：一个是知识产权法在法律金字塔里面的地位，它跟其他部门法律、跟其他法律领域之间的关系；另外一个是知识产权法内部各个部分之间的关系的处理。

无论以何种方式将知识产权纳入民法典——同行们提到所谓的纳入式、

糅和式、链接式等——下列基本的内容都是绕不过去的：

首先，我们得有一个总则或者叫作一般规定，其中无须赘述民法典的一般规则——它们当然适用。除此之外，应考虑抽象出知识产权法特有的一些规则和一般规定，比如先申请原则及其例外、创新原则、自由竞争（包括模仿自由）原则等。这里也涉及对民法一般规定的重塑或特定化，比如权利的原始取得、共有等。知识产权的地域性与时间性、特别权利制度（可以思考是不是要建立一种特别的权利来保护新出现的客体）等问题也需要进行思考。此外，还有反不正当竞争制度对知识产权的补充保护、权利冲突、同一客体的重叠保护、反垄断以及公共领域等问题有待解决。在总则或一般规定之后，第二章应规定权利客体，包括客体的构成条件。第三章应规定权利内容，包括人身权利和财产权利、保护期、权利的限制等。第四章应涉及权利的移转、许可使用等问题。第五章应是侵权责任，包括精神损害赔偿、损害赔偿的计算、法定赔偿额，等等。

总之，所谓具体的制度设计，不过是对已有规范的适当整理，而不是要把行之有效的现行规范通通推倒重来。法典编纂应该保持对既有成果的尊重，这样才能维持我们社会生活的稳定。法典编纂毕竟只是法治进步过程中的一步，而非终结。

四、骆电法官

骆电法官从司法实务的角度分享了自己的看法。他认为对于知识产权是否入民法典应从三个角度进行评判。首先，从司法实践的角度，思考知识产权应不应该纳入到民法典。第一是否有利于法官断案，第二是否有利于裁判标准的统一，第三是否有利于我国以司法保护为主导作用的知识产权保护制度的实现。其次，从立法科学的角度，要考虑把知识产权纳入到民法典中，是否能让民法典体系化，是否能逻辑严密，是否能产生效果即找法方便、传法方便、用法方便。最后，从法典化的终极目标实现角度，要考虑把知识产权纳入法典化是否有利于现在的社会经济发展，是否有利于社会的法治建设。

知识产权是否纳入民法典主要涉及两个问题：第一，知识产权应不应该纳入到总则。目前这个谜底已经揭开了，知识产权作为人身权和人格权、物权和债权之后的第四个权利，已经写进了《民法总则》；第二，知识产权应不应该单设分编。根据目前全国人大关于民法典编纂的说明，目前的分编设置的构想是 5 + N 编模式，即已经确定的五编是物权编、债权编、侵权编、婚姻家庭编、继承编，N 编中是否包括知识产权编，根据公开的消息应该还在调研过程之中。

骆电法官总结了目前对于是否在民法典中单设知识产权编的观点。从主流观点的角度，知识产权作为一项很重要的私权，应该独立设立分编。一种反对观点认为，从操作的层面，现在知识产权的个性都比较明显和鲜明，不易提取最大公因式，不易提取共性的东西出来，法典化比较难。还有反对观点认为，知识产权的稳定性不足，容易随着技术创新而发展，而民法是比较固定的，稳定性很强。此外还有反对观点认为，知识产权包含了大量的程序性和公法性的规范，将之放入民法典与民法的私权性不相符合。

除此之外，骆电法官还分享了与德国和法国教授的交流经历以及自己的审案经历。他指出，现在的知识产权随着技术的发展，各种新的权利状态在不断涌现。知识产权需要跟民法典实现良好结合，才能解决一些基础的法律问题。知识产权法理论应该以民法理论为基础，这样知识产权法的理论体系才能不断丰富和完善，知识产权法如果离开了民法理论的土壤，知识产权法研究的方向和案件审理的思路容易出现偏离。最后骆电法官表示，他个人旗帜鲜明地支持知识产权以独立分编的方式纳入到民法典之中。知识产权编入民法典是大势所趋，是经济社会发展和法治建设的方向所在。

商标的评估[*]

[意] Luigi Carlo Ubertazzi[**] 著

陈　冉[***] 译

李碧函[****] 校

1. 自古以来，人类一直希望能够衡量他们所拥有的物品的价值，这种愿望也自然地延伸到商标之上。尤其是在过去的几十年里，商标价值的衡量愈发吸引了人们的注意：笔者认为根据其演进的路径，可以将它的发展历史分成四个阶段，这些阶段在逻辑上虽然各异，但在部分（尽管不是在全部）意义上是相继的。

第一阶段，在欧洲的一些国家，确立了商标可自由转让的原则，即转让商标权无需经过公司或公司的相关分支机构的批准。因为此时，对商标的评估不一定要考虑到与商标相关的资产价值，而是单独地对后者进行价值衡量。

第二阶段，则与企业联合的历史相连。过去的几十年见证了在欧洲发生的企业联合的一些大潮。第一场大潮始于 20 世纪 80 年代，那时企业均希望为 1992 年的欧洲市场统一做好准备，试图扩大它们的规模以在这个市场上占据一席之地。第二场大潮，伴随着 2005 年 10 个东欧国家加入欧盟而开始。企业联合的大潮自然地带来了无数的商标评估情况，如在商标授予过程中的商标评估，或者是在企业转让、并购过程中对商标的评估。[1]特别是在 1989

　＊　本文原载于 Riv. dir. ind. , fasc. 3, 2006, p. 116.

　＊＊　Luigi Carlo Ubertazzi, 意大利帕维亚大学法学院工业产权法教授，作者电子邮件地址 info@ ubertazzi. it.

　＊＊＊　陈冉，中国政法大学法律硕士学院 2016 级硕士研究生。

＊＊＊＊　李碧函，中国政法大学法律硕士学院 2015 级硕士研究生。

〔1〕 Jean-Noël Kapferer, Les marques, capital de l'entreprise, Les Éditions d'organisation, Paris, 1991, 308ss.

年的国际大型收购中，对被收购企业的价值评估出现一个转折点：尤其是在 1989 年之前，公司的控制权的购买价值/价格被认为是建立在"所付款额和企业账目净资产价值的差额是相等的"这一原则上的。但在 1989 年，爱马仕公司在水晶圣路易斯公司净值为负的时候，以 270 万法郎的价格收购了它（cristalleries de saint-louis），主要就是考虑到所收购企业的商标价值。

　　第三阶段，建立在性质相同的企业集团中企业结构合理化的趋势上。尤其从 20 世纪 90 年代起，这一趋势引导跨国集团尽可能地整合与知识产权有关的资产的法定所有权，因此也当然包括了处于或主要处于单一公司手中的商标；准备公司和属于同一集团下的其他公司集团之间的一系列合同和授权关系网；经常性地规定这些关系是负有法律义务的且能使得专利税从集团外围向中心回流；以脱去集团周边利润的方式组织这些授权关系网；必然地且尽可能多地使位于全面税收更为有利的国家的公司对拥有的知识产权资产进行授权认可（只要不是在那些逐渐不被国家制度所忍受的避税天堂，至少应该是这样的）。这种趋势自然也影响了一些意大利大型集团，这些集团已经将知识产权和商标外包给属于同一集团的外包公司。

　　第四阶段，建立在企业可以将持有的商标作为质押标的质押给银行，以期获得银行的贷款这一趋势之上。但是笔者认为，意大利的银行并未广泛接受这个做法，它更多适用于其他发达资本主义国家，以美国和德国为始：正如我所见证的两篇优秀的论文，一篇是 Universitätsverlag 大学的 Cordula Woeste 所著的《德美法中的无形资产作为贷款担保》[1]，另一篇是 Antje Brämer 的《商标法中的保险转让》[2]。另外，还有 Howard N. Aronson 和 Steven M. Getzoff 的《商标的管理》[3]以及 Wolfgang Repenn 的著作[4]。在另一方面，这个趋势也与一个更大的趋势一致，即利用知识产权资产与日俱增的重要性来实现企业融资的目的：例如在 1998 年，美林银行集团和一些 Cecchi Gori 集团的电影作品的作者所完成的知识产权的证券化操作（招股说明书/发售通函

　　〔1〕　Cordula Woeste，"Immaterialgüterrechte als Kreditsicherheit im deutschen und US-amerikanischen Recht"，*Universitätsverlag Rasch*，Osnabrück，2002.

　　〔2〕　Antje Brämer，"Die Sicherungsabtretung von Markenrechten"，*Mohr Siebeck*，Tübingen，2005.

　　〔3〕　Howard N. Aronson e Steven M. Getzoff，"Trademark Management"，*Lexis Publishing*，2000，paragrafo 4. 03.

　　〔4〕　Wolfgang Repenn，*Umschreibung gewerblicher Schutzrechte*，Carl Heymanns Verlag KG，Köln-Berlin-Bonn-München，1994，p. 266ss. .

1998 年 3 月 2 日）。

2. 商标评估出现在商标历程中的一些典型情形。笔者认为主要有下列三种：

第一种情形由商标的"转让"构成。在这里"转让"一词被刻意赋予不同的意义：指的是各种形式的商标"转让"，包括①符号及相关权利在技术意义上的移转；②从依据营销方案所发的许可证和依据商标安全保障所形成的证明开始，其他可能与商标相关的以及可归咎于销售原型的行动；③任何形式的以出租和租赁原型构成的授权许可；④与公司显著标志有关的权利授予的行为；⑤公司之间的合并；⑥公司的分立。从另一方面来看，很显然上述的①②③④情形中所涉及的合同可能涉及一个或多个商标，例如一个被认为是独立的商标，又或是公司或其分支所拥有的某个显著标志；同时这些合同也可以有他们自己添加的所谓的法律规定与和解协议的动因。这样的转让自然给各方提出了对商标进行评价和估值的要求。

第二种情形是在商标纠纷过程中。某个标志的持有人或者权利所有人在注册过程中或将其作为商标使用过程中，可能会发现其他权利的存在。在这些纠纷中笔者印象深刻的有：①Tizio 声称自己是 Caio 的商标和域名的注册权利所有人，提出了返还注册商标和域名 Caio 的诉讼；②Tizio 以缺少创新性为由提出认定 Caio 所注册商标无效之诉；③Tizio 以在一些类别中该商标已经被注册为商标为由，提出终止 Caio 的商标之诉；④Tizio 提起诉讼，请求对其在 Caio 被注册为商标之前拥有有限的使用权利，以及对后续使用该权利进行估价。这些纠纷促使有需要的权利所有者去确定商标的价值：量化处于纠纷中的企业风险，从而决定是否对他人的行为采取行动或予以抵制，以及最终是否，以及在什么经济条件下和平解决可能存在的纠纷。

第三种场合出现在商标被第三方非法使用时。在这种情况下，商标所有人可以提起包含损害赔偿诉讼的侵权诉讼。损害的测评与该商标的价值相关联：例如假冒商标会削减该商标的识别性和显著性，损害范围与削减的程度相关，逻辑上是能够通过比较真商标与假冒商标的价值来确定的。

3. 其他仍有必要确定商标价值的情况。

我们从商标交易开始，在这种情况下，欧洲和意大利的市场经济制度中，商标的价值评估依靠于合同当事人的自主权。在另一方面契约自由必须考虑到市场情况和商标持有人的立场、商标的具体特点以及它标记或描述的产品、双方在这一领域的经济能力。另外，商标的价值必然与供求法则相适应，因此它几近等同于交易价格。无论如何契约自由总是受限的，商标交易价格的确定是遵从各事前和事后因素的：目前所说的约束和控制是有所规定的，例如由不同机构所规定的①对处于主导地位的公司，限制其在商标交易中，将不合理价格强加于地位较低的公司；②对 192/1988 号法中 9.2 条滥用经济依赖的限制。尤其是"由分销商规定，对订购者有益但没有依据特定工业及知识产权法律所规定的合理对价的条款无效。"（192/1998 法/6.3 条）；③对被委派进入公司破产程序，以合理交易对价处理其资产的法官进行事先约束；④对公司商标授予的评估作价的事前控制，（《民法典》第 2343 条第 1 款规定）；⑤在企业合并（《民法典》第 2501 条系列规定）和分立（《民法典》第 2506 条系列规定）下，对公司股份和份额的换股比例的合理性的事先评估作价进行约束；⑥由受让企业的行政管理部门对以商标作为出资形式的价格的一致性进行事后评估（《民法典》2343 条第 3 款规定）；⑦公司管理者未能履行勤勉经营管理公司资产义务的责任规定；⑧《破产法》第 67 条所规定的破产撤销条款，在"破产宣告前一年营利性的支付"和假设与商标有关的"破产执行的给付或承担的义务要超过四分之一"，也就是已经提供或承诺了的四分之一（因此《破产法》第 67 条第 1 款修改了 2005 年 3 月 14 日第 35 号法令和 2005 年 5 月 14 日的第 80 号法令）。到目前为止，上述的规定都是关于商标转让过程中，对协定价格的合理性限定的民法规定。而在另一方面，公司的交易价格的合理性还受到税法的限定也是为大家所知的。

相反在涉及商标持续性的讨论争议中，商标价值的决定完全属于企业内部的评估空间。作为企业家决策工具，有时可能在谈判和合同议定某项可能的交易的对价时外显，但在任何情况下，即便在这里交易进行中的决策自由、合同意思自治都要从属于前文所提到的，关于商标转让的假设的①②③⑦和⑧条的统一的约束和限制。

最后，在涉及假冒商标和确定其给被假冒商标所造成的损害时，商标价值的评估不应基于合同自治，而应该一开始采用客观参数，而后听取专家证人的意见，最后由法院作出裁决。

4. 由于上述原因，学界长期致力于研究用以确定商标价值的客观参数，更为常见的是研究评估不同种类的知识产权价值的客观参数。

这项研究已经开始很久了，然而笔者认为，至今并未产生一个公认的结果。相关学说和实践都提出了一些确定商标价值的方法论，例如：①历史成本标准；②更换商标的必要成本标准；③源自商标最终的注册许可证的许可费规模标准；④商标对公司营业额贡献的标准。然而，这些标准主要是伴随着一系列的变化逐次被提出的：如由 Antje Brämer 在《商标法中的保险转让》中的 19 个不同的模型，或者如同单纯从该网站上[1]所提供的商标评估的软件程序的数目即可见证。笔者不会在本文发表对上述不同的标准的个人评价与意见。

5. 笔者更倾向于讨论商标评估涉及的主体。

以下是源自于网络的早期数据。例如，众所周知，商标评估相关的服务是由不同的操作者进行的，尤其是知识产权持有的公司、会计师、律师和顾问。而在另一方面，知识产权评估服务并不仅限于由国家法律所保护的职业提供，它可通过专业人员和非专业人员之间的竞争来展开，即便有时专业人士提供的服务不属于行业特定准则所规定的活动，但它们来自于企业之间的竞争活动。

第二个考虑的是意大利市场上与商标价值评估或者更广泛地来说，与知识产权价值评估相关的服务的市场份额分配。关于此，笔者没有科学证实的经验数据，但是笔者更愿意信任像笔者一样专业从事知识产权领域的人士的名声和意见。在这里，笔者认为可以合理地陈述为：①依法需要进行以及公司不同时间的商标价值的评估，可能要对整个公司进行评估或者（根据实际情况）对特定的商标进行评估。评估的工作一般会委托给会计师及其会计事务所；②该领域的其他专业人才通常只介入上述场合之外的其他场合的评估；③鉴于此，会计师占据了重要的经济地位，以及在对知识产权市场的盈利能力的估值中（这与对知识产权进行估价并不一样）也占据了重要的地位；④剩余的商标评估工作具有较少的经济规模，但是其在未来甚至是现在，有可能会涉及越来越多的实体方面。

第三个要考虑的是法学家在商标价值评估领域所扮演的角色。这个角色肯定比其他参与人员受到更多的限制：首先，因为法学家有着不同的专业背景，其对知识产权的货币价值的定义与其他人员的定义不同；其次，在传统意义上，法学家并不专门致力于知识产权的价值评估。然而，商标的价值评估要求对该商标进行尽职调查。这些调查可能特别复杂，例如，当该商标为驰名商标，且在不同的国家和地区都进行了注册，被系统地保护起来以防止假冒，因此其所涉及的情形是错综复杂的。对于在不同的国家和地区注册了

---

〔1〕 参见 http://www.xilinx.com/ipcenter/ipevaluation/.

的商标，尽职调查会变得尤为复杂。由此可见，对于商标的尽职调查，更广泛来说对于知识产权的尽职调查，需要长期、持续、逐步增加地倾注注意力，甚至成为一门专门的大学课程。尽管尽职调查可以由不同的人员一次性地完成，但是在意大利，这些人员不限于受法律保护的行业。尽管如此，尽职调查的市场主要由审计公司、大型会计事务所和律师事务所占据。然而有时知识产权领域的尽职调查会分包给知识产权律师或顾问。笔者认为，某些知识产权的尽职调查可以放心地委托给知识产权顾问：特别是关于商标注册的不同的状态改变的部分。剩余的事项，笔者认为委托给法学家更为恰当：尤其是，很多时候尽职调查必然地要扩展到评估现有的或者潜在的诉讼。所以，在这种情况下，建议该领域不同的专业人士之间通力合作，典型合作即指会计师、律师和知识产权顾问的合作。

6. 最后要说的是在不同的会计凭证，尤其是在企业普通资产负债表与特殊资产负债表中的商标价值的说明。

众所周知的是，很长一段时间内，意大利的公司法定财务报表规定，商标原则上应当作为历史成本计入无形不动产项下的资产负债表资产中入账。例如《民法典》第 2426 条提出"在评估（……）（1）固定资产计入购置成本或者生产成本。在购置成本中还应当包括一切附带成本；[…]（5）多年为企业提供效益的（……）广告费用，经监事会同意，能够计入资产科目，并且在不超过 5 年的时间内完成摊销。直到摊销完成之前，只有可支配准备金能够完全负担尚未摊销的费用的，才能分派股息；（6）如果开办费是有偿取得的，经监事会同意，可以计入资产科目，但是以由该资金负担的费用为限，且应当在 5 年内完成摊销。允许在超过 5 年的确定时间内，以将可摊销额平均分配到各个会计年度的方式完成摊销。摊销期不得超过该项资产的有效使用期，并应当在补充说明书说明理由"。

之前的第 2426 条第 1 款中的"历史成本"是一项十分受限的成本：因为它主要由商标注册过程中产生的成本构成。如今，广告是商标在市场上获得认可的主要因素之一，并且也能创建/增加商标价值，但广告的费用却并不包含在之前第 2426 条第 1 款中与商标相关的无形固定资产中；另一方面，将广告计入资产负债表会阻碍那些尚未完全资本化的公司的发展。商机的出现，主要依靠在商标的实力上，但在这里为了促成商机（也就是为了商标）的形成，其必要花费并没有被计入第 2426 条第 1 款所规定的资产负债中；另外资产负债表的整体规定认为商业价值既非第 2426 条第 6 款所指的"有偿取得的",也不属于第2426条第1款中规定的"广告以外为了商标/商机价值增长的支出份额"。

但是自20世纪80年代末以来,一种新的趋势开始崛起,不同于以往将商标价值作为历史成本的做法,而是将商标的价值计入普通资产负债表和特殊的资产负债表。准确地说,该趋势增长主要是因为①采用上文指出的不同的成本计算方法,符合《民法典》第1425条第2款的规定,能够"真实、正确地代表公司的财务状况";②增加资产价值,进而可以增加对手公司恶意接管商标持有公司的困难;③允许将商标作为抵押的对象,可以使公司能够将银行信贷作为一种常用的融资工具;④能够满足营销人员的诉求,即公司能够正式地、定期地评估他们为公司所做的活动结果。意大利通过了《国际会计准则第38号》,将注册商标从计入历史成本到计入公允价值这一转变确定了下来。这里特别需要指出的是:

(1)欧洲议会和理事会的2002年7月19日第1606/2002Ce号条例"关于适用国际会计准则",规定准则适用的前提是"委员会决定共同体范围内关于国际会计准则的适用"(第3.1条),而且"成员国可以允许或要求(a)证券在公开市场上交易的公司编制他们的年度财务报告;(b)其他类型的公司(……)"依据决议第3.2条规定的程序,可以将国际会计准则适用于编制其综合财务报告和/或他们的年度财务报告(第5条)。

(2)2004年12月29号,根据1606/2002/Ce号条例的第3.1条,欧盟委员会通过了第2236/2004号条例,修订了欧盟委员会第1625/2003号条例,欧盟委员会采用欧洲议会和理事会第1606/2002号条例规定的《国际会计准则》,涉及国际财务报告准则(IFRS)的第1、3至5条;《国际会计准则》(IAS)的第1、10、12、14、16至19、22、27、28和31至41条;《国际会计准则》解释委员会解释的第9、22、28和32条。

(3)国际会计准则用以规范"无形资产"的第38条的最新版本已经被现在欧盟委员会的第2236/2004号条例采用。首先,它引入了一个定义,"资产的公允价值是指熟悉情况并自愿的双方,在公平交易的基础上进行资产交换或债务结算的金额。"(根据《国际会计准则》的第38条第8段)。国际会计准则接着指出了一个"商标、刊头、报刊名、客户名单和本质上类似的项目,无论是否为内部购入还是内部产生的,都不应被认为无形资产"(《国际会计准则》第38条第63段)的原则;依据"无形要素产生的费用必须发生于其活动发生的年度"(《国际会计准则》第38第68段);以及余下的"重估开始后，该无形资产应被计入资产负债表中重新确定总额一类，即公允价值应以最近一个互信日参考活跃的市场确定的重估价减去随后发生的累计摊销额和随后发生的减值损失后的余额确定"（《国际会计准则》第 38 条第 73 段）。

（4）国际会计准则第 38 号新文本中提到的共同体立法已在意大利实施，通过了 2005 年 2 月 28 日的第 38 号立法法令。"第 1606/2002Ce 号条例第 5 条所规定的关于《国际会计准则》的适用"，规定了三种类型的公司：①那些"根据《民法典》第 2435 条第 2 款，可以简化年度财务报告"的公司（2005年第 38 号法令第 2.1 条第 7 款），以及那些被使用《国际会计准则》的公司控制的不能使用该准则的公司（2005 年第 38 号法令第 4 条）；②必须在财务报表以及资产负债表中使用《国际会计准则》的公司（2005 年第 38 号法令第 4 条对于年度财务报表资产负债与资产负债表的规定），包括法令第 2 条第1、2、3、4 款所指的企业，因此（如果不考虑关于相关准则适用的起始日期的问题）大体上包括"金融工具上市公司（第 1 款）、非上市但是在公众中具有较大影响力的（第 2 款）银行、银行集团的金融头层、资产管理公司，依据 1993 年第 385 号立法令第 107 条所规定的已登投资公司、电子货币机构（第 3 款）和适用 1991 年第 674 号关于年度财务报表和合并财务报表的指示（第 4 款）"；③其他具有采用《国际会计准则》的能力（而非其义务）的公司。

（5）依据企业的类型和资产负债表的种类，《民法典》第 2426 条第 1 款所规定的历史成本准则对所有公司仍然适用，直到所规定的不同的过渡期结束；相对的过渡期结束之后，不适用于那些有能力采用但决定不使用《国际会计准则》的企业，不适用于那些禁止使用《国际会计准则》的公司。

对秘密信息的正确保护[*]

对秘密信息的正确保护[*]

［意］Adriano Vanzetti[**]　著

陈亚茹[***]　译

陈　舟[****]　校

1. 为了实施《TRIPS 协议》（1996 年）的要求，意大利知识产权法的立法文本进行了调整，其中涉及了对一些问题应在哪部法中予以规定，其中的问题包括地理标志（《TRIPS 协议》第 22 条）和秘密信息（第 39 条）于何处以规定。意大利过去没有一部一般法或特别法的国内法将这些正在讨论的规定列入其中，而在《TRIPS 协议》中像处理其他问题（商标、专利等）一样，就有这样的规定。并且有些国家的法律中，这些内容在不正当竞争中处于重要地位。秘密信息和地理标志之新规定的最合理和最正确的位置肯定是以第 2598 条之二及第 2598 条之三，或者是以第 2598 条第 4 款及第 5 款的形式列入《民法典》。但是，在这个意义上的提案，遭遇了司法部的绝对否决权，至少在当时司法部认为《民法典》是绝对碰不得的。于是不得不选择其他解决方法，因此《TRIPS 协议》中地理标志的规则被单独留在了《TRIPS 协议》的执行法令之中（1996 年 3 月第 19 号法令第 198 条），正因如此，在事实上它已经销声匿迹并被很多人忽略了。然而为了避免类似的命运，秘密信息被保留在专利法中一个很突出的位置，鉴于它仅是技术上的问题，秘密信息规则，（现名为）不正当竞争事实上仍继续有效（因此适用的是《民法典》第 2599 条和第 2600 条的规定）。

2. 几年之后，《工业产权法》的立法者找出处于孤立状态的地理标志的规则，并打破了秘密信息规则在专利部分的突出地位，将其一一列入工业产权法典中，并分别为其专设一节（分别是法典第二章第二节和第七节）。并且，他们相信此做

---

　* 本文原载于 Riv. dir. ind., fasc. 3, 2011, p. 95.

　** Adriano Vanzetti（阿德里亚诺·万泽蒂），意大利米兰圣心天主教大学法学院名誉教授。

　*** 陈亚茹，中国政法大学法律硕士学院 2015 级硕士研究生。

　**** 陈舟，中国政法大学法律硕士学院 2016 级硕士研究生。

法是正确的，即鼓励新法律转向参照先前的教条式选择（选择"所有权人"），这展现出两者都是所有权的客体的事实："保留于不公平竞争规范"以使竞争有序，而将两者置于工业知识产权法之上，则是争取更好地保护所有权人。

我不止一次[1]在其他地方写过，我认为立法活动不应当受教条式选择的影响；而且《TRIPS 协议》使用的术语（知识）"产权"，虽然《工业产权法》的立法机构想过统一该术语，使之与所有权、支配权、物权等概念无关，（可能是因为一个误会）但它已被接受了。

因此，在这里我不再重复对此我做过的并不简短的演讲。我确定的是，在地理标志方面的类似做法可能不会有多大的危害，但在秘密保护的问题上会有很大的危害，这在我看来是不可调和的。

3. 《工业产权法》的（第一个）立法者下定决心将秘密作为所有权的客体，给予其物的保护，并给予这种教条资格适当的保护，虽然该立法者想退出《TRIPS 协议》，但它却宣告遵循该协议。事实上《TRIPS 协议》第 39 条，清晰地确立了保护秘密的框架且仅限于不公平竞争的领域，从而使其服从于不公平/不正当因素的存在。第 39 条是对《巴黎公约》第 10 条之二的一般参照，［"根据《巴黎公约》（1967）第 10 条之二之规定确保有效保护以对抗不正当竞争，成员国们要确保对秘密信息的保护……"：显然后者在前者的保护范围之内］其实在这一问题上是毫无疑问的；并且对第三方使用的秘密信息的限制性保护也是如此，第三方不得以"以违背诚实商业行为的方式"使用秘密信息（第 39 条第 2 款），重拾了不公平竞争规范的专门术语。[2]

---

　　〔1〕 Vanzetti, "Diritti reali e《 proprietà 》industriale (... e mediazione obbligatoria)", in *questa Rivista*, 2010, I, pp. 173 e ss.; Id., "Osservazioni sulla tutela dei segni distintivi nel codice della proprietà industriale", ivi, 2006, pp. 12 ~ 13; Id., "Legislazione e diritto industriale, in Diritto, mercato ed etica dopo la crisi", Scritti in onore di Piergaetano Marchetti, Milano, 2010, pp. 581 e ss., nonché in *questa Rivista*, 2011, I, pp. 5 e ss.

　　〔2〕 对《TRIPS 协议》第 39 条的官方注释正是"'违反诚实商业做法'至少是指这样的做法，即违反合同，滥用信用和诱导违约；另外该表述包括从第三方处购买秘密信息，而该第三方知晓或不知晓但有重大过失，该购买行为意味着这种做法"。这些行为，通过举例的方式列出（"至少"），确认一般条款与"诚实商业做法"重复，在《巴黎公约》第 10 条之二中的"工商业中的诚实惯例"，不是实质上的《民法典》第 2598 条规定的"职业道德原则"。这一问题参见：Angelini, "commento all'art. 39 TRIPs, in Commentario breve alle leggi su proprietà intellettuale e concorrenza", a cura di Marchetti - Ubertazzi, Padova, 2007, p. 61; cfr. anche Auteri, "commento all'art. 6 bis, in Decreto legislativo 19 marzo 1996", n. 198, commentario a cura di Paolo Auteri, in *Nuove leggi civ. comm.*, 1998, I, p. 132. 我认为不会导致这样的问题，意指 2005 年欧盟第 29 条法令规定的"不公平商业惯例"（或"不诚实的"）和现行《消费法典》（2005 年 9 月 6 日第 206 号立法法令）中偶尔会出现相反的含义：事实上有望看到《TRIPS 协议》10 年之后的法规。

4. 因此，《工业产权法》的（第一个）立法者想退出《TRIPS 协议》以实现其体系化设计，并因此形成了第 99 条："保存不公平竞争规范，禁止向第三方披露或者购买和使用第 98 条规定的信息或商业经验"，即最后一条要求具备的信息或经验，在之后的《发明法》第 6 条之二和《TRIPS 协议》第 39 条第 2 款中都同样对此作了考虑。

尤其是根据《部长报告》中第一个版本的《工业产权法》，其第 99 条的条文适用于，或许是苛求其适用于，一种在事实上让人无法接受的解释。事实上依据该报告可以解读成"秘密信息是工业产权的客体，与有专利发明没有什么不同"，以及"秘密信息……构成权利客体如同……有'独创性'的发明。但后者被限定并被要求以有利于法定公众系统的名义而受保护，前者在法典第 98 条明确规定的有需要的前提下才是被保护的客体"（即可忽略不计，"独创性"是专利局的根本目的，即是对同行业的一般技术创新作出规定，而保密的特点和条件是避免这样而让这些概念保留在创业者的私人势力范围之中！）。

在类似情况下，人们认为，《工业产权法》的规范可以，甚至应该，被解读为让秘密得到保护，反对任何第三方购买或使用，也包括偶然的、非恶意或无意的，甚至也不是不公平或不恰当的，如技术性文件或企业文件遗失被第三方善意购买[1]、通过逆向工程获得秘密[2]、暂时的或偶尔没有保护措

---

[1] 参见：Bertani, "Proprietà intellettuale e nuove tecniche di appropriazione delle informazioni", in *Aida*, 2005, p. 319. 涉及第三方善意购买秘密信息，Ghidini, "La tutela del segreto: critica di una《 riforma》", in *Dir. ind.*, 2008, n. 2, p. 169, 他认为在这种情况下，第三方可以援引《民法典》第 1153 条所规定的一般规则。特别是，《工业产权法》的立法者将秘密作为财产权的客体并且表示同样的秘密，作为无形财产，如同未经登记的动产，在善意第三方购买信息的情况下，应适用《民法典》第 1153 条规定的"占有即权利"规则。因此，适用该规则，第三方可合法使用秘密信息。这一问题可参见：Ghidini – Falce, "Upgrading trade secrets as IPRs: a recent break through in Italian IP law", in *Dir. aut.*, 2008, pp. 129 ~ 130.

[2] 对简单的和不易进行的逆向工程在当前背景下加以区分是有其必要的。在第一种情况下，可以说实际上是缺少相同的秘密，因此，也谈不上对其进行保护。相反，在第二种情况下，为了独立获得该产品的所有特征需要必要的努力，证明是在一定程度上可以谈论的秘密，尽管为了得出结论，这个发现是通过拆卸和分析产品的方式也是合法的。文中逆向工程的表述仅指第二种情况。两种不同形式的逆向工程的区别可参见 i – Di Cataldo, *Manuale di diritto industriale*, Giuffè, Milano, 2009, p. 488; Mansani, "La nozione di segreto di cui all'art. 6 bis l. i.", in *Dir. ind.*, 2002, pp. 217 ~ 218 e Giov. Guglielmetti, "La tutela del segreto", in *Le nuove frontiere del diritto dei brevetti*, Torino, 2003, pp. 130 ss. 在先前的 1996 年 3 月 13 日第 198 号立法法令制度下，法学坚定地承认了逆向工程的合法性，可参见如 App. Milano, 25 gennaio 1972, in *Giur. ann. di. ind.*, 1972, 367 e App. Milano 5 maggio 1972, *ivi*, 1972, 796.

施的情况。甚至在关于组成客体的概念"发现"者的情况下，使这种秘密成为可保护的客体即对"为了自己的利益"，以完全主动的方式，相对于"所有权人"申请在后的人，根据专利制度中的"时间在前的拥有权利"原则进行处理。

5. 无需指出这样一个制度是多么荒谬。此外，我重申一下尽管与专利制度有着无可争议的冲突关系，但我总是坚持通过授予发明人暂时的排他地使用为集体技术财富创新做出了前沿贡献的发明的权利，以期望能够鼓励发明研究[1]。即便不考虑原文本会在事实上产生多么悖谬的影响，对于一个从未对社会作出贡献的企业家，在被赋予一种可能永远享有对公众有益的某物的"财产所有权"的"权利人"之身份时，可能会为了集体利益而公开该物吗？

实际上人们常说，那些即便是在相当长一段时间之后也宁愿不向公众开放其发明控制权的人，虽无专利成本负担，但要为自己的选择承担秘密传播的风险责任。对此只能在事实层面上，通过针对事实的防御措施来保护自己，并且在法律层面上仅限于不公平竞争规范的私有化领域，即反对其对手的"不正当"行为。

6. 正如我所述，相反在《TRIPS 协议》中便会充分考虑所有情况，只有特定情况由不公平竞争规范调整。

但是在《TRIPS 协议》中秘密信息被认定为知识产权的客体。正是基于这一事实，一些人认为可以对立法机构的所有权、支配权、物权的选择作出正当性解释，即是立法机构为了遵循《TRIPS 协议》而保留的。然而，我重申一下，且不说事实上这与出现在《TRIPS 协议》中的"财产"一词有着非常不同的含义，我们的立法者是从罗马法的财产中受到了启发，[2]我可以肯定的是以后可能不必考虑秘密被列入到《TRIPS 协议》中的知识产权里的真正原因。对于我们欧洲"大陆法系"而言，它不是实质上的重要理由，也不

---

〔1〕　Pouillet, *Brevetti d'invenzione e contraffazione*, vol. I, Milano, 1916, 73; Ghiron, *Corso di diritto industriale*, Roma, 1937, 194; Greco, *I diritti sui beni immateriali*, Torino, 1948, 411 ~ 412; Ascarelli, *Teoria della concorrenza e dei beni immateriali*, Milano, 1960, 540 ~ 541; Ubertazzi, *Invenzione e innovazione*, Milano, 1978, pp. 23 e ss.; Guglielmetti, *Le invenzioni e i modelli industriali dopo la riforma del 1979*, Torino, 1982, pp. 9 e ss.; Sena, "I diritti sulle invenzioni e sui modelli di utilità", *in Trattato di diritto civile e commerciale diretto da Cicu – Messineo*, Milano, 2011, pp. 22 e ss, 27 e ss; Di Cataldo, *Le invenzioni e i modelli*, Milano, 1993, p. 11 e ss.; Vanzetti – Di Cataldo, op. cit., p. 359 e ss..

〔2〕　参见 Vanzetti, "Diritti reali e《proprietà》industriale (... e mediazione obbligatoria)", in *questa Rivista*, 2010, I, pp. 182 ~ 183.

反映在所有权意义上的教条式选择而因此加强对秘密的保护。其"真正原因"是：

最后一条规范是关于《巴黎公约》的商业秘密保护。《巴黎公约》第10条之二的确规定：

（1）本同盟成员国必须保证各该国国民的有效保护以制止不正当竞争。

（2）任何违背工商业活动中的诚实原则的竞争行为均构成不正当竞争行为。

从欧洲大陆的传统来看，对商业秘密的有效保护无需多言。然而，不公平竞争的概念在美国以及许多其他非欧洲国家还有待发展。根据美国法律，反不正当竞争主要蕴含在一个人的商品、产品或服务"冒充"另一个竞争对手的商品，产品或服务（参见《兰哈姆法》第43条第2款）。因此，有必要单独列出商业秘密作为财产权利，以保证在滥用主义从未停止过的国家得到最宽泛的保护。[1]

立法机构选择在《工业产权法》的第一个版本（不幸的是，同我们看到第二个版本一样）中，与不正当竞争规范相比，选择了降低对秘密的保护，这在《TRIPS协议》中找不到依据。我认为在其他地方也找不到依据。

最后还值得补充的是，《工业产权法》第一个版本的立法者在肯定《部长报告》时说法典的第98条和第99条与《发明法》的第6条之二相对应的说法是不准确的，因为后者对秘密的买卖和使用的禁止仅限于"以违反职业道德的方式"实施的情况（除了明确定义为"不正当竞争"的情况）。

7.《工业产权法》第一个版本生效5年后，立法者才意识到（有所不妥），我不是说其意识到自己制造的异常情况。但至少没有再版包含在《TRIPS协议》第39条中的第98条和第99条规则，并通过"修正法令"对第99条的文本加以修订（2010年8月13日法令第131条），正如其宣称的宗旨"使其符合《TRIPS协议》第39条"（《修正法令报告》第7页）。根据第99条的原始文本，规定："保留不正当竞争规范，禁止向第三方披露，购买或使用第98条规定的信息和商业经验"，当前的运行过程如下："保留不公平竞争规范，第98条所规定的信息和商业经验的合法持有人，除非自己同意，有权禁止第三方，以非法方式，购买、披露或使用这些信息和经验，除

---

〔1〕 参见 Dessemonte，"Protection of Trade Secrets and Confidential Information"，in Correa e Yusuf，*Intellectual Property and International Trade*：*The TRIPs Agreement*，Londra，1998，pp. 243～244.

这些信息和经验已被第三方独立获得的情况"。

这个文本令人费解。如果真的想让调整秘密信息的规范"符合 TRIPS 协定第 39 条",应当仅限于照抄《发明法》第 6 条之二的文本内容,这样就使得之后在部长报告中作得不太准确的肯定变成真的了。事实上,正如我们所看到的,该条款实际上是符合《TRIPS 协议》的,明确限定了不正当竞争的事实行为,并论及"以违反职业道德的方式"购买或使用他人的秘密。

但这种修正方式并没有让一些人满意,这些人认为《工业产权法》是教条式的统一,他们看重的是它的实质,所以很反感在不正当竞争规范里列入对一个工业"财产"的"利益"客体的保护。纠正的立法者认为这就够了,为了与《TRIPS 协议》一致,既不论及"诚实商业行为",也不论及"工商业中诚实的习惯做法惯例",更不论及"职业道德"(作为打破纯粹教条式的《工业产权法》的理想模式),"以滥用的方式"这一表达予以代替。

当下,"违反诚实商业行为的方式"(《TRIPS 协议》),违反"工商业中诚实的习惯做法"的方式(《巴黎公约》第 10 条之二)和"违反职业道德的方式"(《发明法》第 6 条之二)等表达,一方面可以追溯到一个庞大而稳固的几近古老的法理学中,从而使其具有明确的实质性内容;另一方面,就法学/正统观点而言,这些表述退回(躲避)到了一种具有伦理或惯例特点的外部规范体系。[1]反之,"以滥用的方式"是何含义呢?

8. 在技术/法律意义下,名词"滥用"[2](由它派生了形容词"滥用

---

〔1〕 参见 Vanzetti, "Diritti reali e《 proprietà 》industriale (... e mediazione obbligatoria)", in *questa Rivista*, 2010, I, pp. 26 e ss.

〔2〕 并非形容词"滥用的",而是名词"滥用"被用在一些地方,不仅仅用在《TRIPS 协议》中,而且用在了《工业产权法》中。几乎一直是在它的法律技术意义内使用,其持有人通过滥用权:参见例如《TRIPS 协议》第 8 条第 2 款,第 40 条第 2 款,第 41 条第 1 款,第 48 条第 1 款,及《工业产权法》第 162 条第 5 款。此外这个词的一种不恰当的使用也出现在斯特拉斯堡协定第 4 条第 4 款,CBE 第 55 条第 1 款第 1 项,《工业产权法》第 47 条第 1 款,在专利方面讨论"明显的滥用",及 2002 年 6 月欧盟法规第 7 条第 3 款和《工业产权法》第 34 条第 4 款都有论及"滥用"。在此这个词似乎恰恰恰用的是它的非技术意义,因为它被指出不是权利持有者的行为,而是第三方的行为。面对这一异常情况,解释者们一般都求助于范例(由发明者秘密地传播发明,违背发明者意志传播,或是通过非法方式购买发明的知识)人们可以由此推导出一种相同的东西,它是"非法的""滥用",渐渐地合同(违约,也默许了,秘密的)或合同外的侵权(侵犯发明者未明晰的"秘密范围"),考虑或不考虑第三方作为事实组成部分的主体地位。[参见 Frignani, "Le nuove norme in tema di proprietà industriale", in *Dir. ind.*, 2011, n. 1, pp. 13~14; Paterson, *The european patent system*, London, 2001, pp. 494 e ss.;

的"）在私法上主要是指由行使主体权利的极端情况结合而成情况下的行为，但也应考虑在非正式的评价标准的基础上，缺乏法律保护的情况，或非法的情况。[1] 但怎么会有以《工业产权法》的第 99 条新文本中规定的"滥用方式"（正规地）行使主体权利呢？我认为没有人能做到，即便立法者认为这种情况存在。所以，应考虑使用了非技术意义上的形容词"滥用的"，而这在以教条式的严谨为特点的立法文本中，不是清晰的确定因素。

然而，在意大利语中形容词"滥用的"首先意味着"非法或任意的言行"（意大利语词典中还有其它的含义）：但该含义的前提是认定有一个人（他人的）权利受损［这不可以是（财产权）秘密的权利，因为形容词"滥用的"本身用于定义该权利的限制］。[2]

如此我们还能期待一个合理的法律解释，甚至在《部长报告》中也对此表示赞同以符合《TRIPS 协议》，"滥用的方式"这种表达如何等同于"违反诚实商业行为的方式"，或"工商业中诚实的习惯做法"或"职业道德"？这种解释无疑违背了历史上立法者的本意，在修正法令中不再提及《发明法》第 6 条之二，也不使用这些表述，担心串染词义。但除此之外，修正的《工业产权法》第 99 条的文本仍呈现出一些缺点。涉及了《工业产权法》第 99 条的限定语句："除它们已被第三方独立获得的情况"。

9. 有（轻微）困惑的首要原因源自这样的事实，即该规范内容之前是禁止以滥用的方式购买、披露或使用这些信息；这一规定（这整个规定）反对独立获得的例外情况（"除……之外"）。由此可见，如果他们依据这样的语

Singer – Singer, *The European patent convention*: *a commentary*, London, 1995, pp. 174 ~ 175; Ammendola, *La brevettabilità della Convenzione di Monaco*, Milano, 1981, pp. 359 ~ 360; nella giurisprudenza EPO, Board of Appeal, 9 febbraio 1995, T 0585/92; si vedano anche le condotte "abusive" esemplificate nelle Guidelines EPO, Part C, Chapter IV – 32, 10. 3 e nel Patent Act 1977, Section 2 (4), a, b]. 不少人或多或少都知道同义重复"当滥用出现时会有滥用"。可以肯定的是这个词的技术应用也造成了一些不确定性。"这些条款的模糊性也许就是为何 1977 年专利法令第二部分（4）有一些相同规定，写得非常具体，同时坚持实现统一解释的目标，如 1977 年专利法令第 130 条（7）所示"（Singer – Singer, *The European patent convention*: *a commentary*, London, 1995, p. 175）。然而，正在讨论中的专利法令，披露的中立性大致取决于是以非法方式，还是"违反机密"的方式获得发明信息。

　〔1〕 Salvi, "voce《 abuso del diritto 》", in *Enc. giur.*, I, Roma, 1988, ed ivi ampi richiami.

　〔2〕 同样的问题我们已经在第 270 页注释［2］看到，"明显滥用"一词在信息披露方面，渐渐地与合同有关的和合同之外的侵权问题都通过赋予该词语非法的意思加以解决。我认为，类似的解决方法可以适用于"以滥用的方式"这个词，除非这是不可能的，只要我们相信复兴"职业道德"，我认为还是有希望的。

言规则，"以滥用的方式"使用此等信息的行为如若是"以独立方式"获得，则避开了禁止性规定。由此可见，对于那些运用语法和句法来解读规范的人，该规范可能会出现紧张冲突的情况，因为不能假定独立获得属于滥用范围。

我们在此还可以期待一个合理的法律解释吗？当然可以。但在我们的制度中加入这些规则并非一件好事。

但还不够，"独立获得"是何含义也是值得商榷的。实际上至少有一种情况下有所质疑是合理的，那就是逆向工程。可以说，购买发明者的产品的人，通过拆卸或分析能够识别出该发明产品由什么构成，他是"以独立的方式"获得了该信息吗？反观拆除或分析是基于发明者的产品（或者显然是他的专利）的这一事实，如果没有这些产品可能会一无所获，那么就有人会怀疑它（是否属于独立获得）。上述状况同样可能发生在文件丢失、暂时及偶然没有安全措施的情况下，在此可能会有所质疑"独立获得"是否还有意义。最后，对那些从第三方处善意购买信息的人会怎样呢？[1]

总之，我觉得所有的这些缺点都是显而易见的，尤其有必要谈谈的是"滥用的方式"和"独立的方式"，不知道是否还有令人满意的职业道德标准的余地：它能凭借其灵活性满足其面临的一切合理要求。[2]

我不认为以上内容都是无用的和恶意吹毛求疵的。所有的这些问题或小瑕疵，这些冲突和不协调，都仅仅是在先验的教条式的选择[3]启发下，由构建一种结构的固执想法造成的。为了保护教条式的选择，一些体制的基础关系（与和平状态）可能会被打乱，一些重大事实可能会被扭曲，使得它们在规则中显得有些不合适。

10. 且不说对教条式的担忧，不公平竞争规范对窃取秘密加以保护，这一决定的理由可能在于主动地和被动地将保护行为的合法性扩展至非企业主第三方（当然前提是考虑通常的做法，企业主的身份和当事人之间的竞争关系，

---

〔1〕　参见第267页注释〔1〕。

〔2〕　奇怪的是，鉴于主流的解释是"明显滥用"的表述（参见第270页注释〔2〕，解释为对"所有"权的侵犯）并且鉴于合理的规定应是由"以滥用的方式"的表述引申而来的一种类比解释，《工业产权法》对"所有者"的保护，将低于不公平竞争规范对秘密的保护程度。此外这并没有什么不便之处，因为《工业产权法》第99条会继续保留该规定。

〔3〕　值得注意的是，在1968年，格莱克和威尔赛罗纳的那部古典作品成就了发明和工业模式，两位作者提到了遥远的过去，而如今超越了秘密作为权利（无形财产）的形态，并指出，相反，"秘密的利益……只是间接地由一些规则保护，这些规则保护不同利益的直接客体"（第148页）。由其作者提出赔偿请求，这不利于《工业产权法》的现代化及面向未来。

这些都是运用不公平竞争规范时的必要条件）。

然而我并不认为这一（假定的）扩展有绝对的必要，因为通过《巴黎公约》第10条之二（也就是后来我们的《民法典》第2598条第3款）对秘密进行保护的80年间并没有什么大问题。但是，显然《TRIPS协议》和《工业产权法》的立法者已经使整个秘密规范（它的客体已在《工业产权法》第98条第1款中指出，如"商业信息""工业技术经验""交易"）适用企业主身份，不适用这一情况以外的人：事实上只适用于《TRIPS协议》中第39条第2款和《工业产权法》第98条第1款规定的与企业主相关的情况，这是法典中的一种预防和预审机制。

因此，我认为扩张合法化的观点，首先是没有其基础，因为这一扩张事实上根本无法从《工业产权法》中得出推论。因此我认为，如果这种扩张真的出现在法典中，应当考虑它会与例外情况下的某些重要的利益不相一致，在这种情况下，一方或双方都不是企业主，且是为了使这些情况能够满足《民法典》第2043条的规定；因此也不能证明它与《TRIPS协议》的模式不一致，即在不公平竞争规范的领域内列入这一情况，从而放弃"职业道德"成立和解除的核心内容。

正本清源　综合考量

——信赖保护原则视域下著名商标制度之存废

汪　源* 何洪全**

引　言

2017 年 11 月，全国人大法工委在《关于对有关著名商标地方性法规提出对审查建议复函》中指出："对有关著名商标制度的地方性法规，应当予以清理，适时废止"。地方工商行政主管机关认定"著名商标"在我国由来已久，当下，学界虽对"著名商标"制度是否应予废止已从不同角度进行了一定探讨。但认定"著名商标"作为一种行政行为，就其行政法法理基础之解析却较为薄弱。由此，以行政法中"信赖保护原则"为视角，通过揭示地方工商行政主管部门的著名商标认定行为的本质属性，并进一步解析其不合理性，从而探究我国当下应当废止"著名商标"制度的法理基础和缘由所在。

一、认定著名商标之性质为行政许可行为

自 1997 年以来，我国部分地方工商行政机关根据本地方规章每年认定一批地方企业所专有的商标为"著名商标"，并允许商标专有人在商业活动中使用"著名商标"字样。我们认为，从以下两方面可知：地方工商行政主管部门认定著名商标行为之性质，应为具体行政行为中的行政许可行为。

（一）认定著名商标符合行政许可行为基本流程

从外部特性进行观察，地方工商行政主管部门作为行政主体经商标专用

---

* 汪源，中国政法大学民商经济法学院 2016 级民商法学博士研究生，青岛西海岸新区·中国政法大学—中德生态园知识产权法学研究生研习实践基地首席研究员，研究方向：民法、知识产权法。

** 何洪全，广西大学法学院 2017 级宪法与行政法学硕士研究生，广西大学法律援助中心研究人员，研究方向：行政法。

权人申请后，认定著名商标的具体行政行为应定性为行政许可行为。《行政许可法》第 2 条规定："本法所称行政许可，是指行政机关根据公民、法人或者其他组织的申请，经依法审查，准予其从事特定活动的行为。"根据该条规定可得知，行政许可行为具有较为显著的外部特征，即行政许可行为的作出均需符合"申请—审查—准予"的基本流程。

从 1997 年 4 月实施的《浙江省著名商标认定和保护条例》到 2017 年 9 月实施的《山西省著名商标认定和保护办法》如表 1 - 1 所示，分析了我国除港澳台地区以外的 22 个省、5 个自治区、4 个直辖市，共 31 个省级行政区划单位的著名商标认定规范。均发现我国地方政府所施行的著名商标认定制度，其外观上无一例外地规定了"申请—受理与审查—准予"的基本流程，即符合行政许可的外部特性，该情况并不存在地方差异性。

表 1 - 1　我国地方政府著名商标认定流程一览表

序号	各省、自治区、直辖市颁布的著名商标认定规范	申请条款	受理与审查条款	准予条款
1	《黑龙江省著名商标认定和保护暂行办法》	第 8 条	第 9、10 条	第 11 条
2	《吉林省著名商标认定和保护办法》	第 8 条	第 10 条	第 12 条
3	《辽宁省著名商标认定和保护办法》	第 8 条第 1 款	第 8 条第 2 款、第 9 条	第 10、11 条
4	《河北省著名商标认定和保护办法》	第 10 条	第 11、12 条	第 15 条
5	《河南省著名商标认定和保护办法》	第 6 条	第 8、9 条	第 10 条
6	《山西省著名商标认定和保护办法》	第 8 条	第 10、11 条	第 14 条
7	《山东著名商标认定和保护办法》	第 8 条	第 9、10、11 条	第 16 条
8	《甘肃省著名商标认定和保护条例》	第 6、7 条	第 8、9 条	第 11 条
9	《陕西省著名商标认定与管理暂行规定》	第 5 条	第 8、10 条	第 11 条
10	《青海省著名商标认定和保护办法》	第 5 条	第 7、9 条	第 11、12 条
11	《四川省著名商标认定和保护条例》	第 7 条	第 9、10 条	第 11、13 条
12	《云南省著名商标认定和保护办法》	第 6 条	第 7、8 条	第 8、9 条

续表

序号	各省、自治区、直辖市颁布的著名商标认定规范	申请条款	受理与审查条款	准予条款
13	《湖北省著名商标认定和促进条例》	第9条	第12条	第14条
14	《湖南省著名商标认定与保护办法》	第5条	第7条	第7条
15	《安徽省著名商标认定保护办法》	第7条	第9条	第13条
16	《江西省著名商标认定和保护办法》	第6条	第7条	第11条
17	《江苏省著名商标认定和保护办法》	第6条	第9、10条	第11条
18	《浙江省著名商标认定和保护条例》	第8条	第9、11条	第15条
19	《福建省著名商标认定、管理和保护办法》	第6、7条	第8条	第10条
20	《广东省著名商标认定和管理暂行办法》	第10条	第12、14、15条	第17条
21	《贵州省著名商标认定和保护办法》	第9条	第6、16条	第19条
22	《海南省著名商标认定和管理办法》	第6条	第7条	第7条
23	《广西壮族自治区著名商标认定和保护办法》	第8条	第9条	第13、15条
24	《内蒙古自治区著名商标认定和保护办法》	第6条	第8条	第15条
25	《新疆维吾尔自治区著名商标认定和保护办法》	第7条	第10条	第13条
26	《宁夏回族自治区著名商标认定和保护办法》	第8条	第10、11条	第15条
27	《西藏自治区著名商标认定与管理暂行办法》	第4条	第6、11条	第15条
28	《上海市著名商标认定和保护办法》	第8条	第9、10条	第13、14条
29	《重庆市著名商标认定和保护条例》	第6、8条	第9条	第9条
30	《天津市著名商标认定和保护办法》	第6条	第9、11条	第14、15条
31	《北京市著名商标认定和保护办法》	第6条	第8条	第10条

上述相关认定著名商标的规范性文件，均要求商标注册人向省级工商行政主管部门提出认定著名商标的申请。在商标注册人提出申请后，由省级工商行政主管部门进行具体审查，并根据各省所规定的条件，如本省内纳税额、

销售额领先等，最终予以认定著名商标。[1]并在认定著名商标后，允许（不禁止）商标专用权人在未来商业活动中使用该著名商标字样。

综上，各省认定著名商标的规范性文件中规定的相关内容与作出行政许可的"申请—受理与审查—准予"流程高度吻合，符合行政许可的基本流程。

（二）认定著名商标符合行政许可之本质特征

对于行政许可行为的本质属性，目前存在"赋权说""解禁说""折衷说""解禁与确权双重性质说""形成说"等观点。[2]根据我国《行政许可法》的规定，行政许可行为可具体分为：一般许可、特许、资格准入许可与核准，而上述各学理观点均无法完全囊括现存的各类行政许可行为。但基于各类行政许可的共性出发，可将各类行政许可的共有本质属性概括为：对符合条件者的不作为义务的解除。[3]这意味着，没有获得行政许可的自然人、法人不得宣称或进行某行为。

在认定著名商标这一行政行为中，地方工商行政主管部门根据本地方相关规范性文件，经行政相对人（商标专用权人）申请后，依职权认定行政相对人（商标专用权人）的商标为著名商标。并在认定著名商标后，允许（不禁止）商标专用权人在未来商业活动中使用该著名商标字样。究其根本，地方工商行政主管部门认定著名商标的行政行为后果为：对商标注册人不作为义务的免除。即免除了商标专用权人不得在未获得"著名商标"称号时，就宣传自己的商标为"著名商标"的不作为义务[4]。由此可知，地方工商行政

---

〔1〕 参见《浙江省著名商标认定和保护条例》第8、9、15条；《广东省著名商标认定和管理暂行办法》第10、12、14、15、17条；《江苏省著名商标认定和保护办法》第6、9、11条；《贵州省著名商标认定和保护办法》第9、16、19条；《吉林省著名商标认定和保护办法》第8、10、12条；《辽宁省著名商标认定和保护办法》第8、9、11条；《河北省著名商标认定和保护办法》第10、11、12；《河南省著名商标认定和保护办法》第6、8、9条；《山西省著名商标认定和保护办法》第8、10、11、14条；《山东著名商标认定和保护办法》第8、9、10、11、16条；《甘肃省著名商标认定和保护条例》第6、7、8、9条；《青海省著名商标认定和保护办法》第5、7、10、11条；《四川省著名商标认定和保护条例》第7、9、11、13条；《云南省著名商标认定和保护办法》第6、7、8条；《安徽省著名商标认定保护办法》第7、9、13条；《北京市著名商标认定和保护办法》第6、8、10条等。

〔2〕 参见崔卓兰、吕艳辉："行政许可的学理分析"，载《吉林大学社会科学学报》2004年第1期。

〔3〕 参见江必新："论行政许可的性质"，载《行政法学研究》2004年第2期。

〔4〕《驰名商标的认定和管理暂行规定》第12条规定："未经国家工商行政管理局商标局认定，伪称商标为驰名商标，欺骗公众的，由行为地工商行政管理机关视其情节予以警告，处以违法所得额3倍以下的罚款，但最高不超过3万元，没有违法所得的，处以1万元以下的罚款。"如《广东省著名商标认定和管理规定》第20条第2款规定："未经依法认定或者未经著名商标所有人依法许可，任何单位和个人不得使用'广东省著名商标'的字样及其标志。"以及第25条规定："违反本规定第20条第2款规定的，由县级以上工商行政管理部门责令限期改正，并处以5000元以上30000元以下罚款。"

主管部门"认定著名商标"的行政行为符合行政许可行为的本质特征。

综上得知，地方工商行政主管部门著名商标认定行为无论在外部特性上，还是在本质特性上均符合行政许可行为构成之要求。故而，笔者认为地方工商行政主管部门作为行政主体在认定著名商标时，其行为的性质应为具体行政行为中的行政许可行为。

二、行政法"信赖保护原则"于认定著名商标行为之适用

（一）"信赖保护原则"之源起与实证分析

行政法中的"信赖保护原则"的最早明文规定可见诸 20 世纪 70 年代的德国《行政程序法》，该法第 48、49、50 条对于信赖保护的具体类型，负担、双效、复效行政行为的撤销及废止等作了详尽规定，首次在成文法上确立了信赖保护原则，并使之更具可操作性。[1]有学者指出，行政法上的"信赖保护原则"与民法中的"诚实信用原则"同源，只是民法率先发现并确认了该原则。[2]而在进入 20 世纪后，随着科技的发展与生产力的进步，社会环境发生了巨大变化。为保障社会的正常运转，行政机关与社会成员的关系由"管理与被管理"的关系，转向一种相互需要与相互依赖的关系，行政机关在进行日常管理的同时，要同时为社会成员履行必要的"生存照顾"职责。[3]就此，行政机关的主要功能发生了急剧变化，现代行政行为的主要内容以给付行政为主，而不再是规制行政。有学者指出："现代国家之任务已与往昔不同，行政作为给付之主体，开发社会文化、增进人民福利、提升人民生活素质，已成为国家责无旁贷之职责"。[4]在该社会变革背景之下，行政法上的信赖保护原则应运而生。

基于信赖保护起源背景可知：信赖保护原则是在现代行政机关主要功能发生革新后从而进一步产生的，其产生之法理基础在于行政机关应当履行对社会成员的合理与有利发展进行必要保护的职责。该职责的产生也注定了行

---

〔1〕 德国在二战后，先是通过案例裁判中解释宪法的形式确立了信赖保护原则，后该思路得到了德国宪法法院的确认。参见周佑勇："论德国行政法的基本原则"，载《行政法学研究》2004 年第 2 期。

〔2〕 参见黄学贤："行政法中的信赖保护原则"，载《法学》2002 年第 5 期。

〔3〕 参见周佑勇："论德国行政法的基本原则"，载《行政法学研究》2004 年第 2 期。

〔4〕 参见城仲模："现代行政学发展的新趋势"，载《行政法专集》，台北市公训中心 1990 年版，第 126 页。

政机关不能朝令夕改，应当给社会的良性发展提供基本与必要的环境土壤。综上，现在我们可对信赖保护原则进行如下定义：信赖保护是指当社会成员对行政过程中某些因素的不变性形成合理信赖，并且这种信赖值得保护时，行政主体不得变动上述因素，或在变动上述因素后必须合理补偿社会成员的信赖损失。该原则的核心思想是维护法律秩序的安定性，保护社会成员的正当权益。[1]

我国在 2003 年颁布的《行政许可法》中首次对行政信赖原则进行了具体规定，根据《行政许可法》第 8 条与第 69 条第 4 款之规定[2]：我国行政机关对作出并生效的任何行政许可行为不得随意变更，因合理变更行政许可给公民、法人或者其他组织造成财产损失的，行政机关应当依法给予补偿或者赔偿。由此，我们可知，地方工商行政主管部门认定"著名商标"这一行政许可行为具有适用《行政许可法》第 8 条与第 69 条的空间与可能性，但能否当然适用，还需进行进一步的论证分析。

（二）"信赖保护原则"之适用条件分析

关于"信赖保护原则"之具体适用条件，学界通说认为必须同时满足三大条件：第一，存在信赖的基础，即行政主体作出了行政行为，且该行为已经生效；第二，具备信赖之行为，即行政相对人对生效行政行为产生了信赖，并由此产生了实质影响；第三，该种信赖值得保护，即值得保护的信赖须是"正当的信赖"。[3]基于此，我们就地方工商行政主管部门认定"著名商标"的行政许可行为是否同时满足上述三个条件进行详细分析。

首先，对是否存在信赖之基础进行分析。众所周知的是，认定著名商标之行为由有权行政机关——省级工商行政主管部门作出。如前文所述，该行为的属性为具体行政行为中的行政许可行为，且该行为在地方工商行政主管部门作出后已然生效。我们必须留意的是，此时"已经生效的行政许可"既包括行政机关合法作出的行政许可，同时也包括违法作出的行政许可。无论

---

〔1〕　参见周佑勇："论德国行政法的基本原则"，载《行政法学研究》2004 年第 2 期。

〔2〕　《中华人民共和国行政许可法》第 8 条：公民、法人或者其他组织依法取得的行政许可受法律保护，行政机关不得擅自改变已经生效的行政许可。行政许可所依据的法律、法规、规章修改或者废止，或者准予行政许可所依据的客观情况发生重大变化的，为了公共利益的需要，行政机关可以依法变更或者撤回已经生效的行政许可。由此给公民、法人或者其他组织造成财产损失的，行政机关应当依法给予补偿。《中华人民共和国行政许可法》第 69 条第 4 款：依照本条第 1 款的规定撤销行政许可，被许可人的合法权益受到损害的，行政机关应当依法给予赔偿。

〔3〕　参见吴怡："现代行政法的信赖保护原则"，载《甘肃行政学院学报》2004 年第 3 期。

是对合法行政许可的变更或者撤回，还是对违法行政许可的撤销，都应受信赖保护原则的限制。[1]综上可知，地方工商行政主管部门认定"著名商标"的行政许可行为符合适用"信赖保护原则"的第一要件。

其次，对是否具备信赖之行为进行分析。在"认定著名商标"的行政许可作出后，基于行政行为的"先定性"原则，行政相对人（商标注册人）必然会对该行政行为产生信赖，此时的问题在于在该信赖是否会对行政相对人产生"实质上的影响"。此处所称的"实质上的影响"，在生活中具体表现为：行政相对人基于对行政许可的信赖，已采取了相应的具体行为，且该信赖行为具有不可逆转性。[2]我们知道，在地方工商行政主管部门单独认定"著名商标"时，并无禁止行政相对人在日常商业活动中使用、宣传"著名商标"字样的相关规定。那么，行政相对人所专有的商标在获得"著名商标"认定后，相对人在绝大多数情形下会进行及时的广告宣传与商品生产上的调整、布局等正常商业行为。而这些商业行为的作出，正是基于对认定"著名商标"这一行政许可行为的信赖。根据一般的社会常识，我们知道：上述商业行为一旦做出后可逆转的可能性微乎其微，即便可以逆转，也将付出极大的人力与财力代价。综上可知，地方工商行政主管部门在认定"著名商标"后，行政相对人（商标注册人）将基于对行政机关的"信赖"而做出相关商业行为，即作出本项要件中所指的"信赖行为"。且该"信赖行为"的作出与已生效的行政许可之间具有确定的因果关系。

最后，关于行政相对人（商标注册人）的信赖值得保护与否，即该信赖是否具有"正当性"的问题。这其中提及的"正当的信赖"是指：人民对国家之行为或法律状态深信不疑，且对信赖基础之成立为善意并无过失；若信赖之成立系可归责于人民之事由所致，信赖即非正常，而不值得保护。[3]如同德国学者拉伦茨所言：信赖原则与诚实信用原则不同，它没有法律伦理方面的基础，保护信赖往往只是一种旨在提高法律行为交易稳定性的法律技术手段。[4]笔者认为，在"著名商标认定"中行政相对人（商标注册人）所产生信赖的"正当性"不言自明。根据《行政许可法》第8条第2款之规定，行

---

〔1〕 参见周佑勇："行政许可法中的信赖保护原则"，载《江海学刊》2005 年第 1 期。

〔2〕 参见周佑勇："行政许可法中的信赖保护原则"，载《江海学刊》2005 年第 1 期。

〔3〕 城仲模主编：《行政法之一般法律原则（二）》，台湾三民书局 1997 年版，第 239、241 页。

〔4〕 ［德］卡尔·拉伦茨：《德国民法通论（下册）》，王晓晔等译，法律出版社 2013 年版，第 60 页。

政机关只有在所依据的法律、法规、规章修改或者废止或是准予行政许可所依据的客观情况发生重大变化的情况下，基于公共利益的需要才能变更或者撤回已经生效的行政许可。[1]而对于《行政许可法》所规定的上述两种能导致行政许可发生变更或者撤回的事宜，行政相对人（商标注册人）在地方工商行政主管部门认定"著名商标"的前后均无法预见，故行政相对人并不存在过失。所以，在地方工商行政主管部门依法行政的正常情况下，即行政相对人（商标注册人）对认定"著名商标"这一行政行为是善意的情形下，行政相对人（商标注册人）所产生的信赖值得保护。

综上所述，地方工商行政主管部门认定"著名商标"的行政许可行为，在同时满足如上条件时可当然适用行政法上的"信赖保护原则"，即行政相对人（商标注册人）的信赖利益在一并满足上述三条件时应被行政机关予以保护。

三、信赖保护原则下"著名商标"认定于行政机关之后果

（一）后果之一：行政机关应当履行相关"信赖保护职责"

如前文所述，地方工商行政主管部门认定著名商标之行为性质为具体行政行为中的行政许可行为。此时期地方工商行政主管部门对"著名商标"采认定并允用著名商标字样，除违背驰名商标制度设立初衷，导致商标制度异化以外。另一深层次后果是国家行政机关在认定著名商标前后，必须对行政相对人履行相关"信赖保护"职责。具体而言，笔者认为行政机关将可能履行以下两个层次的信赖保护职责：

首先，第一层次的信赖保护职责是行政机关，即地方工商行政主管部门（以下统称行政机关）对著名商标注册人（专有人）的信赖保护。根据《行政许可法》第8条第2款规定："……行政机关可以依法变更或者撤回已经生效的行政许可。由此给公民、法人或者其他组织造成财产损失的，行政机关应当依法给予补偿。"笔者在前文中已然论述，某商标在获得"著名商标"的认定后，行政相对人（商标注册人）在正常情况下必然会进行一系列商业部

---

[1] 《中华人民共和国行政许可法》第8条：行政许可所依据的法律、法规、规章修改或者废止，或者准予行政许可所依据的客观情况发生重大变化的，为了公共利益的需要，行政机关可以依法变更或者撤回已经生效的行政许可。由此给公民、法人或者其他组织造成财产损失的，行政机关应当依法给予补偿。

署。当行政机关基于法律、法规、规章的修改、废止或客观重大情况发生变化，或基于公共利益依法变更或者撤回"著名商标"认定这一行政许可之时，该撤回或变动行为必然将对行政相对人（商标注册人）造成财产损失。此时，行政机关应当依照《行政许可法》之规定对行政相对人（商标注册人）的损失给予补偿。以上为行政机关应当履行的第一层信赖保护职责，这一点目前学界与实务界基本达成共识。

其次，值得我们进一步探讨的是行政机关是否应当履行第二层次的信赖保护职责，即行政机关对行政相关人（间接行政相对人）的信赖保护职责。此处所指的行政相关人（间接行政相对人）在行政法上是指：在行政法律关系中，与已作出的行政行为之间有一定法律上的利害关系、行政相对人以外的受具体行政行为影响的人。[1] "法安定性原则才是信赖利益保护原则的真正来源。"[2] 而"存续力制度是对于法安定性要求在行政领域的贯彻和实现"，[3] 行政行为中的确定力概念因存续力理论的发展而被化解或代替，所谓存续力是行政行为成立后应当具有的持续力和约束力，于法律上应当有稳定的存在性。笔者认为，一个认定著名商标之许可至少包含如下两方面的存续力：对人的存续力和对世的存续力。所谓对人的存续力对应的则是行政行为于直接承受方的行政相对人之确定性。所谓对世的存续力，即从具有潜在利害关系的不特定公众角度而观之的行政行为之确定性。换言之即行政行为变更或废止的限制性，由此为逻辑点延伸两方面的信赖利益保护职责，一是政务诚信，保证其行政许可行为信息的全面、真实与准确的职责；二是对相关人于公权力行为信赖的保护，即对行政行为的撤销、变更必须考虑作为相关人的公众的利益。虽然对于相关人能否基于此信赖保护的要求而享有公法上的赔偿请求权问题仍有争议，但该职责于行政管理中的履行是毋庸置疑的。笔者认为，在认定"著名商标"这一行政许可行为中，与第二层次信赖保护职责密切相关的至少有如下两类行政相关人：

第一类主体为市场上作为潜在的购买者的自然人、法人。由于行政机关允用"著名商标"字样，此时，由于"著名商标"字样的使用所造成商品价

---

〔1〕 李荣珍、董文彬："行政相关人初探"，载《海南大学学报（人文社会科学版）》2005 年第1 期。

〔2〕 蒋成旭："存续力理论视野下的信赖利益保护原则"，载《东方法学》2016 年第4 期。

〔3〕 赵宏：《法治国下的行政行为存续力》，法律出版社 2007 年版，第 131 页。

格溢价必然会传导到市场，作为潜在购买者的自然人、法人通常情况下会基于对行政机关行政许可信息的信赖，即对"著名商标"认定的信赖进而作出一定的处分行为。如基于自我消费，或为再次销售，从而购买使用该"著名商标"的相关商品。若行政机关基于公共利益撤回或者变动"著名商标"这一行政许可，由该商标所带来的商品价格"溢价"将随之蒸发。此时，必然将给作为商品购买者的自然人、法人带来相关商品价值的损失。

第二类主体为市场上作为金融投融资者的银行等相关金融机构。我们知道，知识产权融资最早源于20世纪90年代中期的日本，[1]我国于1995年颁布的《担保法》中也明确规定了包含商标质押在内的知识产权质押制度。在地方"著名商标认定"的相关办法中，商标注册人可以在日常商业行为中使用"著名商标"字样，"著名商标"的认定为事前认定。此时，商标注册人（专有人）为解决资金融通问题，而选择进行商标质押贷款。银行等金融机构在进行商标估值时，必然会将拟质押商标是否获得行政机关"著名商标认定"这一因素纳入放款额度与收取利率的考虑因素范围内。原因在于：在进行商标价值评估时，"商标的市场认知度和信誉度"，是决定商标价值的一项重要参考标准，而商标的市场认知度表现之一就是该商标是否为"著名商标"。对商标是否著名的考量，不仅是由于著名商标本身在商业上具有较强的核心竞争力，与此同时，也是因为著名商标相比一般商标可以受到更高层次的法律保护。[2]我国资产评估协会公布的《商标资产评估指导意见》第19条也明确要求，注册资产评估师在调查过程中收集的相关资料中通常需要包括"公众对商标的知晓程度"。[3]

由此可知，在某一商标被认定为"著名商标"后，该商标在进行商标评估时相比其他普通商标更具有优势，银行等相关金融融资机构根据评估结果，对被认定为"著名商标"的商标进行贷款融资时，最终审批的贷款金额与利率相比同行业其他企业名下的普通商标具有较大力度的优惠。"著名商标"在融资中获得的巨大优势，很大程度上要归结于：评估机构与银行等金融机构对行政机关著名商标认定行为的信赖，从而产生对商标估值的溢价。这样也

　　〔1〕　赵团结："创业型企业知识产权质押融资探讨"，载《财会通讯》2011年第29期。

　　〔2〕　谢丽娜："商标价值评估之影响因素"，载《中华商标》2011年第2期。

　　〔3〕　《商标资产评估指导意见》第19条：注册资产评估师执行商标资产评估业务，应当对商标资产相关情况进行调查，包括必要的现场调查、市场调查，并收集相关资料等。注册资产评估师在调查过程中收集的相关资料通常包括：……（四）公众对商标的知晓程度；……

将导致：倘若某行政机关基于公共利益，必须撤回、变动已经认定的某"著名商标"，该商标因获得"著名商标"所产生的估值"溢价"将同时蒸发。此时，必然将给银行等金融机构带来催收风险，并最终可能将转化为呆账、坏账损失。

虽然，由于"驰名商标"的撤回或变动，导致上述两类行政相关人所遭受的损失是否属于行政机关"信赖保护职责"的保护范围，即"信赖保护原则"是否适用于行政相关人，学界尚未达成共识。但毋庸置疑的是，在"著名商标个案认定"和允用"著名商标"中，行政机关存在对行政相关人履行"信赖保护职责"的可能性。且该种"信赖保护职责"的履行可能性将由于行政机关的职能逐渐由"行政管制"转向"行政给付"，从而随着时间的推移不断增大。

综上，若我国继续采用著名商标"个案认定"并允用"著名商标"字样，根据"信赖保护原则"行政机关将背负较重的"信赖保护职责"。基于此，"著名商标"个案认定与"著名商标"字样的禁用规定，其合理性可见一斑。

（二）后果之二：增加行政成本，降低行政效率

行政实体法、行政程序法和行政诉讼法三个领域通过行政行为的概念得以建立，其联系之紧密，"著名商标"认定行政许可于效率与成本的影响将体现在前述领域中。[1]下文将通过法经济学的方法说明认定对成本与效率的影响。其中假设的提出目的在于理论的分析，"一种只想忠实地在其假设中复制经验世界真实性的理论绝不是真正的理论……而只是一种描述"。[2]

在实体上，法的实施是有成本的，"驰名商标"的行政许可作为授益性行政行为亦然，其为产品带来的公权力溢价将通过影响投资决定的方式而隐性地扭曲效率，最终导致行业生产的无效率[3]。举例以说明，同一行业内，甲、乙、丙、丁四家企业每小时生产效率能为投资者每100元的投资带来分别为60元、55元、50元、45元的效用，若丙获得了认定形式的"驰名商标"许可，其每100元的投资效用将增加10元变成60元。此时，资本将由生产效

---

〔1〕［德］哈特穆特·毛雷尔：《行政法学总论》，高家伟译，元照出版公司2002年版，第192~193页。

〔2〕［美］理查德·A.波斯纳：《法律的经济分析》，蒋兆康译，中国大百科全书出版社1997版，第20页。

〔3〕此处效率指"帕累托最优"。

率高的乙企业流向实际生产效率不高的丙企业，导致资本利用效率的损耗。须知道，在不同行业间也是如此，如"单轨制"期间驰名商标火爆的轻工类生产部门所形成的海绵效应，进而在客观上对其他部门资金造成挤出效应。其原理与我国去产能、调结构之政策如出一辙，行政权力为丙企业的投资效用加注水分，最终所带来的是"虚胖"的收益。此外，根据《行政许可法》第 8 条第 2 款[1]之规定，行政机关履行"信赖保护职责"的方式为进行金钱补偿。另外，根据《行政许可法》第 69 条第 4 款[2]之规定，行政机关履行"信赖保护职责"的方式为进行金钱赔偿。无论是"金钱赔偿"还是"金钱补偿"，其本质均为财产给付，此为行政机关履行"信赖保护职责"所增加的行政成本。

在行政程序上，制度成本[3]在客观世界中是无不存在的，根据科斯第一和第二定理的推论，较优的法律规则是能够使制度成本的影响最小化的规则，[4]而被定性为行政许可的"驰名商标"认定行为会极大导致制度成本的上升。一方面，《行政许可法》第 36 条和第 47 条规定了行政许可的依申请听证和依职权听证，且不说听证费用均由行政主体承担，也意味着，行政机关在"认定驰名商标"的过程中必须对利害关系人的利益加以考虑，且要听取行政相对人的陈述与申辩。另一方面，长期以来"重许可、轻监管"的思维惯性，容易让人们忽视决定许可后的对被许可人的监督检查，这也构成了实施该许可的巨额成本之一，《行政许可法》第 10 条、第 60 至 64 条，规定了许可机关、许可机关的上级机关和许可机关辖区外的同一专业许可机关的监督、检查和抄告程序。须知道，对"驰名商标"一次妥善周到的监督检查所耗费成本近乎等同于一次全面的市场调查，尚且未论调查得出结果的滞后性

---

〔1〕《中华人民共和国行政许可法》第 8 条第 2 款：行政许可所依据的法律、法规、规章修改或者废止，或者准予行政许可所依据的客观情况发生重大变化的，为了公共利益的需要，行政机关可以依法变更或者撤回已经生效的行政许可。由此给公民、法人或者其他组织造成财产损失的，行政机关应当依法给予补偿。

〔2〕《中华人民共和国行政许可法》第 69 条第 4 款：依照本条第 1 款的规定撤销行政许可，被许可人的合法权益受到损害的，行政机关应当依法给予赔偿。依照本条第 2 款的规定撤销行政许可的，被许可人基于行政许可取得的利益不受保护。

〔3〕 制度成本，亦称交易成本，它由衡量所交换物品的价值属性成本、保护权利的成本以及监察与实施协约的成本组成。

〔4〕 ［美］道格拉斯·C. 诺斯：《制度、制度变迁与经济绩效》，刘守英译，上海三联书店 1994 年版。

及当前市场反应的错位。此外，若从保护商誉的角度看行政效率，假设100家企业中有20家需要保护其商誉，认定需要调查全部100家，而个人认定则能做到有求必应，显而易见，认定既不符合帕累托效率的，亦不符勿用大炮打小鸟的行政均衡之要求。

综上，著名商标采用"个案认定"并允用"著名商标"字样，将导致"认定著名商标"这一行政行为的作出不但会随之产生巨大行政成本，并降低行政效率，也是对十八届三中全会提出的"使市场在资源配置中起决定性作用"的悖论。而基于以上论述，我们也可清晰知道：若当下继续采用"著名商标个案认定"与允用"著名商标"字样，将给行政机关带来较为沉重的"信赖保护"行政成本与相关行政职责的履行。故禁用"著名商标"字样与"著名商标认定"的另一重要法理基础在于：将认定"著名商标"这一行为的定性从"行政许可行为"变为了"对案件事实的认定"，从而避免了相关"信赖保护"职责的承担。

四、"著名商标"字样是否应予禁用之分析

目前，关于"著名商标"的管理规则全国尚未出台统一规定，但各省（市）先后出台了相关认定规则与办法。虽然各地区关于"著名商标"认定的具体标准有所不同，但在认定方式的选择上均采用了"认定"，即"事前认定"的认定方法，并允许商标注册人（专有人）在日常商业活动中使用"著名商标"字样。[1]故而，从行政机关认定"著名商标"的法律本质属性入手，该行为之性质实际上与"单轨制"[2]时期的国家工商总局单独认定"驰名商标"行为的本质相同，即二者均为具体行政行为中的行政许可行为。此时，当认定"著名商标"之行为作为行政许可行为出现在世人面前时，正如笔者前文所述，认定该商标的行政机关应当根据行政法中"信赖保护原则"对行政相对人承担相关"信赖保护职责"。而此种"信赖保护职责"的承担与履行，又必然会带来巨大的行政成本与行政效率的降低。以上后果是各地方行政机关，即各地方工商管理行政部门在开展认定"著名商标"行为时，应当

---

〔1〕 黄玉玲、储敏："驰名商标与著名商标的法律界分"，载《南京财经大学学报》2013年第3期。

〔2〕 驰名商标认定的"单轨制"与目前采用的驰名商标认定的"双轨制"相对应，具体指2004年以前，我国驰名商标的认定工作由国家工商总局单独进行。

引起高度注意并加以思考的问题。

一方面，即使某地方行政机关在思考之后，"从鼓励、引导有实力的企业争创著名商标，增强综合竞争力，带动地方经济社会发展"[1]的角度出发，决定将宝贵的行政资源配置在认定"著名商标"之后的相关"信赖保护职责"的承担与履行之中。那么，也仍需要基于大数据在促进经济发展与行政成本的付出之间作具体量化比较，在科学行政与合理行政的指导下作出相关行政行为。否则，将存在违反"行政行为合理性"的行政法基本原则之嫌疑，从而最终导致该行政行为（抽象行政行为）被归于无效或被依法撤销。[2]另一方面，倘若某地方行政机关认为自身无法有效承担认定"著名商标"后的应履行的"信赖保护职责"。在此情况下，该地区行政机关应及时将此情况反映至同级地方人民代表大会，并同时建议对相关地方性法规进行修正。

结　语

地方政府停止"著名商标"认定并对"著名商标"字样予以禁用，一方面使得商标制度回归设立初衷；另一方面其行政法上的法理基础在于：行政机关不必在认定"著名商标"之行为作出后，担负沉重的"信赖保护"责任，从而提高了行政效率，降低了行政成本，符合行政效率的基本原则。习近平总书记在《知识分子、劳动模范、青年代表座谈会上的讲话》中谈道：我国知识分子历来有浓厚的家国情怀，有强烈的社会责任感，能"为天地立心，为生民立命，为往圣继绝学，为万世开太平"。我等学人寥寥千言，以期行政机关作出科学化之行政行为。

---

〔1〕　付正中、郑金文："立法理念的一大转变——《湖北省著名商标认定和促进条例》出台侧记"，载《楚天主人》2008 年第 7 期。

〔2〕　参见汪源、李付雷："综合考量　平衡效率"，载《中国知识产权报》2017 年 5 月 26 日，第 8 版。

论认定侵害信息网络传播权的
服务器标准[*]

李 珂^{**}

一、研究背景

互联网技术及相关产业的迅速发展，催生了全新的作品传播途径和商业模式，为信息网络传播权保护制度带来了前所未有的冲击和挑战。例如，OTT 机顶盒、智能电视、智能手机等终端设备的普及，深度链接[1]、CDN 内容分发网络等技术被广泛商业化应用，加框链接[2]更进一步推动了视频、新闻等聚合平台的发展，P2P 、云技术、碎片化存储等不断涌现的传播方式等，在为人们高效、全面获取信息提供便利的同时，由于技术上的特殊性也引发了一系列法律争议。尤其近年来，人民法院受理的涉及侵害信息网络传播权案件大幅度增加，面对互联网领域的创新与发展，侵害信息网络传播权的司法认定面临着前所未有的挑战，司法实践中出现了裁判标准不统一的情况。围绕侵害信息网络传播权认定标准的激烈争议依旧持续，对传统"服务器标准"的质疑不断发酵，学术界、司法界、实务界纷纷从不同视角出发进行了一系

* 本文为 2017 年北京市社会科学基金项目（17FXB014）"网络侵权的平台责任研究"阶段性研究成果。

** 李珂，中国政法大学法律硕士学院 2016 级硕士研究生。

〔1〕 深度链接（deep linking），本身不是严格的法律术语，甚至在国内不是技术界用语，就其本意而言，是指从设链网站页面绕过被链网站主页（home page）而直接链到目标网页的一种方式 ，在业界更多的被称为"跳转"。

〔2〕 加框链接（framed links）也称视框链接，是设链者通过加框技术将自己控制的面向用户的网页或客户端界面分割成几个独立而不重叠的区间，这样网页制作者可以在每个"框"中设链，显示来自于不同网站的独立的 HTML 文件内容，而其页面中其他视框中呈现的却仍是链接者的页面内容：包括网址、广告、网站统计量等。

列探讨，存在明显的意见分裂，服务器标准究竟该何去何从？

二、信息网络传播权的服务器标准概述

"信息网络传播权"是 2001 年《中华人民共和国著作权法》（以下简称《著作权法》）赋予作品权利人的一项专有权利。服务器标准与信息网络传播权拥有不可分裂的关系，信息网络传播权是服务器标准的产生基础，而服务器标准则是对信息网络传播权的适用范围、适用条件等问题的界定。分析信息网络传播权侵权认定标准问题，必须追根溯源，回到著作权法关于信息网传播权的基本概念上来。

（一）信息网络传播权的界定

1. 立法渊源

我国《著作权法》第 10 条第（十二）项规定了信息网络传播权定义："以有线或者无线方式向公众提供作品，使公众可以在其个人选定的时间和地点获得作品的权利。"我国《著作权法》中的信息网络传播权是相关国际条约本土化的结果，直接来源于 1996 年 12 月 20 日缔结的《世界知识产权组织版权公约》（简称《版权公约》或 WCT）的表述。WCT 第 8 条"向公众传播权"规定："文学和艺术作品的作者应享有专有权，以授权将其作品以有线或无线方式向公众传播，包括将其作品向公众提供，使公众中的成员在其个人选定的地点和时间可获得这些作品。"[1]其后半部分的"将其作品向公众提供，使公众中的成员在其个人选定的地点和时间可获得这些作品"系我国《著作权法》信息网络传播权规范来源的直接参考依据。

2. 信息网络传播权的要素分析

从相关定义来看，"向公众传播权"或信息网络传播权主要有两个构成要件，即"以有线和无线的方式向公众提供作品"和"使公众在其选定的时间和地点获得作品"。第一个构成要件中，"提供行为"为主要的争议焦点，许多学者从立法渊源上进行分析，围绕"提供行为"的解释得出了截然不同的判断。也有学者立足传播学原理，认为传播权不同于复制权、发行权，是以

---

[1] WIPO Copyright Treaty: Article 8 Right of Communication to the Public: authors of literary and artistic works shall enjoy the exclusive right of authorizing any communication to the public of their works, by wire or wireless means, including the making available to the public of their works in such a way that members of the public may access these works from a place and at a time individually chosen by them.

不转移作品有形载体所有权或占有的方式向公众提供作品。[1]鉴于作品的无形性，必须借助一定的介质发生，交互式传播的过程中作品往往通过网络数据流的形式进行传播[2]。第二个构成要件强调"交互性"或"互动性"，即在网络环境下的传输是双方互动的，公众可以自己决定获得作品的时间和地点，这是信息网络传播权区别于传统传播权和其他专有权利的本质特征[3]。

（二）服务器标准的背景与内涵

1. 服务器标准的语境分析

服务器标准，是指认定某一行为属于直接的信息网络传播行为，还是仅属于网络服务提供行为，应以作品是否储存在其网站的服务器上为判断标准。如果将作品信息存储在服务器中并上传至公共网络中，使公众可以在自己选定的时间地点获取，在未经权利人许可的情况下，该行为应直接认定为侵犯信息网络传播权。如果作品内容未被上传于服务器，仅仅是通过将原本已存储于第三方服务器的资源链接到自身网站进行展示，则不构成直接侵犯信息网络传播权，应视为网络服务提供行为，适用避风港原则，仅在明知或应知被链接的内容构成侵权的情况下才可能构成帮助侵权。[4]

互联互通是互联网的生命力之根本，服务器标准的确立很大程度上是基于对互联网自由链接保护的考量。在互联网链接技术相对简单的时代背景下，普通链接技术[5]只是将其他网站的资源链接到自己的客户端，仅提供了作品资源的链接地址，在用户点击链接后直接跳转到提供者网页呈现资源来源。此时，将作品上传至服务器的主体与通过自己的网站或客户端程序界面向公众展示、呈现作品的主体通常仍是同一主体，二者合二为一。这就意味着，著作权人控制了将作品上传至服务器的行为，也就控制了通过网页或客户端展示作品的行为，而网络服务提供者对被链网站作品内容的呈现方式和内容不进行干预和影响，仅扮演渠道提供商的角色。此时，将信息网络传播行为等同于将作品置于向公众开放的服务器中的行为，能够在内容提供商与服务

---

〔1〕 参见王迁：《知识产权法教程》，人民大学出版社 2011 年版，第 138 页。

〔2〕 参见焦阳："传播权视野下深度链接的定性问题研究"，载《中国版权》2016 年第 3 期。

〔3〕 参见付琴："论信息网络传播权"，载《南通航运职业技术学院学报》2004 年第 3 期。

〔4〕 参见芮松艳："深层链接行为直接侵权的认定：以用户标准为原则，以技术标准为例外"，载《中国专利与商标》2009 年第 4 期。

〔5〕 普通链接（Surface Links），即链接对象是被链网站的完整页面。如果网站提供的是普通链接，用户点击链接后，页面会自动跳转到第三方网站，用户最终是在被链接网站的界面获得作品，域名也会呈现被链网站的地址。

提供商之间维持利益平衡。

2. 服务器标准的法理基础

笔者认为，"服务器标准"的理论依据和法理基础至少包含以下三点：

第一，《版权公约》中将"提供"定义为"the initial act of making the work available"，即为初始提供行为，特指能够单独导致作品处于可为公众所获得的状态，这里不仅仅指将作品上传到服务器中，同时要求该作品具有公众获取的可能性。将作品上传至或放置在向公众开放的服务器，只要作品没有从服务器上删除且服务器一直开放，作品可为公众所获得的状态就会一直持续，公众能够在选定的时间、地点获得作品。而如果服务器上根本没有作品，无论采取何种链接或其他技术，均无法具备使公众获取作品的可能性。

第二，根据"无传播源则无传播行为"的"传播源"理论，"传播源"是任何著作权法意义上的传播行为所必备的条件。"信息网络传播权需要以信息网络传播行为为前提，而任何著作权法意义上的传播行为的表现形式或是表现结果都应当形成'传播源'，使作品从该'传播源'向公众传送。"[1]这里的"传播源"实质上就是指行为人是否将作品上传到网络服务器向公众传送。

第三，服务器标准强调传播行为的独立性和交互性。网络环境下，只有将作品以网络数据流的形式公开传送时，才发生交互式传播行为。网络链接等行为之所以不属于交互式传播行为，是因为设链网站无法脱离被链网站独立实施针对作品的交互式传播行为：如果被链网站服务器关闭，设链网站提供的链接就成为"死链"，从而无法实施向网络用户提供作品的行为[2]。

（三）服务器标准的时代特征

"服务器标准"是目前侵害信息网络传播权案件中适用较多的标准，一定程度上可以认为是主流标准。随着互联网新型技术的应用和商业模式的创新，服务器标准的局限性日益凸显，并开始对权利人利益、市场正版化、数字版权产业秩序产生影响，服务器标准能否适应互联网新时代的发展需求受到质疑。主要表现在以下方面：

1. 过分拘泥于技术

依据"服务器标准"，我国著作权法上的信息网络传播权所直接控制的行

---

[1] 参见王迁："论提供'深层链接'行为的法律定性及其规制"，载《法学》2016年第10期。

[2] 参见焦阳："传播权视野下深度链接的定性问题研究"，载《中国版权》2016年第3期。

为是在信息网络环境下提供作品的行为，而"提供作品"仅限于将作品上传至或者以其他方式置于向公众开放的网络服务器中，从而将直接侵权的认定局限于很小的范围之内。可见，服务器标准很大程度上是一种对于法律标准的技术式表达，即以技术方式作为法律标准的表达方式。正是因为"服务器标准"过分拘泥于技术，才更有可能因为技术的革新而失去存在基础，难以应对实践中因技术使用行为的差异带来的利益冲突。

2. 逻辑上不周延

从推理逻辑上看，符合"服务器标准"一定构成"网络传播行为"。但是，构成"网络传播行为"的情形是否仅限于上传到服务器？随着网络技术的发展，尤其是随着去中心化技术以及虚拟化技术的应用，服务器已从过去的具体资源变为逻辑资源。换言之，服务器虚拟化后，虚拟服务器成为若干分布在世界各地的软硬件资源的逻辑组合，我们很难获知这种虚拟化的存储资源分布在哪些具体的存储设备中。没有服务器或者通过去中心化和虚拟化的互联网技术，难道就无法构成"网络传播行为"吗？显然，服务器标准至少在逻辑上并不周延[1]。

3. 语境背景发生变化

如前所述，服务器标准的典型语境是普通链接的存在，主要目的是确保各方利益得到有效平衡、维护互联网互联互通。但在互联网技术应用的全新背景下，内容与渠道的角色边界日益模糊、作品上传者与展示者逐渐分离，服务器标准的适用前提也发生了根本性变化。例如聚合平台出现后，通过深度链接等一系列技术手段，使存储在他人服务器上的作品在自己控制的界面上向公众展示，用户只要下载安装单一产品，就可"一站式"获得所需作品。但与此同时，用户点击后不是跳转至被链网站，而是在设链网站控制的界面获得作品的浏览和下载，没有进行服务器上传行为的聚合平台作为独立的作品内容展示者向公众展示作品，并获取作品展示行为所带来的利益，矛盾和分歧就此产生。[2]

4. 利益平衡被打破

伴随着网站带宽升级、CDN 内容分发网络等技术的应用，设链网站可以

---

〔1〕 参见吴同："视频聚合平台的直接侵权认定探究"，载《电子知识产权》2016 年第 5 期。

〔2〕 参见汤辰敏、王哲："视频聚合平台的著作权直接侵权认定"，载《电信网技术》2017 年第 1 期。

脱离服务器，径直抓取被链网站资源绝对地址，使用户可以直接在当前网页获取作品，其实质效果与直接的作品表演、放映、广播并无差异，设链网站利用有特殊呈现方式的信息定位技术同时承担了信息传播者的角色，分流被链者网站的流量，产生同为传播者的设链者与被链者的竞争[1]，架空被链网站的利益与非版权利益[2]；若被链网站的内容系经合法授权，那么作为许可方的著作权人在作品传播过程中的议价能力也会被削弱，[3]在作品传播方面的利益不断被挤压。

三、服务器标准的适用现状与困境

（一）我国"服务器标准"法律条款解释之争议

2012 年，最高人民法院发布《最高人民法院关于审理侵害信息网络传播权民事纠纷案件适用法律若干问题的规定》（以下简称《信息网络传播权规定》），其中第 3 条、第 5 条对信息网络传播的"提供行为"和"实质替代"作了部分解释。[4]随着该司法解释的出台，不仅没有解决关于信息网络传播权提供行为的解释问题，反而导致信息网络传播行为认定标准争议，从而间接地形成了网络侵权行为的法律灰色地带。

（二）其他认定标准的涌现

科学技术的发展和商业模式的创新速度远远超出人们的想象，有关信息网络传播权侵权认定标准引发的争议日渐升级，笔者对这些争议观点进行了简要总结和分析：

1. 用户感知标准

"用户感知标准"，即以网站的外在表现形式带给用户的认知或者以用户能否直接在网站上获取内容为评判标准。如果用户通过外在的表现形式认为

---

〔1〕 参见梁瀚匀："加框链接的著作权法规制——以适用'实质呈现标准'的合理性为视角"，载《商》2016 年第 17 期。

〔2〕 参见崔国斌："加框链接的著作权法规制"，载《政治与法律》2014 年第 5 期。

〔3〕 参见方明东："基于传播技术发展视角思考'深度链接'规制规则"，载《产业与科技论坛》2016 年第 19 期。

〔4〕《最高人民法院关于审理侵害信息网络传播权民事纠纷案件适用法律若干问题的规定》第 3 条：对通过上传到网络服务器、设置共享文件或者利用文件分享软件等方式，将作品、表演、录音录像制品置于信息网络中，使公众能够在个人选定的时间和地点以下载、浏览或者其他方式获得的，人民法院应当认定其实施了前款规定的提供行为。第 5 条：网络服务提供者以提供网页快照、缩略图等方式实质替代其他网络服务提供者向公众提供相关作品的，人民法院应当认定其构成提供行为。

设链网站在提供作品，或者用户虽然知道当前网站提供链接服务，但可以直接从网站获取内容，无论作品是否存储在服务器上，其行为直接认定为侵犯信息网络传播权。[1]"用户感知标准"以作品是否向公众提供为标准，越来越接近信息网络传播权的核心，但正如王迁教授所言，"用户感知标准"的实质，是以用户的感知作为判断网络服务提供者是否实施了信息网络传播行为的标准。显然，这是一个主观标准：即使网络服务提供者仅仅对第三方网站中的内容设置深层链接，只要消费者误认为该内容直接来自于设置链接的网络服务提供者，就可以认定该网络服务提供者未经许可提供了内容，构成直接侵权。[2]除了天然缺乏客观性之外，用户感知标准还具有极大的不确定性，大部分用户在浏览网络信息的时候很少关注内容来源、权利声明、文件链接网址等内容，用户与用户之间的感官也存在差异，很难设定统一的标准进行规制。因此，如果以"用户标准"界定相关网站提供作品的行为，无疑将互联网中普遍存在的链接归于直接侵权，超出侵权责任法及条例的规制范围。

2. 实质呈现标准

以深度链接为代表的新一代信息网络传播行为的核心在于向公众展示作品，基于此特征，有学者摒弃前述标准，提出"实质呈现标准"。崔国斌教授就从立法论上（非解释论上）主张，法院认定信息网络传播行为时，应放弃"服务器标准"，转而采用所谓"实质呈现标准"。即，网络服务商未经许可通过加框链接在自己的网页或客户端软件界面上向公众实质呈现他人的版权作品，属于直接利用他人作品的行为，构成直接侵权。在此基础之上，可以设置一些合理使用例外。[3]这一观点得到了部分学者的肯定，认为"实质呈现标准"更贴近深度链接行为的核心，与其他标准相比较，也能为权利人提供更为全面的保护。但折衷观点认为，现阶段"服务器标准"并非被摒弃，其仍旧可以作为基础性判断标准被适用，只不过相对于"实质呈现标准"，尽管举证容易，但侵权难度加大，有可能随着技术的进步和革新将逐步被取代。也有学者从技术中立角度出发支持实质呈现标准，认为由于著作权法制度采用技术性立法的路径，导致权利类型、侵权认定标准难免具有技术性色彩，与技术中立原则精神不符。实质呈现标准不局限于从技术上认定，也不会过

---

〔1〕　参见吴同："视频聚合平台的直接侵权认定探究"，载《电子知识产权》2016年第5期。

〔2〕　参见王迁："网络环境中版权直接侵权的认定"，载《东方法学》2009年第2期。

〔3〕　参见崔国斌："加框链接的著作权法规制"，载《政治与法律》2014年第5期。

于主观，而是从构成实质呈现作品、表演或录制品的层面认定侵权与否，可为互联网著作权侵权规制提供一种思路。[1]

3. 其他标准

部分学者从不同的研究角度出发，陆续提出了新的侵权认定标准，例如石必胜法官从保护被链网站或者著作权人的期待利益为出发，倡导"链接不替代原则"，即链接不能使设链网站代替被链网站直接向用户提供作品（制品、表演等）内容，进而使被链网站得不到网络用户的访问。[2]而实质性替代标准将其进一步解释为：任何使作品传播利益从被链接网站转移到设链网站的链接，都构成对原传播行为的实质性替代，因此须受著作权人控制。[3]持控制标准的观点则强调是否对作品的提供与传播进行了直接控制，如果这种实际而有效的获取、控制及提供的过程使用户最终实现了通过网络，在任意时间、地点获取作品，造成权利人对作品信息网络传播的失控，则构成直接侵权……综上所述，各种标准的立足点不同，得出的结论也大相径庭。

四、国际视野下服务器标准的应用与评判

（一）域外对信息网络传播权的界定

目前大多数国家如德国、澳大利亚、日本均设立向公众传播权保护权利人向公众传播以及交互式传播作品的权利，只有少数国家如我国采用特定的交互式网络传播的信息网络传播权定义。美国是通过赋予权利人的复制权、发行权、展示权来体现向公众传播权，并控制交互式网络传播行为。澳大利亚将向公众在线提供作品作为向公众传播权控制的行为。日本在著作权法中不仅全面采用了 WCT 第 8 条的全部内容定义向公众传播权，而且增加了"终端设备传播控制权"。《日本版权法》第 23 条第 2 款规定"如果作品已经被传播，作者享有通过接收设备向公众提供其作品的权利。"[4]从《日本版权法》

---

〔1〕 参见廖子珣："浅谈网络环境中著作权侵权的判定标准"，载《法制与社会》2016 年第 16 期。

〔2〕 2014 年 10 月腾讯互联网与社会研究院与《中国版权》杂志社联合主办的"第二届中国互联网新型版权问题研讨会"上北京高院法官石必胜发言，主题为：链接不替代原则。

〔3〕 参见石必胜："论链接不替代原则——以下载链接的经济分析为进路"，载《科技与法律》2008 年第 5 期。

〔4〕 See《Copyright Law of Japan》Article 23. (1) The author shall have the exclusive right to make the public transmission of his work (including the making transmittable of his work in the case of the interactive transmission).

关于向公众传播权的定义可以看到,《日本版权法》采用了扩大 WCT 内容的立法精神,甚至超出 WCT 第 8 条的内容制定向公众传播权,增加对已经传播作品的再次传播的终端设备控制权,全方位地保护权利人的向公众传播权。

(二) 域外司法实践

域外司法实践中,多数国家在判决时也较多按照服务器标准来认定信息网络传播行为,如 2006 年美国的 Perfect 10 v. Google 案、加拿大的 Crookes v. Newton 案、[1] Warman v. Fournie 案[2] 以及 2005 年澳大利亚的 Universal Music Australia Pty Ltd (环球音乐公司) v. Cooper 案[3]、2003 年德国的 Paperboy 案[4]、2007 年西班牙微软公司诉 Sharemula 案[5] 等判决中,均采用了"服务器标准"。近年来,域外司法实践中也出现了其他标准,对我国信息网络传播权的法律分析具有重要的借鉴意义。

1. 美国: 服务器标准为主流

在美国,关于深度链接的案例较多。较早的且有影响力的判例是"Ticketmaster Corp. , et al. v. Tickets. Com, Inc ticket. com",对设置在深度链接的行为给出"不侵犯版权"的法律评价[6]。在 2006 年的 Perfect 10 诉 Google 案中(以下简称 Perfect 10)[7],进一步明确了针对"聚合"现象应适用服务器标准。在本案中,一位摄影师将自己拍摄的一些照片上传到 Perfect 10 公司网站上,谷歌 Google 公司在未经权利人同意的情况下,擅自对这些照片以缩略图的形式展示在自己的页面中进行链接聚合,从而提供给网络用户免费浏览。虽然原告提出了类似于我国"用户感知标准"的整合标准主张认定 Google 直接侵权,[8] 但最后法院还是采纳了"服务器标准",认定深层链接并没有传输

〔1〕 See Crookes v. Newton, 〔2011〕 SCC 47, 〔2011〕 3 S. C. R. 269 (Can.) (stating that A hyperlink, by itself, should never be seen as publication of the content to which it refers.)

〔2〕 See Warman v. Fournier, 〔2012〕 FC 803 (Can.) (The Federal Court of Canada held that, where the copyrighted work was legally uploaded or posted, linking to the work does not create a reproduction of the work, and such activity does not amount to copyright infringement.)

〔3〕 See Universal Music Australia Pty Ltd v Cooper, 〔2005〕 FCA 972, pp. 60 ~ 67.

〔4〕 See Paperboy, BHG, 17, July 2003, IAR 259 /00 (2005) ECDR7.

〔5〕 See Microsoft v. Share mu la. com, 1089 /2006 28, Court of Instruction n. 4 of Madrid (September 2007).

〔6〕 See Ticketmaster Corp. , et al. v. Tickets. Com, Inc ticket. com, Case No. 99 – CV – 07654.

〔7〕 See Perfect 10 v. Google, Inc. U. S. D. C. No. 10 – 56316 (2007).

〔8〕 See Perfect 10 v. Google, Inc, 416 F. Supp. 2d at 839 – 40. (The incorporation test defines "display" as "the mere act of incorporating content into a webpage that is then pulled up by the browser").

文件并将其储存在自己的服务器上，而仅仅提供了地址，使得用户与第三方网站建立联系，因此不构成直接侵权。只有当被链接网站属于侵权网站时，设链网站才有可能因为提供了链接帮助行为构成间接侵权。二审法院支持了一审法院采用的"服务器标准"并进一步阐述到："虽然涉案链接会使用户对作品来源产生误认，但版权法并不同于商标法，不会因为消费者对某个行为产生了混淆就要对保护版权人进行保护。"[1] 然而，这一认定模式是否可以借鉴，还需考虑一点变量因素，也即美国适用服务器标准的重要前提是没有单设信息网络传播权，而是一种开放性的权利——"公开表演权和公开展示权"。

2. 德国：深度链接不侵权

2003 年德国"报童"案中[2]，原告认为搜索引擎"Paperboy"侵犯了其在《商报》和《德国市场》网络版上所刊登文章的著作权。[3] 而初审法院科隆地区法院和德国联邦最高法院判决均认为，Paperboy 信息搜索系统从著作权法的角度来说是不应被指摘的（nicht zu beanstanden sei），[4] 不存在著作权法上的侵权：Paperboy 网站的搜索服务是通过"深度链接"方式绕过原告网站的首页，直接地找到用户所要的文章，但这些文章是用户通过点击获取的，被告只是提供了搜索服务。当权利人对一个受著作权法保护的作品不采取任何技术性保护在互联网上公开的时候，它就可能自动允许搜索人使用这些作品。因此，原告相关作品的复制权和传播权利并没有因此而受到侵害。

3. 欧盟：新公众标准

2014 年欧洲法院在对 Svensson 案[5] 的分析中阐述了一个新的标准——"新公众"标准，也称"向新公众提供标准"。法院提出受版权法控制的"向公众传播作品"的行为应包含"传播行为"和"将作品传播给公众"两部分：针对"传播行为"，法院认为能够使公众直接接触到作品的行为，构成传播行为。设置链接显然是一种传播行为，而且面向的也是不特定的人群，因

---

〔1〕 See Perfect 10 v. Google, 508F. 3d 1146, 1161, footnote 7（9th Cir. 2007）.

〔2〕 参见德国最高法院 2003 年 7 月 17 日的终审判决（该判决在德国最高法院网站判决公布），此外还可以参考 http：// www. jurpc. de/ rechtspr/ 20030274 . html.

〔3〕 参见江清云："从德国司法判决比较超链接的著作权侵权界定"，载《德国研究》2008 年第 2 期。

〔4〕 在终审判决中，德国联邦最高法院认为深度链接原则上是合法的，是应该被容忍的，它既不侵犯著作权法，也不违反反不正当竞争法。

〔5〕 原告 Svensson 等记者的文章被被告网站转载，原告认为被告未经授权通过链接向公众传播了自己的作品，而没有让公众发现原网站，因此侵犯了其著作权。

此属于"向公众传播作品";但这不意味着未经授权的设链行为一定侵权,因为根据判例,只有向新公众传播的行为才属于向公众传播行为。所谓新公众,就是指在作品原始传播时无法接触作品的用户。在本案中,原始网站在发布这些文章时没有采取限制措施,任何人都可以接触到这些内容,而被告网站设置的链接并没有指向新的公众,因此这种链接行为没有侵权。简言之,"新公众"标准超越了服务器标准和用户感知标准之争,直接认定深层链接属于作品的提供行为,但同时强调只有指向了新的公众的设链行为才有可能构成侵权。但对"新公众"标准的质疑同样强烈:"'向公众传播权'是否可以穷竭""公众自由取得作品的状态该如何界定""什么样的技术措施能充分保护版权""规避本就存在漏洞的技术措施设置深层链接会不会侵犯版权"等问题在该标准的适用过程中仍有待回应。[1]

五、服务器标准何去何从

鉴于信息网络传播行为的认定标准存在较大的差异,而目前我国著作权法修订稿中也并未对信息网络传播权作出更加明确的界定,主张坚持服务器标准的学者主要从以下方面寻求弥补法律空白漏洞、解决争议矛盾的新出路:

(一) 立法、司法解释之完善

著作权法的基本目的在于充分保护作者和促进知识的传播与使用。通常来说,一部作品凝结着著作权人的智力劳动成果,其通过版权协议将著作权的部分权利转移给他人获益。设链网站设置深度链接的行为无疑构成对著作权人信息网络传播权的侵害[2]。虽然我国《信息网络传播权规定》第3条第2款指出,"上传网络服务器、设置共享文件或利用文件分享软件"可以认定为提供行为,但该条"等方式"也表明立法并非将提供方式绝对化为上述三类,根据WCT第8条议定声明的解释,仅仅提供物理设施的行为不能构成WCT及《伯尔尼公约》意义上的传播。这说明,深度链接等新型信息传播方式不应被排除在外。因此,许多学者建议,只要将向公众提供作品的方式作

---

〔1〕 参见曹建峰、孙那,"界定聚合盗链侵权 该不该放弃'服务器标准'",载《中国新闻出版广电报》2016年9月29日第006版。

〔2〕 参见浙江省高级人民法院(2010)浙知终字第200号。同样认定为直接侵权的还有(2007)海民初字第25153号、(2011)川民终字第209号、(2013)朝民初字第6662号、(2015)浦民三(知)字第595号、(2015)静知民终字第290号、(2015)京知民终第1874号、(2015)朝民(知)初字第58721号。

扩大的解释，就可以涵盖目前信息网络传播的大部分争议行为。[1]

（二）与其他标准之协调

在著作权司法、行政执法领域，不同的标准正在接受实践的考验：2013年12月，国家版权局组织上海市文化执法总队等部门查处了播放器软件定向搜索、定向链接非法侵权网站的侵权行为，并未采用服务器标准或实质性替代标准，其适用了认定信息网络传播行为的控制标准，即以研究网络服务提供者控制传播行为以及传播结果的权利和能力，结合主观过错，分析侵权责任。[2]最高人民法院经过调研也认为，随着技术的发展，不经过服务器的存储或中转，通过文件分享技术等方式也可以将相关作品置于信息网络之中，以单纯的服务器标准技术标准界定信息网络传播行为不够准确，也难以应对网络技术的飞速发展。因此，应将信息网络传播行为作广义的理解，以是否直接提供权利人作品的法律标准取代服务器标准来界定信息网络传播行为，将信息网络传播行为区分为作品的提供行为与其他信息网络传播行为。其他信息网络传播行为则是以其技术、设施提供网络中间性服务的行为，即是一种提供服务而非直接提供作品等的行为。[3]冯晓青教授也指出，在认定信息网络传播行为时适用"服务器标准"，但这并不意味着其他标准没有任何意义和可适用的空间。"用户感知标准"从网络用户对信息来源的感知，找到作品的直接提供者，并依此认定网络服务提供者的行为构成作品提供行为，在司法实践中可以用来弥补服务器标准的空白和漏洞。对于既不能由"服务器标准"来认定直接侵权，又不能从用户角度感知网络服务提供者构成直接提供作品的行为的特殊情形，可以适用"法律标准"，从行为人的主观意图和行为特征入手，在利益平衡的基础上，结合侵权行为的一般原则和规则，确定行为人是否构成直接侵权或间接侵权，以此来弥补"服务器标准"的不足。[4]

（三）与其他救济途径之配合

部分学者、法院认为，服务器标准的采用仅意味着深层链接等行为不被

---

[1] 参见杨勇："从控制角度看信息网络传播权定义的是与非"，载《知识产权》2017年第2期。

[2] 参见杨勇："深度链接的法律规制研究"，载《中国版权》2015年第1期。

[3] 参见王艳芳："《关于审理侵害信息网络传播权民事纠纷案件适用法律若干问题的规定》的理解与适用"，载《人民司法》2013年第9期。

[4] 参见冯晓青、韩婷婷："网络版权纠纷中'服务器标准'的适用与完善探讨"，载《电子知识产权》2016年第6期。

认定构成信息网络传播行为，相应地，对该行为的侵权认定不应适用著作权直接侵权的认定规则。但这一确认并不表示深层链接等行为不可能违反其他法律规定，在现有法律框架下可以相当程度地使权利人获得救济。

1.《反不正当竞争法》的适用

司法实践中，也有判例从"损害结果"入手，将深度链接行为延伸到不正当竞争领域：设链网站未经授权，故意避开技术保护措施，以"盗链"形式向公众传播、提供涉案作品，恶意绕开会员收费机制、广告播放环节等，占用宽带资源，谋取不正当利益，违反了诚实信用原则，扰乱正常市场竞争秩序，依法构成不正当竞争[1]。适用《反不正当竞争法》的原则性条款虽然可以在一定程度上起到规制未经许可的聚合行为、盗链行为，弥补权利人经济损失的作用，然而该种救济途径同样受到质疑：《反不正当竞争法》的原则性条款能够给予著作权人的只是一种不周延的、"兜底"性质的保护，与权利人核心利益密切相关的行为适用《反不正当竞争法》是否适宜仍存争议。[2]

2. 对破坏技术措施的法律规制

针对破坏技术措施行为本身，权利人可以根据现行《著作权法》和《信息网络传播权保护条例》等法律法规获得救济，如《信息网络传播权保护条例》第18条规定，"有下列侵权行为之一的，根据情况承担停止侵害、消除影响、赔礼道歉、赔偿损失等民事责任，……（二）故意避开或者破坏技术措施的"。《著作权法》第48条规定，"有下列侵权行为的，应当根据情况，承担停止侵害、消除影响、赔礼道歉、赔偿损失等民事责任……（六）未经著作权人或者与著作权有关的权利人许可，故意避开或者破坏权利人为其作品、录音录像制品等采取的保护著作权或者与著作权有关的权利的技术措施的，法律、行政法规另有规定的除外"。但破坏技术措施包括避开技术措施的取证需要公证甚至第三方鉴定，认定难、成本高，司法实践中如何认定著作权法中的技术保护措施标准还是难点。

3. 利益平衡原则的适用

面对互联网领域不断涌现的新技术、新模式，法律的滞后性日渐凸显，

----

〔1〕　参见（2015）杨民三（知）初字第1号、（2016）沪73民终68号民事判决书、北京市朝阳区人民法院（2015）朝民（知）初字第44290号民事判决书。

〔2〕　参见汤辰敏、王哲："视频聚合平台的著作权直接侵权认定"，载《电信网技术》2017年第1期。

不少学者主张坚持利益平衡的原则，以适应不断发展的信息时代。《信息网络传播权规定》第1条即强调了"人民法院审理侵害信息网络权民事纠纷案件，在行使裁量权时，应当兼顾权利人、网络服务提供者和社会公众的利益"。需要注意的是，本条的规定仅在法律法规不明确，需要法官运用自由裁量权裁判案件时才适用。当著作权法、相关行政法规、相关司法解释已有明确规定时，人民法院审理案件应遵守著作权法、实施条例及有关司法解释的相关规定，不能直接援引利益平衡原则进行裁判。

除上述路径外，还可以通过在举证责任分配上向权利人倾斜、不当得利认定或者"内容实质呈现为原则，以合法授权或页面跳转为例外"等认定方式，拓宽信息网络传播权控制范围，在适用"服务器标准"时具体情形具体分析，从而降低内容服务提供者的维权成本。

结 论

综上所述，如果放任互联网内容产业中链接技术和聚合模式的野蛮生长，会严重损害内容服务提供者的利益，甚至可能造成劣币驱逐良币的局面，不利于形成良性的产业生态链，进而可能影响我国数字版权产业正版化的秩序与进程。在聚合技术条件下，继续机械地采用"服务器标准"将导致裁判结果不合理，有悖于相关国际公约中"高水准保护版权"的要求。因此，有必要对于服务器标准进行重新梳理和思考，进一步探索将司法成熟经验与适当前瞻性的立法相结合，在适用"服务器标准"时具体情形具体分析，注意利益平衡原则、合理使用原则、法定许可原则、技术中立原则等的适用，并为其他标准的预留一定的适用空间。

论"通知删除"规则对专利侵权的适用

——以《专利法修订草案(送审稿)》第63条第2款为研究对象[*]

柳子通^{**}　张　南^{***}

一、研究背景

"通知删除"规则首次创立于美国《数字千年版权法》(简称 DMCA),它的基本含义是,当网络服务提供者管理、控制的信息存储空间内出现了他人上传的侵权内容时,权利人或利害关系人可以向该服务提供者发出通知及必要的证明材料,服务提供者接到通知后如果及时对被投诉内容作出了断开或屏蔽链接的处理,且同时满足其他免责条件时,将不承担侵权责任。[1]以这一规则为核心的多个免责条件共同构建起的一整套制度为网络服务商摆脱讼累提供了条件,如同一个免责的"避风港",因此这一制度在美国被形象地称为"避风港"规则。[2]

近几年,随着我国电子商务交易规模的不断扩大,网络交易中的专利侵权问题愈发严重,面对大量的专利侵权投诉,多数网络服务提供者为规避自身责任选择直接参照著作权领域的"通知删除"规则予以处理,由于相关领域缺少明确的法律规制,因此如何明晰网络专利侵权中各方的法律责任成为当前司法实践中的棘手难题。面对这一现状,国内立法部门审时度势地尝试将"通知删除"规则引入第四次修改的《专利法》,2015 年 12 月,国务院法

　　* 本文为2017 年北京市社会科学基金项目（17FXB014）"网络侵权的平台责任研究"阶段性研究成果。

　　** 柳子通,中国政法大学法律硕士学院 2015 级硕士研究生。

　　*** 张南,伦敦大学法学博士,中国政法大学比较法学院中美法学研究所讲师。

　　〔1〕 参见王迁:《网络环境中的著作权保护研究》,法律出版社 2011 年版,第 251 页。

　　〔2〕 参见王迁:《网络环境中的著作权保护研究》,法律出版社 2011 年版,第 208 页。

制办公室就《专利法修订草案（送审稿）》（简称《草案》）公开征求意见，《草案》在第 63 条第 2 款对"通知删除"规则作出了规定。对此，理论界观点不一。

现有研究中，有学者认为依《侵权责任法》第 36 条所确立的"通知删除"规则已经成为规制我国网络空间侵权行为的一般规则，言下之意对专利权之适用也可囊括其中。[1]而持反对观点的学者则有着不同的论证角度，从侵权判定难度来看，有学者认为，网络服务提供者不具备对专利侵权事实的判定能力，"通知删除"规则对专利领域的适用将使其承担过高的注意义务，从而导致互网经济的发展迟滞；[2]也有学者从理论的层面进行思考，认为"通知删除"规则所针对的民事权益必须可以"信息化"形式在网络空间传播，而专利权的各项专有权利所针对的传播载体则是"产品"，因此"通知删除"规则不能适用于专利侵权。[3]基于此，本文将以专利权视角下"通知删除"规则在我国的司法实践、规则适用的域外经验、规则运行的法理分析以及《草案》规定的重构方案为思考进路，汇总当前学界的主要观点，以实证研究、比较研究等研究方法，尝试对以下两个问题作出解答："通知删除"规则能否直接适用于专利侵权？如果不能，《草案》中的相关规定应如何调整？

二、"通知删除"规则在我国的司法实践

2010 年实施的《侵权责任法》是我国第一次将"通知删除"规则引入基本法律，《侵权责任法》第 36 条对网络服务提供者侵权责任的内容作出了规定，并在第 2 款体现了对"通知删除"规则的借鉴。由于本条没有明确排除对特定民事权益的适用，因此理论上其适用范围可按照第 2 条的规定涵盖全部类型的民事权利。[4]但部分学者认为诸如名誉权、专利权以及商业秘密等

---

〔1〕 参见王利明："论网络侵权中的通知规则"，载《北方法学》2014 年第 2 期。

〔2〕 参见吴汉东："侵权责任法视野下的网络侵权责任解析"，载《法商研究》2010 年第 6 期。

〔3〕 参见王迁："论'通知与移除'规则对专利领域的适用性——兼评《专利法修订草案（送审稿）》第 63 条第 2 款"，载《知识产权》2016 年第 3 期。

〔4〕《中华人民共和国侵权责任法》第 2 条："侵害民事权益，应当依照本法承担侵权责任。本法所称民事权益，包括生命权、健康权、姓名权、名誉权、荣誉权、肖像权、隐私权、婚姻自主权、监护权、所有权、用益物权、担保物权、著作权、专利权、商标专用权、发现权、股权、继承权等人身、财产权益。"

类型权利纠纷的处理较为复杂，网络服务提供者难以承担此类纠纷的侵权判定。[1]尽管如此，我国司法机关已经据此将"通知删除"规则实际适用于专利侵权，具体如下：

（一）我国司法实践中"规则"适用的基本思路

尽管理论界对专利侵权适用"通知删除"规则尚有争议，但我国司法机关已经在实践中通过援引《侵权责任法》第36条第2款，将"通知删除"规则实际适用于专利领域。通过归纳整理10例近几年网络交易专利侵权的典型司法案例，笔者尝试归纳当前司法实践在专利侵权案件中适用"通知删除"规则的审判思路，并总结规则适用中所产生的问题。

表1　相关典型司法案例审判思路汇总表

案号	被告	案件争议焦点	电商平台抗辩理由	电商平台是否侵权	法院观点
（2015）浙知终字第186号	金仕德公司天猫公司	天猫公司是否应对专利侵权事实承担连带责任	1. 涉案产品是否侵权并不确定；2. 其在接到"通知"后已经屏蔽相关链接。	是	天猫在收到权利人通知后，未及时将相关信息转达给被投诉人，因此其应对损害扩大部分承担责任。[2]
（2015）浙金知民初字第148号	金仕德公司天猫公司	天猫公司是否应承担连带责任	1. 作为交易平台，其不参与涉案产品的经营与销售；2. 涉案产品是否侵权并不确定；3. 其在接到"通知"后已删除相关信息。	是	天猫公司在收到原告合格有效通知后仅以"审核不通过"处理，未及时采取删除或屏蔽等措施，因此应当对损害的扩大部分承担连带侵权责任。[3]

---

〔1〕 参见吴汉东："侵权责任法视野下的网络侵权责任解析"，载《法商研究》2010年第6期。

〔2〕 参见"威海嘉易烤生活家电有限公司诉永康市金仕德工贸有限公司、浙江天猫网络有限公司侵害发明专利权纠纷案"，浙江省高级人民法院（2015）浙知终字第186号民事判决书。

〔3〕 参见"威海嘉易烤生活家电有限公司诉永康市金仕德工贸有限公司、浙江天猫网络有限公司侵害发明专利权纠纷案"，浙江省金华市中级人民法院（2015）浙金知民初字第148号民事判决书。

案号	被告	案件争议焦点	电商平台抗辩理由	电商平台是否侵权	法院观点
(2015)浙杭知初字第757号	基奇公司 利泽维公司 天猫公司	天猫公司是否应当承担侵权责任	天猫根据知识产权中心出具的咨询意见采取相关措施，已尽到合理注意义务。	否	天猫作为网络服务提供者不具有对专利侵权的判定能力，其根据知识产权咨询意见采取相关措施应认定已尽到合理注意义务。[1]
(2014)粤高法民三终字第80号	深圳市对外经贸公司 原审原告	天猫公司是否应当承担侵权责任	1. 天猫公司已经尽到事前注意义务；2. 天猫公司接到投诉后已将相关信息删除。	是	天猫已尽到事前注意义务，但由于管理上的疏忽，致使被投诉人在被执行删除措施后仍有机会销售侵权商品，故应承担侵权责任。[2]
(2016)闽01民初200号	顺意公司 阿里巴巴公司	阿里巴巴公司对侵权事实是否存在过错	1. 原告没有发出"合格有效通知"；2. 阿里巴巴作为网络服务提供者不应承担主动审查义务。	否	原告发出的"通知"材料缺少必要的"侵权的初步证明材料"，因此为无效通知。[3]
(2012)深中法知民初字第1110号	陈凯乐 腾讯公司	腾讯公司是否应对侵权事实承担连带责任	1. 腾讯公司不参与商品销售，不是网络交易主体；2. 原告未就侵权事实发出通知。	否	1. 原告未向腾讯公司发出通知；2. 原告未证明腾讯公司明知侵权事实存在。[4]

---

[1] 参见"原告贾某某因与被告永康市努基奇贸易有限公司、被告永康市利泽维工贸有限公司、被告浙江天猫网络有限公司侵害外观设计专利权纠纷案"，浙江省杭州市中级人民法院（2015）浙杭知初字第757号民事判决书。

[2] 参见"深圳市旋唯电子有限公司等诉郝军等侵害外观设计专利权纠纷案"，广东省高级人民法院（2014）粤高法民三终字第80号民事判决书。

[3] 参见"肇庆市衡艺实业有限公司与杭州阿里巴巴广告有限公司、建阳顺意贸易有限公司侵害发明专利权纠纷"，福州市中级人民法院（2016）闽01民初200号民事判决书。

[4] 参见"杨兴银诉深圳市腾讯计算机系统有限公司等纠纷案"，广东省深圳市中级人民法院（2012）深中法知民初字第1110号民事判决书。

续表

案号	被告	案件争议焦点	电商平台抗辩理由	电商平台是否侵权	法院观点
（2015）浙杭知初字第906号	捷顺公司天猫公司	天猫公司是否承担侵权责任	1. 天猫未直接参与生产、销售侵权商品； 2. 天猫已尽到事前注意义务； 3. 天猫接到通知后已履行删除义务。	否	1. 天猫作为网络服务提供者并不直接参与制作、销售商品； 2. 天猫已经尽到事前、事后合理注意义务。〔1〕
（2016）浙01民初96号	天猫公司富腾达公司	天猫公司是否应当承担侵权责任	1. 天猫作为网络服务提供者不直接参与销售侵权商品； 2. 原告在起诉前并未向天猫公司投诉。	否	原告在起诉前并未向天猫公司发起投诉，且天猫公司作为网络服务提供者不直接销售商品，因此对侵权结果不承担责任。〔2〕
（2016）浙01民初1006号	天猫公司好媳妇公司	天猫公司是否应当承担侵权责任	1. 天猫作为网络服务提供者并不直接参与销售侵权商品； 2. 原告在起诉前未向天猫公司投诉； 3. 天猫在接到诉状后已删除相关信息。	否	原告在起诉前并未向天猫公司发起投诉，且天猫公司作为网络服务提供者不直接销售商品，因此对侵权结果不承担责任。〔3〕

---

〔1〕 参见"应钢峰诉浙江天猫网络有限公司等侵害外观设计专利权纠纷案"，浙江省杭州市中级人民法院（2015）浙杭知初字第906号民事判决书。

〔2〕 参见"杭州骑客智能科技有限公司诉浙江天猫网络有限公司等侵害外观设计专利权纠纷案"，浙江省杭州市中级人民法院（2016）浙01民初96号民事判决书。

〔3〕 参见"嘉兴捷顺旅游制品有限公司诉浙江天猫网络有限公司等侵害实用新型专利权纠纷案"，浙江省杭州市中级人民法院（2016）浙01民初1006号民事判决书。

续表

案号	被告	案件争议焦点	电商平台抗辩理由	电商平台是否侵权	法院观点
（2014）东中法知民初字第144号	天猫公司卓越塑料公司	天猫公司是否应当承担侵权责任	1. 天猫作为网络服务提供者不直接参与销售侵权商品；2. 天猫在接到诉状后已经删除了相关信息。	否	原告与天猫公司一致确认天猫公司已经删除了与侵权产品相关的链接，故法院不再处理原告的此项诉请。[1]

如表 1 所示，通过对相关案件的梳理，笔者发现，在相关司法实践中，尽管司法机关在对"规则"部分概念的界定与适用上存有争议，但仍通过长期的实践产生了相对稳定的审判思路。对此，笔者将分别从"合格有效通知"的构成、"'适格通知'审查义务的认定"以及"必要措施的界定"三个方面入手，尝试归纳当前我国司法机关在专利侵权纠纷中对"通知删除"规则的适用思路。

1. "合格有效通知"的界定

司法实践中，我国法院对网络专利侵权中"合格有效通知"的界定基本沿用了《信息网络传播权保护条例》及相关司法解释的有关规定，只要通知中包括权利人的基本资料（包括姓名、联系方式及住址等）、权利人的权属证明、能够对相关侵权事实的初步证明材料以及被投诉人的网址等材料，便可以认定其具备"适格性"。[2]实践中部分网络服务提供者以其自己制定的投诉规则对权利人的"通知"附加额外的条件，对此，在最高院第 83 号指导案例"嘉易烤公司诉金仕德公司、天猫公司侵害发明专利权纠纷案"（简称"嘉易烤案"）中，二审法院认为，网络服务提供者自己制定的所谓投诉机制对权利人并不具有法律效力，权利人只要在法律框架内提供了适格的通知材料，网络服务提供者就应当及时采取必要措施，而无权以不符合自己投诉机制为由

---

〔1〕 参见"东莞冠威绿之宝实业有限公司诉浙江天猫网络有限公司等侵害发明专利权纠纷案"，广东省东莞市中级人民法院（2014）东中法知民初字第 144 号民事判决书。

〔2〕 参见陈锦川："网络服务提供者过错认定的研究"，载《知识产权》2011 年第 2 期。

予以对抗。[1]

2. 对"适格通知"审查义务的认定

所谓对适格通知的审查，指的是当权利人及被投诉人向网络服务提供者发出通知时，网络服务提供者为认定该通知材料是否属"合格有效通知"所进行的审查。[2]一般来讲，专利侵权往往涉及较为复杂的技术性判断问题，而网络服务提供者通常不具有对此类问题的实质性审查能力。因此，司法实践中的认定思路相对统一：不要求网络服务提供者承担对专利侵权事实判定的实质性审查义务，只要经审查认定通知具备形式适格性并据其要求采取相应的必要措施，便可认定其已履行合理的事后被动注意义务。比如在前述指导案例"嘉易烤案"中，二审法院认为，对发明或实用新型等专利侵权事实的判定通常不能仅依靠图文说明作出判断，结合被告天猫公司对专利侵权事实的判定能力来看，不能要求其承担对侵权事实的实质审查义务。因此只要权利人发出的通知具备"形式适格性"，天猫公司就应当采取相应的必要措施。

3. 对"必要措施"的界定

"通知删除"规则中的"必要措施"指的是足以防止侵权行为继续和侵害后果扩大的措施。[3]就司法案例的总结情况来看，实践中法院考虑到网络服务提供者不具备对专利侵权事实的判定能力，因此在其收到合格有效通知后，并不要求其必然采取"删除或屏蔽"等措施，具体适用要依靠法官的自由裁量权并结合个案情况予以判断，这其中有部分法院作出了许多突破性的尝试。[4]

在前述"嘉易烤案"中，二审法院在认定天猫公司采取必要措施部分作出了如下认定："但是将有效的投诉通知材料转达被投诉人并通知被投诉人申辩当属天猫公司应当采取的必要措施之一……而天猫公司未履行上述基本义务的结果导致被投诉人未收到任何警示从而造成损害后果的扩大。"[5]该判决

---

[1] 参见"威海嘉易烤生活家电有限公司诉永康市金仕德工贸有限公司、浙江天猫网络有限公司侵害发明专利权纠纷案"，浙江省高级人民法院（2015）浙知终字第186号民事判决书。

[2] 参见司晓："网络服务提供者知识产权注意义务的设定"，载《法律科学》2018年第1期。

[3] 参见程啸：《侵权责任法》，法律出版社2015年版，第450页。

[4] 何琼、吕璐："'通知—删除'规则在专利领域的适用困境——兼论《侵权责任法》第36条的弥补与完善"，载《电子知识产权》2016年第5期。

[5] 参见王迁：《网络环境中的著作权保护研究》，法律出版社2011年版，第251页。

实际上对"必要措施"进行了扩大解释,将"转通知"程序纳入其中,按照这一思路,当权利人发出适格通知后,网络服务提供者并不必然要对相关信息采取"删除或屏蔽"等强制性移除措施,仅将通知材料"转通知"于被投诉人也可被认定为有效的必要措施。此外,在"贾某某诉努基奇公司、天猫公司等侵害外观设计专利权纠纷案"(以下简称"努基奇案")中,被告天猫公司在收到原告"合格有效通知"后,未及时采取"删除或屏蔽"措施,而是将这一纠纷转送于第三方知识产权维权中心予以认定,并根据维权中心出具的咨询意见作出"不删除相关信息"的决定。对此,法院认为,天猫公司就侵权纠纷及时向第三方鉴定机构提出咨询,并依据咨询结果采取相应措施,应认为其已尽到合理注意义务,即使法院最终认定被告努基奇公司构成专利侵权,天猫也可免于承担间接侵权责任。[1]

(二)司法实践中"规则"适用之困境

1. "通知"难促"知道"致法院难定"过错"

"在《侵权责任法》的制定过程中,对于网络服务提供者究竟应承担过错责任还是严格责任,存在一定的争议,立法者最终采纳了过错责任的观点,这主要是为了防止向网络服务提供者施加过重的责任负担。"[2]而这一归责原则的确立也直接影响了"通知删除"规则在我国的运行机制,这一机制的核心在于,必须承认在"通知删除"的运行过程中,内在的包含着"网络服务提供者知道侵权事实存在"这一逻辑链条,也即从逻辑上看,"通知删除"的完整展开应当是"通知—知道—删除",如果否认这一点,将导致规则的适用与学界现有观点和法律体系不相协调。详言之,就我国《侵权责任法》第36条的规定来看,立法者不仅设置了第2款的"通知删除"规则,也在第3款设置了"知道规则",关于第2款和第3款"知道规则"的关系问题,学界通说为"并列关系",二者既不是递进关系也不是包含关系。[3]这意味着,权利人在侵权纠纷中可以选择适用这两款规定向法院提起诉讼,如果权利人能够举证证明网络服务提供者"知道"侵权事实的存在且未及时采取必要措施,

---

〔1〕 参见"原告贾某某因与被告永康市努基奇贸易有限公司、被告永康市利泽维工贸有限公司、被告浙江天猫网络有限公司侵害外观设计专利权纠纷案",浙江省杭州市中级人民法院(2015)浙杭知初字第757号民事判决书。

〔2〕 王利明:"论网络侵权中的通知规则",载《北方法学》2014年第2期。

〔3〕 参见杨立新:《〈中华人民共和国侵权责任法〉精解》,知识产权出版社2010年版,第168页。

可不经"通知"便直接援引第 3 款追究其侵权责任。[1]但考虑到实践中权利人证明服务提供者主观状态的难度较大,所以立法者设定了第 2 款的"通知删除"规则,权利人可以发出"通知"以促成网络服务提供者对侵权事实的"知道",后者在"知道"侵权事实存在的情况下,如果仍未及时采取必要措施,便对侵权事实的扩大存在"主观过错",继而需要承担侵权责任。[2]

但在专利侵权纠纷中,由于对侵权事实的判断往往涉及复杂的技术性判定,因此权利人所提出的"通知"实际上难以促成网络服务提供者对侵权事实的"知道",在此情形下,其后续采取的"必要措施"也失去了认定"主观过错"的依据价值,从而导致"通知删除"规则在我国赖以建立的基石——"过错责任理论"在专利视域下处于"空转"状态。其后果便是司法机关不断通过扩大对"必要措施"的解释外延以保证对第 36 条第 2 款形式上的契合,但扩大解释后的制度功能事实上已经与"通知删除"规则的立法初衷相去甚远。

2. 恶意"通知"后被投诉人救济困难

由于我国《侵权责任法》在规定"通知删除"规则时没有同步引入错误通知的责任制度,导致被投诉人因错误通知利益受损后缺少明确的法律救济手段。依现行制度,被投诉人被错误"删除"后的主要维权手段是根据《反不正当竞争法》发起不正当竞争之诉,但从实际的诉讼情况来看,实践中认定权利人构成不正当竞争需要满足较为严苛的法律条件,其中尤以认定权利人的存在不正当竞争的主观意图难度较大。[3]因此,被投诉人想依据《反不正当竞争法》获得救济绝非易事。况且即使胜诉,被投诉人所投入的时间以及经济成本也要远高于投诉人的投诉成本。

比如在"曼波鱼公司诉康贝厂、淘宝公司不正当竞争纠纷案"中,被告康贝厂以专利侵权为由向淘宝公司发出侵权通知,淘宝公司认定通知具备适格性后将其指称的曼波鱼公司的相关产品予以下架处理,但在随后的审判中,一审法院杭州中院判定原告曼波鱼的产品并未侵犯康贝厂的专利权,从而认

---

〔1〕 参见程啸:《侵权责任法》,法律出版社 2015 年版,第 451 页。

〔2〕 参见王迁:《网络环境中的著作权保护研究》,法律出版社 2011 年版,第 38 页。

〔3〕 参见何琼,吕璐:"'通知—删除'规则在专利领域的适用困境——兼论《侵权责任法》第 36 条的弥补与完善",载《电子知识产权》2016 年第 5 期。

定康贝厂构成不正当竞争,对原告承担赔偿责任。[1]但在随后的上诉中,浙江高院则认为,康贝厂的通知材料具备淘宝公司投诉规则要求的形式要件,因此应认定为正常的投诉行为,以现有证据并不足以认定康贝厂具有不正当竞争的主观意图,因此撤销了原审判决。由此可见,在错误通知责任制度失位的情况下,被投诉人获得法律救济将面临巨大的困难。[2]

3. 专利法"诉前禁令"制度恐被消解

除前述问题外,专利领域适用"通知删除"规则还可能使"诉前禁令"制度在当前的网络环境中失去意义。[3]目前《专利法》所确立的"诉前禁令"制度由于考虑到错误投诉可能给被投诉人带来的损失,设立了一系列相配套的利益平衡机制。《专利法》第66条规定:"专利权人或者利害关系人有证据证明他人正在实施或者即将实施侵犯专利权的行为,如不及时制止将会使其合法权益受到难以弥补的损害的,可以在起诉前向人民法院申请采取责令停止有关行为的措施。申请人提出申请时,应当提供担保;不提供担保的,驳回申请。"而"通知删除"规则的适用意味着只要权利人发出一个"合格有效通知",便可以要求网络服务提供者采取删除、屏蔽相关商品等必要措施,从而实现与"诉前禁令"相同的效果,其既不需要提供担保,也不需要受到法定起诉时间的限制,试问在这样的情况,还会有谁通过"诉前禁令"制度来维护自身权益呢?

三、"规则"适用的域外经验

(一)美国:版权视域外的谨慎扩张

尽管"通知删除"规则发端于DMCA,但美国的司法机关对这一规则的适用一直保持着一定的克制,在相当长的时间内其只适用于网络空间的著作权侵权,直至"Tiffany Inc. v. eBay Inc."一案,[4]美国联邦最高法院才首次将其适用于商标领域,而关于"通知删除"规则对专利侵权的适用,截止目

---

〔1〕 参见"杭州曼波鱼贸易有限公司诉台州市康贝婴童用品厂、浙江淘宝网络有限公司不正当竞争纠纷案",浙江省杭州市中级人民法院(2009)浙杭知初字第566号民事判决书。

〔2〕 参见"杭州曼波鱼贸易有限公司诉台州市康贝婴童用品厂、浙江淘宝网络有限公司不正当竞争纠纷案",浙江省高级人民法院(2010)浙知终字第196号民事判决书。

〔3〕 参见王迁:"论'通知与移除'规则对专利领域的适用性——兼评《专利法修订草案(送审稿)》第63条第2款",载《知识产权》2016年第3期。

〔4〕 See Levin, Elizabeth K.: "A Safe Harbor for Trademark: Reevaluating Secondary Trademark Liability after Tiffany v. eBay", *Berkeley Technology Law Journal*. 24 Berkeley Tech. L. J. 491 (2009).

前还没有成文法的明确规定以及相关的司法案例。有趣的是，从部分案件中我们甚至能看到美国司法机关对专利领域适用"通知删除"规则的刻意回避，比如在最近的"MILO & GABBY v. AMAZON"一案中，[1]AMAZON 被诉称销售侵犯原告商标权及外观设计专利权的枕头，同时由于 AMAZON 在其网页上使用了原告享有著作权的商品图片，因此其同时被诉侵犯原告著作权，但在诉讼中美国法院却始终围绕着 AMAZON 对"商品图片"的使用是否可以进入"避风港"而展开，从始至终并没有提及其针对"商品（枕头）"的侵权行为。由此我们发现，美国法院似乎认定"通知删除"规则的适用应当建立在针对网络空间内传播的"信息"的基础上，而不包括以"非信息化"形式传播的"商品"。[2]此外，在实践中，当专利权人发现网络交易平台涉嫌销售侵犯自己权益的商品上，一般会选择直接起诉侵权商家，不会选择以向商品交易平台提供商投诉的方式进行维权，即使权利人向交易平台发起投诉，法院也会以网络交易平台不具有专业的技术性判定能力为由，不认定其销售行为构成侵权。

（二）欧盟：普遍规定下的限制适用

欧盟适用"通知删除"规则的法律依据来自2000 年通过的《电子商务指令》，根据该指令第 14 条的规定，对于网络空间内发生的侵权行为，自网络服务提供者知道该事实存在开始，如果其立即断开有关链接或阻止网络用户获得该信息，则可不就此承担侵权责任。[3]有必要指出的是，与美国 DMCA不同的是，《电子商务指令》并没有明确该条款的适用范围，因此理论上其可适用于著作权之外的其他民事权利，但截至目前，欧盟法院还没有关于"通知删除"规则适用于专利侵权的司法案例，直到 2011 年的"L'ORéAL Inc. v. eBay Inc."案，[4]欧盟法院才首次明确其规定可适用于商标领域，在此之前欧盟法院对"通知删除"规则的适用非常保守，并没有扩张至著作权之外的其他领域。因此，尽管《电子商务指令》第 14 条从表面来看是一个适用于全

---

〔1〕 See MILO&GABBY v. AMAZON. COM, 2015 U. S. Dist. LEXIS 92890.

〔2〕 See Tushnet, Rebecca: "A Mask That Eats into the Face: Images and the Right of Publicity", *Columbia Journal of Law & the Arts*. 38 Colum. J. L. & Arts 157 (2014 – 2015).

〔3〕 See Directive 2000/31/EC of the European Parliament and of the Council of 8 June 2000 on the legal Protection of electronic commerce, in the Internet Market, Article 14.

〔4〕 See Journal Leu, Michelle C.: "Authenticate This: Revamping Secondary Trademark Liability Standards to Address a Worldwide Web of Counterfeits", *Berkeley Technology Law. 26 Berkeley Tech*. L. J. 591 (2011).

部民事权利的一般性规定，但在实践操作中，欧盟法院还是坚持了相对谨慎的态度，其对"通知删除"规则的适用并没有延及信息化形式之外的其他权利载体。同时，与我国《侵权责任法》第 36 条的规定不同，《电子商务指令》第 14 条中所规定的"通知"只是网络服务提供者"知晓违法情况"的几种参考情形之一，与传统意义上的"通知删除"规则中的"通知"仍有差异；因此认为欧盟已经建立起适用于全部民事权利的"通知删除"规则并不准确。[1]

（三）加拿大：制度边界限于版权侵权

2015 年实施的 C－11 法案对网络服务提供者责任进行了全面地规定，并在借鉴美国 DMCA 有益经验的基础上，提出了全新的"通知—通知"规则（也称"通知—再通知"规则），[2] 从立法的价值取向来看，C－11 法案倾向于降低网络服务商对网络信息的监控和注意义务。根据"通知—通知"规则，权利人认为网络用户侵犯其著作权的，可以向网络服务提供者发出侵权通知，网络服务提供者审核认为通知形式适格的，不会立即将有关信息删除，而是立即向被投诉人发出"警告通知"，[3] 并将有关材料一并转至被投诉人，如果网络服务提供者在收到适格通知后未及时履行"再通知"义务，将可能承担一定的赔偿责任。由于"通知—通知"规则目前只规定在《版权现代化法案》之中，因此其理论上只能适用于著作权领域，且笔者也没有检索到网络专利侵权适用"通知—通知"规则的司法案例，因此以"网络规则"规制专利侵权在加拿大尚无立法和司法层面的先例可循。

综上所述，不同于我国的有关实践，以美国、欧盟、加拿大为代表的国家（地区）尚没有做出将"通知删除"规则适用于专利领域的尝试，其通常认定只有专业的司法机关才有资格和能力对专利侵权纠纷作出裁判，而网络服务提供者不应对此承担审查义务。相比之下，我国《草案》中的有关规定则倾向于一种结合我国国情的"制度探索"，随着我国互联网经济规模的日趋扩大，网络交易领域所呈现出的问题与困境也日趋复杂，因此国内立法部门的"禁果初尝"也是经济动力助推下的"制度投射"，所以仅凭域外经验便

---

〔1〕 参见詹映："'通知—移除'规则在专利领域的适用性分析"，载《法商研究》2017 年第 6 期。

〔2〕 See Copyright Modernization Act (S. C. 2012, c. 20).

〔3〕 参见姚志伟、沈一萍："网络交易平台的专利侵权责任研究"，载《中州学刊》2017 年第 8 期。

全面否定国内立法部门改革"网络法规"的殷切之举似也过于严苛。对此，笔者认为，尽管国情有别，但立法终以契合法理为前提，因此，关于"规则"对专利适用性问题的研究，最终还要落脚于对其运作法理以及适用前提的考量。

四、"规则"对专利适用的法理滞碍

通过前述对域内司法实践的总结可以发现，"通知删除"规则对专利权的适用已经引发多重问题，而域外经验的考察结果也没能为这一适用提供有力的支持，那么我们不禁疑问："通知删除"规则能否适用于任何民事权利纠纷？如果不能，决定其适用性的"标准"或"理论前提"又是什么？对此，笔者总结如下：

（一）学界标准："信息传播性"兼顾"易判断性"

对于"通知删除"规则的民事权利适用范围问题，当前学界提出的确定标准和视角不一。张新宝教授认为，网络侵权所针对的权益类型一定以互联网的虚拟性为前提，因此网络侵权不会涉及对物质性权益的侵害，比如人格权中的生命权、健康权以及所有权或其他物权的侵害，而只能针对"非物质性"的权益。[1]尽管张新宝教授没有直接针对"通知删除"规则的适用范围进行阐述，但至少可以推论出一点，即"通知删除"规则所针对的民事权利类型，必须以"非物质性"或"能以非物质形式"传播为前提。吴汉东教授则从侵权事实判定难度的角度进行阐述，他认为，"'通知删除'规则如果广泛适用于名誉侵权、专利侵权、商业秘密侵权等情形，在信息真实判断与技术专业判断方面难度很大。在这种情况下，被动通知处理或主动审核的要求，对网络服务提供者都不适合。"[2]王迁教授认为，"通知删除"规则只能针对网络空间内的信息传播行为，也即网络信息的传播本身构成侵权，而专利侵权所指向的则是"产品"，专利侵权事实的发生与传播也只能以"产品"而不是"网络信息"为载体，因此其不能适用"通知删除"规则。[3]

通过对上述学者观点的梳理，我们可以发现，当前学界判断"规则"对

---

〔1〕 参见张新宝、任鸿雁："互联网上的侵权责任：《侵权责任法》第36条解读"，载《中国人民大学学报》2010年第4期。

〔2〕 吴汉东："侵权责任法视野下的网络侵权责任解析"，载《法商研究》2010年第6期。

〔3〕 参见王迁："论'通知与移除'规则对专利领域的适用性——兼评《专利法修订草案（送审稿）》第63条第2款"，载《知识产权》2016年第3期。

民事权利适用性的基本考量视角可归结为二："传播载体"和"判定难度"。具体而言，特定民事权利纠纷应兼具"侵权事实可以信息化形式为载体传播"和"符合网络服务提供者认知能力的侵权判定难度"两项基本要素才可具有对"规则"的适用性。如果某种民事权利的法律特性不能同时满足这两项要求，则难以援引"通知删除"规则调整相关纠纷。

（二）笔者拙见："适格通知即促实质认知"

如前所述，当前学界所提出的"适用标准"主要从侵权事实的判定难度以及侵权事实的传播载体出发，对"通知删除"规则权益适用范围进行限制，而笔者在结合现有学界现有观点的前提下，尝试从"通知删除"规则的理论基础——过错责任原则入手，以规则的运行逻辑为推导前提，笔者认为"通知删除"规则的基本适用前提是：适格通知即可促成网络服务提供者对侵权事实存在的实质认知，也即"适格通知即促实质认知"。

"通知删除"规则的运行机理在前文已有表述，它的核心在于以"通知"和"删除"两种"外部行为"为客观参照，用以探知网络服务提供者的主观状态。从网络服务提供者收到权利人"通知"时起，其对侵权事实是否存在的"未知"主观状态便得到终结，法律上此时默认服务提供者已经"知道"侵权事实的存在，如果其不及时采取相应措施，那便有理由认为其存在主观过错，庭审中，由于权利人"通知"的存在，网络服务提供者不可再以"不知道"侵权事实存在作为其不承担侵权责任的抗辩理由。而这一逻辑链条的内部实际上存在着这样一个隐含前提：权利人的"通知"能够有效促成网络服务提供者对侵权事实的"实质认知"，如果网络服务提供者无法对侵权事实产生实质认知，便不能认定其"知道"侵权事实存在，也便不能依其"必要措施"认定主观过错。实践中，各国（地区）在相关立法文件中都对权利人提交的通知的"适格性"作出了规定，这种规定所暗含的目的在于，收到通知材料的网络服务提供者可以不依靠复杂的法律知识或其他技术性判定能力，便能够对通知所指的侵权事实产生初步的认知与判断。[1]因此，笔者认为特定民事权利纠纷适用"通知删除"规则的基本前提是"适格通知即促实质认知"，其在逻辑上以过错责任原则为基础，同时内在包含了前述学者所提出的"信息化载体"和"易判断性"两个基本要素。而以此为前提，不能以"信

---

〔1〕 参见詹映："'通知—移除'规则在专利领域的适用性分析"，载《法商研究》2017年第6期。

息化形式"传播且涉及专业技术判定内容的专利侵权纠纷显然不能满足"适格通知即促实质认知"的条件,因此笔者认为"通知删除"规则对专利侵权的适用不仅在实践中阻力颇巨,在理论上也难以自圆其说。

五、《草案》中相关规定的重构

如前所述,结合当前我国的司法实践、域外经验以及规则适用前提来看,专利领域难以直接移植"通知删除"规则,如果立法者仍倾向于借鉴这一规则调整网络交易中的专利侵权行为,就应当结合专利权的自身特点对"通知删除"规则进行一定的调整和改造。具体如下:

(一)程序的重构:"通知—转通知"规则

笔者认为,《草案》中关于"通知删除"规则的内容,可以修改为"通知—转通知"规则。"通知—转通知"规则的含义是,当网络服务提供者收到权利人的适格通知后,无需对"通知"内容进行实质性审查,只要其具备形式适格性,便应立即执行"转通知"程序,将有关内容转达给被投诉人,并要求其于合理时间内向平台提供者发出"反通知",若被投诉人于合理时间内未发回形式适格的"反通知",则平台提供者应立即执行断开、屏蔽链接等必要措施;合理时间内被投诉人发出合格有效"反通知"的,平台提供者应保留有关链接,并将反通知内容反馈给权利人,权利人再次发出"通知"的,平台提供者有权拒绝受理其要求。"通知—转通知"规则的核心在于,不仅在立法层面免去了网络服务提供者对专利侵权事实的实质审查义务,在价值取向上则更倾向于被投诉人,使得被投诉人的权益不致在侵权事实未定状态下不合理受损。

此外,有学者提出,对"通知删除"规则的改造可以在现有规定基础上,增加"反通知—恢复"程序。[1]对此,笔者认为并不可取。根据"反通知—恢复"程序,网络服务提供者在收到权利人通知后应立即采取删除措施,如果被投诉人及时发回适格反通知,网络服务提供者便将相关信息恢复。这一程序所产生的问题在于,收到通知即删除不仅会给合法经营者带来可"量化"的经济损失,也同时会造成不可量化的"商誉"损失,因为删除信息将对经营者与消费者间的交易行为产生直接影响,从而对相关经营者长期的品牌建

---

[1] 参见王迁:"论'通知与移除'规则对专利领域的适用性——兼评《专利法修订草案(送审稿)》第 63 条第 2 款",载《知识产权》2016 年第 3 期。

立带来负面影响。而"通知—转通知"规则由于不会在第一时间删除相关信息，虽然可能给权利人带来损失，但这一损失是完全可以"量化"的，其可以通过后来的司法程序获得救济。相较之下"通知—转通知"规则更有利于各方的利益平衡。

还有学者提出将"担保"制度引入"通知删除"规则，权利人要求网络服务提供者删除相关信息的，必须同时提出价值相当的"保证金"，否则网络服务提供者不会删除被投诉人的有关信息。[1]笔者认为，这一方案同样不合适。首先，从法律地位来看，网络服务提供者不同于司法机关等公权力机关，由其主导针对专利侵权纠纷中"担保"制度的运行，有一定的权力"越位"之嫌；其次，"担保"制度的引入仍无法缓解"诉前禁令"被消解的困境。引入"担保"尽管在一定程度上提升了"删除"的门槛，但对于权利人来说，向网络服务提供者发出"通知"仍旧是比"诉前禁令"更有效率的选择，因为即使拿到了法院的"禁令"，也要向后者发出"通知"，那为何不选择直接向后者提出"担保"并删除相关信息呢？综上，笔者认为"担保"制度的引入可能在理论和实践层面带来诸多问题，立法者应对其慎重适用。

综上所述，笔者认为"通知—转通知"规则是较为合理的改造方案。

（二）配套制度的建立与完善

1. 明确合格有效通知的构成要件

就"合格有效通知"的要件而言，可以参照《信息网络传播权保护条例》中的有关规定进行界定，具体应至少包括四个基本要素。首先，应当包括权利人的"个人基本信息"，具体应当包括姓名（名称）、联系方式等内容；其次，应当提交权利人的"专利权属证明"；再次，应当提交能够证明侵权事实存在的"初步证明材料"；最后，权利人应当提供侵权产品或信息的网络链接或地址，以方便网络服务提供者执行转通知程序。只要权利人所提供的通知材料符合以上条件，就应当认定为"合格有效通知"。此外，对于具体的"通知"发送形式，参照《最高人民法院关于审理侵害信息网络传播权民事纠纷案件适用法律若干问题的规定》的有关规定，可以包括书信、电子邮件或传真等形式，但纯粹的"口头通知"应排除在外。

---

〔1〕 参见沈一萍："错误通知的认定及其赔偿责任研究——以《电子商务法》草案送审稿第54条第1款为中心"，载《电子知识产权》2017年第3期。

2. 增加错误通知责任制度

为进一步平衡各方利益，加强对被投诉人的权利救济，在《草案》或未来的司法解释中应当明确对投诉人错误投诉的责任认定，对于因权利人的投诉不当，给网络交易平台上的被投诉人造成损害的，应当根据其过错程度承担侵权责任，比如投诉人多次恶意投诉或对被投诉人造成较大损失的，应当加重对其处罚力度。同时，因被投诉人未及时向网络服务提供者发出反通知或反通知不符合形式要件而被网络服务提供者"下架"处理的，被投诉人以网络服务提供者"违约"为由要求其承担责任的，人民法院不应予以支持。

结　论

当前日趋棘手的网络交易平台专利侵权问题迫使国内立法部门尝试将发端于著作权领域的"通知删除"规则引入专利法，纵观域外国家的相关实践经验，我国的这一立法动议的确充满着先锋色彩。通过对国内司法实践情况的总结，我们发现"通知删除"规则对专利侵权的适用将面对诸多困境，而进一步的法理分析表明，"通知删除"规则对特定民事权益的适用必须以满足"适格通知即促实质认知"这一条件为基本前提，由于专利侵权往往涉及高度的技术复杂性，实践中仅凭权利人发出的通知难以促使网络服务提供者对相关侵权事实的存在产生实质认知，因此这一适用难以在理论上自圆其说。在规则的重构方面，本文认为在学界现有的改造方案中，"通知—转通知"规则是较为合理的选择，"反通知—恢复"程序因可能给合法经营者带来不合理的商誉损害而不具合理性，而"担保"制度的引入则可能导致网络服务提供者对公权力机关的权力"越位"且无异于改善"诉前禁令"制度被消解的现状。

2016 年 6 月 8 日欧洲议会和欧盟理事会第 2016/943 号指令

左梓钰 * 译

李苏婉 ** 校

关于保护未披露的技术信息和经营信息（商业秘密）免受不正当获取、使用和披露

（欧洲经济区相关文本）

欧洲议会和欧盟理事会，参考了《欧盟运行公约》，特别是其中第 114 条内容、立法草案被移交国会后欧洲委员会的提议、欧洲经济和社会委员会的意见，根据普通立法程序，基于下列事项，接受了这项指令：

（1）企业和非企业研发机构在取得、发展和应用作为知识经济标志的商业秘密上进行投资，并产生竞争优势。这些产生和应用知识的资本在他们的市场竞争和创新行为上起着决定性作用，因此也影响了作为企业科研和发展动力的利润所得。当公开性不允许商人对其研究和创新投资完全受偿时，他们就会诉诸不同的方法，来合理分配有关创新活动的成果。知识产权的应用，如专利、工业设计以及版权保护等，就是这样的方式。其他调整创新结果的方式就是去保护对于整体有价值而不为众人所知的知识的取得以及披露。这种有价值的、未公开的且应保持机密的信息，就是商业秘密。

---

* 左梓钰，中国政法大学法律硕士学院 2016 级硕士研究生。

** 李苏婉，中国政法大学法律硕士学院 2015 级硕士研究生。

（2）无论规模如何，企业对商业秘密的重视就像对专利和其他形式的知识产权的重视一样。他们以机密作为商业竞争和科研创新管理的工具，作为超出技术方面知识的有关顾客、供货商、企业计划、市场调研和策略等各种信息的工具。小型和中型企业对商业秘密的重视和依赖则更多。对于提供大范围的商业秘密保护来说，无论是否作为知识产权保护的补充或替代，商业秘密都允许发明创造者从其发明和创造中获利，因此这种保护对于商业竞争、科研发展以及科技创新有重要作用。

（3）公开技术对于满足消费者需求和解决社会质疑的新思想来说是一种催化剂，推动这些新思想找到他们进入市场的方式。这种革新对于知识创新起着重要的杠杆作用，并为建立在合作知识基础上的创新商业模式的出现奠定了基础。合作研发，包括跨国合作，尤其在内部市场企业科研发展的增长上起着重要作用。知识和信息的传播在保证有活力的、积极和平等的市场发展机会上，尤其对于中小型企业来说，应当是最核心的。在一个跨国合作的阻碍最小、合作并未被扭曲的内部市场里，智力创新和技术创新应当鼓励在技术革新程序、服务和产品上的投资。这种对智力创新和技术创新来说有益的、对就业流动无阻碍的环境，对于就业增长和欧盟经济实力竞争的进步都是极其重要的。商业秘密保护通过文本中有关于科研发展和技术创新的内容，在保护欧盟内部市场的各成员国的企业，尤其是中小型企业，与研发机构间的信息交换中扮演着重要角色。商业秘密保护是企业对智力创新和技术创新保护的最通用方式之一，但同时也是现存欧盟立法体系中针对他方的非法获取、使用和披露商业秘密行为的规范最弱的一环。

（4）创新企业极易受到来自内外部的不诚信的商业秘密被不正当利用的行为的影响，诸如窃取、擅自使用、刺探或违反保密原则等行为。时代的发展，诸如经济全球化、外包的增长、加长的供应链以及信息传播技术的不断使用愈发增大了这些行为产生的风险。非法获取、使用和披露商业秘密的行为减损了商业秘密持有人基于其技术革新付出所获得的先动优势回报。若没有有效配套的法律手段去保护欧盟的商业秘密，在内部市场中的跨境技术革新的动力将严重受挫，商业秘密也难以发挥其推动经济增长和就业增加的潜力。如此一来，发明和创新将受挫，投资将减损，也因此影响内部市场正常运行，损害经济增长潜力。

（5）在国际努力下，WTO 组织就该问题达成了《TRIPS 协议》。《TRIPS 协议》中尤其是针对第三方非法获取、使用和披露商业秘密行为的规定已成

为世界通用标准。所有成员国，包括欧盟本身，将受此协议的约束，该协议
已由委员会 1994 年 800 号指令通过。

（6）虽然有《TRIPS 协议》，但是就成员国之间针对商业秘密因其他人非
法获取、使用和披露提供的保护仍有很大区别。比如说，不是所有成员国都
具有有关商业秘密或者非法获取、使用和披露商业秘密行为的全国性定义，
因此对商业秘密所保护的范围在每一个成员国都不一样且并不容易被理解。
再者，针对非法获取、使用和披露商业秘密行为的民法救济并不具有一致性，
因为各成员国对于非商业秘密持有人竞争者的第三方不是都适用禁令的。对
于善意取得商业秘密后得知其所得来自于非法获取的商业秘密的善意第三方
应该如何处理，各成员国仍有所争议。

（7）对于商业秘密持有人是否能够要求销毁不法使用商业秘密生产的产
品，或要求返回或销毁任何包含非法获取和使用商业秘密的文件资料，各国
的规定又有所不同。而且，就损害赔偿计算的可适用规定并不总考虑到商业
秘密属于无形资产的本质，因此也很难估量实质的利益损失或侵权人的不当
得利，也并没有市场价值能就此问题给予支持。仅仅少数成员国基于合理特
权或者受许可使用商业秘密可得的费用的理由，允许使用抽象规则（法律原
则）进行计算。不仅如此，当商业秘密持有人因其商业秘密被第三方非法获
取、使用并披露提起诉讼时，许多国家的法规并没有给予商业秘密恰当的保
护，因此减损了既存救济方式的吸引力，也削弱了所提供的保护效力。

（8）各成员国对于商业秘密法律保护的差别说明了商业秘密在欧盟并不
享有平等待遇，因此导致了这一领域内部市场的分散化，削弱了相关法规的
整体震慑效果。内部市场受到极大冲击，因为这种差别降低了企业承担有关
技术革新的跨界经济行动的动力，包括与合作伙伴进行研究或生产的动力、
在其他成员国进行外购和投资的动力，这些行动都是建立在运用受保护的商
业秘密信息基础之上的。跨界网络研究发展以及技术革新，包括生产和与之
相伴随的跨界贸易的发展，在欧盟中已变得不太具有吸引力并变得愈发困难，
因而导致了全欧盟技术革新的迟滞。

（9）不仅如此，鉴于商业秘密可能更加容易被窃取或通过其他手段不法
取得，成员国相对较低的保护水平会给企业带来更高的风险。这导致内部市
场在技术革新促进上的低效率资金分配，因为一些成员国的法律保护不到位，
使得企业在保护措施上给予更高的支出。而且这种情况更有利于那些非法获
取商业秘密的不正当竞争者进行相关产品的流通。当设计、生产或进行贸易

的产品依赖于被窃取或以其他不法方式获取的商业秘密时，立法领域的差异也促使来自第三国的产品以较弱的法律保护为切入点进口至欧盟。最终，这样的差异会阻碍内部市场的正常运行。

（10）内部市场中出现非法获取、使用或披露商业秘密事件时，提供接近国内法标准的欧盟法律规则以保证民事救济的充分和一致性是恰当的。只要在本指令中明确指出的为了保护其他群体利益所提供的保护措施被认可，这些规则不应该超出成员国针对商业秘密非法窃取、使用或披露行为所做的最大保护。

（11）这项指令不应当影响欧盟或成员国申请规则中有关向公众或公共机构履行包括商业秘密在内的信息的披露义务，也不应当影响其申请规则中允许公共机构因履行其义务而收集信息的权力、允许或要求相关公共机构就有关信息进行披露的义务。这样的规则包括，且尤其包括，有关欧盟机构及其分支的披露义务，或者一国内政府当局根据《2001 年欧洲议会及欧盟理事会1049 号规范文件》、《2006 年欧洲议会及欧盟理事会第 1367 号规范文件》、《2003 年欧洲议会及欧盟理事会第 4 号指令文件》以及其他有关法规就文件取得或一国内规定的其他公开义务等相关规范所掌握的有关商业信息的披露义务。

（12）这项指令不应当影响社会群体订立集体合同的权利，该集体合同是在劳动法规定下有关不得披露商业秘密或限制其使用的义务，以及当受约束一方违反约定所应承担的责任。当本指令规定了排除对被宣称为非法获取、使用或披露商业秘密行为的救济措施的申请时，集体协议应当建立在不限制本指令的例外规定之上。

（13）这项指令不应该被理解为限制欧盟法规定下的设立自由和就业流动自由，也并非要影响雇佣者和劳动者之间在准据法规定下达成非竞业禁止协议的可能性。

（14）针对滥用商业秘密的行为，在不进行主体限制的情况下，构建关于其统一的定义是十分重要的。因此这种定义应当涵盖专有技术以及商业、技术信息，使得对他们的保护、维持有法律效力和可期待性。此外，这种专有技术或信息应当具有实质的或潜在的商业价值，也应当被认为具有商业价值。比如说，当商业秘密被非法取得、使用或擅自披露并可能损害合法持有者的权益时，同时也影响了他们的科技创新潜能、损害了其商业和经济利益及其战略地位或竞争力。商业秘密的定义排除了劳动者在正常工作中所获取的普通信息和所掌握的一般经验技能，并排除了已众所周知的以及在该领域与有关信息经常打交道的人所能轻易取得的信息。

（15）鉴别对商业秘密进行保护的情形是否合理也是很重要的。因此，（我们）有必要规定非法获取、使用和擅自披露商业秘密的行为的有关情形。

（16）为了创新利益和增强竞争力，本指令不应当对作为商业秘密的专有技术或信息创设任何专有权利。所以，同样的专有技术或者信息的独立发现是可能发生的。除了合同双方达成约定之外，对合法取得的产品进行反向工程应当被认为是合法取得信息的手段，但达成此约定可受到法律限制。

（17）在一些工业领域，发明创造者无法通过专有权利获得利益；在如今创造一直依赖商业秘密的情况下，产品一旦上市就很容易被反向工程。这种情形下，那些发明创造者便沦为了在他们名誉和创造成果上搭便车的抄袭模仿者的牺牲品。一些成员国在反不正当竞争相关法律中已指出了这些行为。虽然本指令的目的并非从整体上改革或协调反不正当竞争法，但欧盟委员会会细心研究就该问题采取行动的需求。

（18）再者，无论是被强制许可还是合理使用，商业秘密的取得、使用或披露都应当基于本指令的目的被合理对待。这尤其涉及，劳动者代表根据欧盟和国内法与实践，就通知、查阅信息以及参股等有关事宜行使权力、就劳动者和雇佣者利益包括就职工参与企业经营决策进行集体抗辩以及根据欧盟或其国内法进行审计时的商业秘密的取得和披露。但是，即使商业秘密通过合法方式取得，也不得影响欧盟或其国内法加诸接受者或取得者就商业秘密的保密或其他限制的规定。尤其注意，无论是否在欧盟或其成员国中有所规定，本指令不应当排除公共机构作为商业秘密获得主体的保密义务。这些义务包括双方当事人依据下列文件的规定程序而获取信息时所应为的义务，比如，《2014 年欧洲议会及欧盟理事会第 23 号指令文件》、《2014 年欧洲议会及欧盟理事会第 24 号指令文件》以及《2014 年欧洲议会及欧盟理事会第 25 号指令文件》。

（19）在本指令为了保护商业秘密的机密性而提供预防信息被公开的措施和救济方法的同时，言论和信息自由也是至关重要的，包括《欧盟基本权利宪章》（以下简称《宪章》）第 11 条规定的但不限于调查性报道以及新闻来源保护等有关媒体报道自由和多元主义。

（20）本指令所规定的保护措施、程序以及救济手段不应当制约检举揭发行为。因此，对商业秘密的保护不应当适用于为了公共利益而披露商业秘密的案件中，如渎职、违反公序良俗或一般违法行为案件。但在被申请人有足够的理由确信他或者她的行为是符合了本指令所规定标准的情形下，上述要求不应当被视为排斥有管辖权的法院就规定的保护措施、程序和救济手段允许例外的权力。

（21）基于比例原则要求，针对商业秘密的保护措施、程序和救济手段应当满足内部市场对顺利进行研究开发的客观要求，尤其要通过阻止非法获取、使用和披露商业秘密行为来达到这种要求。但这些保护措施、程序和救济手段不应当威胁或损害到人们的基本权利与自由以及公共利益，包括公共安全、消费者保护、公共卫生和环境保护以及无歧视的就业流动。在此方面，本指令所提供的保护措施、程序和就业手段是为了保证有管辖权的法院考虑到这些因素，诸如商业秘密的价值，非法获取、使用和披露商业秘密所造成的损害结果以及基于该行为所造成的不利影响。其也应该保证有管辖权的法院具有依照法定程序衡量双方利益，以及在适当情况下包括顾客这样的第三方利益的自由裁量权。

（22）如果提供的保护措施、程序和救济手段被用于不合本指令要求的不法目的，那么内部市场的正常运行将受损害。因此，关于申请者权利滥用、恶意并提供明显无事实根据的申请行为，比如，为了拖延或限制被申请者进入市场，或为了胁迫或骚扰被申请者的行为，本指令授权法院采取必要措施予以针对是非常重要的。

（23）基于法律确定性原则，考虑到商业秘密持有人就其有价值的商业秘密的保密及其使用监管具有注意义务的情况下，对其商业秘密保护的实体性主张或保全措施期间予以限制也是合理的。国内法也应当清楚明确地详细说明该期间的起算时间以及在何种情况下该期间被中断或中止。

（24）在法定程序中商业秘密机密性的丧失常常妨碍商业秘密持有人启动法律程序去保护他们的商业秘密，因此也削弱了法定保护措施、程序和救济手段的有效性。鉴于此，基于保证有效救济和公正裁判的预防措施，针对法定程序中为了保护商业秘密机密性而提起的诉讼，（我们）有必要设立具体明确的规范。只要构成商业秘密的信息并未公开，在法定程序终止后，这样的保护也应当持续有效。

（25）上述规范应当至少包括对有权取得证据或参加听证人员的限制，要注意所有这些人应当服从本指令规定的保密义务，司法裁判也只能公开非机密要素。在这种背景下，考虑到对于所争议的信息本质的评估属于法定程序的主要目的之一，同时保证对商业秘密保护的有效性以及对当事人在法定程序中所享有的有效救济和公正裁判的权利的尊重是至关重要的。因而这些权利受限制的人员至少包括当事双方中的自然人、律师，以及被本指令所涵盖的根据国内法在法定程序中为了进行辩护、代表或服务于当事人一方利益的其他有资质的代表人，他们都有取得这种证据或参与听证的权利。在当事人一方是法人的情形下，为了服从合理的司法控制，防止对证据取得和参与听证行为进行限制的目的受不利影响，该方当事人应当提请一个或多个自然人代表该方参与法定程序。这种保障措施不应被理解为在国内法没有规定此种代表制度时也要求当事人在法定程序中为一个律师或其他代表人所代表；也不应被理解为，在与适用规则和成员国实践经验保持统一的情况下，限制了法院官员在法定职责范围内就是否以及在多大程度上取得证据和参与听证的行为进行决定的权力。

（26）第三方非法获取、使用和披露商业秘密的行为对商业秘密持有人是致命的打击，一旦秘密被公开，持有者再不可能获得先前优势。因此，提供快速、有效、便捷的临时性措施以迅速终止非法获取、使用和披露商业秘密的行为是必不可少的，包括用于提供服务的地方。在遵守权利保护、比例原则和个案平衡原则的同时，在没有得到关于一个案件是非曲直的最终认定的情况下，提供上述救济措施也是有必要的。在特定情况下，当具有一项或多项担保时，尤其是在侵权人继续使用商业秘密对公共利益不会产生较大风险时，可以允许侵权人继续使用商业秘密。（我们）也应当要求申请人提供足以覆盖成本及损失的相当程度的担保以防止对被申请人的不合理的申请行为，尤其是当这种申请会对商业秘密的合法持有人造成不可弥补的损失时。

（27）基于同样理由，采取明确手段制止商业秘密的不法使用或披露，包括将其用于服务的行为，也很重要。当具体情形要求有期间限制时，为了使保护措施有效并合理，其持续期间应当足以排除任何第三方通过不法获取、使用和披露商业秘密行为所得的商业优势。无论如何，如果这些被商业秘密包含的信息已因为不可归责于被申请人的原因处于公有领域，则这些归责均不可适用。

（28）商业秘密可能被用于不法设计、生产或销售那些可能遍及于整个内部市场的商品、组件，从而对商业秘密持有人的商业利益以及内部市场的正常运行产生不利影响。在这种情况下，当受争议的商业秘密对于通过其不法使用所得的产品质量、价值或价格，或者对于增强和促进生产经营程序的成本削减有重大影响时，授权司法机关指定合理有效的保护措施确保那样的产品不会被投入市场或使其从市场中剔除出去是十分重要的。考虑到贸易的全球性，有必要采取相应的保护措施以防止此类产品进入欧盟、防止为了投放市场而对该类产品进行储存的行为。基于比例原则，如果有其他可行方案，补救措施不一定要销毁此类产品，比如改变其侵权性质或将产品捐赠给慈善机构，用于市场之外。

（29）一个人一开始可能是善意取得了商业秘密，但在后期，包括通过原商业秘密持有人发布公告的方式而知晓了其对商业秘密的知情权源自于对商业秘密的非法使用或披露。在这种情况下，为了避免补救措施或禁令对此人造成不合理的损害，成员国应当在适当情况下，为受损害方给予作为替代性保护措施的惩罚性赔偿的可能性。该赔偿数额不得超过此人取得合法授权而应给予的使用费用，在授权之前，商业秘密原始持有者可以阻止其对商业秘密的使用。即便如此，除了违反本指令外，非法使用商业秘密构成对其他法律的侵犯或可能对消费者造成损害时，也应当被禁止。

（30）为了防止个人故意地或基于合理理由明知是在非法获取、使用或披露商业秘密并从中获利，且为了保证受损害的商业秘密持有人尽可能地恢复到权利未被侵犯前的地位，有必要对基于侵权行为而遭受损失的一方给予足够补偿。对遭受侵害的商业秘密持有人的损害赔偿应当考虑所有相关因素，如商业秘密持有人遭受的损失、侵权人的不当得利以及其他造成商业秘密持有人损害的因素。作为一项替代措施，比如考虑到商业秘密的无体物本质，这使得（我们）难以确定受害人实际受损程度，难以确定商业秘密持有人本来可以通过侵权人取得商业秘密使用授权后得到的许可费用等源于诸多因素所遭受的损失。该替代措施的目的不是为惩罚性赔偿设定一项义务，而是为了在考虑到商业秘密持有人的花费的同时，诸如鉴定和研究费用，保证赔偿数额是建立在客观标准基础之上的。本指令不应当妨碍成员国在本国法律中对非故意行为案件中的雇员赔偿义务的限制。

（31）作为对预期侵权人的增补性预防措施并增强公众意识，在不会导致商业秘密的泄露、不会对自然人隐私和名誉造成不利影响的情况下，（我们）可以在适当情况下，通过宣传公开对不法获取、使用和披露商业秘密的案件的裁判。

（32）对商业秘密持有人适用的保护措施、程序和救济手段的效力会因为不执行有管辖权法院的裁判而受损。鉴于此，（我们）有必要保证有关机构享有适当的制裁权。

（33）为了促使本指令提供的保护措施、程序和救济手段的申请统一，（我们）有必要一方面在成员国之间、另一方面在成员国和委员会之间建立起合作和信息交换机制，尤其是建立起成员国之间指定的通信网络。不仅如此，为了审核那些措施手段是否达到他们应有目的，欧盟知产办公厅协助下的委员会应当检验属于本指令的申请以及一国所采取的措施的效力。

（34）本指令尊重《宪章》认可的公民基本权利和法律原则、主要有隐私权和家庭生活权利、个人信息保护权、言论和信息自由权、职业选择权与劳动权、经营自由权、财产权、善政权，尤其在尊重商业秘密的同时，要尊重知情权，尊重对有效救济、公正裁判和防卫的权利。

（35）尊重隐私权和家庭生活权，以及个人信息保护权是非常重要的。这种个人信息包括，为了保护商业秘密可能为商业秘密持有人获悉的任何人的个人信息，或属于本指令对非法获取、使用和披露商业秘密行为所采取的法定程序中的处理的个人信息。《1995 年欧洲议会及欧盟理事会第 46 号指令文件》（下文简称《1995 年第 46 号指令》）规定了在本指令范围内以及在成员国有管辖权的机关监管下的，尤其是在受成员国指定的公共独立机关监管下的个人信息的处理方式。因此，本指令不应当影响《1995 年第 46 号指令》所规定的权利义务，尤其有关于信息权利主体对他或者她的信息进行矫正的权利，比如对其信息不完善或不准确的地方进行消除或封闭的权利，以及根据《1995 年第 46 号指令》规定输入敏感数据的义务。

（36）因为本指令的目标，也就是在非法获取、使用和披露商业秘密的情况下，通过建立充分足够的救济水平以实现内部市场的平稳运作，不能被成员国完全实现，却能基于欧盟的范围和影响通过欧盟得以实现，欧盟根据《欧盟公约》第 5 条规定的附属性原则可能采取有关措施以达成目标。根据前述条款规定的比例原则，本指令为达成该目标所采取的手段不应当超过必要限度。

（37）本指令并非为了司法合作、管辖、认可以及民商事判决的执行或者准据法的选择建立统一规则。有关这些问题的原则性规定的其他联合文书也应当适用于本指令所涵盖的领域。

（38）本指令不应当影响竞争法规的适用，尤其是《欧盟运行公约》（TFEU）第 101 和 102 条。本指令提供的这些旨在限制不正当竞争的保护措施、程序和救济手段不应当违反 TFEU 的有关规定。

（39）本指令不应当影响其他领域相关法律的适用，包括知识产权保护法和合同法。但是，当本指令与《2004 年欧洲议会和欧盟理事会第 48 号指令》发生法条竞合时，本指令作为特别法优先适用。

（40）欧洲数据保护主管部参考了《2001 年欧洲议会和欧盟理事会第 45 号规范文件》第 28 条的规定并于 2014 年 3 月 12 日递交了其意见。

第一章　客体和范围

第一条　客体和范围

1. 本指令为保护商业秘密免受非法获取、使用和披露作出规定。

成员国在遵守 TFEU 规则之上，可以在保证遵守本指令第三、五、六条，第七条第一款，第八条，第九条第一款第二项，第九条第三款和第四款，第十条第二款，第十一条、十三条和第十五条第三款的情况下，提供比本指令对于保护商业秘密免受非法获取、使用和披露的要求更为严格的保护。

2. 本指令不应当影响：

（a）本章中所规定的言论和信息自由权利的行使，包括尊重媒体的自由和多元化；

（b）欧盟法或成员国法有关基于公共利益原因要求商业秘密持有人向公众提供的，或者为了管理机关或司法机关履行职责而向其提供的包括商业秘密在内的相关信息之规定的适用；

（c）欧盟或成员国法有关要求或允许欧盟机构及其分支机构或国内公共机构，在遵守欧盟或国内法规定的权利和义务的情况下，披露上述机构所持有的企业所提交的信息之规定的适用；

（d）社会群体根据欧盟法律以及成员国法律与实践进行自治和参与集体协议的权利。

3. 本指令没有对雇员流动作出任何限制。尤其在涉及此种流动的运作时，本指令不应当对以下情形提供任何根据：

（a）限制雇员使用不构成第二条第一款有关商业秘密定义的信息；

（b）限制雇员运用其于正常就业过程中所获得的经验技术；

（c）在劳动合同中强加非欧盟法或成员国法强制性规定的额外限制性规定。

第二条　定义

基于本指令的目的，下列定义予以适用：

（1）商业秘密是指满足下列所有条件的信息：

（a）具有秘密性，即它作为一个整体或者就其各部分的精确排列和组合而言，不为通常处理此类信息范围内的人所普遍知悉或容易获得；

（b）因为其秘密性，所以有商业价值；

（c）由合法控制该信息的人在采取合理措施情况下使其处于保密的状态。

（2）商业秘密持有人指的是合法控制商业秘密的自然人或者法人；

（3）侵权人指的是不正当获取、使用和披露商业秘密的自然人和法人；

（4）侵权商品指的是基于非法获取、使用和披露的商业秘密所得的商品、商品设计、特性、功能、生产工艺或销售。

第二章　商业秘密的获取、使用和披露

第三条　商业秘密的合法获取、使用和披露

1. 通过下列任一途径获取商业秘密的手段应视为合法：

（a）独立的发现或创造；

（b）观察、研究、拆卸或者测试可公开获取的或者免受限制商业秘密获取义务的信息获取者合法所有的产品或物体；

（c）根据欧盟法或成员国法及实践，员工或员工代表行使信息和资讯的权利；

（d）与诚实的商业实践相符合的其他行为；

2. 在欧盟法或成员国法要求或允许的限度内进行的商业秘密的获取、使用和披露，应属合法。

第四条　商业秘密的非法获取、使用和披露

1. 成员国应当确保商业秘密持有人有权适用本指令规定的措施、程序和救济，以防止其商业秘密被违法获取、使用或披露，并获得赔偿。

2. 未经商业秘密持有人同意而获取其商业秘密的下列行为，应被认定为违法：

（a）未经授权而接触、盗用或复制任何由商业秘密持有人合法控制的包含商业秘密或从中可推导出商业秘密的文件、物体、材料、物质或电子文档；

（b）任何其他的与诚实商业实践相悖的行为。

3. 他人未经商业秘密持有人同意而使用或披露商业秘密的下列行为，应被认定为违法：

（a）非法获取商业秘密；

（b）违反保密协议或者任何其他不得泄露商业秘密的义务；

（c）违反合同或者其他限制商业秘密使用的义务。

4. 他人在获取、使用或披露商业秘密时，知道或者根据具体情况应当已经知道该商业秘密是从第三款规定的非法使用或披露商业秘密的行为人处直接或间接获得的，应被认定为违法。

5. 他人在生产、提供或许诺销售侵权商品或者以前述目的进口、出口、存储侵权商品时，知道或者根据情形应当知道该商业秘密的使用属于第三款规定的非法使用的，应当认定为非法使用商业秘密的行为。

第五条　例外

当被控获取、使用或披露的商业秘密存在下列情形之一时，成员国应当保证本指令规定的措施、程序和救济不予适用：

（a）为了行使欧盟宪章所规定的言论和信息自由权，包括尊重媒体的自由和多元化；

（b）为了保护一般性公共利益而揭发不当行为、错误行为或违法行为；

（c）根据欧盟法或者成员国法，为了行使代表职能，在必要情形下，员工向其代表披露信息；

（d）为了保护欧盟法或者成员国法认可的合法利益。

第三章　措施、程序和救济

第一节　一般规定

第六条　一般义务

1. 成员国应当规定必要的措施、程序和救济以保证权利人对于非法获取、使用和披露商业秘密的行为能够获得民事赔偿。

2. 前款所指的措施、程序和救济应当：

（a）公平公正；

（b）不过分复杂、不过多开销，不过度时间限制、不过分拖延；

（c）有效并有警示作用。

第七条　比例原则和权利滥用

1. 本指令规定的措施、程序和救济应当以下列方式适用：

（a）遵守比例原则（适当、衡平）；

（b）避免为内部市场的合法贸易创设障碍；

（c）为防止权利滥用提供保障。

2. 当针对非法获取、使用或者披露商业秘密的措施申请明显地没有依据、申请人被认定为滥用或者恶意启动法律程序时，成员国应确保有管辖权的司法机关可以根据被申请人的请求，适用本国法规定的适当的措施。适当的措施包括对被申请人给予赔偿、对申请人处以罚金或责令传播本指令第十五条所指的裁定信息。

成员国应当规定，前款规定的措施由单独的司法程序处理。

第八条　诉讼时效

1. 根据本条款，成员国应当就本指令提供的关于保护措施、程序和救济的实体诉讼主张所适用的诉讼时效作出规定。

当诉讼时效开始计算时，前款规定应当确定诉讼时效时长及其中断和中止的情形。

2. 诉讼时效最长不超过 6 年。

第九条　诉讼程序中商业秘密保密性的维持

1. 成员国应当保证不允许诉讼当事人、他们的律师或其他诉讼代理人、法官、证人、专家以及其他任何参与非法获取、使用或披露商业秘密案件诉讼程序的或者有权接触来自诉讼程序的相关文件的人，使用或披露任何商业秘密，或有管辖权的司法机关在回应权利人提出的正当理由申请时已经认定为机密的准商业秘密，以及通过相关参与或接触逐渐被意识到的准商业秘密。就这一点而言，成员国也可以允许有管辖权的司法机关依职权主动行为。

前款规定的义务在诉讼程序终结后仍应当保持有效；但是，出现下列情形之一时，相关义务终止：

（a）最终裁定准商业秘密并不符合第二条第一项规定的相关条件；

（b）随着时间流逝，争议信息已广为人知或可为圈内通常处理该类信息成员轻易获取。

2. 成员国还应当保证有管辖权的司法机关可以就一方当事人提出的正当理由申请采取必要的特殊手段，以维持任何商业秘密以及在非法获取、使用或披露商业秘密案件诉讼程序中使用或认定的准商业秘密的保密性。成员国还可以允许有管辖权的司法机关依职权主动采取有关措施。

前款规定的措施至少应当包括下列可能性：

（a）限制接触由当事人或第三方提交的包含商业秘密或准商业秘密的部分或全部文件的成员数量；

（b）当商业秘密或准商业秘密可能被披露时，限制参与听证会以及得到听证会有关记录或副本的成员数量；

（c）对任何一个包括但不限于（a）（b）项的人公开裁判文书，文书应当移除或修订有关商业秘密的内容。

第二款的（a）（b）项所规定的人员数量不应超过必要需求，以保证诉讼程序中当事人有效救济和公正裁判的权利，而且应当包括，至少一个自然人来自双方当事人、律师或其他参与诉讼的双方当事人的代表。

3. 当对第二款规定的措施作出决定和评估适用比例时，有管辖权的司法机关应当考虑有关需求以保证有效救济和公正裁判、当事人和特定情况下第三方的正当利益、双方当事人可能遭受的损失以及第三方因有关措施的准予或驳回而可能遭受的损失。

4. 根据第一、二或三款规定进行的任何个人信息的处理应当符合《1995年第46号指令》的有关规定。

第二节　临时和预防措施

第十条　临时和预防措施

1. 成员国应当保证有管辖权的司法机关在商业秘密持有人的请求下，可以对被控侵权人责令以下临时和预防措施：

（a）停止或根据案件具体情况决定禁止商业秘密的使用和披露；

（b）禁止生产、销售、许诺销售或使用侵权商品，禁止基于前述原因而进口、出口或储存侵权商品；

（c）没收或上缴涉嫌侵权的商品，包括进口的涉嫌侵权的商品，以防止其进入并流通于市场。

2. 成员国应当保证司法机关可以对涉嫌非法使用商业秘密的行为的持续要求担保，作为第一款规定措施的替代措施，以确保对商业秘密持有人的补偿。不允许以商业秘密的披露作为担保的返还。

第十一条　保障措施和救济申请的条件

1. 成员国应当保证有管辖权的司法机关在涉及第十条规定的保护措施时，有权利要求申请人提供充分而合理的证据足以证明下列有关事实：

（a）其商业秘密存在；

（b）申请人是商业秘密持有人；

（c）商业秘密被非法获取并正被非法使用或披露，或商业秘密即将被非法获取、使用或披露。

2. 成员国应当保证，在决定准予或驳回有关申请并评估其适用比例时，有管辖权的司法机关应当考虑案件的具体情况，包括特定情况下的：

（a）商业秘密的价值及其他具体特性；

（b）商业秘密的保护措施；

（c）被申请人在获取、使用和披露商业秘密中的行为；

（d）非法使用和披露商业秘密的影响；

（e）当事人的合法利益以及准予或驳回有关保护措施对当事人双方可能造成的影响；

（f）第三方的合法利益；

（g）公共利益；

（h）基本权利的保障。

3. 成员国应当保证，在被申请人的请求下，基于下列情形之一时，撤销第十条中规定的有关措施或消除其影响：

（a）申请人没有在司法机关基于成员国法许可而确定的有关保护措施的合理期限内，或在 20 个工作日或 31 个自然天数中取最长的实施保护措施的合理期限内，就本案实体争议向有管辖权的司法机关启动诉讼程序；

（b）争议信息因不可归责于被申请人的原因而不再符合第二条第一项所规定的条件。

4. 成员国应当确保有管辖权的司法机关可以要求申请人提供与第十条规定的保护措施程度相当的担保，以保证对被申请人和其他任何受该措施影响的人所遭受损害的补偿。

5. 当根据第十条规定的保护措施基于本条第三款（a）项的规定被撤销时，如果临时措施的采取是基于申请人的故意或过失行为提起的，或最终确定不存在非法获取、使用或披露商业秘密的行为时，有管辖权的司法机关，在被申请人或受损害第三方的请求下，应当有权责令申请人向被申请人或受损害的第三方给予适当补偿，以弥补相关保护措施对他们造成的任何损害。

成员国可以就前款规定的补偿措施规定单独的法律处理程序。

第三节 判决的执行

第十二条 禁令和补救措施

1. 当一个基于案件是非曲直的司法判决确定存在商业秘密的非法获取、

使用和披露时，成员国应当保证有管辖权的司法机关可以在申请人的请求下，对侵权人责令下列一项或几项保护措施：

（a）停止或根据案件具体情况决定禁止商业秘密的使用和披露；

（b）禁止生产、销售、许诺销售或使用侵权商品，禁止基于前述原因而进口、出口或储存侵权商品；

（c）对涉嫌侵权的商品采取合理的补救措施；

（d）销毁或在适当情况下上缴包含或表明商业秘密的全部或部分文件、物体、材料、物质或电子文档。

2. 前款（c）项规定的补救措施应当包括：

（a）侵权商品从市场召回的措施；

（b）消除侵权商品的侵权性质；

（c）销毁侵权商品，或在适当情况下，即不损害有争议的商业秘密的保护下，使之退出市场。

3. 当责令侵权商品退出市场时，成员国应当规定他们有管辖权的司法机关可以在商业秘密持有人的请求下，责令将侵权商品交付给商业秘密持有人或慈善机构。

4. 有管辖权的司法机关应当责令第一款中（c）和（d）项规定的保护措施所施行的后果由侵权人承担，特定原因不能依前述规定的除外。这些措施不应当使因非法获取、使用或披露商业秘密而遭受损害的商业秘密持有人再遭受损害。

第十三条　救济申请、保障措施和替代措施的条件

1. 在考虑第十二条规定的禁令和矫正措施的适用申请并评估其适用比例时，成员国应当保证有管辖权的司法机关必须考虑到所受理案件的具体情形，包括特定情况下的：

（a）商业秘密的价值及其他具体特性；

（b）商业秘密的保护措施；

（c）被申请人在获取、使用和披露商业秘密中的行为；

（d）非法使用和披露商业秘密的影响；

（e）当事人的合法利益以及准予或驳回有关保护措施对当事人双方可能造成的影响；

（f）第三方的合法利益；

（g）公共利益；

（h）基本权利的保障。

当有管辖权的司法机关对第十二条第一款（a）（b）项规定的措施的持续期间进行限制时，该持续期间应当足以消除侵权人通过非法获取、使用或披露商业秘密所取得的任何市场或经济优势。

2. 如果争议信息因不可直接或间接归责于被申请人的理由，而不再符合第二条第一项所规定的条件，则成员国在被申请人的请求下，应当撤销第十二条第一款第（a）（b）规定的保护措施或消除其影响。

3. 成员国应当规定，在承受第十二条规定措施的责任人的请求下，有管辖权的司法机关可以在满足下列规定的所有情形时，责令（责任人）对受损害方给予赔偿金以替代保护措施的适用：

（a）行为人在使用或披露商业秘密时，既不知道、依据当时情形也不应当知道该商业秘密是其他人通过非法获取、使用或披露手段所取得的；

（b）保护措施的执行将给责任人带来不合比例的损害；

（c）对受损害方给与赔偿金是合理地令其满意的。

当第十二条第一款第（a）（b）项所规定的保护措施为赔偿金所替代时，该赔偿金数额不应当超过侵权人本应通过商业秘密权利人的授权使用而应当支付的使用期间的许可费。

第十四条　损害赔偿

1. 成员国应当保证有管辖权的司法机关，在受害方的请求下，责令知道或应当知道自己（他/她/它）涉及非法获取、使用或披露商业秘密行为的侵权人，对商业秘密持有人给予因非法获取、使用或披露商业秘密行为所遭受的实际损害相当的赔偿。

当雇员无主观过错而实施了非法获取、使用或披露雇主商业秘密的行为时，成员国可以减轻其赔偿责任。

2. 依据前款规定确定损害赔偿时，应当考虑所有合理因素，比如负面经济后果，包括受害方所遭受的利润损失、侵权人的不当获利；以及个案中除经济因素以外的其他因素，比如因侵权人非法获取、使用或披露商业秘密而给商业秘密持有人造成的精神损害。此外，法院在个案中可以基于一些因素确定赔偿总额，比如根据侵权人本应通过获得权利人授权而就涉案商业秘密支付的许可费。

第十五条　判决公开

成员国应当保证，在因非法获取、使用或披露商业秘密而启动的诉讼程序中，有管辖权的司法机关根据申请人的请求和侵权人的责任承担，可以采取合理措施传播判决信息，包括部分或全部出版。

1. 前款规定的任何措施应当维持第九条规定的商业秘密的保密性。

2. 决定是否采取第一款中规定的措施以及评估其适用比例时，有管辖权的司法机关应当适当考虑：商业秘密的价值，侵权人非法获取、使用或披露商业秘密的行为，非法适用或披露商业秘密的影响，以及侵权人继续非法使用或披露商业秘密行为的可能性。

有管辖权的司法机关应当考虑侵权人信息是否属于认定自然人身份的信息；如果是，那么公开的信息是否应当进行修正，以防止相关措施对侵权人的隐私和名誉造成损害。

第四章　制裁、报告和最终条款

第十六条　违反本指令规定的制裁

成员国应当确保有管辖权的司法机关，对违反或拒绝履行依据第九、十和十二条规定所采取的措施的行为予以制裁。

在违反依据第十和十二条规定所采取措施的事件中，所规定的制裁措施应当包括可能重复的罚款。

所采取的制裁措施应当有效、适当并具有警示性。

第十七条　信息交换和通信

基于鼓励合作的目的，包括鼓励成员国之间以及成员国和委员会之间的信息交换，每一个成员国应当就本指令规定措施的施行的相关问题指派一个或多个国家通讯员。他们应当就国家通讯员或其他成员国和委员会的通讯员的细节问题进行沟通。

第十八条　报告

1. 截至 2021 年 6 月 9 日，欧盟知识产权局，在欧洲监测中心就知识产权侵权有关行为进行监测的背景下，应当根据本指令，就非法获取、使用或披露商业秘密行为的诉讼趋势，准备一份初步报告。

2. 截至 2022 年 6 月 9 日，委员会应当就本指令的有关申请起草一份过渡报告，并将它提交至欧洲议会及欧盟理事会。该报告应当考虑前款规定中的报告。该过渡报告尤其应当考察本指令有关创新研究申请的可能影响、就业流动以及言论和信息自由权利的行使。

3. 截至 2026 年 6 月 9 日，委员会应当完成关于本指令作用的评估并向欧洲议会及欧盟理事会提交其报告。

第十九条 法律转化

1. 截至 2018 年 6 月 9 日，成员国应当实施符合本指令规定的本国法律、法规和规章。他们应当及时向委员会传达相关措施的文本。

当成员国采纳了相关措施时，他们应当于官方公布之时包含或附带有关本指令的法律文书。成员国应当决定该法律文书的制作。

2. 成员国应当向委员会传达转化为国内法的有关本指令的主要规定文本。

第二十条 生效日期

本指令于《欧盟官方公报》公布之日起二十天内生效。

第二十一条 被送达人

本指令将送达给各成员国。

（本指令）于 2016 年 6 月 8 日在斯塔拉斯堡拟定。

欧洲议会主席

M. SCHULZ

欧盟理事会主席

A. G. KOENDERS

《欧盟官方公报》第 226 卷，2014 年 7 月 16 日，第 48 页。

2016 年 4 月 14 日的《欧洲议会的地位》（《欧盟官方公报》尚未发表）以及 2016 年 5 月 27 日委员会的裁定。

1994 年 12 月 22 日的《1994 年欧盟理事会第 800 号决议》关于代表欧洲共同涉及其管辖权范围内事项的有关结论，以及关于《乌拉圭回合多边谈判》所达成的协议的有关结论（1986～1994）（《欧盟官方公报》第 336 卷，1994 年 12 月 23 日，第 1 页）。

2001 年 5 月 30 日的《2001 年欧洲议会和欧盟理事会第 1049 号规范性文件》关于欧洲议会、欧盟理事会及欧洲委员会文件公共获取的规定（《欧盟官方公报》第 145 卷，2001 年 5 月 31 日，第 43 页）。

2006 年 9 月 6 日的《2006 年欧洲议会和欧盟理事会第 1367 号规范性文件》关于《奥尔胡斯大会》涉及信息获取申请、公众参与政府决策申请以及对社区机构和分支就环境问题进行法律制裁的申请的规定（《欧盟官方公报》

第 264 卷，2006 年 9 月 25 日，第 13 页）。

2003 年 1 月 28 日的《2003 年欧洲议会和欧盟理事会第 4 号指令》有关环境信息的公共获取和废除《1990 年欧盟理事会第 313 号指令》的规定（《欧盟官方公报》第 41 卷，2003 年 2 月 14 日，第 26 页）。

2014 年 2 月 26 日的《2014 年欧洲议会和欧盟理事会第 24 号指令》有关特许经营合同的授予规定（《欧盟官方公报》第 94 卷，2014 年 3 月 28 日，第 1 页）。

2014 年 2 月 26 日的《2014 年欧洲议会和欧盟理事会第 24 项指令》关于公共采购和废除《2004 年欧洲议会和欧盟理事会第 18 号指令》的规定（《欧盟官方公报》第 94 卷，2014 年 3 月 28 日，第 65 页）。

2014 年 2 月 26 日的《2014 年欧洲议会和欧盟理事会第 25 号指令》关于水资源、能源、交通和邮寄服务经营实体的采购和废除《2004 年欧洲议会和欧盟理事会第 17 号指令》的规定（《欧盟官方公报》第 93 卷，2014 年 3 月 28 日，第 243 页）。

1995 年 10 月 24 日的《1995 年欧洲议会和欧盟理事会第 46 号指令》关于个人信息传输和自由流通的个体保护的规定（《欧盟官方公报》第 281 卷，1995 年 11 月 23 日，第 31 页）。

2004 年 4 月 29 日的《2004 年欧洲议会和欧盟理事会第 45 号规范性文件》关于行使知识产权权利的规定（《欧盟官方公报》第 226 卷，2004 年 4 月 30 日，第 157 页）。

2000 年 12 月 18 日的《2001 年欧洲议会和欧盟理事会第 45 号规范性文件》关于被社区机构和分支传输的个人信息及其自由流通的相关个体保护的规定（《欧盟官方公报》第 8 卷，2001 年 1 月 12 日，第 1 页）。

2016 年 5 月 20 日意大利第 76 号法律
关于同性民事结合和同居的规定

自 2016 年 6 月 5 日起实施

罗冠男[*] 译

第一条 本法规范同性之间组成的，作为《宪法》第 2 条和第 3 条意义上的特定社会组织的民事结合，同时涉及对事实同居的规定。

第二条 两个成年同性伴侣可以通过在两名见证人的见证下，在民政官面前进行声明来缔结民事结合。

第三条 民政官要将同性民事结合登记在民事档案中。

第四条 以下构成缔结同性民事结合的障碍：

（1）其中一方已经结婚，或者已经与其他同性组成了同性民事结合；

（2）其中一方有精神病；如果宣告禁治产的请求后，检察机关有权要求暂停民事结合的缔结；在此情形下，在相关判决生效前不得缔结；

（3）双方之间存在《民法典》第 87 条第 1 款关于禁止结婚的亲属关系；如果双方是叔叔、舅舅和侄子、外甥，姨妈、姑姑、姨母和侄女、外甥女，也不能组成民事结合；还适用《民法典》第 87 条的其他规定；[1]

（4）其中一方已经被终审判决杀害或者企图杀害对方的配偶或者民事结合相对人的；如果案件提交法院审理，或者只是一审、二审判决，或者是采取预防措施，在其被宣判无罪之前不能缔结民事结合；

第五条 存在本法第四条当中任一阻碍条件，会导致同性民事结合无效。

---

* 罗冠男，意大利罗马第二大学法学博士，中国政法大学法律史学研究院副教授。

[1]《意大利民法典》第 87 条规定的是婚姻的障碍，比如双方是直系血亲；是同父同母、同父异母、同母异父的兄弟姐妹；是直系姻亲；是旁系二等姻亲；是收养人、被收养人及其卑亲属；是同一收养的子女；被收养人与收养人的子女；被收养人与收养人的配偶之间；收养人与被收养人的配偶之间，都不能缔结婚姻。

对同性民事结合，还适用《民法典》第 65、68 条，以及 119、120、123、125、127、128、129、129II 条的规定。[1]

第六条 如果民事结合存在本法第四条规定的障碍，或者违反了《民法典》第 68 条[2]，民事结合的任何一方、双方的父母、检察机关以及任何有现实和合法利益的人都可以提出异议。一方在另一方失踪期间组成的民事结合不能因为失踪被提出异议。

第七条 因为受到暴力威胁或因为自身以外的原因出于特别严重的恐惧而同意缔结民事结合的一方，可以对民事结合提出异议。出于对对方的身份的错误认识，或者对对方个性的根本性错误认识而同意缔结民事结合的一方也有权提出异议。但是如果在暴力威胁停止之后或者导致恐惧的原因消除之后或者发现错误之后，双方同居一年以上，便不能再提出异议之诉。对对方个性的根本性错误认识是指，如果知道对方存在这种情况，则确定不可能同意缔结民事结合，这样的错误包括：

（1）会影响到共同生活的身体或精神上的疾病；

（2）《民法典》第 122 条第 3 款第（2）、（3）、（4）项的内容。[3]

第八条 一方可以在任何时候对另一方缔结的婚姻或者与他人的民事结合提出异议。如果主张前一个民事结合无效，则要预先审查这一问题。

第九条 同性民事结合由民事结合缔结的相关文件证明，其中应当记载双方的出生日期、双方采取的财产制、居所地以及见证人的出生日期和居所地。

第十条 通过对民政官进行声明，双方可以从双方姓氏中选择一个作为在民事结合期间共同的姓氏。如果与自己的姓氏不同，一方可以将共同的姓氏加在自己的姓氏之前或者之后，并且在民政官之前进行声明。

---

〔1〕《意大利民法典》第 65 条是宣告推定死亡情况下"配偶的再婚"、第 68 条是宣告推定死亡情况下"再婚的无效"，119 条是"禁治产"、120 条是"无理解能力或意思能力"、123 条是"虚假婚姻"、125 条是"检察机关的诉权"、127 条是"诉权的不可转让性"、128 条是"推定婚姻有效"、129 条是"善意缔结婚姻的配偶的权利"、129II 条是"恶意缔结婚姻的配偶及第三人的责任"。

〔2〕《意大利民法典》第 68 条规定：被宣告推定死亡之人重现或者有证据证明该人尚生存的，则根据第 65 条缔结的婚姻无效。但是被宣告无效的婚姻所产生的民法效力依然存在。即使在婚姻缔结后出现过导致无效的原因，但是在已经查明被宣告人死亡的情况下，不得宣告婚姻无效。

〔3〕《意大利民法典》第 122 条是"胁迫和错误"第 3 款：对个人基本情况产生的重大误解，系指鉴于配偶的情况，如果真正了解对方就不会做出结婚允诺，包括对以下方面的误解：（2）因非过失犯罪而被判处不低于 5 年有期徒刑的，但是于婚礼举行前恢复权利的情况不在此限；判决生效之前不得提起撤销之诉；（3）惯犯或职业犯罪；（4）因卖淫而被判处不低于 2 年有期徒刑的。判决生效之前不得提起撤销之诉。

　　第十一条　缔结同性民事结合的双方当事人享有同等的权利和义务；民事结合产生双方在精神上和物质上相互扶助以及同居的义务。双方根据各自的财产状况、工作能力或者家务劳动的能力承担满足家庭需要的义务。

　　第十二条　双方通过协商确定家庭生活的原则和共同居所；双方都有实现约定的家庭生活方式的权利。

　　第十三条　同性民事结合当事人之间的财产制度，在没有其他财产协议的情况下，适用共同财产制。关于财产协议的订立形式、修改、虚假的财产协议以及订立财产协议的能力，适用《民法典》的第 162、163、164 和 166 条。[1] 双方不得违反法律有关民事结合权利和义务的规定。适用《民法典》第一编第六章第六节第二分节、第三分节、第四分节、第五分节和第六分节的内容。[2]

　　第十四条　如果民事结合中一方的行为对另一方的身体、精神的完整性或者自由造成严重损害，法官可以根据受害人的请求发出命令，采取《民法典》第 342III 条规定的一项或者几项措施。[3]

　　第十五条　在选择支持管理人的时候，[4] 如果可能，监护法官会倾向于同性民事结合的另一方。民事结合的一方也可以提出对方禁治产或者无民事行为能力，在原因消除后也可以诉请撤销。

　　第十六条　威胁到缔约者的同居伴侣，或其直系亲属的同居伴侣的人身和财产的暴力，也可以造成合同的无效。

　　第十七条　在劳务提供者死亡的情况下，《民法典》2118 条和 2120 条对补偿的规定也适用于民事结合中的一方。[5]

　　第十八条　消灭时效因民事结合之间的关系中止。

　　第十九条　同性民事结合适用《民法典》第一编第十三章的内容，以及

---

　　[1]《意大利民法典》第 162 条是"婚姻协议的形式"，第 163 条是"婚姻协议的修改"，第 164 条是"虚假婚姻协议"，第 166 条是"准禁治产人的婚姻能力"。

　　[2]《意大利民法典》第一编第六章第六节"家庭财产制"，第二分节"家庭财产基金"、第三分节"法定共有"、第四分节"协议共有"、第五分节"分别财产制"、第六分节"家庭企业"。

　　[3]《意大利民法典》第 342III 条是"保护命令的内容"。

　　[4]《意大利民法典》第 404 条规定了"支持管理人"：如果一个人因为精神疾病或者生理或心理上的缺陷，部分或者暂时地失去保护自己利益的能力，可以由其住所或居所所在地的监护法官指定的支持管理人来协助。

　　[5]《意大利民法典》第 2118 条是"未确定期限契约的解除"，第 2120 条是"终止劳动关系的规定"。

第116条第1款、第146、2647、2653条第1款第4项以及第2659条。[1]

第二十条 仅为保证同性民事结合中产生的权利的实现和义务的履行，涉及婚姻的规定以及包含"配偶""配偶双方"或者同等用语的规定，无论出现在法律中、出现在规定法律效力的公文中、出现在行政行为或者集体合同的法规中，都适用于同性民事结合中的当事人。但是之前的规定不适用本法中没有明确援引的《民法典》的规定，也不适用1983年5月4日的第184号法律。[2]现行法律中关于收养的内容维持现状。

第二十一条 对同性民事结合中的当事人适用《民法典》第二编第一章中第三节和第十节的内容，也适用第二章以及第四章第二节、第五节附的内容。[3]

第二十二条 如果一方当事人死亡或者被宣告死亡，民事结合解除。

第二十三条 民事结合在1970年12月1日的第898号法律中第3条第1款、第2款中的第a、c、d、e项规定的情形下解除。[4]

第二十四条 民事结合双方分别在民政官面前表达解除的意思，民事结合可以解除。在这种情况下，解除民事结合的请求要在表达解除之意之日起三个月内提起。

第二十五条 在不矛盾的情况下，适用1970年12月1日第898条号法律第4条，第5条第1款、第5到11款，第8、9、9II，10、12II、12III、12IV、12V、12VI条，[5]《民事诉讼法典》第四编第二章的规定，[6]以及2014年9

---

〔1〕《意大利民法典》第十三章是"抚养费、扶养费、赡养费"；第116条第1款是想在本国结婚的外国公民需要符合的条件；第146条是"离开居所"；第2647条是"家庭财产基金的设立和财务的分割"、第2653条第1款第4项是需要登记的"分割嫁资不动产及解除夫妻对不动产共有关系的诉讼请求"；第2659条是"登记申请书"。

〔2〕1983年5月4日的第184号法律是"未成年人收养和寄养的规定"。

〔3〕《意大利民法典》第二编第一章是"继承的一般原则"，其中第三节是"无继承资格"，第十节是"特留份继承人"，第二章是"法定继承"，第四章是"遗产分割"，其中第二节是"财产合算"、第五节附是"（关于家庭企业的）家庭协议"。

〔4〕1970年第898号法律是"关于婚姻结束的法律规范"，第3条是可以提起离婚请求的条件，包括严重的刑事犯罪、免于处罚的刑事犯罪等。

〔5〕1970年12月1日第898条号法律第4条是"关于解除或停止婚姻的请求"、第5条是"婚姻解除的效果"、第8条是"财产和人身保障"、第9条是关于判决离婚后法院对子女监护和财产分割的审查、第9II条是关于义务人死亡后可以根据情况要求继承人支付补助费用、第10条是关于离婚判决后要履行的行政程序和离婚判决的生效日期、第12II条是关于离婚后可以得到一方离婚前结束劳动关系得到的补偿的一部分、第12III条是关于离婚父母分割子女死亡的津贴、第12IV条是关于法官的管辖、第12V条是关于意大利公民的外国配偶适用本法的规定、第12VI条是关于违反本法的刑事责任。

〔6〕《民事诉讼法典》第四编"特别程序"，第二章"关于家庭和个人状况的程序"。

月 12 日第 132 号政令第 6 条和第 12 条的规定，这一规定通过 2014 年 11 月 10 日第 162 号法律修改。[1]

第二十六条　变性的判决导致同性民事结合的解除。

第二十七条　如果出生性别改变，而夫妻双方表明不解除婚姻或不停止婚姻效力的意思，则在双方之间自动转为同性民事结合。

第二十八条　除了本法的规定之外，在本法生效之日起的六个月内，授权政府就同性民事结合的以下指导原则和标准制定单个或多个法规：

1）与本法一致的关于民事结合的登记、注册和公证；

2）在国际私法方面规范的修改和重新制定，以解决在国外缔结婚姻、民事结合和类似关系的同性伴侣适用意大利法的问题；

3）修改或者整合规范以实现本法与其他法律规范、规定法律效力的公文、法规和法令里相关内容的协调。

第二十九条　第二十八条规定的法令需要司法部、内政部、劳动与社会政治部、外事以及国际合作部一致提出。

第三十条　第二十八条规定的法令提案，需要通过国务委员会的决议，转交给众议院和参议院，自转交之日起六十日内，国会主管委员会可以提出意见。这一期限届满，即使未提出意见，法令也可以通过。国会意见表达的期限在第二十八条规定的期限到期之前三十天届满，而后者可以延长三个月。政府如果不同意国会的意见，可以连同意见和最终的修改一起重新提交提案，对信息和动机进行补充。主管委员会的最终意见将在新的提案提交后三十日内提出。这一期限届满，法令就可以通过。

第三十一条　根据第二十八条通过的法令生效之日起两年内，政府可以根据第二十九条和第三十条的程序，对法令制定补充和修订的细则。

第三十二条　在《民法典》第 86 条中，在"婚姻"之后加入"或者同性结合"。[2]

第三十三条　在《民法典》第 124 条中，在"对宣告婚姻（无效提出异议）"之后加入"或者同性结合"。[3]

---

〔1〕　2014 年 9 月 12 日第 132 号政令第 6 条是关于律师帮助下达成的分居、离婚或者婚姻被撤销的协议以及分居和离婚条件的修改，第 12 条是关于合意分居和合意要求解除或者撤销婚姻以及离婚和分居登记的条件的修改。

〔2〕　《意大利民法典》第 86 条"无婚姻束缚"原文为：有婚姻束缚的人不得结婚。

〔3〕　《意大利民法典》第 124 条"前婚姻的效力"：配偶可以对另一方新缔结的婚姻提出异议。

第三十四条 如果根据第二十八条第一项制定的法令延迟出台，根据内政部的提议和国务委员会主席的政令，本法生效之日起三十日内，可以颁布关于民政登记的必要的临时性规定。

第三十五条 本法第一条到第三十四条的规定自本法生效之日起开始生效。

第三十六条 第三十七条到第六十七条规定的"事实同居"，指的是两个成年人在类似夫妻的感情联系下稳定同居，在精神和物质上相互扶助，他们之间没有血亲、姻亲、收养、婚姻或者民事结合的关系。

第三十七条 第三十六条规定的情况下，为了确定同居稳定，要进行1989年5月30日第223共和国总统令第4条、第13条第1款第2项关于户口声明的规定。[1]

第三十八条 同居伴侣在监禁的规范方面享有与配偶同等的权利。

第三十九条 在疾病和住院的情况下，根据医院机构组织、公共、私人或者协议扶助的规则，事实同居伴侣享有配偶和家庭成员的相互探望、相互扶助以及获取对方个人信息的权利。

第四十条 事实同居的一方可以指定另一方在以下事项上全面或者有限地代表自己：

（1）在疾病造成无法表达意愿的情况下，做出医疗决定；

（2）在死亡的情况下，捐献器官、处理遗体和举行葬礼的安排。

第四十一条 第四十条中规定的指定要采用书面的形式并且签名，在不能亲笔书写的情况下，要有人见证。

第四十二条 除了《民法典》第337 VI条规定的情况以外，[2]如果事实同居一方是共同居所的业主，在其死亡的情况下，另一方有权在共同居所再居住两年，如果同居时间超过两年，则可以居住与同居时间同等的时间，但是不能超过五年。如果还有生存伴侣的未成年子女或者残疾子女居住，那么他们有权在共同居所中居住不少于三年的时间。

第四十三条 生存伴侣如果不再在居所里稳定居住，或者结婚、组成民

---

〔1〕 1989年5月30日第223共和国总统令第4条是"家庭户口"、第13条是"户口声明"，第1款第2项：组成新的家庭或者新的同居，或者家庭成员和同居者变化，都要进行户口声明。

〔2〕《意大利民法典》第337 VI条规定的是分居、离婚、婚姻被撤销的情况下"家庭住房的分配"，分配原则是以子女的利益为中心。

事结合或者新的事实同居，则不再拥有第四十二条规定的权利。

第四十四条　如果居所的承租者死亡，则其同居伴侣有继续租赁合同的权利。

第四十五条　同居伴侣组成的家庭企业也适用《民法典》中关于家庭企业的规定。

第四十六条　《民法典》第一编第六章第六节第六分节中，在第 230II 条后面加上：第 230III 条（同居伴侣的权利）事实同居伴侣以稳定的方式为另一方同居伴侣的企业提供劳动的，享有根据其提供劳动的先后顺序，与其提供的劳动相应地参加家庭企业利润分配、用利润购置的财产的分配以及分享企业增值的权利。这里的权利不适用于同居伴侣之间存在着合伙或者雇佣关系的情况。

第四十七条　在《民事诉讼法典》第 712 条第 2 款 "配偶" 之后加上 "或者事实同居者"。[1]

第四十八条　如果其中一方根据现行法律或者满足了《民法典》第 404 条的条件，被宣告为禁治产人或者无民事行为能力，其同居伴侣可以被指定为监护人、保佐人和支持管理人。[2]

第四十九条　如果同居伴侣因为第三人的不法侵害而死亡，确定对生存伴侣的损害赔偿适用确定对生存配偶损害赔偿的标准。

第五十条　同居伴侣可以通过签署同居协议来调整他们共同生活中的财产关系。

第五十一条　第五十条规定的协议，其修订和解除都要采取书面形式，需要采取公共文书的形式，如果私下签署则需要一名公证员或者一名律师鉴定，以确保其不违反法律的强制性规定和公共秩序，否则无效。

第五十二条　为了对抗第三人，根据第五十一条的规定对协议进行公证和鉴定的法律职业工作者，应当在十日之内将协议转交给同居伴侣住所地的市政厅，进行 1989 年 5 月 30 日第 223 号共和国总统令第 5 和第 7 条规定的户口登记。

---

[1]《意大利民事诉讼法典》第 712 条是 "（宣告禁治产人、无民事行为能力）请求的提出"。

[2]《意大利民法典》第 404 条规定的是 "支持管理人"：如果一个人因为精神疾病或者生理或心理上的缺陷，部分或者暂时地失去保护自己利益的能力，可以由其住所或居所所在地的监护法官指定的支持管理人来协助。

第五十三条　第五十条规定的协议需要载明同居双方对协议的原则进行了沟通。协议可以包括：

（1）居所的归属；

（2）双方根据各自的工作能力或者家务劳动的能力，为共同生活需要做贡献的形式；

（3）根据《民法典》第一编第六章第六节第三分节规定的共同财产制。

第五十四条　双方选择的财产制度可以在同居过程中的任何时间，根据第五十一条规定的方式进行修改。

第五十五条　关于户口证明上包含的个人信息，要根据2003 年7 月30 日第 196 号法令颁布的保护个人信息的法典规定进行处理，以保证对同居协议当事人的尊重。户口证明中包含的个人信息不构成对同居协议当事人进行歧视的因素。

第五十六条　同居协议不可附期限或者附条件。如果当事人加入了期限或条件，视为未附加。

第五十七条　同居协议如果包含以下情况，经利害关系人提出异议，绝对无效：

（1）一方结婚、组成民事结合或者其他同居协议；

（2）违反了第三十六条；

（3）一方未成年；

（4）一方是禁治产人；

（5）犯有《民法典》第 88 条规定的罪行。[1]

第五十八条　在宣告禁治产人的程序未完成之前，或者对民法典第 88 条规定的罪行提交法院审判或者采取规定的预防措施的过程中，同居协议的效力暂时中止，直到宣告无罪的判决做出。

第五十九条　同居协议在以下情形下解除：

（1）双方同意；

（2）单方解除；

（3）双方结婚或者缔结民事结合，或者其中一方与他人结婚或缔结民事结合；

---

　　[1]《意大利民法典》第 88 条"犯罪"：因对他人实施既遂或者未遂谋杀行为而被判刑的人，不得与谋杀者的配偶结婚。

（4）一方死亡。

第六十条　双方协议解除或者单方解除同居协议，都需要采取第五十一条规定的形式。如果根据第五十三条第三项的规定，同居协议采取共同财产制，那么其解除就意味着共同财产制的解除，则适用《民法典》第一编第六章第六节第三分节的规定。[1]无论如何，公证员的权限只限于同居协议中的不动产权利的转移。

第六十一条　单方解除同居协议的情况下，接受和鉴定文书的法律工作者，除了要根据第五十二条履行其职责外，还要对协议中的另一方进行通知。如果家庭居所属于要求解除的一方，则其要给对方留出不少于 90 天的时间让对方搬走。

第六十二条　在第五十九条第三项的情况下，一方与他人缔结了婚姻或者民事结合，应当通知协议另一方以及接受和鉴定了同居协议的法律工作者。

第六十三条　在第五十九条第四项的情况下，协议生存一方以及死亡一方的继承人应当通知接受和鉴定了同居协议的法律工作者，在同居协议上标注其解除，并且通知住所地的登记机关。

第六十四条　在 1995 年 5 月 31 日第 218 号法律第 30 条之后，加入以下内容：[2]

第 30II 条（同居协议）：

（1）对同居协议适用国家一般合同法。对不同国家公民之间的协议，适用协议主要发生地的法律。

（2）保留适用国家、欧洲和国际法中对多重国籍情况下的规定。

第六十五条　在事实同居解除的情况下，法官支持一方在不能维持自己的生活开支并且非常需要的情况下，从另一方得到扶养费的权利。在这种情况下，扶养费提供的时间应当与同居时间成比例，并且根据《民法典》第 438 条第 2 款的规定确定数额。[3]为了确定《民法典》第 433 条规定的义务人

---

〔1〕《意大利民法典》第一编第六章第六节第三分节是"法定共有"。

〔2〕 1995 年 5 月 31 日第 218 号法律是"意大利国际私法体系改革"，第 30 条是"夫妻之间的财产关系"。

〔3〕《意大利民法典》第 438 条第 2 款规定：抚养费、扶养费、赡养费应当依请求人的实际需要和义务人的经济状况按比例支付，其数额不应超出请求人的必要生活费用，但是应当与请求人的社会地位相适应。

的顺序，本款中的同居伴侣的顺序应当在兄弟姐妹之前。[1]

第六十六条 为了实现本法第一到三十五条，整体预计在 2016 年需要 3 700 000 欧元，2017 年需要 6 700 000 欧元，2018 年需要 8 000 000 欧元，2019 年需要 9 800 000 欧元，2020 年需要 11 700 000 欧元，2021 年需要 13 700 000 欧元，2022 年需要 15 800 000 欧元，2023 年需要 17 900 000 欧元，2024 年需要 20 300 000 欧元，2025 年以及之后每年需要 22 700 000 欧元，通过以下渠道提供：

（1）通过减少 2004 年 9 月 29 日第 282 号政令第 10 条第 5 款规定的，后来根据 2004 年 12 月 27 日的第 307 号法律修改的政治经济机构性干预基金，提供 2016 年的 3 700 000 欧元，2018 年的 1 300 000 欧元，2019 年的 3 100 000 欧元，2020 年的 5 000 000 欧元，2021 年的 7 000 000 欧元，2022 年的 9 100 000 欧元，2023 年的 13 600 000 欧元，2024 年的 13 600 000 欧元，2025 年及以后每年的 16 000 000 欧元；

（2）至于 2017 年以及之后每年的 6 700 000 欧元，2017 年和 2018 年通过相应减少当前特别基金的分配，为了执行 2016～2018 年的三年预算，经济与金融部 2016 年的"重建基金"任务中的"储备和特别基金"项目，其部分目的就在于执行有关该部的规定。

第六十七条 根据 2009 年 12 月 31 日第 196 号法律第 17 条第 12 款的规定，劳动与社会政治部根据与数据、研究和预算研究所（INPS）沟通所得的数据，对本法第十一条到第二十条的规定提供社会保障和协助方面的检测，并且报告经济与财政部。经济与财政部在听取了劳动与社会政治部的意见后，要对第六十六条的规定的执行偏差进行检查，可根据 2009 年 12 月 31 日第 196 号法律第 21 条第 5 款，在劳动与社会政治部的预测下，在采取必要的措施覆盖了监测活动的大部分费用之后，通过政令减少具有改造费用性质的财政资金。[2]

---

[1]《意大利民法典》第 433 条"义务人"：给付抚养费、扶养费、赡养费义务人的顺序如下：（1）配偶；（2）子女，包括养子女；子女死亡的，最近的卑亲属；（3）父母；父母死亡的，最近的尊亲属；养父母；（4）女婿和儿媳；（5）公婆和岳父母；（6）同父同母和同父异母。同母异父的兄弟姐妹；同父同母的兄弟姐妹先于同父异母、同母异父的兄弟姐妹承担义务。

[2] 2009 年 12 月 31 日第 196 号法律是"会计与公共财政法"，第 17 条是"法律的财务覆盖"，第 21 条是"预算估计"。

第六十八条　经济与财政部要尽快向众议院提交报告说明发生偏差的原因以及采取的第六十七条规定的手段。

第六十九条　经济与财政部被授权通过相关的政令，来对预算进行必要的调整。

稿　约

　　学术刊物《学说汇纂》是由中国政法大学罗马法与意大利法研究中心主办的法学类不定期连续出版物。本刊物希望以其一册小小的刊物，能够从一个侧面支撑起一种使命与职责，那就是为我国法学界尤其是私法学术界、司法界的同仁对罗马法及以罗马法传统为基础或受到罗马法传统影响的欧陆、拉美及亚洲国家的法律制度、法学思想、法律文化的认识、思考与研究提供一个展示、分析与争鸣的平台。其追求的目标是：将作者的思考与争论尽可能全方位地展示在人们面前。不以权威为标准、不轻视非权威之见解，惟观点独到、阐释清晰、理论成立者均可采刊。

　　本刊物设有两个基本栏目：理论研究、法学教义。同时每期亦将根据需要增加一些栏目。

　　我们欢迎各位法学界和其他学界的同仁不吝赐稿。稿件的体例请参阅已经出版的学术刊物《罗马法与学说汇纂》。作者的稿件每篇以不超过 2 万字为宜。请赐稿者勿一稿多投，编辑部均会在收到稿件后二个月内通知作者。

　　来稿请发至：fadaromanlaw@163.com

《罗马法与学说汇纂》编辑部

2018 年 10 月 31 日

图书在版编目（ＣＩＰ）数据

罗马法与学说汇纂. 第9卷/费安玲主编. —北京：中国政法大学出版社，2019.5
ISBN 978-7-5620-8965-0

Ⅰ.①罗… Ⅱ.①费… Ⅲ.①罗马法—文集 Ⅳ.①D904.1-53

中国版本图书馆CIP数据核字(2019)第067664号

出 版 者	中国政法大学出版社
地　　址	北京市海淀区西土城路 25 号
邮寄地址	北京 100088 信箱 8034 分箱　邮编 100088
网　　址	http://www.cuplpress.com（网络实名：中国政法大学出版社）
电　　话	010-58908285(总编室)　　58908334(邮购部)
承　　印	固安华明印业有限公司
开　　本	720mm×960mm　1/16
印　　张	22.75
字　　数	384 千字
版　　次	2019 年 5 月第 1 版
印　　次	2019 年 5 月第 1 次印刷
定　　价	68.00 元